感恩香江
報效祖國

姚志勝 著

太平書局

裝幀設計	涂　慧
排　　版	高向明
印　　務	龍寶祺

感恩香江　報效祖國

作　　者	姚志勝
主　　編	李曉惠
責任編輯	熊玉霜
出　　版	太平書局
	香港筲箕灣耀興道 3 號東滙廣場 8 樓
發　　行	香港聯合書刊物流有限公司
	香港新界荃灣德士古道 220-248 號荃灣工業中心 16 樓
印　　刷	新世紀印刷實業有限公司
	香港九龍土瓜灣木廠街 36 號聯明興工廠大廈 3 樓
版　　次	2022 年 6 月第 1 版第 1 次印刷
	© 2022 太平書局
	ISBN 978 962 32 9365 5
	Printed in Hong Kong

目　錄

上篇：新聞發聲

第一部分：支持國安立法　維護國家安全

第二部分：完善選舉制度　落實「愛國者治港」

第三部分：攜手抗疫　戰勝疫情

第四部分：融入國家發展大局

第五部分：反對「台獨」　促進祖國統一

下篇：文章薈萃

第一部分：修例風波與國家安全

第二部分：「愛國者治港」與「一國兩制」發展

第三部分：防疫抗疫與經濟民生

第四部分：香港發展與融入國家大局

第五部分：兩岸及港台關係

序 言

從汪洋主席會見說起

林建岳博士

全國政協常委

　　香港是一個社團社會，眾多社團在香港的政治、經濟和社會生活中發揮重要作用，愛國愛港社團更是落實「一國兩制」、「港人治港」、高度自治的基礎力量。我與志勝會長也是結緣於社團，最難忘的經歷是香港統促總會組團訪京，得到全國政協主席汪洋的會見，讓我再次感受到中央對香港愛國愛港社團的高度重視。

中央高度重視愛國愛港社團作用

　　2019 年 5 月，中國和平統一促進會香港總會一行訪京，志勝以會長的身份出任團長，我以監事長的名義擔任榮譽團長，汪洋主席首次以中國和平統一促進會會長的身份會見我們。汪主席對香港統促總會參訪團的講話，無論是肯定過去的貢獻還是對今後工作的希望，都離不開兩方面的內容：一是維護香港繁榮穩定；二是推動兩岸關係和平發展。

　　中央高度重視香港愛國愛港社團，希望愛國愛港社團在香港和國家事務方面發揮作用。汪主席的講話體現了中央對愛國愛港社團的工作要求和殷切期待。

　　在參與香港社會事務方面，中央希望愛國愛港社團擁護和貫徹憲法、基本法和「一國兩制」方針，維護國家主權、安全、發展利益；廣泛團結社

會力量，不斷擴大愛國愛港政治光譜，以發展壯大愛國愛港力量；積極參與香港各項社會事務，全力支持行政長官和特區政府依法施政，努力化解社會矛盾，發展經濟、改善民生，促進社會和諧穩定，維護香港長期繁榮穩定；重視做好青少年工作，為青年人的成長搭梯子、建平台，使愛國愛港光榮傳統薪火相傳，使「一國兩制」事業後繼有人。

在國家事務方面，中央希望愛國愛港社團積極促進香港與內地交流合作，推動香港融入國家發展大局，支持和參與祖國現代化建設，推動兩岸關係和平發展，為實現中華民族偉大復興的中國夢作出貢獻。

在良政善治新里程釋放正能量

中國和平統一促進會香港總會是香港 13 個反「獨」促統社團的總會，不僅致力維護「一國兩制」，支持特區政府依法施政，始終站在支持中央制定實施香港國安法、完善香港選舉制度、落實「愛國者治港」的最前線，而且充分利用香港在開展反「獨」促統工作中的獨特優勢，致力促進兩岸及港台民間交流，作出了突出貢獻。汪主席親切會見我們香港統促總會訪京團，並充分肯定香港統促總會為推動兩岸關係和平發展和維護香港繁榮穩定所作的積極貢獻。志勝作為一會之長，自然是勞苦功高。

香港許多社團領袖都是社會上的成功人士，他們將社團作為服務香港、貢獻國家的重要平台，出錢又出力，主持推動社團事務，為香港社會的發展付出辛勤努力，作出了特殊貢獻！志勝會長可以說是其中的佼佼者。志勝會長出版文集，以《感恩香江　報效祖國》命名，表達了他的心聲。特區政府2021 年授予志勝會長金紫荊星章，表彰他對香港和國家的貢獻，可喜可賀！

今天的香港，迎來由亂至治重大轉折，既面臨巨大的發展機遇，也面對嚴峻的內外挑戰。在這個重要的歷史節點，所有熱愛香港的人，都希望為香港這個家的發展盡一份心，出一份力。志勝會長的這本文集，是他參與香港社會事務、促進兩岸及港台民間交流、投身國家建設、熱心公益慈善的記錄，飽含濃濃的家國情懷，蘊藏滿滿的正能量，將會在香港良政善治的新里程中釋放正能量！

作者的話

感恩報恩　慶幸趕上好時代

姚志勝博士
全國政協委員、中國和平統一促進會香港總會會長

今年是香港回歸祖國 25 週年的喜慶之年，適逢此際出版第二本文集，我懷着深深的感恩之心。

感恩習主席英明決策香港由亂到治

我們不會忘記，香港過去幾年發生「黑色暴亂」，變成了外部勢力和反中亂港分子肆意妄為的「暴力之都」、「恐怖之都」，市民的生命財產安全受到嚴重威脅，香港的繁榮穩定受到嚴重損害，「一國」原則底線受到嚴重衝擊。習近平主席和中央審時度勢，及時制定香港國安法、完善香港選舉制度，推動香港局勢實現由亂到治的重大轉折，迎來良政善治、由治及興的新階段。我和香港市民一樣，發自內心地感恩習主席英明領導、果斷決策，感恩中央止暴制亂、撥亂反正！

我們香港統促總會 2019 年 5 月訪京受到全國政協主席汪洋親切接見，是我極之珍惜的難忘記憶。這是汪主席首次以中國和平統一促進會會長身份出席活動。汪主席不僅充分肯定我會為推動兩岸關係和平發展和維護香港繁榮穩定所作的積極貢獻，而且提出了三點要求：一是認真學習領會習主席在《告台灣同胞書》發表 40 週年紀念會上的重要講話精神；二是充分利用香港

在開展反「獨」促統工作中的獨特優勢，持續推動港台交流合作；三是全力
支持行政長官和特區政府依法施政。我和總會同仁衷心感謝汪主席的關心鼓
勵，更加努力按照汪主席要求做好工作。

我們香港統促總會是海內外反「獨」促統組織溝通交流、聯絡合作的重
要平台和橋樑。2020 年 5 月，栗戰書委員長主持紀念《反分裂國家法》實施
15 週年座談會，本人有幸以香港統促總會會長的身份，代表全球反「獨」促
統組織發言，受到栗委員長的肯定。座談會結束後，栗委員長還專門走過來
與我握手給予鼓勵。這也是對香港統促總會工作的重視和肯定。當時那個場
景令人激動，我一直銘記於心。

2021 年有幸獲特區政府頒授金紫荊星章，這是一個很高的榮譽，我非
常感恩：這不只是對我個人的表彰，更是我們統促總會同仁的榮譽；閩籍鄉
親一直以來給予的鼓勵、關心和支持，我也是感激不盡。林鄭特首給我頒授
星章時，叮囑要多多支持特區政府，我的答謝脫口而出：一定全力支持，義
不容辭！

為香港發展盡心　為國家統一盡力

感恩香江，報效祖國，慶幸趕上好時代。今天的香港，已開啟良政善治
的新階段；今天的祖國，已進入民族復興的強國新時代。2021 年 10 月 9 日，
紀念辛亥革命 110 週年大會在北京人民大會堂隆重舉行。本人在北京聆聽
習主席的重要講話，強烈感受到「祖國完全統一的歷史任務一定要實現，也
一定能夠實現」的時代強音，內心無比振奮和激動。香港率先實行「一國兩
制」，在祖國和平統一大業中負有特殊使命。本人定當為香港發展盡心，為
國家統一盡力，作出無愧於時代的貢獻！

全國政協常委林建岳先生是受人敬重的工商翹楚和社團領袖，也是我們
香港對台社團的領頭人，身兼中國和平統一促進會香港總會監事長。本人的
進步發展離不開建岳兄長的關心扶持。在建岳兄長的香港文化協進智庫支持
下，我們總會製作《香港每日輿情動態和統促總會動態》，中央有關部門、內

地許多省市的統戰系統和香港許多愛國愛港社團的領袖及社會人士，都是我們的讀者，每天直接接收的人數超過 4,000 人。建岳兄長為我的文集作序，飽含愛護鼓勵之情，我心存感激。

香港文化協進智庫總裁李曉惠教授及智庫同事，與太平書局相關負責人攜手合作，為我的《感恩香江　報效祖國》文集付出辛勞和心血，在此特表示衷心的謝意！

主編的話

姚志勝會長的感恩情懷

李曉惠教授

博士生導師、香港文化協進智庫總裁

　　這本《感恩香江　報效祖國》文集，是姚志勝會長近年來為國家、為香港滿腔熱情、有心有力做貢獻的真實記錄。文集的前面部分是姚會長參加一些重要活動的珍貴照片集錦；文集主體的上篇「新聞發聲」部分，收錄了姚會長就重要事件第一時間通過媒體表態回應的新聞稿；下篇「文章薈萃」部分，匯集了姚會長在香港主流報章和中央媒體發表的文章；文集的附錄是姚會長 2021 年 1 月至 2022 年 5 月的全國政協委員履職工作報告。

　　感恩是中華民族的傳統美德。主持整理編輯姚會長的第二本文集，我強烈感受到他這位成功的愛國愛港實業家和社團領袖感恩香港的跪乳之情和報效祖國的赤子之心。姚會長熱心參與香港和國家事務，活力四射，源源不斷的動力正是來自他真誠熾熱的感恩情懷。

始終站在維護香港繁榮穩定最前線

　　中國和平統一促進會香港總會（簡稱香港統促總會）是香港 13 個反「獨」促統社團的旗艦。2019 年 5 月，全國政協主席汪洋會見以姚會長為團長的香港統促總會參訪團全體成員，對香港統促總會為推動兩岸關係和平發展和維護香港繁榮穩定所做的積極貢獻，給予了充分肯定。姚會長是香港統

促總會的領頭人、主心骨。這些年來，他帶領香港統促總會在維護香港繁榮穩定和推動兩岸關係和平發展方面，做了大量富有成效的工作。

在香港政治層面，修例風波與「黑色暴亂」是對愛國愛港社團的一個嚴峻考驗。姚會長帶領香港統促總會，維護「一國兩制」，全力支持行政長官和特區政府依法施政，始終站在支持特區政府和警隊止暴制亂、支持制定實施香港國安法、支持完善香港選舉制度落實「愛國者治港」的最前線。他先後代表香港統促總會擔任「保公義撐修例大聯盟」和「守護香港大聯盟」副召集人，組織並參與多個大型活動，多次慰問警隊。他還是「香港再出發大聯盟」發起人，多次設置街站收集市民簽名，表達對制定實施香港國安法和完善選舉制度的堅定支持。2021 年 12 月舉行的立法會選舉，是完善選舉制度後的第一場立法會選舉，姚會長帶領香港統促總會，不僅全力為愛國愛港候選人拉票助選，而且大力推動香港市民積極參與這場具有標誌意義、史無前例的香港特色民主選舉，共同創造歷史。2022 年 4 月至 5 月，香港舉行第六任行政長官選舉，姚會長全力支持李家超參選，既提名對方參選，同時出任其競選辦公室主席團成員，就房屋供應、復常通關和支持愛國愛港社團建設三方面提供意見和建議，並在投票日前夕出席對方的「我和我們同開新篇」見面會為其加油打氣。5 月 8 日選舉當日，姚會長作為新選制下的選委會委員，履行選委責任參與行政長官選舉投票，共同票投李家超，為香港更好發展投下神聖一票。

在香港輿論方面，為了幫助愛國愛港社會人士及時了解和準確把握最新的政治局勢，姚會長主持製作《香港每日輿情動態》，每個工作日通過手機發送平台傳送至一些愛國愛港政黨、社團的負責人和各方面社會人士，每日直接接收的人數超過 4,000 人，成為許多愛國愛港社團領袖和社會人士的「每日必讀」，一些接收者又在自己手機羣組中轉發，所以實際接收者人數更多，為營造正能量的輿論環境發揮了重要作用。2019 至 2022 年 5 月，他在香港報章撰寫文章，並接受中央電視台、新華社、人民日報等中央媒體和香港主流報章及網站訪問，多達 825 次，是愛國愛港人士中發聲最多的人士之一。

在香港社會層面，為了抗擊新冠肺炎疫情，姚會長代表香港統促總會，

向工聯會、香港導遊總工會、兩岸匯智慈善基金會、經民聯、民建聯等機構團體捐贈 100 多萬個口罩。從 2016 年開始至今，姚會長每年贊助在香港書展舉辦的「我們一起『悦』讀的日子」活動，培養中小學生的健康人生觀和愛國愛港情操。該活動已經打造成為兩岸四地學生分享閱讀的大平台。

致力促進兩岸及港台民間交流

在推動兩岸關係和平發展方面，姚會長帶領香港統促總會，認真學習領會習近平主席在《告台灣同胞書》發表 40 週年紀念會上的重要講話精神，深刻認識祖國必須統一也必然統一的歷史大勢，充分利用香港在開展反「獨」促統工作中的獨特優勢，致力促進兩岸及港台民間交流。

2021 年是辛亥革命 110 週年。為紀念這一重要歷史事件，姚會長主導推動在香港隆重舉行辛亥革命 110 週年紀念大會等系列活動，弘揚孫中山等辛亥革命先驅偉大的愛國主義精神，推動香港「一國兩制」實踐行穩致遠，增進海內外中華兒女大團結，為推進祖國統一大業、實現中華民族偉大復興中國夢做貢獻。雖然受疫情影響，中央有關部門領導、一些台灣朋友和海外僑界代表，未能親臨大會現場，但他們紛紛發來賀函或賀辭，表達對辛亥革命先驅的敬仰緬懷之情，表達對兩岸關係和平發展的關心支持，表達對祖國統一、民族復興的熱切期待。

姚會長創辦海峽兩岸青少年文化交流基金會並擔任會長，多次率團赴福建出席海峽論壇暨海峽青年論壇活動，致力推動兩岸四地的青少年交流，增進青少年對中華民族文化認同感。他還是「香港—台灣商貿合作委員會」的委員，一直積極參與委員會組織的活動，身體力行推動港台之間的商貿交流。

2020 年 5 月，栗戰書委員長主持紀念《反分裂國家法》實施 15 週年座談會，姚會長以香港統促總會會長的身份，代表全球反「獨」促統組織發言，受到栗戰書委員長的肯定。這當然也是對香港統促總會工作的極大肯定。

貢獻國家熱心公益　榮獲金紫荊星章

　　姚會長身體力行加強香港與內地的交流合作，牽頭組團訪問內地省市，積極參與香港和國家建設。他名下的嘉祥集團在祖國內地投資交通建設與運營、綜合地產開發、金融投資、生物醫藥、能源建設運營管理等，總投資額超過 1,000 億元，企業員工超過 10,000 人；截至 2021 年 12 月，累計上繳稅收超過 100 億元。

　　長期以來，姚志勝先生熱心公益慈善事業，在香港、福建家鄉和內地其他地區捐獻 3 億多元，獲得「2014 年中國十大慈善家」、「2015 年中華慈善突出貢獻獎」、「2020 年中國十大慈善家」、2020 年國家民政部「中華慈善獎」等榮譽。

　　姚會長認真履行全國政協委員職責，積極建言獻策。他了解到，香港有一大批通過多種方式合法取得香港永久性居民身份證的內地人士，他們申領進出內地的回鄉證，就必須註銷內地戶籍，放棄內地身份證，這種規定切斷了這些人士與內地的實質性利益關係，帶來了一些負面後果。姚會長以全國政協委員的身份提案，建議對合法取得香港永久性居民身份證的內地人士，允許他們選擇保留內地身份證。他的這個提案在香港和內地引起廣泛反響，受到國家有關部門的重視。他向全國政協提交的《關於粵港澳合作創設大灣區港澳台僑青年創業園區的提案》，不僅被全國台聯系統評為參政議政重點調研課題二等獎，而且獲選全國政協的優秀提案。他的《關於中央指導支持香港對接國家五年規劃》的提案，還榮獲 2021 年度全國台聯系統參政議政重點調研課題一等獎。

　　姚會長 2021 年有一件大喜事：獲特區政府頒授金紫荊星章。特區政府的評語是：「姚先生多年來竭誠盡心服務社會，建樹非凡，現獲頒授金紫荊星章。姚先生樂善好施，支持多項慈善及社區活動，並長期關注弱勢社羣的健康，成立慈善基金提供支援服務。姚先生多年來帶領香港的僑界組織，舉辦文化交流和社區活動，熱心服務社羣，構建關愛共融社會。」

感恩無止境　重視家族愛國傳承

　　築夢是一種動力，感恩是一種情懷。姚會長築夢香江，事業有成；感恩香江、報效祖國，沒有止境。姚會長總是說，沒有國家的改革開放，哪有我們的今天？簡單質樸的一句話，說明了姚會長為國家為香港做事何以樂此不疲、不遺餘力。難怪與姚會長交往多年，總是感到他身上有一種昂揚向上的正能量氣場。姚會長得到特區政府授予金紫荊星章，是對他貢獻的表彰，也是他事業的新起點。姚會長尤為重視家族的愛國傳承，兩位公子明耀、鵬輝年輕有為，熱心服務社會，充滿正能量，讓我們看到姚會長家族愛國愛港，薪火相傳，真為姚會長高興！

　　筆者撰寫此文，正值香港緊鑼密鼓舉行新一任特首選舉。選舉期間，姚會長在《大公報》發表了《各界支持李家超的三大原因》的文章，受到外界關注，「今日頭條」等網站轉發，閱讀者數以百萬計。姚會長將「今日頭條」轉發文章的網址傳給我時，寫了「12字真言」：「有內容、講政治、正能量、精氣神」。

　　我一直有個心願，希望幫姚會長總結幾條成功的人生經驗，可以供人參考借鑒。看到這「12字真言」，我眼前一亮，豁然開朗，真是：踏破鐵鞋無覓處，得來全不費工夫！這「12字真言」，正是姚會長做人做事的人生信條和事業有成的成功秘訣，是值得姚會長兩位公子學習傳承的精神財富！

　　在徵得姚會長同意認可之下，我嘗試對「12字真言」作了一點粗略的解讀：

1.「有內容」：

　　做人要務實；

　　做事講實效；

　　寫文章、講話發言：內容為王。

2.「講政治」：

　　愛祖國、愛香港、愛家鄉（簡稱：愛國愛港愛家鄉）；

　　聽中央的話；

違反政治原則的話不說；

　　　不合政治規矩的事不做。

3.「正能量」：

　　　負能量的事不做；

　　　負能量的人不交；

　　　做積極向上的事，會有積極向上的事業；

　　　交開心有智慧的朋友，會有開心智慧的人生。

4.「精氣神」：

　　　人生有氣場，事業方有成；

　　　聚集精氣神，鵬耀千萬里！

　　　這本文集的出版，得到了太平書局的熱心支持，特致以衷心謝意！

影像集錦

一、參與國事　公益嘉獎

習近平主席會見

　　中共中央總書記、國家主席習近平於 2019 年 5 月 28 日上午，在北京人民大會堂親切會見出席第九屆世界華僑華人社團聯誼大會和中華海外聯誼會五屆一次理事大會的全體代表。姚志勝（前排右一）代表中國和平統一促進會香港總會參加大會，受到習主席接見。

汪洋主席會見香港統促總會訪京團

　　新華社北京 2019 年 5 月 29 日電　中共中央政治局常委、全國政協主席、中國和平統一促進會會長汪洋 29 日在京會見了以姚志勝為團長的中國和平統一促進會香港總會參訪團全體成員。

　　汪洋充分肯定中國和平統一促進會香港總會為推動兩岸關係和平發展和維護香港繁榮穩定所作的積極貢獻。他指出，要認真學習領會習近平主席在《告台灣同胞書》發表 40 週年紀念會上的重要講話精神，深刻認識祖國必須統一也必然統一的歷史大勢，充分利用香港在開展反「獨」促統工作中的獨特優勢，持續推動港台交流合作，加強基層青年交流，促進同胞心靈契合。要講好「一國兩制」的香港故事，讓更多台灣同胞親身體悟「一國兩制」的優越性，增進對「和平統一、一國兩制」方針與實踐的認同和支持。

　　尤權參加會見。

汪洋主席（右二）及中央書記處書記、中央統戰部部長尤權（右一）會見姚志勝（左二）、林建岳（左一）率領的香港統促總會會訪京團。

在《反分裂國家法》實施 15 週年座談會上發言

2020 年 5 月 29 日，中共中央政治局常委、全國人大常委會委員長栗戰書出席《反分裂國家法》實施 15 週年座談會發表重要講話。姚志勝（下圖）以香港統促總會會長的身份，代表全球反「獨」促統組織發言，受到栗戰書委員長的肯定。姚志勝表示，作為在香港的反「獨」促統組織，要始終堅定「一國兩制」的制度自信，不為一時之曲折動搖，不為外部干涉迷茫，積極宣傳和展示港澳「一國兩制」的實踐經驗。

獲頒金紫荊星章

　　2021 年 11 月 20 日，姚志勝獲林鄭月娥行政長官頒授金紫荊星章。特區政府的評語是：「姚先生多年來竭誠盡心服務社會，建樹非凡，現獲頒授金紫荊星章。姚先生樂善好施，支持多項慈善及社區活動，並長期關注弱勢社羣的健康，成立慈善基金提供支援服務。姚先生多年來帶領香港的僑界組織，舉辦文化交流和社區活動，熱心服務社羣，構建關愛共融社會。」

與林鄭特首及丈夫林兆波合照

2021 年 11 月 20 日，勳銜頒授典禮在香港禮賓府舉行。林鄭月娥行政長官（中）及丈夫林兆波（左二）與姚志勝（右二）及夫人呂艷霜（左一）、幼女姚詩瑩（右一）在禮賓府合照。

家人一直是最大支持

家人一直是姚志勝報效國家、服務香港的最大支持。

圖為姚志勝的全家福，左起：長女姚雅愉、長子姚明耀、姚志勝、夫人呂艷霜、幼子姚鵬輝、幼女姚詩瑩。

認真履行政協委員職責

姚志勝認真履行全國政協委員職責，積極建言獻策。

圖為姚志勝在 2022 年「兩會」期間出席全國政協界別協商會議並發言。

多份提案獲高度表揚

姚志勝向全國政協提交的《關於粵港澳合作創設大灣區港澳台僑青年創業園區》的提案，不僅被全國台聯系統評為參政議政重點調研課題二等獎，而且獲選全國政協的優秀提案。他的《關於中央指導支持香港對接國家五年規劃》的提案，還榮獲 2021 年度全國台聯系統參政議政重點調研課題一等獎。

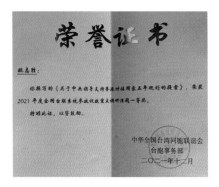

姚志勝的《關於中央指導支持香港對接國家五年規劃》提案榮獲 2021 年度全國台聯系統參政議政重點調研課題一等獎。

屢獲內地慈善榮譽

長期以來，姚志勝熱心公益慈善事業，在香港、福建家鄉和內地其他地區捐獻 3 億多元，獲得「2014 年中國十大慈善家」、「2015 年中華慈善突出貢獻獎」、「2020 年中國十大慈善家」、 2020 年國家民政部「中華慈善獎」等榮譽。

姚志勝榮膺「2020 年中國十大慈善家」。

二、國安立法　完善選制

支持李家超參選特首

　　2022 年 4 月至 5 月，香港舉行新一任特首選舉，姚志勝全力支持李家超參選，既提名對方參選，同時出任其競選辦公室主席團成員，並在投票日前夕出席對方的「我和我們　同開新篇」見面會為其加油打氣。選舉期間，姚志勝在《大公報》發表了《各界支持李家超的三大原因》的文章，受到外界關注，「今日頭條」等網站轉發，閱讀者數以百萬計。

姚志勝全力支持李家超參選特首。圖為在選舉投票日當天，高票當選的李家超（左）與姚志勝合照。

支持特區政府警隊止暴制亂

　　姚志勝始終站在支持特區政府和警隊止暴制亂的最前線。2019 年 6 月修例風波期間，姚志勝與香港統促總會理事長盧文端等約 30 人前往灣仔警察總部，手持「無懼風雨、堅定前行」、「護法治、保民生、撐警隊」等標語，慰問緊守崗位的警務人員。

姚志勝（左五）與盧文端（左七）等到警察總部慰問警務人員。

組織參與「守護香港」集會

　　姚志勝先後代表香港統促總會擔任「保公義撐修例大聯盟」和「守護香港大聯盟」副召集人，組織並參與多個大型活動，包括 2019 年 7 月的「守護香港」集會。姚志勝與香港統促總會常務副會長姚明耀、副監事長姚鵬輝等青年會員冒雨參與集會，表達反對暴力、維護法治、保障香港繁榮穩定的心聲。

姚志勝（後排左三）與姚明耀（前排右四）、姚鵬輝（前排左三）等香港統促總會青年會員參與「守護香港」集會。

支持制定實施香港國安法

　　本身是「香港再出發大聯盟」發起人的姚志勝，多次以行動表達對制定實施香港國安法的堅定支持。2020 年 6 月，香港統促總會設立街站，呼籲市民支持香港國安立法，並派發《香港國家安全立法釋疑 (20 問)》小冊子。針對反對派煽動所謂「罷工罷課公投」，姚志勝指出，「罷工罷課公投」不但沒有任何法律效力、實際效力，更是鬧劇一場，企圖挾持市民利益，以此向特區政府施壓，並煽動入世未深的學子再次走上暴亂前線，行為可恥，居心卑劣。

姚志勝（後排左八）與香港統促總會理事長盧文端（後排右七）、常務副會長邱偉銘（後排左七）等派發國安立法釋疑小冊子。

主持製作《香港每日輿情動態》

　　為了幫助愛國愛港社會人士及時了解和準確把握最新的政治局勢，姚志勝主持製作《香港每日輿情動態》，每個工作日通過手機發送平台傳送至一些愛國愛港政黨、社團的負責人和各方面社會人士，每日直接接收的人數超過 4,000 人，成為許多愛國愛港社團領袖和社會人士的「每日必讀」，一些接收者又在自己手機羣組中轉發，所以實際接收者人數更多，為營造正能量的輿論環境發揮了重要作用。

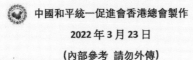

《香港每日輿情動態》
中國和平統一促進會香港總會製作
2022 年 3 月 23 日
（內部參考 請勿外傳）

一、觀點參考

1、鏟除黑暴土壤　「港獨」嚴懲不貸

　　警方國安處昨日揭破以「集英楊武堂」武館作幌子、密謀武裝暴動的「港獨」組織。香港國安法實施後，迅速止暴制亂，社會恢復正軌。但是「港獨」黑暴勢力死心不息，企圖捲土重來。此次被警方揭破的組織，不僅以邪教式「洗腦」煽暴宣「獨」、招攬「民兵」，更開辦「殺鬼隊訓練班」，囤積刀劍槍弩等武器，當中不少與 2019 年修例風波中暴徒常用的武器類似。這一案件警示我們，香港國安法實施後，本港社會仍然存在滋生「港獨」暴力的土壤，「港獨」分子繼續以不同方式煽動、策劃暴力惡行。特區政府和全體市民都不能掉以輕心，須時刻保持警覺。有

支持中央主導完善香港選舉制度

　　姚志勝身體力行支持中央主導完善香港選舉制度。2021年3至4月，香港統促總會開設街站，派發《權威專家答疑　完善選舉制度20問》小冊子，呼籲市民支持完善選舉制度，共同表達對香港儘快重回正軌、恢復繁榮穩定的共同意願。姚志勝表示，全國人大常委會就香港選舉制度的核心問題作出決定，是對歷史負責、對香港負責的表現，體現了中央依照基本法、循序漸進推進香港民主發展的決心和誠意，獲得香港主流民意的支持。

姚志勝（左二）與香港統促總會常務副會長施清流（左一）、邱偉銘（右二）、蘇清棟（右一）等開設街站，呼籲市民支持完善選舉制度。

舉行座談會探討「愛國者治港」

　　2021 年 6 月，香港統促總會舉行香港形勢座談會，就中央改革香港選舉制度的核心理念、新選舉制度的特點、愛國愛港社團的新定位和新責任、香港新時代「一國兩制」實踐對祖國統一大業的重要意義作出深入探討。姚志勝表示，隨着香港國安法的實施和新選舉制度的建立，香港迎來由亂及治重大轉折，開啟了落實「愛國者治港」的良政善治新時代。在這個重要的歷史節點，需要了解香港形勢的最新發展，了解愛國愛港社團未來的工作路向。

香港統促總會舉行座談會，探討「愛國者治港」新時代下的新形勢。前排左起：執行會長陳亨利、首席顧問吳良好、中聯辦協調部部長朱文、理事長盧文端、姚志勝、常務副會長施榮懷、香港文化協進智庫總裁李曉惠。

推動市民參與立法會選舉

　　2021年12月舉行的立法會選舉，是完善選舉制度後的第一場立法會選舉，姚志勝帶領香港統促總會，不僅全力為愛國愛港候選人拉票助選，而且大力推動香港市民積極參與這場具有標誌意義、史無前例的香港特色民主選舉，共同創造歷史。投票日當晚，姚志勝在北角為港島東候選人吳秋北站台發聲，呼籲市民把握機會選賢任能。

2021年立法會選舉投票日當晚，姚志勝（第二排左五）與香港統促總會常務副會長施清流（第二排左六）等為吳秋北（第二排右五）助選拉票。

三、防疫抗疫　關顧基層

向前線基層捐贈逾百萬口罩

　　自 2020 年初新冠肺炎疫情爆發以來，姚志勝代表香港統促總會，向工聯會、香港導遊總工會、兩岸匯智慈善基金會、經民聯、民建聯等機構團體捐贈 100 多萬個口罩，再轉送予前線工作人員及基層市民等有需要人士。姚志勝表示，作為愛國愛港社團，香港統促總會必須盡己之力，為香港抗疫出力，強調全港市民不分界別，一定要加油鼓勁，團結一心打贏這場仗。

姚志勝（右五）代表香港統促總會向多個機構團體捐贈 100 多萬個口罩，包括林德成區議員辦事處和香港導遊總工會，再轉送予前線工作人員及基層市民等。中聯辦台務部部長楊流昌（右四）等出席捐贈儀式。

向消防處、港大捐贈快速檢測盒

　　2022 年 2 月，為響應習近平主席有關「動員一切可動員的力量、採取一切必要措施」的號召，香港統促總會向香港大學醫學院及消防處捐贈 1 萬多套快速抗原檢測試劑盒。姚志勝堅信，在祖國的強大支援下，香港社會各界凝聚同心抗疫的強大力量，全力支持特區政府擔當好疫情防控的主體責任，自覺配合特區政府各項防疫措施，就一定能夠戰勝第五波新冠疫情，香港社會定能早日復常。

香港統促總會向香港大學醫學院捐贈快速抗原檢測試劑盒，姚志勝（中）、青委會聯席主席姚明耀（左）及姚鵬輝（右）父子兵將快速檢測盒送到港大。

探訪基層家庭聆聽訴求

2021 年 10 月，姚志勝一行到將軍澳健明邨探訪多個基層家庭，包括一家多口住在狹小單位的擠迫戶、獨居長者、長期患病致行動不便的長者等。姚志勝表示，「以人民為中心」是習近平主席「七一」重要講話的核心思想，港區全國政協委員和全國人大代表有責任將這套理念在港付諸實行，透過走訪基層市民、聆聽他們的需要，再深入分析當中問題、提出務實可行的建議，從而帶動香港社會各界聚焦發展、改善民生。

姚志勝（左三）與香港統促總會會務顧問黃友嘉（右一）、常務副會長凌友詩（右二）等到將軍澳健明邨探訪基層家庭。

四、扶助青年　教育學子

指導調研港青就業創業

　　2021 年 8 月，香港統促總會青委會舉行「加強支援就業創業　提升青年前景信心」座談會，並發表《香港青年就業創業調研報告》，提出多項建議，包括推出「大學生就業培訓計劃」、「初創企業融資擔保計劃」、在大灣區內地城市設立港澳台僑青年發展園區等。姚志勝表示，今天的香港青年，正面臨前所未有的發展機遇，也面對許多挑戰，將支持總會青委會為香港青年就業創業做更多事，關心、支持、幫助他們成就個人事業，貢獻國家和香港，健康成長。

香港統促總會青委會舉行「加強支援就業創業　提升青年前景信心」座談會，姚志勝（前排左四）、中聯辦台務部部長楊流昌（前排右四）等出席，青委會聯席主席姚明耀（前排右三）主持並介紹《香港青年就業創業調研報告》。

悼抗日英烈籲正確認識歷史

2021 年 6 月，香港統促總會舉辦「緬懷抗日英雄　學習愛國歷史」活動，在緬懷先烈儀式上奏唱國歌，向烏蛟騰抗日英烈紀念碑敬獻花籃，默哀 1 分鐘並向紀念碑行三鞠躬禮。姚志勝表示，日軍侵佔香港期間，中國共產黨領導的東江縱隊與香港民眾團結抗戰，前輩們忠誠勇敢、堅毅不屈的抗戰愛國精神，長留香港市民心中。銘記抗日歷史，就是要讓香港市民更多了解共產黨為國家民族所作出的巨大貢獻，特別是更好地教育年青一代認識國家的執政黨，培養愛國精神，建立正確歷史觀，讓愛國主義薪火相傳。

香港統促總會一行到訪烏蛟騰烈士紀念園，姚志勝（後排左六）與青委會聯席主席姚明耀（前排左二）、姚鵬輝（前排右一）等在緬懷先烈儀式上奏唱國歌，向紀念碑敬獻花籃，默哀 1 分鐘並行三鞠躬禮。

為中學生講解新選制

　　為讓年青一代認識新選舉制度及「愛國者治港」原則，香港統促總會於 2021 年 12 月在觀塘福建中學舉行報告會，為過百名高中生作出講解及分析，讓他們對香港未來前景有更清晰和全面的理解。姚志勝表示，在香港舉行新選制下的第一場立法會選舉之際舉行報告會，非常有意義。青委會聯席主席姚明耀講解新選制時強調，中央有巨大的政治包容，「愛國者治港」不是搞「清一色」，只要真心維護國家主權、安全、發展利益，尊重和維護國家的根本制度和特區憲制秩序，全力維護香港繁榮穩定，就有資格參與香港治理。

香港統促總會在福建中學舉行報告會，為過百名高中生講解及分析新選舉制度及「愛國者治港」原則。左起：中聯辦台務部處長趙宇、常務副會長施清流、青委會聯席主席姚明耀、福建中學校長吳宏基、姚志勝、香港文化協進智庫總裁李曉惠、教育局政治助理施俊輝、福建中學副校長王道平。

同學們就如何理解新選舉制度與個人發展、青年如何投身政界服務香港作準備等發起討論，氣氛熱烈。

贊助書展「悅」讀活動

2016 年開始，姚志勝每年贊助在香港書展舉辦的「我們一起『悅』讀的日子」活動，由兒童文學作家與中小學生分享閱讀樂趣，並親自教授作文，藉此培養中小學生的健康人生觀和愛國愛港情操。活動已經打造成為兩岸四地學生分享閱讀的大平台，其中在 2019 年有來自香港、台灣、佛山、澳門的 1,000 多名同學參與。

2016 年開始，姚志勝每年贊助在香港書展舉辦的「我們一起『悅』讀的日子」活動，其中在 2019 年有來自香港、台灣、佛山、澳門的 1,000 多名同學參與。

在 2019 年「我們一起『悅』讀的日子」活動上，姚志勝（左）獲商務及經濟發展局副局長陳百里（右）頒發感謝狀。

五、祖國統一　港台交流

舉辦《告台灣同胞書》發表 40 週年紀念大會

2018 年 11 月，香港統促總會舉辦《告台灣同胞書》發表 40 週年紀念大會暨第三屆理事會就職典禮，全國政協副主席、香港統促總會總監董建華將象徵傳承的火炬交給第三屆理事會首長手中。姚志勝表示，香港統促總會作為反「獨」促統的旗艦社團，將在習近平主席新時代對台重要思想的指導下，堅持大團結大聯合，順應歷史大勢，共擔民族大義，匯聚起海內外中華兒女反「獨」促統的強大力量，維護「一國兩制」，推進祖國和平統一。

香港統促總會舉辦《告台灣同胞書》發表 40 週年紀念大會暨第三屆理事會就職典禮，總監董建華（右三）將火炬交給第三屆理事會首長手中，包括理事長盧文端（左三）、監事長林建岳（右二）、會長姚志勝（右一）、執行會長陳亨利（左二）、榮譽會長黃英豪（左一）。

舉行辛亥革命 110 週年紀念大會

　　2021 年是辛亥革命 110 週年。為紀念這一重要歷史事件，姚志勝參與主持推動在香港隆重舉行辛亥革命 110 週年紀念大會等系列活動，弘揚孫中山等辛亥革命先驅偉大的愛國主義精神，推動香港「一國兩制」實踐行穩致遠，增進海內外中華兒女大團結，為推進祖國統一大業、實現中華民族偉大復興中國夢作貢獻。雖然受疫情影響，中央有關部門領導、一些台灣朋友和海外僑界代表，未能親臨大會現場，但他們紛紛發來賀函或賀辭，表達對辛亥革命先驅的敬仰緬懷之情，表達對兩岸關係和平發展的關心支持，表達對祖國統一、民族復興的熱切期待。

在香港各界紀念辛亥革命 110 週年大會上，主禮嘉賓推桿為大會揭開序幕。左起：姚志勝、香港統促總會理事長盧文端、中聯辦秘書長王松苗、中央駐港國安公署副署長孫青野、署理行政長官陳茂波、全國政協副主席梁振英、中聯辦副主任羅永綱、外交部駐港副特派員潘雲東、香港僑界社團聯會首席主席余國春、香港統促總會監事長林建岳、香港僑界社團聯會會長黃楚基。

姚志勝表示，香港在祖國和平統一進程中一直發揮着不可替代的積極作用。

與宋楚瑜一行座談

2019 年 4 月，香港台灣工商聯合總會（香港統促總會團體會員）與訪問粵港澳大灣區的台灣親民黨主席宋楚瑜一行座談。姚志勝表示，在大灣區建設的背景下，香港與台灣之間有了新的更廣闊的經貿合作平台，相信宋楚瑜一行訪問大灣區一定會取得新的積極成果。

香港台灣工商聯合總會與宋楚瑜（前排左六）一行座談，姚志勝（前排左五）、中聯辦台務部部長楊流昌（前排右四）、香港台灣工商聯合總會永遠榮譽會長盧文端（前排右六）等出席。

率團出席海峽論壇

　　姚志勝創辦海峽兩岸青少年文化交流基金會並擔任會長，多次率團赴福建出席海峽論壇暨海峽青年論壇活動，致力推動兩岸四地的青少年交流，增進青少年對中華民族文化認同感。他還是「香港—台灣商貿合作委員會」的委員，一直積極參與委員會組織的活動，身體力行推動港台之間的商貿交流。

姚志勝（左四）率團出席 2019 年 6 月舉行的第十一屆海峽論壇，與國台辦副主任龍明彪（左五）合照。

上篇

新聞發聲

第一部分

支持國安立法　維護國家安全

香港須完成維護國安立法
—— 關於駱惠寧主任在 2020 年「全民國家安全教育日」活動致辭的回應

2020 年 4 月 16 日《大公報》

中聯辦主任駱惠寧在香港「全民國家安全教育日」活動上致辭，指明香港維護國家安全的重要意義。中國和平統一促進會香港總會認為，駱主任說明維護國家安全需要良好的制度環境、法治環境和社會環境，強調「三個環境」環環緊扣的內在關係，對於香港如何維護國家安全，具有重要的啟示意義。

全國政協委員、中國和平統一促進會香港總會會長姚志勝表示，2019 年起持續發生的「黑暴」「攬炒」行動，公然鼓吹「港獨」，衝擊「一國兩制」底線，嚴重破壞香港法治和繁榮穩定，危害國家安全。香港維護國家安全的制度環境存在短板。香港社會需要形成遏止「黑暴」橫行、維護國家安全的共識，完成維護國家安全的立法，更有效維護國家安全、保障香港繁榮穩定。

姚會長續說，維護法治核心價值和社會防線，與補全國家安全制度短板同樣分不開。香港須加強憲法和基本法教育、國情教育、中國歷史和中華文化教育，加強港人維護國家安全的意識和責任，共同推動「一國兩制」行穩致遠。

各界應同時譴責反對派鼓動暴力
—— 關於中聯辦發言人嚴厲譴責極端激進分子再啟「暴力攬炒」的回應

2020 年 5 月 3 日《大公報》、《香港商報》

　　中聯辦發言人發表談話，嚴厲譴責極端激進分子在「五一」假期再次發動違法聚集、滋擾商舖和擲汽油彈等違法活動。全國政協委員、中國和平統一促進會香港總會會長姚志勝指出，本港疫情轉趨緩和，社會積極進行各項恢復經濟活動之際，在反對派鼓動和縱容下，「黑暴」勢力藉「五一」假期再次發動黑色暴力恐怖行動，必須予以強烈譴責！

　　姚志勝會長指出，中聯辦發言人嚴厲譴責極端激進分子在「五一」假期的「攬炒」暴行，指出了問題的嚴重性，表達了中央的高度關注，值得社會各界重視。姚志勝會長呼籲社會各界，不僅要堅定支持香港特區政府和警隊嚴正執法，嚴懲暴力犯罪分子，而且要發聲嚴厲譴責反對派政客鼓動暴力，將香港推向無底深淵的「攬炒」行徑。姚志勝會長表示，所有熱愛香港、以香港為家的香港市民，都要堅決與暴力割席，向「攬炒」說不，共同維護我們 750 萬港人自己的家園。

港人應「拋開區分求共對」

—— 關於「香港再出發大聯盟」成立的回應

2020 年 5 月 6 日《大公報》、《香港商報》

　　「香港再出發大聯盟」正式啟動並公佈《共同宣言》。作為大聯盟共同發起人的全國政協委員、中國和平統一促進會香港總會會長姚志勝表示，社會各界應該與大聯盟一起，匯聚全體香港人的力量，共同迎接當前挑戰，堅持「一國兩制」，共建穩定繁榮，推動香港重回正軌、重新出發，重建我們的香港家園。

　　姚志勝會長說，《共同宣言》堅守「一國兩制」、重振經濟、重歸法治、重拾團結的四個主張，理念環環緊扣，相輔相成，是香港走出當前困境的重要精神支柱。姚志勝會長認為，捍衛「一國兩制」對於香港走出困境具有重大意義，重振經濟是推動香港再出發的當務之急，重歸法治是社會回復發展的重要條件，重拾團結就是要為再出發凝聚力量。這些理念着眼當前，放眼未來，為香港拒絕「黑暴」「攬炒」、浴火重生提供新方向、新思維。

　　姚志勝會長指出，今天的香港，遭受新冠肺炎疫情和「修例風波」雙重夾擊，正處在回歸以來最困難的時刻，香港如何「再出發」的問題，已經擺在我們面前。香港是 750 萬港人的共同家園，香港這個家已經遭受重創，沒有繼續內耗折騰的本錢。拒絕被「攬炒」，選擇發展；拒絕被破壞，選擇法治；拒絕被撕裂，選擇團結。這是大聯盟發出的呼籲，也是香港市民的共同利益和願望。每一位珍惜和愛護香港這個家的香港人，都應該「拋開區分求共對」，團結攜手，渡過難關，共同守護好屬於我們自己的香港家園。

全力支持擁護全國人大常委會
全票通過香港國安法並在港實施
—— 關於全國人大常委會通過香港國安法的回應

2020 年 7 月 1 日《大公報》、《香港商報》

　　全國人大常委會通過香港國安法，並列入香港基本法附件三實施，即日生效。全國政協委員、中國和平統一促進會香港總會會長姚志勝全力支持全國人大常委會通過香港國安法並在港實施。姚志勝會長表示，香港國安法在香港回歸祖國 23 週年紀念日前完成審議並公佈實施，具有特別意義，極大地提振了全港市民對「一國兩制」前景的信心。

　　姚志勝會長說，綜觀香港國安法條文，可見中央最大程度信任特區、依靠特區，最大程度保護人權，最大程度兼顧普通法的特點，最大程度保證法律有效實施，是一部兼顧國家和香港特區兩個層面、法律制度和執行機制兩個方面的重要法律，充分體現了「一國兩制」原則。香港國安法打擊懲治危害國家安全的極少數人，保障絕大多數市民的基本權利和自由，在香港社會得到廣泛支持。

　　姚志勝會長呼籲香港社會各界，承擔維護國家安全的國民義務，支持香港國安法，並抓住落實香港國安法的契機，讓香港恢復安寧，重新出發，集中精力解決香港各項深層次問題，發展經濟，改善民生，造福港人，推動「一國兩制」行穩致遠。

中央駐港國安公署揭牌具有標誌性意義

—— 關於國家安全公署舉行揭牌儀式的回應

2020 年 7 月 9 日《大公報》、《香港商報》

中央人民政府駐香港特別行政區維護國家安全公署舉行揭牌儀式。全國政協委員、中國和平統一促進會香港總會會長姚志勝表示，國家安全是中央政府的事權，中央駐港國安公署成立，體現了中央堅持「一國兩制」原則、完善國家安全制度體系的決心，對香港健全國家安全制度機制具有標誌性意義，有利維護香港國家安全和市民福祉。

姚志勝會長說，駐港國安公署成立揭牌，彰顯中央在國安執法上決心堅定、準備充分，為在香港依法維護國家安全提供了強有力支撐，確保香港國安法全面落實，有效執行。姚志勝會長呼籲香港社會支持駐港國安公署的工作，並期待在港國家安全機構儘快展開工作，互相協作，共同編織香港維護國家安全的保險網，充分發揮香港國安法保家衛國、維護繁榮穩定的「定海神針」作用，推動香港「一國兩制」實踐行穩致遠。

國際社會須尊重中國國家安全立法主權
—— 就香港國安法去函聯合國人權理事會

2020 年 7 月 27 日香港《文匯報》、《大公報》、《香港商報》

香港國安法實施後，有西方國家惡意誣詆國安法，公然干涉中國內政。全國政協委員、中國和平統一促進會香港總會會長姚志勝向聯合國人權理事會發函，説明制定並實施香港國安法的必要性、迫切性，以及維護「一國兩制」行穩致遠的重要作用，呼籲理事會尊重中國就國家安全立法的主權，深入了解國安法無損香港人權自由的事實，務實看待香港國安法在港實施。姚志勝會長期望透過向國際機構發函，促進國際社會正確理解香港國安法對維護國家安全的重要意義。

姚志勝會長在信中就制定並實施香港國安法的必要性、迫切性，以及對香港「一國兩制」的重要性，並根據香港實際和國際社會關注焦點，重點説明四方面的內容：

一、2019 年 6 月以來，香港出現暴力恐怖活動不斷升級，「港獨」組織和本土激進分離勢力與外國勢力相勾結，直接危害國家安全，中央政府需要儘快進行國安立法，填補香港國家安全風險的突出短板。

二、極端恐怖暴力活動危害香港廣大市民生命財產安全和個人基本權利，損害國家主權和利益，中央政府必須加快推動香港國安立法維護國家安全，保護遵紀守法的絕大多數香港市民。

三、儘管歷屆特區政府都在積極為維護國家安全的基本法第 23 條立法創造條件，但由於各種原因，未來很長一段時期內，香港特區都不具備自行完成此項立法的社會基礎和條件，香港缺乏國家安全法律應對危害國家安全的行為，必須在國家層面健全香港國安法律制度和執行機制。

四、香港的違法暴力活動破壞「一國兩制」，嚴重影響到中央與特區的關係和「一國兩制」在香港實施的前景，中央必須及時出手撥亂反正，

以國安立法維護國家安全和香港繁榮穩定，既堅持「一國」原則，又尊重「兩制」差異，確保「一國兩制」實踐行穩致遠。

姚志勝會長在信中說明，香港國安法防範、制止和懲治四項涉及危害國家安全罪行，只針對極少數危害國家安全的犯罪分子，切實保障大部分香港市民享有言論、新聞、出版、結社、集會、遊行、示威等基本法規定的權利和自由。

姚志勝會長在信中強調指出，國家安全立法屬於一國主權，也是國際通行的慣例。中國制定香港國安法，維護國家安全，是中國主權範圍內的事，任何外國都無權干預。他呼籲聯合國人權理事會能夠尊重中國就國家安全立法的主權，理解香港市民對和諧穩定的社會追求，正確看待香港國安法在港實施。姚志勝會長說，2020 年 6 月 30 日，英國常駐聯合國日內瓦辦事處代表在聯合國人權理事會上代表 27 國發言，公然攻擊香港國安法，干涉中國內政。他認為，國際社會需要客觀理性聲音，持平看待香港國安法，期望透過去函國際機構說明和釐清香港國安法的背景和情況，促進國際社會以務實態度推動世界和諧發展。

支持港大革走戴耀廷
要求執法機構追究違法責任
—— 關於港大免除戴耀廷教席的回應

2020 年 7 月 29 日香港《文匯報》、《香港商報》、《香港仔》
2020 年 7 月 30 日《大公報》

香港大學校務委員會決定免除因發起違法「佔中」被判囚的港大法律學院副教授戴耀廷的終身教席。全國政協委員、中國和平統一促進會香港總會會長姚志勝支持港大革走戴耀廷。姚志勝會長指出，已是戴罪之身的戴耀廷，不僅策動非法「佔中」，鼓吹「公民抗命」、「違法達義」，荼毒青年學生，而且公然挑戰國安法，在外部勢力的支持下策動非法「初選」，操縱立法會選舉，觸犯香港國安法，根本沒有資格擔任教職。港大消除政治毒瘤，撥亂反正，還校園寧靜，有利香港學術界回歸學術，大學發展重回正軌。特區政府更須依法追究戴耀廷的法律責任，絕不能讓其逍遙法外。

姚志勝會長說，戴耀廷身為法律學者知法犯法，發起違法「佔中」，鼓吹「違法達義」，使香港法治核心價值遭受嚴重衝擊，經濟民生遭受極大損害。戴耀廷因組織及發動「佔中」被裁定串謀公眾妨擾及煽惑公眾妨擾兩罪罪成判囚 16 個月，已成為其違法暴行的鐵證。戴耀廷其後更變本加厲著書鼓吹「港獨」，多次捲入境外金援醜聞，圖謀勾結外部勢力分裂國家；他又以策動「雷動計劃」、「風雲計劃」和「立法會初選」，操控不同級別的議會選舉，對現行選舉制度進行干擾和破壞。戴耀廷所作所為絕非所謂學術自由，早就不應該留在校園，荼毒莘莘學子，破壞香港學術研究環境。港大校委會的決定反映民心所向，是教育界撥亂反正、斬斷校園政治黑手的好開始。

姚志勝會長指出，戴耀廷提出「真攬炒十步」勾畫反對派奪權路線圖，並以「初選」操控立法會選舉圖謀顛覆特區政府，行為不僅觸犯選舉

條例，更已觸碰國安法紅線。香港國安法第 22 條（三）明確規定：「嚴重干擾、阻撓、破壞中華人民共和國中央政權機關或者香港特別行政區政權機關依法履行職能」，即屬犯罪。戴耀廷操控所謂「初選」，以掌控立法會多數議席、癱瘓立法會和特區政府為目標，已經觸犯了香港國安法第 22 條的相關規定。執法機構必須採取法律行動，根據香港國安法和《選舉（舞弊及非法行為）條例》等相關條例，嚴肅追查、嚴正追究戴耀廷的法律責任。

嚴厲譴責美國粗暴干涉香港國安法實施

—— 關於美國「制裁」中央特區官員的回應

2020 年 8 月 8 日「新華網」
2020 年 8 月 9 日《人民日報》、香港《文匯報》、《香港商報》、《經濟日報》

美國財政部宣佈對多位中國政府涉港工作機構負責人和香港特區官員實施所謂「制裁」，全國政協委員、中國和平統一促進會香港總會會長姚志勝指出，國家安全屬於國家事權，維護國家安全天經地義，更是國際慣例。美國政府惡意針對香港國安法，對中國政府及香港特區的相關官員實施所謂「制裁」，是對中國內政和香港事務的粗暴干涉，嚴重違反國際法和國際關係基本準則，行徑野蠻卑劣，荒謬無理，必須予以強烈譴責！

姚志勝會長說，香港國安法針對包括勾結境外勢力等危害國家安全罪行，是維護香港的國家安全和繁榮穩定的「定海神針」。美國就香港國安法採取所謂「制裁」行動，再次說明香港國安法的制定和實施非常必要。以美國為首的西方勢力切莫低估中國政府和人民維護國家安全的信心和決心。我們堅決支持中央政府和特區政府作出反制，堅決支持中央政府和特區政府相關官員落實香港國安法，維護國家安全。

駱主任國慶致辭讓港人了解國家安全
有利香港繁榮穩定
—— 關於駱惠寧主任在香港同胞慶祝國慶 71 週年大會致辭的回應

2020 年 9 月 30 日「香港商報網」
2020 年 10 月 1 日香港《文匯報》

　　中聯辦主任駱惠寧在香港同胞慶祝中華人民共和國成立 71 週年大會致辭。全國政協委員、中國和平統一促進會香港總會會長姚志勝表示，今年國慶是香港國安法制訂實施後的首個國慶，「港獨」猖狂、「黑暴」肆虐的動盪局面已一去不復返。駱主任致辭強調「國安則家太平，國強則家興旺」，讓港人透徹了解維護國家安全對於香港長期繁榮穩定的重要性。

　　姚志勝會長表示，駱惠寧主任的致辭亦強調了香港增強國家意識、弘揚家國情懷的重要性。香港有極少數人長期極力淡化香港社會的國家意識，甚至企圖通過歪曲「兩制」來對抗「一國」，逢中必反。要糾正這股歪風，令香港可在中華民族偉大復興的進程中扮演重要角色，就必須在香港社會、特別是公職人員和青少年中，加強憲法和基本法、國家安全、國情等教育。

英國無權干預港事　堅決反對污衊抹黑中央

—— 關於英國發表「香港半年報告」的回應

2020 年 11 月 25 日香港《文匯報》

　　特區政府發表聲明，強烈反駁英國「香港半年報告」的不負責任評論。全國政協委員、中國和平統一促進會香港總會會長姚志勝表示，英國罔顧香港早已回歸中國的事實，無視國際法「互不干涉內政」的原則，粗暴干預香港事務和中國內政，污衊抹黑中央政府對港政策，對此堅決反對。特區政府對英國有關報告作出擲地有聲的強力回應，不僅有力說明香港在中央支持下，「一國兩制」行穩致遠、國家安全利益受到更好保證，更揭示英國等西方國家在處理國際事務上雙重標準，毫無道義。

　　姚志勝會長續說，英國等西方國家都已就國家安全立法，卻不斷攻擊干擾香港國安法實施，是赤裸裸的雙重標準。姚志勝會長強調，全國人大常委會作出決定，明確了香港立法會議員不符合誓言的法律後果和喪失議員資格的程序，合憲合法合理。香港的公職人員、尤其是立法會議員，必須宣誓擁護基本法，效忠香港特別行政區，議員任何違反誓言的行為都不應容忍，更應掃出議會之外。英國國會議員若拒絕宣誓效忠女王，亦不能出任議員，英方有甚麼資格對香港處理違反誓言的議員指指點點？

　　姚志勝會長強調，香港已於 1997 年回歸中國，是中國的特別行政區。英方對回歸後的香港事務無權干預。英國勿做搬起石頭砸自己腳的蠢事。

駱主任講話對推動社會認同尊崇憲法具指導意義

—— 關於駱惠寧主任在 2020 年「國家憲法日」座談會致辭的回應

2020 年 12 月 5 日香港《文匯報》、《香港商報》

　　中聯辦主任駱惠寧在特區政府舉辦的「國家憲法日」座談會上致辭。全國政協委員、中國和平統一促進會香港總會會長姚志勝表示，憲法是國家根本大法，駱主任從落實憲法要求的高度，強調國家安全和落實「愛國者治港」的重要性，這對推動香港社會充分認同與尊崇憲法，切實維護國家安全和落實「愛國者治港」，具有重要的指導意義。

　　姚志勝會長續說，香港青年學生出現參與「黑色暴亂」、加入分離組織、支持「港獨」等危害國家安全的言行，與憲法教育薄弱密切相關。特區政府須加強學校的憲法教育，把憲法列為常規的教育課程，編寫好憲法教材，組織各種憲法交流活動；同時，加強教育工作者的憲法、基本法、香港國安法等法律教育培訓。學校須全面培養學生的憲法意識，建立正確的國家民族認同和法治觀念，增強學生對國家的向心力。

　　姚志勝會長說，憲法和基本法共同構成特別行政區的憲制基礎，是香港繁榮穩定、市民安居樂業的根本保障，是堅持與完善「一國兩制」制度體系的根本遵循，全社會必須充分認同與尊崇憲法。香港須確保香港國安法從行政、執法、司法都貫徹落實，如實履行憲法有關維護國家安全的要求。香港須按照全國人大常委會有關立法會議員資格問題的決定，將公務員、選委會委員、區議員和其他公職人員納入擁護基本法、效忠香港特區的宣誓規定之內，務求全面落實「愛國者治港」的原則，堅決排除禍國亂港者進入管治架構，確保治港者履行憲法規定的中國公民愛國的神聖義務。

強烈譴責美國霸凌
堅決支持中國政府對美實施對等制裁
—— 關於美國「制裁」全國人大常委會副委員長的回應

2020 年 12 月 11 日香港《文匯報》、《大公報》、《香港商報》

　　美國以涉港問題為由宣佈對 14 位全國人大常委會副委員長實施所謂「制裁」。全國政協委員、中國和平統一促進會香港總會會長姚志勝表示，全國人大常委會依據憲法制定香港國家安全法，有效維護國家安全，並作出決定為立法會議員違誓行為定下明確法律後果，為特區政府 DQ 4 名立法會議員資格提供堅實法律基礎，有力確保「一國兩制」沿正確方向實踐和香港長期繁榮穩定。美國無視全國人大對香港特區的憲制權力和人大決定的相關事實，無所不用其極破壞中國維護國家安全的努力，實施所謂「制裁」，作出違反國際法的政治霸凌行徑，粗暴干涉中國內政和香港事務，再次顯露其蠻橫無理的霸權本性，必須予以強烈譴責！堅決支持中國政府對美實施對等制裁！

　　姚志勝會長強調，中央政府堅定維護國家主權、安全、發展利益，堅定捍衛「一國兩制」。香港事務純屬中國內政，美國利用涉港問題嚴重干涉中國內政，違反國際關係基本準則，損害中國核心利益。中國政府決定對在涉港問題上表現惡劣、負有主要責任的美國行政部門官員、國會人員、非政府組織人員及其直系親屬實施對等制裁，同時決定取消美國持外交護照人員臨時訪問香港、澳門免簽待遇，是對美國霸凌行徑的強力反制。在事關國家主權和安全利益的原則問題上，中國絕不會有絲毫妥協退讓，美國干預香港事務、遏制中國的圖謀絕不可能得逞。

堅決支持中國政府制裁美 28 名反華政客
—— 關於中國制裁蓬佩奧等 28 名美國人員的回應

2021 年 1 月 22 日香港《文匯報》、《大公報》、《香港商報》

美國總統拜登宣誓就職成為美國總統，中國外交部宣佈制裁剛卸任國務卿的蓬佩奧等 28 人。全國政協委員、中國和平統一促進會香港總會會長姚志勝表示，特朗普政府上台以來，有計劃、有系統損害中國主權和發展利益，蓬佩奧離任前更上演最後瘋狂。中國政府決定對在涉華問題上嚴重侵犯中國主權、負有主要責任的 28 名人員實施制裁，理所當然，得到中國人民的堅定支持。

姚志勝會長指出，特朗普政府為求自己的政治利益，上台以來打着「美國優先」的旗號，這些操盤人大打貿易戰，干涉中國內政，以冷戰思維一手破壞中美關係。今次被制裁的對象及其家屬，禁止入境中國內地和香港、澳門，他們及其關聯企業、機構也已被限制與中國打交道、做生意。這是中國政府捍衛國家主權、安全、發展利益的必然舉措。

姚志勝會長續說，特朗普政府單邊主義危害全球的所作所為惡名昭彰，責任全在美方，世人有目共睹。新上台的拜登政府應以前朝為鑒，不要再隨反華政客的指揮棒起舞，否則，中國政府必定全力反制。

駱主任「四個判斷」表達中央對港關心期待要求

—— 關於駱惠寧主任在中聯辦 2021 年新春酒會講話的回應

2021 年 2 月 6 日香港《文匯報》、《大公報》、《香港商報》

　　中聯辦在線舉辦 2021 年新春酒會，駱惠寧主任在致辭中向 750 萬市民送上新春祝福，並對香港這個家作出「四個判斷」。全國政協委員、中國和平統一促進會香港總會會長姚志勝表示，香港在 2020 年歷經「黑暴」和新冠疫情衝擊，在經濟民生處於十字路口之際，駱主任以「四個判斷」分析和總結香港形勢，不僅準確概括了香港社會的特點和優勢所在，而且說明了建設好香港這個家的要求和正確路徑，表達了中央對香港的關心、期待和要求，極大鼓舞了香港市民把香港這個家建設得更好的信心！

　　姚志勝會長指出，經歷「修例風波」到新冠疫情之後，香港接下來會怎樣？還會有甚麼變化？駱主任的「四個判斷」從制度、經濟、內外形勢等方面切入香港實際，鞭辟入裏，撥開迷霧，是香港走出當前疫境和經濟困局的重要指引。在祖國的全力支持下，香港社會各界以時不我待的精神，堅持全面落實「一國兩制」，堅持「愛國者治港」，堅定融入國家發展大局，香港這個家定能揚帆起航，乘風破浪，再寫傳奇。

國家安全是發展所憑　支持規管打擊危害國安活動

—— 關於駱惠寧主任在「全民國家安全教育日 2021」開幕禮致辭的回應

2021 年 4 月 16 日香港《文匯報》、《大公報》、《香港商報》

　　今日是我國第六個「全民國家安全教育日」，亦是香港國安法實施後的首個「全民國家安全教育日」。香港中聯辦主任、香港特區國安委國家安全事務顧問駱惠寧在「全民國家安全教育日 2021」開幕禮上致辭時強調，國家安全是發展所憑，特區要切實承擔起在港維護國家安全的憲制責任。全國政協委員、中國和平統一促進會香港總會會長姚志勝表示，香港在「黑色暴亂」中出現種種亂象，中央及時出手制定實施香港國安法救港，國安法實施前後的強烈對比讓人們清楚看到，只有維護國家安全，社會安穩和發展才有基本保障。社會各界須正確認識國家安全的重要意義，積極履行維護國家安全的法定義務，與特區政府一道守護國家安全，支持配合完善香港選舉制度，本地立法維護政權安全，打擊、規管各種分離和外國勢力的破壞活動，確保香港「一國兩制」實踐行穩致遠。

　　姚志勝會長指出，2019 年的修例風波演變成「黑色暴亂」，香港甚至出現本土恐怖主義的勢頭，香港的社會穩定發展、市民的生命財產人身自由都受到嚴重衝擊。香港國安法實施後，香港恢復秩序，社會安定，市民安全，人心安寧。維護國家安全對香港的重要意義顯而易見：國家安全受到侵害香港就會動亂，國家安全受到保護香港就會穩定。

　　駱主任在致辭中指出，凡破壞國家安全的，屬「硬對抗」，就依法打擊；屬「軟對抗」，就依法規管。姚志勝會長說，這指明了香港維護國家安全要兼顧依法打擊和依法規管的工作原則。姚會長續說，國安法實施後，分離分子和外國勢力仍不會善罷甘休，特區必須堅持依法打擊和依法規管各種危害國家安全的破壞活動。在香港推動全民國家安全教育，更讓市民特別是年輕人提高維護國家安全的意識，讓香港國安法落地生根，社會人人共守，在香港築起維護國家安全的銅牆鐵壁。

自由不能突破國安底線　支持警方嚴正執法

—— 關於警方拘捕壹傳媒高層的回應

2021 年 6 月 18 日香港《文匯報》、《香港商報》

　　警方拘捕涉嫌違反國安法的 5 名壹傳媒高層。全國政協委員、中國和平統一促進會香港總會會長姚志勝表示，警方今次行動對準干犯違反國安法的行為，證據確鑿，無關新聞自由。警方依法辦案，目的是要遏止有人以新聞機構為幌子危害國家安全，斬斷外部勢力伸進香港的黑手。香港統促總會全力支持警方嚴正執法，維護國家安全和香港繁榮穩定。

　　姚志勝會長指出，今次事件凸顯新聞自由也有底線，國家安全沒有任何妥協空間，只要觸犯國安紅線，警方定必堅定執法，干犯者必然為自己的惡行付出代價。香港是法治社會，任何人、任何組織都不要以為有以美國為首的外部勢力撐腰，就可以逃過法律制裁，新聞自由也不是違法行為的「擋箭牌」。本案屬中國內政和香港內部事務，外部勢力無權說三道四。

夏副主席總結國安法重大成效　指導香港未來發展
—— 關於夏寶龍副主席在香港國安法一週年研討會講話的回應

2021 年 7 月 17 日香港《文匯報》、《大公報》、《香港商報》

　　全國政協副主席、國務院港澳事務辦公室主任夏寶龍在「香港國安法實施一週年回顧與展望」專題研討會發表重要講話。全國政協委員、中國和平統一促進會香港總會會長姚志勝表示，夏副主席的講話，全面深刻回顧了國安法實施一年來香港由亂及治的重大變化，並對香港未來進一步深化維護國家安全工作、嚴格落實「愛國者治港」，提出了具體要求，對香港的未來發展具有重要的指導意義。姚會長說，社會各界共同維護國家安全，全面落實「愛國者治港」，定能使「一國兩制」實踐行穩致遠，香港前景一定會更加亮麗。

　　姚志勝會長指出，夏副主席在講話中多處評價了香港特區在過去一段時間為維護國家安全所作出的努力，包括：林鄭月娥行政長官帶領管治團隊，迅速建立維護國家安全的機構；香港警隊嚴正執法，依法偵辦多宗國安案件；社會各界組成「撐國安立法」聯合陣線，短短 8 天就獲得 290 多萬市民簽名支持，等等。夏副主席在講話中高度肯定了特區政府和香港各界履行維護國家安全責任的不懈努力，這是對香港各界的巨大鼓舞，激勵全社會繼續「撐國安」、「撐國家」、「撐香港」的信心、決心和恆心。

　　姚志勝會長續說，香港局勢雖然轉趨穩定，但各種國家安全風險仍在，特別是外部反華勢力干預香港事務從來沒有停止過。夏副主席在講話中對外力踐踏國際法、干涉我國內政嚴正批評，是激濁揚清的正義之聲，也是激進亂港分子的喪鐘之聲，表達了香港市民反對外力害港的心聲，引起香港社會各界強烈共鳴。為構築維護國家安全的銅牆鐵壁，社會各界更須坐言起行，支持特區政府、香港警隊和各種維護國安的機構，用足用好國安法，消除國安風險點，讓香港更好融入國家發展大局，為「一國兩制」事業作新貢獻。

任何人干預港事都將被迎頭痛擊

—— 關於外交部宣佈對等制裁 7 美國人員實體的回應

2021 年 7 月 24 日「香港商報網」
2021 年 7 月 25 日香港《文匯報》、《大公報》、《香港商報》

針對美國發佈所謂「香港商業警告」，以及對 7 名香港中聯辦副主任實施所謂「制裁」，外交部宣佈對前美國商務部部長羅斯、香港民主委員會等 7 個美國人員和實體實施對等制裁。全國政協委員、中國和平統一促進會香港總會會長姚志勝代表香港統促總會表示堅決支持。他説，這些被制裁的美方人員和實體長期干預香港事務，損害國家和香港整體利益，更以所謂「民主」、「自由」等幌子文過飾非、混淆視聽，香港統促總會堅決支持中國政府根據《反外國制裁法》對美國作出有力回擊，對美方的相關人員和實體實施對等制裁。

姚志勝會長強調，中國人民不惹事，也不怕事，中華民族是嚇不倒、壓不垮的。中國人民從不欺壓別國人民，但當任何外力以任何方式干預香港事務、干涉中國內政，公然挑釁中國主權，包括絕大多數香港市民在內的 14 億中國人民決不答應，必定會迎頭痛擊！

全力支持外交部「事實清單」 不容美國干預港事

—— 關於外交部發佈美國干預港事「事實清單」的回應

2021 年 9 月 24 日「香港商報網」
2021 年 9 月 25 日香港《文匯報》、《香港商報》

外交部發佈《美國干預香港事務、支持反中亂港勢力事實清單》，羅列美國干預香港事務的諸多事實。全國政協委員、中國和平統一促進會香港總會會長姚志勝指出，外交部發佈有關「事實清單」，將美國自 2019 年「修例風波」以來一手炮製的種種惡行陳列公眾，充分揭露美國推動「港版顏色革命」的陰謀，讓社會進一步認清美國製造香港亂局的真面目。姚志勝會長表示，香港統促總會全力支持外交部羅列「事實清單」，香港事務是中國內政，維護國家安全天經地義，絕不容外力干預。

姚志勝會長指出，美國藉「修例風波」策動「港版顏色革命」，以資金、組織扶植在港代理人反中亂港，對中央和特區政府主要官員揮舞「制裁大棒」，外交部的「事實清單」，揭露美國瘋狂干預港事事實俱在。事實證明，美國從來不是真正關心、維護香港的人權自由，只是把香港當成棋子，以達到遏制中國發展的目的。香港社會各界必須堅守底線，堅決維護國家主權安全，維護社會大局穩定。

依法取締「支聯會」是必要正義行動

—— 關於政府剔除「支聯會」公司註冊的回應

2021 年 10 月 27 日香港「文匯網」、「大公文匯網」、「香港商報網」、「點新聞」

行政長官會同行政會議決定，依據《公司（清盤及雜項條文）條例》的規定，命令公司註冊處處長將反中亂港組織「支聯會」從公司註冊名單中剔除。全國政協委員、中國和平統一促進會香港總會會長姚志勝表示，「支聯會」一直支持和宣揚五大綱領，包括「結束一黨專政」，其目的就是企圖結束中國共產黨的領導，推翻憲法所確立的國家根本制度，顛覆國家政權，危害國家安全，特區政府依法取締「支聯會」是必要而正義的行動，香港統促總會堅決支持。

姚志勝會長表示，香港國安法規定，在港任何機構、組織和個人都不得從事危害國家安全的行為和活動。「支聯會」從成立之初就從事顛覆國家政權的活動，包括通過造謠、誹謗和組織非法遊行集會，攻擊抹黑中國共產黨的領導，以此煽動民眾對國家執政黨和中央政府的敵視仇恨，進而達到推翻憲法所確立的國家根本制度的目的，嚴重危害國家安全惡行事實俱在，不容抵賴。

姚志勝會長續指，「支聯會」雖在法律上已告解散，但其要員的法律責任將仍然持續，警方及相關部門必須對「支聯會」依法追究到底，以維護國家安全和香港的繁榮穩定。

支持警方依法查處《立場新聞》
—— 關於警方拘捕《立場新聞》高層的回應

2021 年 12 月 29 日「香港商報網」
2021 年 12 月 30 日香港《文匯報》、《香港商報》

　　警方國家安全處拘捕 6 名網媒公司《立場新聞》高層人員或前高層人員，有關人員涉嫌違反刑事罪行條例第 9 及 10 條串謀發佈煽動刊物罪。全國政協委員、中國和平統一促進會香港總會會長姚志勝表示，發佈煽動刊物屬嚴重罪行，對國家安全和香港社會秩序構成重大風險隱患。香港統促總會支持警方果斷執法，切實消除國安風險，保障社會秩序。特區政府有責任維護國家安全和香港社會秩序，任何人以「軟對抗」等不同方式危害國家主權安全和香港政治穩定，必被追究到底。

　　姚志勝會長指出，中央實施香港國安法和完善選舉制度，迎來香港由亂及治重大轉折。但本港國安風險未完全消除，任何人利用媒體煽動市民參與涉及顛覆國家政權、危害國安的活動，美化黑色暴力思想和行動，荼毒青少年心靈，都必須被依法追究。警方今次行動無關新聞自由。對於反中亂港分子利用媒體、文化、刊物等方式，繼續鼓吹對抗中央及特區政府，企圖改變國家根本制度，特區政府、執法部門有責任根據香港國安法及本地相關法律採取執法行動，維護國家憲制秩序和國家安全，確保香港「一國兩制」實踐行穩致遠。

強烈譴責歐洲議會顛倒黑白干涉港事
—— 關於歐洲議會通過涉港決議的回應

2022 年 1 月 21 日「香港商報網」
2022 年 1 月 22 日香港《文匯報》、《大公報》

　　歐洲議會通過所謂香港基本自由遭受侵害的決議，叫囂要制裁中國中央政府和香港特區政府官員以及相關企業。全國政協委員、中國和平統一促進會香港總會會長姚志勝指出，香港事務是中國內政，任何外部勢力都無權干預，歐洲議會的決議對香港的「一國兩制」實踐作出失實指控，將香港由亂轉治說成限制香港自由，完全是顛倒黑白，肆意抹黑，製造藉口干涉港事，對此，必須予以強烈譴責！

　　姚志勝會長指出，中央制定落實香港國安法、主導完善香港選舉制度，香港進入良政善治新時代，完全符合香港廣大市民的利益。國安法令香港實現由亂到治，「黑暴」大肆破壞、極端分子煽動仇恨的場景已一去不返，市民重享安寧的生活環境。新一屆立法會議員積極就香港經濟民生議題建言獻策，香港政治氣象迎來良好轉變。這是鐵一般的事實，任何外部勢力如何抹黑詆毀也是徒然。

　　姚志勝會長表示，中國已經進入強國時代，過去那種任人宰割、飽受欺凌的屈辱時代一去不復返了。中國人民維護國家主權、安全、發展利益的意志堅如磐石。任何外部勢力如果認為還可以對中國頤指氣使、指手畫腳，那是不自量力，只會碰得頭破血流！

強烈譴責美國眾議院粗暴干預香港事務和中國內政
—— 關於美國眾議院通過「競爭法案」的回應

2022 年 2 月 5 日「香港商報網」
2022 年 2 月 6 日香港《文匯報》

美國眾議院通過所謂「2022 年美國競爭法案」，肆意抹黑詆毀中央政府涉港政策。全國政協委員、中國和平統一促進會香港總會會長姚志勝指出，香港事務是中國內政，任何外部勢力都無權干預，美國眾議院的有關法案無視香港由亂轉治的基本事實，無視香港社會盼望良政善治的主流民意，粗暴干預香港事務和中國內政，踐踏國際法和國際關係基本準則，香港統促總會對此予以強烈譴責。

姚志勝會長指出，在中央主導下，香港國安法有效實施、新選舉制度成功實踐，香港局勢實現了由亂轉治的重大轉折，並正朝着長治久安、由治及興的良好態勢穩步邁進。實踐證明，香港國安法有效維護國家安全和香港安寧，新選舉制度符合「一國兩制」原則和香港實際情況，兩者為香港長期繁榮穩定提供了法律和制度保障，這是任憑外部反華政客如何顛倒黑白、砌詞攻擊也改變不了的事實。

姚志勝會長強調，中國已經進入強國時代，過去那種任人宰割、飽受欺凌的屈辱時代已一去不復返，任何外力干預都無法撼動中國維護國家主權、安全、發展利益的強大意志，無法撼動中央全面準確貫徹「一國兩制」的堅定決心，圖謀打「香港牌」遏制中國發展只會落得失敗收場。

第二部分

完善選舉制度　落實「愛國者治港」

堅決支持人大決定
DQ 反對派議員　遏制議會亂象
—— 關於全國人大常委會通過立法會議員資格問題決定的回應

2020 年 11 月 12 日香港《文匯報》、《大公報》、《香港商報》

　　全國人大常委會通過關於香港立法會議員資格問題決定，規定立法會議員不符合擁護基本法、效忠中華人民共和國香港特別行政區的法定要求和條件，一經依法認定，即時喪失議員資格。特區政府根據決定，宣佈郭榮鏗等 4 人喪失立法會議員資格。中國和平統一促進會香港總會堅決支持人大決定和特區政府的行動。全國政協委員、中國和平統一促進會香港總會會長姚志勝表示，人大決定為規範和處理立法會議員資格問題提供了堅實法律基礎，有助議會重回正軌，特區政府依法有效施政和社會正常運行，「一國兩制」行穩致遠。由拉布而起的立法會亂象已經引起社會強烈關注和憂慮，人大常委會關於香港立法會議員資格問題的決定，不僅是依據憲法及基本法賦予的權力，更體現對香港根本利益的堅守，對民意的尊重，符合香港利益，有利全社會走出立法會亂象的泥潭，聚精會神於抗疫及恢復經濟，讓社會早日重回正軌。

　　姚志勝會長指出，全國人大常委會作為最高國家權力機關的常設機關，決定的法律效力和權威性不容挑戰。決定與基本法第 104 條和全國人大常委會有關解釋，以及香港國安法的立法精神一脈相承，都是對「一國兩制」下特別行政區制度的健全和完善。決定對確保立法會議員履行對國家和特區效忠的憲制責任，在制度上劃定了底線、立下了規矩。

　　姚志勝會長強調，擁護基本法、效忠國家和香港特區，是包括立法會議員在內的公職人員的基本政治倫理，議員作出相悖的言行，就是無法忠誠履行議員職責。人大決定明確了議員不符合「擁護」和「效忠」言行的法律後果和喪失議員資格的程序，進一步確立有關規則。在立法會選舉提名期間，已經被依法認定不符合參選法定要求和條件的人，自然

也不具備出任議員的法定要求和條件。

　　姚志勝會長希望，人大決定能令立法會重回正軌，有效制止議會拉布、暴力阻撓議事、涉及經濟民生福祉的議案被無理拖延的亂象，讓議會能重新聚焦應對疫情、振興經濟、改善民生，協助香港擺脫困境再出發。

中央重視港人意見　區議會界別選委應予取消

—— 關於夏寶龍副主席聽取香港各界對落實「愛國者治港」意見的回應

2021 年 3 月 1 日《大公報》、《香港商報》

　　全國政協副主席、港澳辦主任夏寶龍於深圳出席為期兩日的座談會，聽取香港社會各界代表對完善香港選舉制度、落實「愛國者治港」意見。全國政協委員、中國和平統一促進會香港總會會長姚志勝表示，香港近年由選舉產生的「攬炒派」議員，導致「攬炒」勢力大舉進入香港治理架構，出現挑戰「一國兩制」、抵制國家民族的荒謬言行，反映香港選舉制度存在嚴重缺陷，急須修改完善。中央聽取香港各界的意見，既顯示中央重視香港社會的意見，也表明中央希望儘快落實修改完善香港的選舉制度。

　　姚志勝會長認為，行政長官選舉事關香港憲政秩序，負責選出行政長官的選委會代表擔負重要的選舉責任，選委會委員必須符合愛國者標準。在目前的選舉制度中，區議會界別選委有 117 個，幾乎佔整個選委會的五分之一。然而，區議會只是非政權性的區域組織，在行政長官選委會中有這麼多的席位並不合理，同時，區議會界別已經不能確保由愛國者擔任選委，應該予以取消，改以其他界別填補，以做到由愛國者擔任選委會委員，把「愛國者治港」這一根本原則落到實處，確保香港管治權牢牢掌握在愛國愛港者手中。

完善選舉制度　確保繁榮穩定

—— 關於全國人大常委會通過修訂基本法附件的回應

2021 年 3 月 31 日香港《文匯報》、《香港商報》

全國人大常委會全票通過新修訂的香港基本法附件一和附件二。全國政協委員、中國和平統一促進會香港總會會長姚志勝表示，人大常委會對香港選舉制度的核心安排作出明確規定，具有最高法律權威，為香港新選舉制度奠定了憲制基礎，我們堅定擁護和支持。中央通過制度層面全面落實「愛國者治港」，剔除特區管治架構中的反中亂港者，可以確保塑造良性的政治生態，促進香港良政善治，維護香港繁榮穩定。社會各界應全力支持特區政府落實人大決定，抓緊時間做好本地法例修訂工作。

姚志勝會長指出，全國人大常委會作為最高國家權力機關的常設機關，履行憲制責任，就香港選舉制度的核心問題作出決定，是對歷史負責、對香港負責的表現。基本法和全國人大及其常委會的決定，構成香港政制發展的憲制性依據，是香港選舉遵循的唯一法律根據。尊重和維護全國人大常委會作出的決定，是香港作為一個法治社會的應有之義，也是順利落實「愛國者治港」的關鍵所在。香港各界必須嚴格按照人大決定及其常委會所作修訂，在正確的軌道上推動「愛國者治港」，共同譜寫香港民主發展的新篇章。

姚志勝會長說，人大常委會作出決定規定了選舉委員會、行政長官選舉和立法會選舉的核心要素，優化了參政議政的「均衡參與」，強化了「行政主導」的政治體制，體現了制度設計的「與時俱進」，將有利於充分體現香港社會整體利益，提升香港的民主品質，提升特區管治效能，為香港政治制度平穩運行保駕護航。

姚志勝會長續說，今次人大常委會決定，中央事前廣泛聽取香港各界意見，考慮到香港發展現狀，經過認真討論，反覆研究，按照法定程

序鄭重作出決定，合法、合理、合情，體現了中央依照基本法、循序漸進推進香港民主發展的決心和誠意，獲得香港主流民意的支持。

　　姚志勝會長提到，全國人大常委會獲全國人大授權根據需要決定基本法附件一、附件二所規定制度的細化程度，有利於特區本地立法準確落實立法意圖。全國人大及其常委會授予了香港特區充分的權力進行本地配套立法。社會各界須全力支持特區政府在有限的時間內儘快完成立法工作，確保在未來一年內完成選舉委員會、立法會和行政長官的選舉，讓香港儘快聚焦發展，改善民生，造福港人。

祝賀選委會選舉圓滿成功　希望選委擔當作為
—— 關於選舉委員會選舉順利舉行的回應

2021 年 9 月 19 日香港「文匯網」、「大公文匯網」、「香港商報網」、「點新聞」
2021 年 9 月 20 日香港《文匯報》、《香港商報》、「星島環球網」

　　選舉委員會選舉順利舉行。中國和平統一促進會香港總會祝賀選委會選舉圓滿成功。全國政協委員、中國和平統一促進會香港總會會長姚志勝表示，是次選舉穩健邁出落實「愛國者治港」首步，意義非凡，為促進香港回歸行政主導、改善特區政府管治、推動社會聚焦經濟民生及加快融入國家發展大局，奠定堅實基礎。他期望新當選的全體選委謙虛謹慎、擔當作為，以維持香港繁榮穩定為依歸，按照「五個善於」的標準，選出賢能愛國者治理香港，推動香港實現良政善治。

　　姚志勝會長表示，在整個選舉過程當中，已不見過去候選人間互相攻訐的選舉亂象，參選者積極為香港經濟民生難題及未來發展方向建言獻策，縱使觀點各有不同，但都能展示出互相尊重、求同存異的良好選舉氛圍，為未來多場重要選舉起了示範作用。是次成功經驗，充分證明新選制不僅具有選賢任能、選出合格管治者的優勢，而且顯示愛國者有能力魄力治理好香港。

　　姚志勝會長指出，選委會經過重新構建後，具有更廣泛代表性和民意基礎，更能體現各界別各族羣均衡參與，其中新增中小企業、基層社團、同鄉社團、內地港人團體的代表、有關全國性團體香港成員的代表等界別分組，能令選委會內的聲音更多元、更立體，為治港者提供重要參考。市民對於過去反中亂港勢力在議會內外製造對立、煽動政爭、令香港發展停滯感到厭倦，新選制將他們排除在外，有效抑制碎片化、民粹化、寡頭化等惡劣情況，也符合求穩定、求發展的主流民意。

　　姚志勝會長希望新當選的選委履職盡責，擔當作為，施展才華，推動香港儘快回歸聚焦發展的正軌，助力香港積極融入國家發展大局，續寫「一國兩制」的新篇章。

資審會審查結果合法合理 體現新選制公平包容
—— 關於立法會選舉候選人資審結果公佈的回應

2021 年 11 月 19 日「香港商報網」
2021 年 11 月 20 日《香港商報》

候選人資格審查委員會完成審查所有立法會換屆選舉候選人的提名，公佈裁定 153 人提名有效，1 人因在政府部門兼職，提名無效。全國政協委員、中國和平統一促進會香港總會會長姚志勝表示，資審環節是新選制下的法定程序，是落實「愛國者治港」的「安全閥」，不可或缺，絕不是「僭建物」。資審會嚴格把關，不僅確保所有候選人都符合法律要求，作出對國家和香港負責任的決定，而且體現中央「愛國者治港」不搞「清一色」的要求，審核標準一視同仁、公平公正、審慎包容，審查結果受到社會各界支持和歡迎。有人以政治立場對審查制度作出不實攻擊，並聲稱杯葛選舉，要香港選制走回頭路，必須譴責，執法部門對於破壞選舉的違法行徑必須嚴肅跟進，依法追究。

姚志勝會長指出，基本法附件二列明，資審會負責審查並確認立法會議員候選人的資格，就有關人士是否符合擁護香港基本法、效忠香港特區的法定要求和條件作出決定。2021 年 7 月，全國政協副主席、國務院港澳事務辦公室主任夏寶龍強調，絕不容許任何一個反中亂港分子通過任何途徑和方式混進特別行政區管治架構是一條鐵的底線，資審會要發揮把關作用。今次資審會的審查結果，體現了落實「愛國者治港」、依法選舉的選制要求和法治原則，合法合理。

姚志勝會長說，今次資審會的審查結果顯示，不同政治背景、不同社會界別階層人士齊齊「入閘」，符合均衡參與及廣泛代表性，反映新選制不搞「清一色」，審核標準一視同仁、公平公正、審慎包容。所謂新選制是搞「一言堂」的說法，完全站不住腳。對於被裁定參選資格無效的參選人，資審會亦作出說明，法律理據充分，不存在政治偏見，被 DQ 人

士應予以理解和尊重。

　　姚志勝會長表示，對議會參選人進行審查，以維護國家安全，是世界各地選舉制度的通例。資審會的審查結果，確保「入閘」者不持分裂立場，反中亂港者不再入局，參選人將可專心競選，選民可安心投票。有人鼓動選民不去投票或投白票的言行，違反香港的選舉條例，是杯葛選舉的違法言行，特區政府須嚴肅跟進，依法追究，確保選舉順利舉行，社會各界更要積極參與選舉投票，共同守護新選舉制度，全面落實「愛國者治港」。

尊崇落實憲法　確保「一國兩制」行穩致遠

—— 關於駱惠寧主任在「憲法與『一國兩制』」網上座談會致辭的回應

2021 年 12 月 4 日香港「文匯網」、「大公網」、「大公文匯網」、「香港商報網」、「橙新聞」
2021 年 12 月 5 日香港《文匯報》、《大公報》、《香港商報》

中聯辦主任駱惠寧在「憲法與『一國兩制』」網上座談會致辭，全面分析憲法與推動「一國兩制」實踐的關係。全國政協委員、中國和平統一促進會香港總會會長姚志勝表示，駱主任指明憲法具有確立「一國兩制」制度體系根基、保障「一國兩制」實踐行穩致遠、引領「一國兩制」事業與時俱進的重大作用，啟示香港社會必須認清憲法是基本法和香港特區的「根」和「源」，尊重和維護中國共產黨的領導，繼續完善憲法和基本法實施的制度機制，從而為香港在良政善治新時代中推動「一國兩制」作出新實踐，為國家發展作出新貢獻。

姚志勝會長說，駱主任的講話，強調了憲法是國家的根本法，在全國範圍內具有最高法律地位和最高法律效力，更以「五個沒有」說明香港特區在任何時候都不能脫離統一的國家憲法體制。駱主任的講話，讓我們看到了堅定維護憲法與基本法確立的憲制秩序的重要性、必然性，這也是全面準確貫徹落實「一國兩制」方針的根本要求。撇開憲法談香港發展，就是無源之水，無根之木。香港社會必須認清憲法是基本法的源頭，「一國」是「兩制」的前提，才能確保「一國兩制」實踐不變形、不走樣，維護香港長期繁榮穩定。

駱主任的講話，從正常狀態的規範調適、非常時刻的正本清源、撥亂反正，說明憲法和基本法對「一國兩制」實踐的保障作用。姚志勝會長表示，中央實施香港國安法後，一舉扭轉了香港亂局，實現了重大轉折，再次說明要維護香港市民的整體和根本利益，要保持香港的長期繁榮和穩定，離不開憲法和基本法的保駕護航。有「一國兩制」的獨特優勢，有憲法和基本法的重要保障，「一國兩制」實踐就能始終保持正確方向。

駱主任強調，不承認憲法在香港特別行政區的至高地位、不尊重中國共產黨的領導，就是忘了香港特別行政區是怎麼來的，實際上就是否定「一國兩制」的憲制根基。姚會長指出，中國共產黨是「一國兩制」的創立者、領導者、實踐者以及守護者，憲法第一條列明：「中國共產黨領導是中國特色社會主義最本質的特徵。」駱主任的講話提醒香港社會，香港落實「一國兩制」，必須要旗幟鮮明地維護憲法和基本法確立的特區憲制秩序，尊重中國共產黨的領導。

　　駱主任指出，堅信在憲法和基本法的規範指引下，隨着「愛國者治港」原則全面有效落實，香港將實現良政善治，這一過程必將是港人當家作主與依法治國有機統一的過程，也必將是香港居民的權利和自由得到依法保障的過程，是香港社會不斷進步和個人不斷發展的過程。姚會長說，駱主任所講的「三個過程」，清楚說明「愛國者治港」原則，不僅是推動憲法在特區的全面貫徹落實的需要，而且香港社會和個人都可以有更大作為和貢獻。香港進入良政善治新時代，香港融入國家發展大局和各項發展大計蓄勢待發，香港社會更須推動憲法在特區的全面貫徹落實，弘揚憲法精神，自覺尊崇憲法和基本法、遵守憲法和基本法的規定、維護憲法和基本法的權威，推動「一國兩制」行穩致遠。

愛國者治港「五光十色」
踴躍投票共畫「一國兩制」最大同心圓
—— 關於夏寶龍副主席在《香港志》相關簽署儀式致辭的回應

2021 年 12 月 6 日「香港商報網」
2021 年 12 月 7 日香港《文匯報》、《香港商報》

全國政協副主席、國務院港澳辦主任夏寶龍在《香港志》相關簽署儀式上致辭，就「愛國者治港」和立法會選舉等發表重要講話。全國政協委員、中國和平統一促進會香港總會會長姚志勝表示，夏副主席講話強調「愛國者治港」不僅有標準，身份、價值理念和社會制度等特點，體現了豐富外延的多樣性，而且指出新選舉制度的廣泛代表性、政治包容性、均衡參與性、公平競爭性，彰顯出新選舉制度具有多個優勢和特點。社會各界應該踴躍投票，在愛國愛港旗幟下，以選票共同畫出「一國兩制」最大同心圓，共同表達對國家富強昌盛的美好希望和香港繁榮穩定的共同心願。

姚志勝會長指出，立法會選舉全面落實「愛國者治港」根本原則，候選人的新競選格局令人耳目一新。夏副主席提到，我們講「愛國者治港」，絕不是要搞「清一色」，而是要搞「五光十色」，是具有多樣性的。這說明「愛國者治港」是能夠畫出「一國兩制」實踐行穩致遠、香港長期繁榮穩定、香港同胞奔向美好生活這個符合香港根本利益的最大同心圓，提示香港社會應以正確眼光看待「愛國者治港」，大家只要積極投入今次立法會選舉，就能最大限度拉長包容多樣性的半徑，造福香港。

夏副主席以廣泛代表性、政治包容性、均衡參與性、公平競爭性概括出今次立法會選舉的四大特性。姚志勝會長說，這顯示了香港市民正在享有「愛國者治港」原則下真實存在的優質民主，任何人只要不帶偏見都可看出，目前的選舉狀況更能促進民主多元表達，更有利以民主帶動民生此一民主目標。只要堅定落實「愛國者治港」，就能體現保持香港長

期繁榮穩定、推動香港民主發展、實現良政善治的邏輯必然聯繫。

　　夏副主席在講話中說，香港的良政善治，要靠廣大港人共擔責任去創造。姚志勝會長表示，這是對廣大市民用好手中選票的極大勉勵。姚志勝會長呼籲，所有擁護「一國兩制」、希望香港越來越好的香港居民，都應該履行香港發展主人翁的公民責任，依法行使民主權利，把良政善治變成現實，踴躍投出手中神聖一票選賢與能，讓香港民主更加奪目璀璨，讓「一國兩制」實踐更加豐盛！

中央堅定支持香港民主發展
反中亂港漢奸所為必被釘在歷史恥辱柱
—— 關於中聯辦、外交部駐港公署合辦民主座談會的回應

2021 年 12 月 9 日「香港商報網」
2021 年 12 月 10 日《大公報》、《香港商報》

　　中聯辦聯同外交部駐港特派員公署舉辦「透視民主真諦　堅定民主自信」主題座談會。外交部駐港特派員劉光源和中聯辦副主任陳冬致辭時皆強調，中央政府堅定支持香港民主發展，目前正沿着正確的軌道前行，任何人、任何外部勢力都無法阻擋、無權干涉。全國政協委員、中國和平統一促進會香港總會會長姚志勝表示，香港回歸後民主發展有目共睹，中央完善香港選舉制度更是把「愛國者治港」原則落到實處，使香港民主發展重回正軌。反中亂港勢力針對香港民主制度、包括是次立法會選舉的抹黑、攻擊，必將被中央及特區政府有力回擊，也必將被廣大中國人民和香港市民唾棄。他呼籲香港市民在立法會選舉踴躍投票，以實際行動反擊美國的干預抹黑。

　　姚志勝會長表示，在美國舉辦所謂的「民主峰會」前夕，繼國務院新聞辦發佈《中國的民主》白皮書，中聯辦和外交部駐港公署亦舉辦了民主座談會，揭示美國在國際層面充當民主、人權等的「教師爺」，自身卻是劣跡斑斑、亂象叢生，非常有意義。

　　姚志勝會長續指，美國多年來自詡全球的「民主燈塔」，對別國強加自己的政治制度和價值理念，策動「顏色革命」干涉他國內政甚至奪權，假藉民主之名行反民主之實，極大地褻瀆和歪曲民主精神。若非中央果斷出手，先後制定實施香港國安法及完善香港選舉制度，令香港由亂轉治，香港恐怕也深受其害。

　　對於被香港警方通緝的前「香港眾志」主席羅冠聰獲邀出席「民主峰會」發言，姚志勝會長指出，如此唱衰香港、詆毀國家的漢奸所為，全國

14 億人民不會接受，絕大部分香港市民也不會輕易放過，最終更會被釘在歷史的恥辱柱上，這些跳樑小丑無論怎樣賣力表演，也不能阻擋香港步向良政善治的大好形勢。

　　姚志勝會長說，香港已經擁有實實在在的民主進步，面對以美國為首的西方勢力意圖以民主作幌子續打「香港牌」遏制中國發展，對新選制指手劃腳，香港社會必須保持清醒認識，堅決反制，廣大市民應以選票展示擁護「一國兩制」的主人翁姿態，在立法會選舉踴躍投票，齊心選賢舉能，共同創造良政善治新局面。

白皮書彰顯
中央推動香港民主發展決心誠意一以貫之
—— 關於國務院新聞辦發表《「一國兩制」下香港的民主發展》
白皮書的回應

2021 年 12 月 20 日「香港商報網」
2021 年 12 月 21 日香港《文匯報》、《大公報》、《香港商報》

　　國務院新聞辦公室發表《「一國兩制」下香港的民主發展》白皮書。全國政協委員、中國和平統一促進會香港總會會長姚志勝表示，白皮書講清楚香港民主發展的一系列重要問題和歷史真相，指出了「一國兩制」下香港民主發展的目標和路徑，具有還原歷史、正本清源、增強信心的重要意義。新選制下的首次立法會選舉成功舉行，香港社會通過白皮書，可以更好理解中央才是香港民主的真正推動者和捍衛者，香港的民主發展道路必將在中央支持下越來越寬廣。

　　姚志勝會長指出，香港在英國殖民統治下沒有民主可言，中央是香港特別行政區民主制度的設計者、創立者、推進者和維護者，建立發展香港民主的決心、誠意以及付出的巨大努力是一以貫之，有目共睹。白皮書還原歷史真相，可以引導香港社會正確認識香港民主發展的歷史脈絡。

　　姚志勝會長表示，白皮書用事實說明，前些年香港民主發展出現嚴重曲折，反中亂港分子及其背後的外部勢力是罪魁禍首。這是切中要害的精確判斷，香港社會必須看清內外反中亂港分子阻礙香港民主發展的險惡用心和陰暗面目，共同掃除民主障礙，香港民主才能有更好發展。

　　姚志勝會長續說，中央對在「一國兩制」下發展符合香港實際情況的民主制度，認識更深刻，方向更明確，思路更清晰，信心更堅定，步伐更穩健。白皮書揭示了香港發展民主的一個真理：落實中央決策，依法推動選制，堅定走符合香港實際情況的民主發展道路，民主道路必將越走越寬廣。白皮書進一步堅定了我們對發展符合香港實際情況的民主制度的自信。

西方政客打着民主反民主　白皮書作出有力回擊
—— 關於國務院新聞辦《「一國兩制」下香港的民主發展》
白皮書吹風會的回應

2021 年 12 月 27 日「香港商報網」

　　國務院新聞辦公室舉行吹風會，邀請專家解讀《「一國兩制」下香港的民主發展》白皮書有關內容。全國政協委員、中國和平統一促進會香港總會會長姚志勝表示，以美國為首的西方國家一些政客，抱持西方中心主義的傲慢與偏見，眼中只有自己那一套民主模式，對於有別於他們的民主看不過眼，甚至向世界各地強行推銷他們的民主，這與民主的本質背道而馳，是打着民主的旗號反民主。

　　姚志勝會長指出，西方反華勢力操控香港極少數反中亂港勢力，不斷干擾破壞香港民主發展，挑戰憲法和基本法權威，推倒政改方案，策動港版「顏色革命」危害國家安全，祭出「美英是香港民主之母」的謬論。中央主導完善香港選舉制度以來，他們更是對新選制大肆抹黑攻擊。白皮書有力回擊這些破壞香港民主發展的勢力，讓香港社會看清他們的險惡用心和陰暗面目，有助排除香港民主隱患，締造民主發展所需社會環境，讓香港民主有更好發展。

　　姚志勝會長強調，新選制下首場立法會選舉圓滿舉行，候選人來自不同背景、階層及政治光譜，充分體現「愛國者治港」原則的包容性和多元性。「愛國者治港」原則是「一國兩制」應有之義，這種包容性和多元性有助香港社會形成最大共識，團結起來為香港經濟和民生發展打拼。

立法會理性問政　展現走向良政善治新氣象

———關於新一屆立法會舉行首次大會的回應

2022 年 1 月 13 日「香港商報網」
2022 年 1 月 14 日香港《文匯報》

完善選舉制度後的新一屆立法會舉行首次大會，特首林鄭月娥出席回答議員質詢。全國政協委員、中國和平統一促進會香港總會會長姚志勝表示，答問大會的提問，來自不同界別不同背景的議員，內容涵蓋抗疫、房屋、國家安全等香港發展當前急務，聚焦於經濟民生和長遠發展利益，議員理性問政，憑質詢提問表現出愛國者的才華能力，充分體現「愛國者治港」的「五光十色」和均衡參與，展現了走向良政善治的新氣象。在行政立法關係良性互動下，各項發展大計可望提速落實，香港開創由治及興的新局面，令人期待。

姚志勝會長指出，近些年的情況表明，行政與立法關係長期對立，立法會內耗空轉、社會管治效能下降，香港市民是受害者。觀察整個答問過程的一個特點，就是立法會高效運作，議政質素高，真正做到監察特區政府依法施政，良性互動，締造新的議會文化，發揮了「愛國者治港」的制度優勢。在立法會新起點上，期待全體立法會議員以更大擔當、更大決心，與特區政府一起解決社會深層次矛盾，助力香港加快融入國家發展大局，造福香港市民，攜手實現良政善治新局面。

李家超有能力擔當維護香港安定發展
是出任行政長官合適人選
—— 關於李家超先生宣佈準備參選新一屆行政長官選舉的回應

2022 年 4 月 6 日「香港商報網」
2022 年 4 月 7 日香港《文匯報》、《香港商報》

政務司司長李家超先生請辭，並宣佈準備參選新一屆行政長官選舉。全國政協委員、中國和平統一促進會香港總會會長姚志勝表示，安定的社會環境事關香港發展、經濟安全，事關「一國兩制」實踐和香港的長治久安。李家超先生長期從事社會安保事務，熟悉警隊運作，具有豐富的治安管理和政府行政的領導經驗，任內推動落實香港國安法，堅定打擊「黑暴」禍患，致力維護國家安全，為恢復社會秩序作出貢獻。多年工作證明，李家超先生具備帶領香港社會長治久安、維持香港安穩環境的意志和能力，能應對未來複雜多變的國際形勢，是出任行政長官的合適人選。

姚志勝會長指出，過去一段時間的事實表明，「黑暴」衝擊國家安全，香港的經濟安全、金融安全、財產安全、民生發展、營商環境都受到重大影響，堅定維護國家安全，香港的繁榮穩定和長遠發展才能持續運行。新一任行政長官人選，必然是能夠堅定維護國家安全，排除風險隱患，頂住外部壓力，守住香港穩定大局，堅定不移落實香港國安法和新選舉制度的「鐵漢子」。李家超先生警隊出身後加入特區政府問責官員團隊，受過主理社會安保工作的長期歷練，「黑暴」期間經歷過止暴制亂的重大考驗，擁有駕馭複雜環境、抵住外部壓力的決心和能力。李家超先生出任行政長官，能為「一國兩制」和香港繁榮穩定提供堅實保障。

姚志勝會長說，推動經濟改善民生，是香港社會共同願望。在社會各界支持下，相信李家超先生能籌組專業高效的管治團隊，一展抱負，發揮所長，實現香港良政善治，讓香港在社會安定、人心安穩的大環境下，譜寫香港發展新一頁。

李家超先生參選宣言回應各界發展期待
冀組建專業高效團隊譜寫香港發展新一頁
—— 關於李家超先生發表《同為香港開新篇》參選宣言的回應

2022 年 4 月 9 日「香港商報網」、「中國評論新聞網」
2022 年 4 月 10 日香港《文匯報》、《香港商報》

前政務司司長李家超先生正式宣佈參選新一屆行政長官選舉，並提出以結果為目標解決問題、全面提升香港競爭力、奠定香港發展穩固基石三大未來施政主要方向。全國政協委員、中國和平統一促進會香港總會會長姚志勝表示，李家超先生提出的未來施政三大方向，顯示了他對香港經濟民生問題的準確判斷，對社會各界渴求聚焦發展的積極回應，對香港未來的抱負和擔當，讓香港市民看到，他具備帶領特區政府和社會各界攜手合作、譜寫香港發展新一頁的能力，是值得支持的行政長官人選。

姚志勝會長表示，香港要維護國際金融中心和國際商業中心的地位，解決各種深層次矛盾，首要條件是保持穩定。李家超先生長期從事社會安保事務，具有豐富的治安管理和政府行政的領導經驗，任內推動落實香港國安法，堅定打擊「黑暴」禍患，致力維護國家安全，在保持社會穩定方面有擔當、有能力、有貢獻。多年工作證明，李家超先生是維護國家安全、頂住外部壓力、守住香港穩定大局的「鐵漢子」。

姚志勝會長指出，李家超先生以「同為香港開新篇」為競選口號，呼應了謀發展、求突破的主流民意，凝聚了社會各界的最廣泛共識，相信他在社會各界的支持下，定能廣邀各方精英翹楚，籌組專業高效的管治團隊，既堅定維護社會安定，同時抓住發展新機遇，實現香港良政善治，讓香港在社會安定、人心安穩的大環境下，譜寫香港發展新一頁。

美國藉社交平台打遏李家超橫蠻霸道
越干涉越證明香港須有頂住外國勢力「鐵肩膀」
—— 關於李家超 YouTube 競選帳戶被無理關停的回應

2022 年 4 月 20 日「香港商報網」、「星島環球網」

行政長官選舉候選人李家超先生在 YouTube 的競選帳戶被無理關停。全國政協委員、中國和平統一促進會香港總會會長姚志勝表示，李家超先生正常使用網絡社交平台，發放有關選舉活動的消息，YouTube 母公司 Google 作出有關停止帳戶的行為，提到所謂要符合美國實施制裁的相關法規，顯示美國藉網絡社交平台公然干涉香港選舉，凸顯美國橫蠻霸道，霸凌成性，雙重標準，毫無道理，自暴其醜。

姚志勝會長指出，美英等西方勢力不斷插手干預香港事務，企圖將香港作為遏制中國的棋子，香港的國家安全和社會安定面對各種挑戰。今次事件再次反映，外國勢力亡我之心不死，香港必須保持高度的警惕與威懾力。對港未來政策必須國家安全至上，穩定壓倒一切。李家超先生具備帶領香港社會長治久安、維持香港安穩環境的意志和能力，能應對未來複雜多變的國際形勢，是能夠堅定維護國家安全，頂住外部壓力，堅定不移落實香港國安法和新選舉制度的「鐵肩膀」。美國越藉不同事件霸凌干預香港事務，只會越證明李家超先生是出任行政長官的合適人選。

李家超政綱務實創新　關顧民生着眼提升競爭力
—— 關於李家超公佈行政長官選舉競選政綱的回應

4 月 29 日「香港商報網」、「中國評論新聞網」
4 月 30 日香港《文匯報》、《大公報》、《香港商報》

　　香港特區行政長官選舉候選人李家超先生發表競選政綱，提出四大綱領：強化政府治理能力，團結一致為民解困；精簡程序多管齊下，提供更多安居之所；全面提升競爭實力，創造持續發展空間；同建關愛共融社會，增加青年上流機會。全國政協委員、中國和平統一促進會香港總會會長姚志勝表示，四大綱領對準香港發展問題癥結，着力破解積存多年的深層次矛盾，整份政綱務實貼地可取、力求變革創新，對民生所需事事上心，亦重視香港提升國際競爭力，是廣納民意、集思廣益的成果。社會各界期待李家超先生選賢任能，將政綱貫徹落實，帶領社會各界譜寫香港發展新一頁。

　　姚志勝會長表示，李家超先生服務政府多年，準確判斷香港經濟民生問題，整份政綱務實貼地，亦反映其實而不華的施政風格。例如，在土地房屋問題上，他提出精簡程序多管齊下，為市民提供更多安居之所，包括提出公屋提前上樓計劃、簡省土地發展流程等，這些都是具有高度針對性及可行性的政策措施，實實在在解決香港積存已久的難題。

　　姚志勝會長指出，李家超先生政綱亦着重創新變革，其中強化政府治理能力，重組政府架構，就指定工作制訂目標，新增內部應急動員機制，確保有足夠公務員應對重大突發事件，反映他對於政府架構以及存在的問題有充分的認知和掌握，抓住了變革的核心。

　　姚志勝會長認為，關顧民生、以民為本，也是李家超先生政綱的一大特點，其四大綱領的最終目的都是改善民生，多項政策建議亦展現了濃厚的民本情懷，包括提出解決跨代貧窮的試驗計劃，制定整體青年政策和青年發展藍圖，協助青年向上流動等，突顯了對社會未來棟樑的重

視；提出推展基層醫療系統建設，提升退休生活保障，則為對香港貢獻良多的長者送上一份心意。

姚志勝會長表示，李家超先生政綱強調要提升香港競爭力，持續發展，並提出六大方向，讓香港能在保持現有優勢的同時，可以進一步把握國家發展機遇，發揮好「背靠祖國、面向世界」的獨特優勢，為來自世界各地的投資者帶來信心。

選委盡職盡責踴躍投票
共同開啟良政善治新篇章
—— 關於第六任行政長官選舉投票日的回應

2022 年 5 月 7 日「香港商報網」
2022 年 5 月 8 日《香港商報》

5 月 8 日是第六任行政長官選舉投票日。全國政協委員、中國和平統一促進會香港總會會長姚志勝表示，今次行政長官選舉，是新選舉制度下的首場行政長官選舉，是完滿落實新選制的最重要一步，不僅標誌着「愛國者治港」原則全面落實，而且對於推動香港發展、實現良政善治具有重要意義。期待各位選委履行選好行政長官人選的重任，在投票日踴躍投票，選出中央信任和港人支持的特首人選，共同開啟良政善治新篇章！

姚志勝會長指出，李家超參選以來，其參選宣言和競選政綱，聚焦發展，民生為本，重視變革，務實有為，致力維護香港穩定環境，得到了社會各界的支持。

姚志勝會長說，按照新選舉制度，以公開公平的方式選出新一任行政長官，既是全面落實「愛國者治港」原則，也是破解香港各種深層次矛盾，保障香港繁榮穩定的需要。中央完善香港選舉制度，目的是要提高特區管治效能，集中精力發展經濟、改善民生，從根本上解決香港長期面臨的深層次問題。新選制對選舉委員會進行重構和賦權，選委會的覆蓋面更廣，代表性更強，更能兼顧各階層利益。選委會負有選出行政長官的重要責任，各選委在新選制下投好手中神聖一票，既是選出眾望所歸出任行政長官的合適人選，也是為「一國兩制」發展和香港未來投下信心一票，共同為香港在未來 5 年寫下良政善治新篇章。

熱烈祝賀李家超當選　帶領開創安定發展新局面

—— 關於李家超高票當選第六任行政長官人選的回應

2022 年 5 月 8 日「香港商報網」
2022 年 5 月 9 日「新華網」、香港《文匯報》、《香港商報》、「中國評論新聞網」

行政長官選舉圓滿舉行，李家超先生以 1,416 支持票當選第六任行政長官人選。中國和平統一促進會香港總會熱烈祝賀李家超先生高票順利當選。全國政協委員、中國和平統一促進會香港總會會長姚志勝表示，李家超先生維護香港穩定大局，鐵肩擔當，以民為本，信念堅定，深孚眾望，高票當選乃實至名歸。期望李家超先生帶領新一屆特區政府展現施政新風，保持香港安定發展大局，推動復常通關、重振經濟民生，團結社會、凝聚共識、提升管治，讓香港開創一個穩定和諧、充滿希望的新局面！

姚志勝會長指出，李家超先生具備帶領香港社會長治久安、維持香港安穩環境的意志和能力，能應對未來複雜多變的國際形勢，參選以來與不同界別、不同團體見面，又落區走訪基層，切實了解市民心聲，所提參選理念和競選政綱，讓社會各界更好理解香港未來發展的目標方向和施力點，展示施政新風信心決心。李家超先生管治功力深厚，政綱理念務實可行，民意基礎紮實牢固，憑實力、顯熱誠，取得選委信任，贏得了市民大眾的廣泛支持。

姚志勝會長說，香港經歷五波疫情，經濟民生面臨嚴重困難，發展進入十字路口。期待李家超先生引領香港在新起點上再出發，帶領新一屆特區政府展現施政新風，破解房屋困局，多管齊下覓地建屋，同時儘早實現復常通關，引進經濟「活水」，通過加快推動疫後經濟復甦，解決各種深層次民生矛盾。

姚志勝會長續說，今次選舉是完善選舉制度後的第三場選舉，依法進行，圓滿成功，在落實「愛國者治港」方面具有重要意義。完善選制的

最終目的，就是為了發展；好的選制選出好的行政長官，香港未來一定會有更加美好的發展。李家超先生在新選制下當選，有決心有能力解決長期困擾香港的深層次問題，帶領香港走上發展快車道，為「一國兩制」實踐行穩致遠和香港長期繁榮穩定夯實更好基礎。

第三部分

攜手抗疫　戰勝疫情

譴責反對派阻撓內地援港抗疫

——關於反對派攻擊干擾內地援港抗疫人員的回應

2020 年 8 月 7 日香港《文匯報》、《香港商報》

對於反對派連日無端攻擊援港抗疫的內地人員，甚至到他們入住的酒店及考察地點示威干擾，全國政協委員、中國和平統一促進會香港總會會長姚志勝指出，反對派無視香港疫情嚴峻和抗疫資源捉襟見肘的現實，對內地施援連番造謠抹黑，製造重重障礙，以一己政治私利凌駕市民的生命健康安全，必須予以嚴厲譴責！姚會長呼籲，疫情當前，全社會必須把生命健康安全放在第一位，摒棄爭拗，同心抗疫。

姚志勝會長表示，全力抗疫是當前壓倒一切的頭等大事。在香港處於抗疫最危急、最關鍵的時刻，中央雪中送炭，派遣內地人員來港協助開展大規模核酸檢測篩查，加快建設臨時隔離及治療中心，充分體現了對香港同胞的重視和關懷，大大增強了香港各界戰勝疫情的信心，受到各界歡迎。

姚志勝會長指出，內地抗疫水平備受國際肯定，是本港防疫抗疫的寶貴資源。在兩地攜手同心處理疫情之際，反對派從沒間斷抹黑、詆毀內地援港人員，不僅以語言、資歷、程序等挑起事端矛盾，更連日無視防疫限聚令，到檢測支援隊先遣隊員入住的酒店及考察地點示威干擾。姚志勝會長認為，反對派針對內地人員的行徑，反映他們以一己政治私利凌駕市民的生命健康安全，「政治病毒」上腦，反中反昏了頭，必須予以嚴厲譴責！

姚志勝會長強調，中央支援香港抗疫，完全是出於對港人的關心愛護，保障港人的生命健康安全。香港社會各界應該摒棄爭拗，與特區政府一道，團結一致抗擊新冠病毒，共同守護市民的生命健康安全。

踴躍參與全民檢測 為振興經濟恢復兩地往來鋪路
—— 關於特區政府公佈啟動社區普及檢測的回應

2020 年 8 月 24 日《香港商報》

　　特首林鄭月娥宣佈啟動社區普及檢測新冠病毒病。全國政協委員、中國和平統一促進會香港總會會長姚志勝表示，中央提供人力物力支持香港進行全民檢測，不僅有助香港切斷隱性病毒傳播鏈，而且有利於推出「健康碼」重啟兩地正常往來，為恢復經濟和正常生活秩序帶來希望。姚志勝會長呼籲全港市民踴躍參與，讓香港儘快擺脫疫情陰霾，為振興香港經濟、恢復兩地往來鋪路。

　　姚志勝會長說，中央助力特區政府進行社區普及檢測，是希望在短時間內為全港市民進行一項大型的篩查，以找出隱形疫情。這是為了更好防疫抗疫的重要舉措，在內地抗疫戰中已被實證有效。廣大市民為自身健康和切身利益着想，應該踴躍參與檢測。

　　姚志勝會長指出，當前香港經濟陷入谷底，固然與疫情限制經濟活動有關，但是疫情反覆，兩地不能正常通關，也制約了內地「活水」對香港經濟的支撐。一旦通過普及社區檢測令本港疫情受控，就有條件推出「健康碼」，恢復香港與內地的人員往來，重啟跨境經貿和旅遊交流，為本港刺激經濟、改善就業注入動力。

　　姚志勝會長強調，切斷傳播鏈，普檢至為關鍵。全民檢測專業準確，過程嚴謹，對於坊間一些別有用心的惡意攻擊和詆毀，市民應該警惕，勿被誤導分化。

檢測一小步 抗疫一大步 共同締造奇跡

—— 關於港區代表委員參與社區普及檢測的回應

2020 年 9 月 2 日「新華網」
2020 年 9 月 3 日香港《文匯報》、《香港商報》

　　港區全國人大代表、全國政協委員到灣仔會展參與自願普及社區檢測計劃，展示齊心抗疫。參與檢測的全國政協委員、中國和平統一促進會香港總會會長姚志勝表示，整個採樣過程有條不紊，安全穩妥，方便快捷，醫護人員表現專業，細心體貼，防護非常到位，值得點讚。姚志勝會長指出，個人檢測一小步，全港抗疫一大步，大家以實際行動力爭儘快完全控制疫情，共同締造香港抗疫奇跡。

　　姚志勝會長說，香港第三波疫情已持續多個星期，仍有一定比例的源頭不明個案，參與檢測計劃是杜絕病毒源頭的難得機會，令社會可以逐步恢復社交及經濟活動。姚志勝會長表示，數十萬香港人已報名和完成檢測，大家為杜絕疫情身體力行，體現共同抗疫的團結精神，令人感動。他期待更多市民齊齊參與，切斷隱性傳播鏈，為自己為家人的健康安心，助香港社會早日走出疫情陰霾再出發！

內地支援隊忘我奉獻　體現血濃於水關愛之情
—— 關於內地核酸檢測支援隊工作圓滿結束的回應

2020 年 9 月 14 日《香港商報》

　　普及社區檢測計劃截止在即，600 多位內地核酸檢測支援隊隊員在港完成協助檢測和化驗工作後便返回內地。全國政協委員、中國和平統一促進會香港總會會長姚志勝表示，香港在人員和資源缺乏的抗疫關鍵時刻，中央為香港組織和調派的內地核酸檢測支援隊，在檢測強度高、應急難度大的條件下，日以繼夜忘我奉獻，為廣大市民進行大量卓越精準、專業可靠的檢測和化驗工作，充分體現兩地人民血濃於水、同呼吸共命運的關愛之情！姚志勝會長代表香港統促總會對內地核酸檢測支援隊表示衷心感謝！

　　姚志勝會長說，香港 2020 年 7 月初爆發第三波新冠肺炎疫情，確診數字一度居高不下，在香港處於抗疫最危急、最關鍵的時刻，中央雪中送炭，派員來港協助開展大規模檢測，充分體現了對香港同胞的重視和關懷。面對病毒傳播風險高，內地支援隊員全力以赴，短短 10 多日完成了逾 160 萬的檢測量，香港社區普檢計劃取得滿意成績，與內地支援隊的辛勤付出密不可分。

　　姚志勝會長指出，除了應付繁重的檢測工作外，支援隊員同時要面對反對派的無端抹黑、攻擊，但他們謹守崗位，把工作做好做滿。香港極少數人對內地檢測人員的謠言和質疑已不攻自破，逾 160 萬參與檢測的香港市民，以實際行動對內地檢測水平和隊員的專業工作表達了由衷的信心和信任。內地檢測隊員參與奮戰下的香港全民檢測，為香港及早全面復常、兩地早日落實「健康碼」打下堅實基礎。

支持收緊防疫措施　應以「清零」為目標

——— 關於特區政府收緊防疫措施的回應

2020 年 11 月 24 日「點新聞」
2020 年 11 月 25 日《香港商報》

　　特區政府宣佈收緊防疫措施，包括關閉酒吧、夜總會、卡拉 OK 等娛樂場所，以及限制宴會場合的枱數至最多 10 枱。全國政協委員、中國和平統一促進會香港總會會長姚志勝表示，第四波疫情來勢洶洶，特區政府進一步收緊防疫措施，是香港應對嚴峻疫情的必要之舉，社會各界須與政府一道齊心抗疫，共同守住抗疫難關。姚會長強調，為免疫情拖拖拉拉、沒完沒了，特區政府有必要將防疫全面升級，特別要將外防輸入、本地「清零」作為防疫工作的根本目標，果斷採取最嚴格防疫措施，務求排除損害市民生命健康的安全威脅，及早回復經濟民生正常運作。

　　姚志勝會長指出，內地防疫的成功經驗顯示，大規模強制檢測再加上運用大數據等先進科技進行溯源追蹤，可令防疫控疫事半功倍。香港本地個案能否「清零」，關鍵在於特區政府能否落實強制措施。抗疫是香港當前壓倒一切的頭等大事，特區政府應下定決心加急加強落實必要防疫措施，以免耽誤時機。

科學看待國產疫苗　接種不應政治化

——— 關於國產疫苗謠言的回應

2021 年 1 月 20 日《香港商報》

　　香港新冠疫情反覆，新增確診個案又突破 100 宗，顯示疫情遠未受控。如何部署接種疫苗全面控制疫情，備受關注。全國政協委員、中國和平統一促進會香港總會會長姚志勝表示，接種疫苗關乎抗疫成敗，由內地科興控股生物技術公司生產的首批國產疫苗以副作用少見稱，許多國家都開始使用。然而，香港社會卻有人散佈對國產疫苗不盡不實的評論和謠言，斷章取義排斥有效疫苗，將疫苗政治化。對此，特區政府必須加強疫苗公眾教育，澄清各種謠言抹黑的不實內容，說明不同疫苗特性。社會各界須以科學客觀看待國產疫苗，用好國家在疫苗上對香港的支持，確保儘早落實全社會接種疫苗。

　　姚志勝會長說，中國是少數有能力成功研發和生產新冠疫苗的國家，國產疫苗是經過中央相關部委督促，多方專家集思廣益的抗疫結晶。國產疫苗能有效預防重症、降低死亡率，相對其他疫苗安全，僅有少數受試者出現頭痛等輕微副作用。除巴西外，科興疫苗亦已在土耳其和印尼獲緊急使用授權，以行動對國產疫苗投下信心一票。

　　姚志勝會長續說，從香港一些民調顯示，副作用是市民對接種疫苗產生顧慮的重要原因，國產疫苗副作用少，正是解除市民顧慮的好選擇，有利鼓勵更多市民接種。他呼籲社會各界合力宣傳科學客觀的疫苗資訊，推動市民理性看待國產疫苗，揀選合適疫苗接種，以達至全面控制疫情的目標。

感謝中央全力助港抗疫　港人同心協力戰勝疫情
—— 關於港澳辦表達內地全力支持香港抗擊第五波疫情的回應

2022 年 2 月 10 日「香港商報網」
2022 年 2 月 11 日《大公報》
2022 年 2 月 13 日香港《文匯報》

　　國務院港澳辦發言人表示，已多次向行政長官林鄭月娥和特區政府有關官員轉達了中央對香港疫情的關切和對香港同胞的慰問，並表示內地將全力支持香港抗擊第五波疫情。全國政協委員、中國和平統一促進會香港總會會長姚志勝對中央再次表態挺港抗疫表示由衷感謝。他指出，自疫情爆發以來，中央及內地一次又一次以實際行動協助香港對抗疫境，包括在是次最嚴峻的第五波疫情中，既再度派出化驗人員來港協助檢測，又應特區政府要求協助購入數百萬套快速抗原檢測包，為香港打下抗疫強心針，推進香港社會早日復常。

　　姚志勝會長強調，祖國永遠是香港的堅強靠山，每當香港遇到重大難題，祖國必定出手相助，這種血濃於水的同胞之情，香港市民珍而重之。他呼籲特區政府用好中央支持，香港社會各界同舟共濟、同心協力，以戰勝疫情。

習主席發出最高動員令　指明香港抗疫方向
—— 關於習近平主席就支援香港抗疫作出重要指示的回應

2022 年 2 月 16 日「中國評論新聞網」
2022 年 2 月 17 日《香港商報》

　　在香港第五波新冠疫情越趨嚴峻之際，中共中央總書記、國家主席習近平作出重要指示，要求特區政府把儘快穩控疫情作為當前壓倒一切的任務，中央部門和地方全力支援特區政府抗疫。全國政協委員、中國和平統一促進會香港總會會長姚志勝表示，習主席對香港疫情的高度關注和對香港市民的親切關懷，讓香港市民再次真切感受到國家的支持和關愛，為香港戰勝疫境、擊退病魔產生了巨大的鼓舞作用。習主席對香港抗疫提出「三個一切」和「兩個確保」的明確要求，是中央對香港抗疫的最高動員令，指明了香港抗疫的方向和目標所在，特區政府須全面貫徹習主席重要指示精神，負起抗疫主體責任。社會各界要齊心奮鬥抗擊疫情，不辜負習主席、中央政府及全國人民的厚愛。

　　姚志勝會長指出，自疫情爆發以來，中央及內地一直支持香港對抗疫情。在是次最嚴峻的第五波疫情中，中央部委和廣東省政府想方設法滿足特區政府多項請求，包括提升香港核酸檢測能力、支援快速抗原檢測包等醫療物資、援建社區隔離和治療設施、保障鮮活食品等生活必需品供應、選派防疫專家赴港指導等。為了加強抗疫工作統籌協調力度，中央還決定成立由國務院港澳辦和國家衞健委牽頭，中央有關部門和有關專家、廣東省及特區政府三方共同組成的工作協調機制。這一切都為香港戰勝疫情提供了底氣和助力。

　　姚志勝會長表示，當前香港檢測能力嚴重不足，全港各區檢測站大排長龍，醫療及隔離設施亦明顯不夠，不少確診者苦候多天亦未能送院，大批密切接觸者也無法有效隔離，導致確診數字一發不可收拾。特區政府須全面貫徹習主席重要指示精神，將香港市民的生命安全和身體健康

放在首位，堅持「動態清零」策略到底，把抗疫視為壓倒一切的任務，採取戰時意識和思維，在制度及行政上確保抗疫需要，才能把中央各項援港舉措落到實處。姚志勝會長指出，全力抗疫是社會各界的共同責任，大家要與特區政府一道，同舟共濟，同心協力，戰勝疫情，使香港社會早日復常。

押後特首選舉合情合理合法　體現生命至上

—— 關於特區政府押後特首選舉的回應

2022 年 2 月 18 日「香港商報網」
2022 年 2 月 20 日香港《文匯報》、《大公報》

　　特區政府宣佈引用《緊急情況規例條例》，將原定 2022 年 3 月 27 日舉行的香港特區行政長官選舉延後至 5 月 8 日。中國和平統一促進會香港總會對特區政府因應新冠疫情嚴峻形勢，作出押後行政長官選舉的決定，表示理解和支持。全國政協委員、香港統促總會會長姚志勝表示，穩控疫情是香港當前最急迫任務，押後選舉能夠集中社會各方力量和資源，全面投入抗疫動員，體現以人為本、生命至上的理念，合情合理合法，符合香港整體利益。

　　姚志勝會長指出，香港疫情持續惡化，感染人數居高不下，必須快速動員所有可以動員的社會資源，包括人力、場地、物資等，投入到抗疫工作中。大型選舉涉及各種人羣眾集活動和緊密接觸交流，嚴峻疫情下，各候選人的選舉活動亦會受到影響。特區政府根據緊急法押後行政長官選舉，集中精力引領社會遏止疫情，符合市民對早日遏止疫情的共同期盼，符合確保選舉公平公正公開進行的需要，也符合法律規定，程序正當充分，香港社會亦更有力量抗疫先行，確保市民生命健康安全，共同打好抗疫防衛戰。

感謝中央援建方艙醫院　為香港抗疫注入更大能量
—— 關於中央助港援建方艙醫院的回應

2022 年 2 月 23 日香港《文匯報》、《香港商報》

特區政府宣佈，中央同意在落馬洲河套區派內地施工隊籌建多一間臨時醫院，在青衣、前新田購物城、元朗潭尾和洪水橋 4 處援建的方艙醫院亦開工建設，預計可為香港提供約 2 萬個隔離單位。全國政協委員、中國和平統一促進會香港總會會長姚志勝感謝中央助港援建多間臨時醫院，為香港大幅提升救治能力注入更大能量。他表示，香港第五波疫情嚴峻急迫，亟須快速新增醫療設施應急，中央助港援建多個方艙醫院，是精準應對香港疫情的重要之舉，不僅緩和香港醫療壓力，更體現堅持人民至上、生命至上的理念。香港須用好中央支援，充分結合兩地資源，讓香港抗疫化被動為主動。

姚志勝會長說，香港連續多日確診個案暴增，疫情高峰仍未見頂，大量傳播鏈潛伏社區，香港醫療體系和隔離設施已超負荷，情況令人憂慮。中央在短時間內動員來港援建多所方艙醫院，穩妥、高效地推進各項工作，爭分奪秒支援香港抗疫，保障廣大市民的生命安全。臨時醫院可以大舉減輕香港的救治和隔離壓力，更可貫徹早發現、早診斷、早隔離、早治療的「動態清零」目標，大大減低社區爆發風險，是香港抗疫的重要一着。

姚志勝會長表示，中央支援香港措施陸續到位，香港須更好將本地資源與內地資源充分結合，充分發揮中央的支援作用，形成抗疫最大合力，以最大決心戰勝第五波新冠疫情，讓香港社會早日復常。

全港市民全力配合　確保全民強檢順利落實

—— 關於特區政府推行全民強檢的回應

2022 年 2 月 23 日「香港商報網」

行政長官林鄭月娥公佈，將於 3 月推行全民強制檢測，港人按出生年份，先後接受 3 次核酸檢測。全國政協委員、中國和平統一促進會香港總會會長姚志勝表示，應檢必檢的全民強制檢測，是及早找出隱形傳播鏈的重要抗疫手段。在國家支援下，香港已有充分條件進行全民檢測，有必要參考內地經驗，制定全盤預案，說明強檢目標，調動各項資源，確保順利落實，遏止香港疫情。人人檢測一小步，香港抗疫一大步，廣大市民更須切實配合特區政府的檢測工作，發揮眾志成城力量，以檢測凝聚每分抗疫正能量。

姚志勝會長指出，根據我們國家的成功經驗，展開全民檢測，找出隱形傳播者，截斷傳播鏈，是控制疫情的不二途徑。香港得以推動全民檢測，受益於國家派出大型檢測支援隊，調配大型檢測設施，大幅提升香港檢測力，有望一次過排查和治療確診患者，避免社區擴散，讓香港抗疫有望向好轉折，必須用好中央支持，全力做好。

姚志勝會長續說，全民檢測是涉及 750 萬人的大型抗疫行動，而且要在短時間內完成，必須周詳部署，充分協調，做好三事：一是要調動官員和專家學者向市民說明講解全民強檢的科學性和對推動香港控疫的重要意義，讓全社會行動目標保持一致；二是要參考內地經驗，制定全盤方案，盡用香港和內地的各種資源，確保每個場地建設和檢測過程順利推進；三是要確保隔離和治療設施配套到位，及時安排救治。打贏抗疫保衛戰是社會各界的共同期盼，也是大家的共同責任。希望所有市民共同支持全民強檢，同心抗疫，確保香港早日走出疫情困境，生活復常。

香港統促總會捐贈快速檢測盒
支持特區政府擔當好疫情防控主體責任
—— 有關響應習近平主席抗疫最高動員令號召的回應

2022 年 2 月 24 日香港《文匯報》、「香港商報網」
2022 年 2 月 25 日《香港商報》

　　為響應習近平主席有關「動員一切可動員的力量、採取一切必要措施」的號召，中國和平統一促進會香港總會在四出尋求貨源後，購得一萬多套新型冠狀病毒快速抗原檢測試劑盒，捐贈予特區政府消防處、香港大學醫學院等機構。香港統促總會在會所組織有關捐贈活動，全國僑聯副主席、香港統促總會理事長盧文端，全國政協委員、香港統促總會會長姚志勝，港區全國人大代表、香港統促總會執行會長陳亨利及香港統促總會常務副會長邱偉銘等參加了活動，他們高呼「戰勝疫情」、「香港一定贏」等口號，為香港市民特別是醫療人員加油打氣。

　　盧文端理事長表示，習主席強調要把儘快穩控疫情作為當前壓倒一切的任務，動員一切可以動員的力量和資源，採取一切必要的措施，是中央對香港抗疫的最高動員令，香港社會各界必須齊心一致抗擊疫情，不辜負習主席、中央政府及全國人民的關懷和期望。

　　姚志勝會長表示，是次捐贈快速抗原檢測試劑盒為香港統促總會與社會各界攜手抗疫的行動之一，堅信在祖國的強大支援下，香港社會各界凝聚同心抗疫的強大力量，全力支持特區政府擔當好疫情防控的主體責任，自覺配合特區政府各項防疫措施，就一定能夠戰勝第五波新冠疫情，香港社會定能早日復常。

　　陳亨利執行會長指出，香港第五波疫情嚴峻，必須動員全港每一份力量，不分你我，攜手抗疫。

　　邱偉銘常務副會長認為，只要社會各界團結協作、多做實事，支持特區政府抗疫舉措，全體市民自律自覺、配合行動，第五波疫情將會早日得到控制。

韓副總理講話感動香港市民　鼓舞抗疫信心
—— 有關韓正副總理就香港抗疫發表重要講話的回應

2022 年 3 月 6 日「香港商報網」、「中國評論新聞網」
2022 年 3 月 7 日香港《文匯報》、《香港商報》

　　主管港澳事務的國務院副總理韓正出席全國政協港澳界別聯組會議，並就香港抗疫發表重要講話。參加會議的全國政協委員、中國和平統一促進會香港總會會長姚志勝表示，韓副總理再次傳遞中央支持香港抗疫的重要信息，中央不僅關注香港疫情發展，掌握抗疫形勢，而且從物資供應、醫療救治、援建醫療設施等方面有序推進各項支持，人力物力及時到位，真正解香港所急。韓副總理講話情真意切，既感動香港市民，更鼓舞抗疫信心。香港必須用好中央支持，全力發揮官民和公私營力量，團結一致，全力以赴做好防疫抗疫工作，共同戰勝疫情。

　　姚志勝會長說，中央把香港百姓時刻掛在心裏，每天都在看疫情數字，關注香港疫情發展，對於特區政府列出的清單照單全收，全力支持。中央既派出最精銳的醫療專家力量，又援建醫療設施，更確保物資充足，內地很多省市提出對口支援香港，很多內地企業要捐款捐物，都已納入中央專班。韓副總理的講話，傳遞了中央支援香港抗疫的正能量，體現了中央對香港的關愛和支持一以貫之，鼓勵市民堅持到底，打贏抗疫戰。

　　姚志勝會長指出，香港疫情仍然嚴峻複雜，尚未到拐點，香港下一步抗疫須做好以下幾點：一是加強統一指揮，以「戰時狀態」加大疫情防控力度；二是加快打防疫針，這是減少死亡率最有效的方法；三是確保感染者得到適當的醫療，在醫院無法醫治大量感染者的情況下，應儘快在社會上派發中西醫的藥物。在中央援港支持下，香港各界與內地同胞共同合作，發揮社會最大合力，用好用足各種援港物資，香港定能扭轉疫情、打勝抗疫戰！

感謝中央調派內地醫護精英來港抗疫
發揮兩地救治協同力量
—— 有關內地醫護來港支援抗疫的回應

2022 年 3 月 15 日「香港商報網」
2022 年 3 月 16 日「中國評論新聞網」

　　內地醫護來港支援抗疫的首批 75 名醫療人員抵港，隨後一批約 300 人的內地醫護也會陸續來港。全國政協委員、中國和平統一促進會香港總會會長姚志勝表示，正當香港醫療系統近乎崩潰的關鍵時刻，中央為香港組織和調派的內地精英醫療人員來港，對治療、照顧染疫患者經驗豐富，為本港降低重症死亡率、減輕醫護重擔提供巨大助力，香港社會對內地精英醫護不辭勞苦來港救治表達衷心的感謝和敬意。特區政府、醫管局須加緊對接調配，充分發揮兩地醫護人員的協作救治力量，全面提升抗疫救援能力，儘快實現救治分流、重症死亡率大幅下降的目標。

　　姚志勝會長說，香港每日確診人數達二、三萬計，沒打疫苗的老人和小孩首當其衝，持續傳出重症和死亡消息。但醫管局累積超過 1.2 萬名醫護及支援人員確診，醫療系統不勝負荷。首批來港的內地醫護精英來自廣東多間最高級別的「三甲醫院」，均為重症專家、重症專業護理人員，多數擁有援助武漢抗疫的經驗，各醫護精英臨危受命來港支援，目的只有一個，就是協助香港儘快穩控疫情，支援香港醫護人員，彌補本港抗疫短板。這份遠道馳援來港抗疫的醫護精神，令人敬佩。

　　姚志勝會長認為，廣大市民殷切期待，最大程度縮短兩地醫護的合作磨合期，儘快形成協同效應。雖然內地和本港醫護在常用醫療術語、治療手法等方面有所不同，但這些差異根本不會成為阻延內地醫護投入工作的障礙。特區政府及醫管局應設法為兩地醫護合作抗疫彌合技術性差異，確保內地醫護高效暢順投入工作，讓內地寶貴的醫護資源為香港發揮最大的支援效應，讓香港早日戰勝疫情。

第四部分

融入國家發展大局

習主席澳門講話
對香港「一國兩制」行穩致遠具指導意義
——關於習近平主席在慶祝澳門回歸祖國 20 週年大會講話的回應

2019 年 12 月 21 日《大公報》

　　習近平主席在慶祝澳門回歸祖國 20 週年大會發表的重要講話，為澳門發展勾畫了新願景、指引了新征程，在香港同胞中也產生了強烈反響，形成了巨大感召。全國政協委員、中國和平統一促進會香港總會會長姚志勝表示，習主席講話高屋建瓴、內涵豐富、鼓舞士氣，對澳門社會提出的殷切期望，對於香港「一國兩制」實踐爬坡過坎、行穩致遠同樣具有十分重要的指導意義。

　　姚志勝說，習主席總結澳門「一國兩制」成功實踐，獲得 4 點重要經驗，再次彰顯「一國兩制」是完全行得通、辦得到、得人心的深刻意義。我們要認真學習習主席重要講話精神，堅定支持林鄭月娥行政長官和特區政府依法施政，堅定支持特區警隊和司法機關嚴正執法、公正司法，積極開展各項正能量行動，既促進經濟持續健康發展，加速融入國家發展大局，又重視民生保障和改善工作，努力推動解決土地、房屋等香港經濟社會深層次問題，更要發揚理性、包容的優良傳統，努力實現愛國愛港旗幟下的最廣泛團結，讓愛國愛港精神在青年一代中薪火相傳，「一國兩制」事業後繼有人。

　　姚志勝相信，在中央的大力支持下，在特區政府帶領下，全社會各界攜手努力，香港最終定能恢復秩序、回復安寧、走出困局，把香港建設得更好，讓東方之珠再放異彩！

習主席講話昭示深化改革開放決心
期望港深推進大灣區市場一體化
—— 關於習近平主席在深圳經濟特區建立 40 週年慶祝大會講話的回應

2020 年 10 月 14 日「點新聞」
2020 年 10 月 15 日香港「文匯網」、《香港商報》

　　國家主席習近平出席深圳經濟特區建立 40 週年慶祝大會並發表重要講話。全國政協委員、中國和平統一促進會香港總會會長姚志勝表示，習主席講話全面總結了深圳特區建立 40 年的寶貴經驗和輝煌成就，提出堅定不移貫徹新發展理念、與時俱進全面深化改革、銳意開拓全面擴大開放的歷史使命，向世界昭示了深化改革開放的決心和信心，振奮全國人心！面對百年未有之世界大變局，香港更須繼承過去港深合作的優良傳統，推進粵港澳大灣區市場一體化，無縫對接灣區產業優勢，以更高水平合作發揮核心引擎作用，在新一輪改革開放大潮中，為「兩個循環」新發展格局作出貢獻！

　　姚志勝會長指出，回顧港深合作所歷經的不同發展階段，深圳發展和香港投入密不可分。習主席在講話中提出，給予深圳特區先行先試、突破性創新政策，支持深圳實施綜合改革試點。深圳的改革機遇，也是香港的發展機遇。香港未來在大灣區的協同發展尤其是與深圳的合作中，應該以規則銜接為重點，在科技創新、民生領域等合作領域取得突破。香港應繼續與深圳推進一系列重大平台建設，在人流、物流、資金流等領域，創設更多無縫銜接的制度機制，夯實大灣區市場一體化基礎；同時採取支援措施，為香港青年到內地求學、就業、創業創造有利條件，讓大灣區成為香港青年創科創新、成就人生的熱土，支持青年學生開創美好未來。

　　姚志勝會長呼籲，香港社會各界要排除政治化干預，集中精力謀發展，以深圳特區建立 40 年為契機，進一步做強做實港深合作，以帶動香港的經濟復甦，改善民生！

「十四五」規劃繼續高度重視香港 儘早研究部署參與大灣區和國家「雙循環」

—— 關於中央公佈「十四五」規劃和 2035 年遠景目標建議的回應

2020 年 11 月 4 日《大公報》、《香港商報》
2020 年 11 月 5 日香港《文匯報》

中共中央關於「十四五」規劃和 2035 年遠景目標的建議全文公佈，提出保持香港、澳門長期繁榮穩定。全國政協委員、中國和平統一促進會香港總會會長姚志勝表示，「十四五」規劃建議提出支持特別行政區鞏固提升競爭優勢，建設國際創新科技中心，打造「一帶一路」功能平台，實現經濟多元可持續發展，顯示國家繼續高度重視港澳，全面提升港澳在國家經濟發展和對外開放中的地位和功能。特別是「十四五」規劃強調國家堅持創新，而且實行高水平對外開放，這對具有科研基礎實力和全球最自由經濟體的香港來說，是可以發揮獨特作用的重大機遇。香港在國家未來發展中的作用和地位，必能為香港各行各業的發展帶來巨大的發展機遇和拓展空間。

姚志勝會長說，香港的角色和定位，一直以來都是隨着國家不同階段發展戰略作出調整和適應，並從中得到巨大的發展機遇。「十四五」規劃再次給予香港大展身手的好機會，香港須牢牢把握國家發展機遇，毫不動搖走好全面準確落實「一國兩制」的正確道路，以「十四五」規劃賦予香港的新角色新定位，儘早研究和部署全面參與大灣區建設，積極參與「國內國際雙循環」，扶持香港的創新產業融入國家創新發展體系，協助香港工商、貿易、金融及專業服務界參與國家的雙向開放和「一帶一路」建設，推進香港與內地的互利合作不斷邁上新台階。

姚志勝會長提到，建議全文提出要維護國家主權、安全、發展利益和特別行政區社會大局穩定。姚會長指出，反中亂港分子和分離組織勾結外部勢力發動的「佔中」和「修例風波」，令香港陷入法治崩潰、管治

癱瘓的困局，對「一國兩制」和國家安全構成嚴重損害，妨礙了香港融入國家發展大局。只有處理好「一國兩制」中的「一國」與「兩制」的關係，國家安全根基牢固，香港社會大局穩定，才能充分發揮「一國兩制」的制度優勢，發展得更好。香港社會在「十四五」時期應以國家安全的高度推進香港發展，落實好香港國安法，進一步加強憲法和基本法的普及教育，司法機構更應嚴格依法審判，全面築牢國家安全屏障，確保香港保持長期繁榮穩定、安居樂業。

維護中國共產黨的領導
續寫融入國家發展大局新篇章
—— 關於駱惠寧主任在「中國共產黨與『一國兩制』」論壇演講的回應

2021 年 6 月 13 日香港《文匯報》、《大公報》、《香港商報》

中聯辦主任駱惠寧出席「中國共產黨與『一國兩制』」主題論壇並發表主旨演講《百年偉業的「香江篇章」》。全國政協委員、中國和平統一促進會香港總會會長姚志勝表示，駱主任演講是一篇新時代「一國兩制」宣言，闡明了中國共產黨是「一國兩制」事業的開創者、發展者、捍衛者，表明了推進「一國兩制」事業必須堅持和維護中國共產黨的領導，勉勵了港人共同維護「一國兩制」，在香港的實踐歷程秉持初心、耐心、信心。姚會長說，社會各界維護和尊重中國共產黨，正確認識執政黨治國理政理念與成就，定能在融入國家發展大局中續寫嶄新篇章。

姚志勝會長指出，香港的發展與中國共產黨密不可分。駱主任講話提到「香港以自己的特殊經歷融入了這部壯麗史詩，『一國兩制』事業成為其中的華彩篇章」，示明了推進「一國兩制」事業體現中共胸襟與擔當。港人在香港經歷過回歸以來包括「黑暴」由亂及治在內的風風雨雨，更能深刻體會執政黨堅守「一國兩制」事業的良苦用心和前進力量。

姚志勝會長續說，駱主任指明叫囂「結束一黨專政」者是香港繁榮穩定真正大敵，這是切中肯綮的重要判斷。如果沒有中央一系列撥亂反正的重大決策，廣大香港市民今日還在「黑暴」中惶惶不可終日，香港會繼續走向萬劫不復的危險境地。只有不斷完善與憲法和基本法實施相關的制度機制，確保「一國兩制」事業始終在正確方向上前進，更好落實中央全面管治權，香港定能在伴隨祖國邁向社會主義現代化強國的歷史進程中，再寫輝煌發展新一頁！

總書記「七一講話」振奮人心
「一國兩制」事業前景更光明
—— 關於習近平總書記在中國共產黨成立 100 週年大會講話的回應

2021 年 7 月 1 日香港「文匯網」、「大公文匯網」、「香港商報網」、「點新聞」
2021 年 7 月 2 日香港《文匯報》、《香港商報》

慶祝中國共產黨成立 100 週年大會在北京舉行。中共中央總書記、國家主席、中央軍委主席習近平發表重要講話。全國政協委員、中國和平統一促進會香港總會會長姚志勝表示，習總書記的重要講話，回顧中國共產黨百年奮鬥的光輝歷程，展望中華民族偉大復興的光明前景，極大地振奮了包括港人在內的全體海內外同胞的心！姚會長說，中國走上民族復興自強的艱辛道路，從「站起來」、「富起來」到「強起來」的歷史飛躍，用幾十年的時間走完了發達國家幾百年走過的發展歷程，這是載入世界文明史冊的發展奇跡。我們國家當前正在意氣風發向着全面建成社會主義現代化強國的第二個百年奮鬥目標邁進，我們深信有中國共產黨的堅強領導，香港「一國兩制」事業前景定必更加光明，兩岸和平統一進程定能穩步推進。

姚志勝會長說，習總書記在講話中要求香港特區落實維護國家安全的法律制度和執行機制。中央實施香港國安法、主導完善香港選舉制度，香港社會各界須確保相關法律和制度機制執行到位，真正做到清除危害國家安全和香港安定的禍源，為香港、為市民撐起法律的「保護傘」。同時，中央一直全力支持香港發展，確保香港保持長期繁榮穩定。香港需要加快融入國家發展大局，配合國家所需，貢獻香港所長，促進經濟發展，共享祖國繁榮富強的偉大榮光。

姚志勝會長表示，習總書記指出，要堅持「一個中國」原則和「九二共識」，推進祖國和平統一進程，任何人都不要低估中國人民捍衛國家主權和領土完整的堅強決心、堅定意志、強大能力！在當前台海形勢下，

反「台獨」任務仍然艱巨。中央有決心、有能力遏制「台獨」，維護台海局勢穩定、捍衛國家主權領土完整。習總書記的講話，進一步表達了實現祖國統一的決心和信心！

香港須牢牢抓住「十四五」機遇
開創發展新未來

—— 關於駱惠寧主任在特區政府「十四五」規劃宣講會致辭的回應

2021 年 8 月 23 日「中國新聞網」
2021 年 8 月 24 日香港《文匯報》、《大公報》、《香港商報》

特區政府舉行國家「十四五」規劃宣講會，中聯辦主任駱惠寧在致辭指出，認清國家規劃要求，全面把握香港的發展方向，不斷提升香港的競爭優勢，努力開創香港發展新未來。全國政協委員、中國和平統一促進會香港總會會長姚志勝表示，隨着香港國安法的實施和新選舉制度的建立，香港進入了全面落實「愛國者治港」的良政善治新時代。正如駱主任所說，自 2020 年起一年多香港的撥亂反正、正本清源，說到底是「三個為了」，即：是為了維護和發展香港市民的根本福祉，是為了實現香港的長期繁榮穩定，是為了推動「一國兩制」行穩致遠。通過中央宣講團來港介紹「十四五」規劃綱要，不僅讓香港社會各界進一步感受到中央對香港的親切關懷和大力支持，而且帶動香港社會全面深入了解國家「十四五」規劃時期的發展方向，讓香港更好找準自己在國家發展新局中的戰略定位，加快融入國家發展大局，更好地發展香港，造福港人，貢獻國家。

姚志勝會長表示，香港發展的最大機遇在內地，「十四五」規劃明確了香港發展新定位，為香港帶來新一輪歷史發展機遇。中央希望香港社會牢牢抓住「十四五」規劃機遇，在進一步融入國家發展大局的進程中，打造新優勢，作出新貢獻。特區政府和社會各界須不失時機，儘快規劃、部署和落實具體融入國家發展大局的行動。

在宣講會上，國務院港澳辦副主任黃柳權表示，對接國家「十四五」規劃，不僅包括政策對接、產業對接、市場對接，也包括理念對接、思路對接。姚志勝會長指出，舉世矚目的中國經濟奇跡之路，就是以一連

串的發展規劃為基石而鋪就，然而香港一直缺乏規劃意識及制定落實規劃的機制，導致未能完全適應融入國家發展大局。特區政府應根據國家五年規劃的內容，制定相銜接的香港特區五年規劃。今日的香港，比過往任何一段時間都要接近國家發展大局，只要社會各界凝聚謀發展、求進步的共識，香港自能為國家發展作出巨大貢獻，亦能從中獲益。

駱主任探訪基層體現中央關心香港經濟民生
—— 關於中聯辦啟動「落區聆聽　同心同行」活動的回應

2021 年 9 月 30 日「香港商報網」
2021 年 10 月 1 日香港《文匯報》、《大公報》、「中國新聞網」
2021 年 10 月 2 日《香港商報》

　　中聯辦主任駱惠寧國慶節前夕再次探訪基層市民，啟動中聯辦「落區聆聽　同心同行」的活動。全國政協委員、中國和平統一促進會香港總會會長姚志勝表示，駱主任再次落區走訪市民生活，認真貫徹習近平總書記「七一」重要講話精神，把人民情懷貫徹到「一國兩制」偉大實踐中，彰顯「以人民為中心」理念，表明中央非常關心香港經濟民生問題，重視基層聲音，希望帶動香港社會各界聚焦發展造福港人。中聯辦再次走訪市民生活，積極轉變作風，走好羣眾路線，融入香港社會，將走基層聽民意逐步常態化、制度化，表明中聯辦始終與廣大香港市民同心同行，推動香港社會各界戮力同心，共同創造香港新的輝煌！

　　姚志勝會長說，駱主任再次落區，表達中央親切問候，先後走訪慰問香港漁民、創業青年、社區居民、臨街商舖和「籠屋」住戶，不僅重視社會各界代表性人士意見，更重視直接聽取基層市民呼聲，彰顯了中央政府對香港的關愛和支持一以貫之，對香港經濟、民生問題高度關注，致力於與香港社會一道，破解香港深層次矛盾和問題，推進香港融入國家發展大局，與國家共命運，同進步。

　　姚志勝會長續說，當前香港社會迎來由亂及治的重大轉折，正邁入由治及興階段，社會大局穩定，未來前景光明，廣大市民對「一國兩制」充滿信心，對搞好經濟民生有很高期待。中聯辦更密切聯繫香港社會各界、更主動服務香港市民，活動還會常態化，將中聯辦 5 項職能具體化、行動化，展現中聯辦與市民同心同行，攜手全面準確落實「一國兩制」，維護香港繁榮穩定。

六中全會全面總結中共百年歷史成就經驗 指引香港「一國兩制」實踐行穩致遠

—— 關於十九屆六中全會公報的回應

2021 年 11 月 11 日「香港商報網」
2021 年 11 月 12 日《大公報》

中國共產黨第十九屆中央委員會第六次全體會議發出公報，中共十九屆六中全會審議通過《中共中央關於黨的百年奮鬥重大成就和歷史經驗的決議》，習近平總書記作重要講話。全國政協委員、中國和平統一促進會香港總會會長姚志勝表示，六中全會全面總結中國共產黨成立百年來的重大成就和歷史經驗，深刻揭示中國共產黨百年奮鬥的歷史意義，從十個方面提煉出為國家發展長期積累的寶貴經驗和精神財富，以歷史的雄偉步伐號召全國各族人民在新時代新征程上繼續贏得更加偉大的勝利和榮光，為向第二個百年奮鬥目標進軍奠定堅實基礎。全會將堅定落實「愛國者治港」，推動香港局勢實現由亂到治的重大轉折，作為中國共產黨重大的歷史成就，更加印證維護港人根本福祉，就要堅持維護中國共產黨領導。香港社會各界須按照六中全會精神，充分認識中國共產黨領導與香港發展的緊密關係，加快融入國家發展大局，帶動香港發展，共享祖國繁榮富強的偉大榮光。

姚志勝會長表示，六中全會的公報示明，在中國共產黨的堅強領導下，我們國家創造出令世人驚嘆的中國奇跡，形成了鮮明的中國特色、中國經驗。100 年來，中國共產黨用實際行動踐行承諾，帶領中國人民取得偉大成就。唯有中國共產黨，能喚醒、團結、帶領中國人民，將人民凝聚成強大的歷史創造主體，引領人民開啟新篇章、創造新未來，始終回應全國各族人民為實現中華民族偉大復興中國夢而繼續奮鬥的需要。在開啟全面建設社會主義現代化國家新征程的時候，總結中國共產黨的百年奮鬥寶貴經驗，就是要在習近平新時代中國特色社會主義思想

的指導下，激勵全國各族人民在新時代新征程上贏得更加偉大的勝利。

　　姚志勝會長續說，六中全會提到，黨中央採取一系列標本兼治的舉措，堅定落實「愛國者治港」，推動香港局勢實現由亂到治的重大轉折，為推進依法治港、促進「一國兩制」實踐行穩致遠打下了堅實基礎。事實上，中國共產黨開創、發展、捍衛了「一國兩制」事業，六中全會總結中國共產黨堅持「一國兩制」的歷史經驗，深刻揭示了中國共產黨與「一國兩制」的關係，對推動香港社會堅定制度自信、抓緊發展機遇、開創新未來，具有重大的指導意義。香港社會必須貫徹六中全會精神，確保「一國兩制」事業行穩致遠，為中華民族偉大復興作出新貢獻！

駱主任回顧「一國兩制」輝煌成就
勉勵港人胸懷歷史自信
—— 關於駱惠寧主任發表 2022 年新春致辭的回應

2022 年 1 月 26 日「香港商報網」
2022 年 1 月 27 日香港《文匯報》、《大公報》

中聯辦主任駱惠寧向全港市民發表新春致辭。全國政協委員、中國和平統一促進會香港總會會長姚志勝表示，在香港回歸 25 年、「一國兩制」進入新階段之際，駱主任回顧香港實行「一國兩制」的輝煌成就，勉勵港人胸懷歷史自信，意義深遠而重大，更具有強烈現實針對性。在中央堅強領導及祖國內地的強力支持下，香港只要緊握國家發展大局的機遇，對準國家所需發揮所長，未來必定會更美好。

姚志勝會長表示，駱主任回顧香港回歸以來走過的非凡歷程，強調香港儘管遭受疫情、經濟、「黑暴」、民主發展一度誤走歧途等衝擊和險境，香港不僅頂住了，而且站得更穩。駱主任的講話鼓勵社會各界懷着信心、決心和齊心，為香港攻堅克難，為我們這個共同家園打拼。

姚志勝會長指出，駱主任提到「中國共產黨創立、發展和捍衛的『一國兩制』好」、「與國家同發展共進步的道路對」、「當家作主的香港同胞行」，「好」、「對」、「行」這三個字，正體現了中央捍衛「一國兩制」的良苦用心，說明維護「一國兩制」關係香港福祉，各界對此應有充分的自覺，自覺維護中央對特別行政區的全面管治權，自覺發揮祖國內地堅強後盾作用和提高特別行政區自身競爭力結合起來，確保「一國兩制」實踐不變形、不走樣。這才是香港的發展路徑。

汪洋主席報告引領向前
為迎接「二十大」凝聚共識

—— 關於聽取全國政協十三屆五次會議開幕會政協全國委員會常務委員會
工作報告的回應

2022 年 3 月 4 日「香港商報網」
2022 年 3 月 5 日香港《文匯報》、《大公報》、《香港商報》

　　全國政協十三屆五次會議開幕會舉行，全國政協主席汪洋代表政協第十三屆全國委員會常務委員會作工作報告。全國政協委員、中國和平統一促進會香港總會會長姚志勝表示，汪主席所作政協常委會工作報告，調研紮實、重點突出，為未來一年作出工作部署，其中重點提出2022 年要圍繞中國共產黨二十大勝利召開凝心聚力。姚會長指出，在貫徹落實「愛國者治港」原則的良好條件下，香港的政協委員要從普及宣傳、兩地交流、輿論傳播等多方面，推動香港更好認識中國共產黨的歷史性成就、發生的歷史性變革，讓香港社會深刻認識國家執政黨治國理政理念和國家發展進程，為共同迎接「二十大」廣泛凝聚共識和力量。

　　姚志勝會長續說，中央支援香港抗疫，彰顯了中央的關懷和國家的制度優勢，有力支援了香港特區政府和全社會的抗疫工作。愛國愛港政團社團、駐港中資企業等響應中央號召，各盡所能為抗疫提供支援服務，是戰勝香港疫情的堅定力量。愛國愛港力量充分結合國家支持，在香港形成了更大的抗疫合力。工作報告要求進一步提升愛國愛港力量能力建設。對此，我們要深入社會基層，聆聽專業意見，切實了解社會發展，不斷提升愛國者的能力擔當，為愛國愛港力量更好發展集思廣益，以實現香港的良政善治。

政府工作報告體現穩中求進總基調
香港須更好融入國家大局
—— 關於聽取十三屆全國人大五次會議開幕會政府工作報告的回應

2022 年 3 月 5 日「香港商報網」

　　十三屆全國人大五次會議開幕會舉行，國務院總理李克強代表國務院向十三屆全國人大五次會議作政府工作報告。全國政協委員、中國和平統一促進會香港總會會長姚志勝表示，李克強總理所作的政府工作報告，總結的發展成就碩果纍纍，民生福祉持續增進，「十四五」實現良好開局，成果令人欣喜。報告同時確立着力穩定宏觀經濟大盤、着力穩市場主體保就業等九大工作重點，問題導向，環環緊扣，堅持底線，務實惠民，體現了國家穩步向前的宏觀經濟思路和發展態勢，前景令人鼓舞！政府工作報告將 2022 年的 GDP 增長目標設定為 5.5% 左右，是在 2021 年高基數基礎上的中高速增長，是能夠實現的經濟目標，符合我國發展實際，體現穩中求進總基調。

　　工作報告在涉港部分提到，要繼續全面準確、堅定不移貫徹「一國兩制」、「港人治港」、高度自治的方針，落實中央對特別行政區全面管治權，堅定落實「愛國者治港」。姚志勝會長表示，中央對香港的全面管治權，包括中央直接行使的權力。落實中央全面管治權的目的，就是要實現中央對特區的全面有效管治。嚴峻的疫情告訴我們，香港在進入良政善治新時代的進程中，仍面臨許多問題和挑戰。落實中央對香港的全面管治權，一方面要加強中央對香港特區的領導，另一方面要下大氣力提升愛國愛港力量能力建設，才能擔當起「愛國者治港」的重任，有效落實中央的全面管治權。

　　政府工作報告提出，今年要堅定實施擴大內需戰略，推進區域協調發展和新型城鎮化。可以預期，圍繞國家重大戰略部署和「十四五」規劃，適度超前開展基礎設施投資，國家經濟發展紅利源源不絕。姚志勝

會長指出，背靠祖國是香港最大的優勢，亦是香港發展的根本出路。香港疫後經濟要儘快復甦，社會各界必須深刻認識到國家重大戰略部署所帶來的機遇，透過前海改革方案、北部都會區等兩地合作大計，找準香港的發展定位，積極投入到「十四五」規劃中來，在區域協調發展的過程中，為香港開拓更廣闊的發展空間。工作報告涉港部分提到，支持港澳發展經濟、改善民生，更好融入國家發展大局，保持香港、澳門長期繁榮穩定，2022 年特別把「更好融入國家發展大局」結合支持港澳發展經濟民生來談，也是要把融入國家發展大局作為支撐香港經濟民生發展的重要路徑。

政府工作報告提出，我們要堅持對台工作大政方針，貫徹新時代黨解決台灣問題的總體方略，堅持一個中國原則和「九二共識」，推進兩岸關係和平發展和祖國統一，堅決反對「台獨」分裂行徑。姚志勝會長指出，大陸當前的對台方略，內容豐富、完整清晰，足以應付國際風雲變幻下複雜嚴峻的兩岸關係形勢。蔡英文政府上台以來，拒不承認「九二共識」、不認同兩岸同屬一個中國，死抱「台獨」黨綱，違逆統一歷史潮流，不得人心。政府工作報告的工作部署，表明大陸不斷提升自身綜合實力，這是大陸加強掌控兩岸關係主導權的基礎和保障，我們對實現祖國統一更加充滿信心。

中央堅定不移落實「一國兩制」
香港堅定制度自信建設美好家園
—— 有關夏寶龍副主席會見港區全國政協委員並發表講話的回應

2022 年 3 月 9 日「香港商報網」
2022 年 3 月 10 日香港《文匯報》、《香港商報》

全國政協副主席、國務院港澳辦主任夏寶龍會見港區全國政協委員並發表講話。參加會見的全國政協委員、中國和平統一促進會香港總會會長姚志勝表示，夏副主席表明，中央堅定不移貫徹落實「一國兩制」，中央制定香港國安法等措施都是為了香港好。回歸以來的事實充分說明，「一國兩制」優勢正是香港攻堅克難、應對挑戰的最大信心所在，中央支持是香港最大的靠山。香港社會各界今後更須攜手努力，始終堅定「一國兩制」制度自信不動搖，共同推動發展，促進繁榮穩定，建設美好家園，決不辜負中央的厚望。

姚志勝會長指出，中央採取一系列標本兼治的舉措，實施香港國安法、落實「愛國者治港」，推動香港局勢實現由亂到治、由治及興的重大轉折，為促進「一國兩制」實踐行穩致遠打下了堅實基礎。廣大市民感受到中央真誠希望香港好，感受到「一國兩制」的強大生命力。發展經濟、改善民生，是廣大香港市民的共同願望，維繫「一國兩制」，是香港社會最大公約數。香港憑藉「一國兩制」制度優勢，始終保有香港獨特角色地位。今後繼續在「一國兩制」下，把國家所需與香港所長結合起來，服務國家發展全局，謀劃香港長遠未來，定能在融入國家發展大局的過程中，讓香港再創輝煌。

夏副主席的講話談到，中央援建方艙醫院、調撥醫療資源等，對香港的關懷不是講空話。姚志勝會長說，回歸近 25 年來，香港歷經風風雨雨，中央始終是香港的堅強後盾。今次疫情中，中央對香港支援實實在在，許多市民已從中央援港的抗疫人員、物資和設施中得到切實支援，

更多生命得到及時救助。市民看在眼裏，暖在心上，紛紛表達對中央感激之情。當前，抗疫是壓倒一切的頭等大事，有中央強大後盾，用好中央支持，香港定能爭取早日穩控疫情，在新起點上再出發。

第五部分

反對「台獨」　促進祖國統一

汪洋主席為對台工作決策部署指明重心方向
堅定反「台獨」 堅持融合發展
—— 關於汪洋主席在 2021 年對台工作會議講話的回應

2021 年 1 月 19 日《香港每日輿情動態》：統促總會動態

　　2021 年對台工作會議於 1 月 17 日至 18 日在京舉行，全國政協主席汪洋出席會議並講話，強調要堅持一個中國原則和「九二共識」，堅決遏制「台獨」分裂活動和外部勢力干涉，積極促進兩岸關係和平發展、融合發展，推進祖國統一進程。全國政協委員、中國和平統一促進會香港總會會長姚志勝表示，台灣蔡英文當局破壞兩岸關係和平發展的政治基礎，當前兩岸關係是 40 多年來最嚴峻的時刻，但是融合與發展仍然是兩岸關係的主題，汪主席講話示明了堅決挫敗一切「台獨」行徑、維護國家主權和領土完整的決心信心，堅持推進兩岸各領域交流合作的誠意善意，為 2021 年對台工作決策部署指明了重心和方向。姚會長說，我們必須旗幟鮮明反對一切「台獨」分裂行徑，堅決抵制遏止一切分離言行，切實有效維護國家主權、安全和發展利益，也要繼續加強香港的兩岸交流平台角色，講好香港的「一國兩制」成功故事，在中央支持下同台灣同胞分享大陸發展機遇，堅定不移推動兩岸和平發展，為全面建設社會主義現代化國家開好局、攜手實現民族復興寫下新一頁！

支持特區政府停運駐台經貿文辦
譴責台灣當局包庇「黑暴」「拒統求獨」
—— 關於特區政府暫停駐台經貿文辦運作的回應

2021 年 5 月 23 日香港《文匯報》、《大公報》、《香港商報》

　　特區政府公佈暫停駐台經濟貿易文化辦事處的運作，發聲明批評台方單方面設立辦事處支援香港「黑暴」分子。台當局反稱設立辦事處並未觸及「九二共識」等政治性議題，更稱支援「黑暴」是提供人道關懷及必要服務云云，抹黑特區政府扭曲事實別具政治目的。全國政協委員、中國和平統一促進會香港總會會長姚志勝表示，台方包庇「黑暴」等連串行徑已嚴重破壞港台關係，經貿文辦停止運作，責任全在台方。香港統促總會支持特區政府堅守中央政府處理香港涉台問題的基本原則和政策，正確處理港台關係相關事宜，表達維護「一中」原則的嚴正態度，譴責台灣當局包庇「黑暴」「拒統求獨」。

　　姚志勝會長指出，台方推出所謂「援港專案」，並在台港經濟文化合作策進會下設立所謂的「台港服務交流辦公室」，為暴力示威者及破壞香港繁榮穩定的人提供支援。事實很清楚，「台獨」勢力與「黑暴」分裂勢力相互勾連，目的就是分裂祖國，搞亂香港，抗拒「九二共識」，謀求「拒統求獨」。特區政府根據香港基本法、「一個中國」原則，以及中央政府處理香港涉台問題的基本原則和政策，停止經貿文辦運作，正確處理港台關係相關事宜。這不僅保障了駐台香港人員的安全和權益，更表達了特區政府維護「一中」原則的嚴正態度。

弘揚辛亥革命精神
中華兒女共同為祖國統一奮鬥
—— 關於習近平主席在紀念辛亥革命 110 週年大會講話的回應

2021 年 10 月 10 日「新華網」、《人民政協報》、《大公報》、《香港商報》、「紫荊新媒體」

　　紀念辛亥革命 110 週年大會在北京人民大會堂隆重舉行，國家主席習近平出席大會並發表重要講話。全國政協委員、中國和平統一促進會香港總會會長姚志勝表示，習主席的重要講話，高度評價和肯定辛亥革命的偉大意義，鄭重宣示了堅持一個中國原則和「九二共識」、堅決遏制「台獨」分裂活動、捍衛國家主權和領土完整的堅強決心與堅定意志。習主席的講話，高舉孫中山先生提出的振興中華的旗幟，提倡弘揚孫中山先生的精神，對於團結海內外中華兒女，共同推動中華民族的偉大復興，促進海峽兩岸的和平統一，具有重要意義。回歸後的香港實行「一國兩制」，與辛亥革命有着深厚的歷史淵源，在祖國和平統一大業中發揮着不可替代的積極作用。

　　姚志勝會長説，他在北京聆聽了習主席的重要講話，不僅切實感受到中華民族偉大復興事業與辛亥革命精神一脈相承的歷史連接，更強烈感受到「祖國完全統一的歷史任務一定要實現，也一定能夠實現」的時代強音！無比振奮，心情激動。

　　姚志勝會長指出，祖國統一的大業面臨着「台獨」分裂勢力嚴峻的挑釁，這是祖國統一的最大障礙，是民族復興的嚴重隱患。習主席在講話中，嚴正警告「台獨」分裂勢力：凡是數典忘祖、背叛祖國、分裂國家的人，從來沒有好下場，必將遭到人民的唾棄和歷史的審判！對於國際上某些反華勢力糾合起來在台灣問題上向中國施加壓力，打「台灣牌」遏制中國發展，妄圖重演 70 多年前朝鮮戰爭的一幕來阻止中國統一，習主席在講話中再次向世界宣示：台灣問題純屬中國內政，不容任何外來干涉。任何人都不要低估中國人民捍衛國家主權和領土完整的堅強決心、堅定

意志、強大能力！習主席的講話，極大鼓舞海內外中華兒女，共同弘揚孫中山先生維護國家主權、維護民族獨立的精神，為實現中華民族偉大復興和祖國完全統一而共同奮鬥。

　　姚志勝會長表示，香港是孫中山先生革命活動的重要策源地，是中國近代史上緊密聯繫海內外中華兒女的重要橋樑。今天的香港，已經站在由亂及治重大轉折的新起點，中央制定實施香港國安法、完善香港選舉制度，全面落實「愛國者治港」，開啟了香港長治久安的新階段。香港社會要弘揚孫中山等辛亥革命先驅偉大的愛國主義精神，推動香港「一國兩制」實踐行穩致遠，發揮香港在推進兩岸關係和平發展方面的特殊重要角色，為推進祖國統一大業、實現中華民族偉大復興中國夢，作出無愧於時代的貢獻！

下篇

文章薈萃

第一部分

修例風波與國家安全

「港獨」衝擊中央底線　校園鏟「獨」校方有責

提要：國家主席習近平在慶祝香港回歸祖國 20 週年大會的講話中已明確發出警示：危害國家主權安全、挑戰基本法權威，是對「一國兩制」底線的觸碰，都是絕不能允許的。習主席的講話言猶在耳，怎麼可以聽而不聞？令人擔憂的是，大學校園出現宣揚「港獨」的惡性事件，有的校長卻態度曖昧。「港獨」肆虐校園原因固然很多，校方不敢作為，不能堅守「一國兩制」底線，也是原因之一。在校園宣揚「港獨」違憲違法，絕非言論自由，大學的「民主牆」也不是可以宣揚「港獨」的法外之地，校方理所當然應該反對，並採取措施予以制止，任何推託之詞都是不負責任的行為。同時，校園出現「港獨」不只是校政問題，而是關乎「一國兩制」和香港繁榮穩定的大是大非問題，社會各界理所當然要敦促校方嚴正處理，不能再讓「港獨」在校園放任自流。

習主席講話怎可聽而不聞

在「一國兩制」方針中，「一國」是前提，「維護國家統一」是不可逾越的紅線。習主席在慶祝香港回歸祖國 20 週年大會的講話中強調，「一國兩制」的提出首先是為了實現和維護國家統一，在中英談判時期，我們旗幟鮮明提出主權問題不容討論，香港回歸後，我們更要堅定維護國家主權、安全、發展利益。針對香港出現的新情況，習主席明確劃出了不允許觸碰的三條底線：一是不允許危害國家主權安全；二是不允許挑戰中央權力和基本法權威；三是不允許利用香港對內地進行滲透破壞的活動。習主席在香港的講話言猶在耳，怎麼可以聽而不聞？

「一國兩制」是香港的「生命線」。在香港，如果不能守住「維護國

家統一」這條紅線,「一國兩制」將會受到毀滅性的衝擊。國家憲法和香港基本法都已明確規定,香港是國家不可分離的部分,香港特別行政區是根據國家憲法第三十一條的規定設立。基本法序言清楚寫明「香港自古以來就是中國的領土」,並要求「維護國家的統一和領土完整」;基本法第一條明確規定,「香港特別行政區是中華人民共和國不可分離的部分」;基本法第二十三條進一步規定:香港特別行政區應自行立法禁止任何叛國、分裂國家、煽動叛亂、顛覆中央人民政府等行為。極少數極端分子在校園鼓吹「港獨」,直接挑戰國家憲法和香港基本法,衝擊中央劃定的「一國兩制」底線,必須強烈譴責,堅決遏止。在這個大是大非的問題上,不能有半點的含糊和妥協。

「民主牆」非法外之地

然而,令人擔憂的是,大學校園出現宣揚「港獨」的惡性事件,有的校長卻態度曖昧,表現軟弱。嶺南大學校長鄭國漢雖然表示反對「港獨」,但同時又稱民主牆貼「港獨」相關大字報屬於「討論性質」,所以「沒有問題」。這種說法實際上是放任「港獨」橫行校園,後果嚴重。極端分子肆無忌憚在大學校園宣揚「港獨」,原因固然很多,校方不敢作為,不能堅守「一國兩制」底線,也是原因之一。

必須指出的是,在校園宣揚「港獨」絕不屬於言論自由的範疇。宣揚「港獨」不僅違反憲法和基本法,也觸犯了香港本地的法律規定。根據《香港回歸條例》第五條和第六條、《釋義及通則條例》第2A (3) 條及附表8、《刑事罪行條例》第九條和第十條,香港是中國的一部分,任何人企圖或準備做出煽動意圖,引起憎恨中央政府和香港政府,激起對其離叛等,即屬犯罪。香港人權法案第十六條及《公民權利和政治權利國際公約》第十九條都明確指出,言論自由並非絕對的權利,不能凌駕國家安全及公共秩序。

顯然,在校園宣揚「港獨」,違法違憲,已經超出了言論自由的範疇。

事實上，世界各國的政府和法律都不會允許有人在學校鼓動分裂國家、煽動民族仇恨。在美國，政府不會容許有人在校園內大講「伊斯蘭國」的暴恐宗旨和教義；在德國，政府也不會容許有人在校園內讚揚美化邪惡的納粹。這無關言論自由。大學的民主牆也不是法外之地，也不能以「討論問題」為由宣揚「港獨」。

學校有責任反「港獨」

在校園宣揚「港獨」違憲違法，校方理所當然應該表明反對態度，並採取措施予以制止，任何推託之詞都是不負責任的行為。同時，「港獨」肆虐校園不只是校政問題，而是關乎「一國兩制」和香港繁榮穩定的大是大非問題，社會各界理所當然要敦促校方嚴正處理，不能再讓「港獨」在校園放任自流。

學校是教書育人的地方，有責任對學生做好正確的教育工作，應該向學生清楚說明，基本法規定香港是中國不可分離的部分，學生不認清這個事實，隨意發表「港獨」言論甚至參與「港獨」行動，日後可能就要付出代價。為了履行維護國家統一、確保校園安寧的責任，學校有必要在校紀校規方面明文規範不能宣揚「港獨」，將「港獨」勢力拒諸校園之外。

（原載於 2017 年 9 月 15 日香港《文匯報》）

制止「港獨」合理合法　反對派遊行不得人心

提要：「香港民族黨」是一個正在實施「港獨」違法行為的非法組織，特區政府依法禁止其運作，合法合理，有理有據，無可質疑。外國政府和機構無權對香港內部事務指手畫腳。英國外交部、美國駐港總領事館以所謂言論結社自由說三道四，是不顧事實，無視法律，別有用心。己所不欲，勿施於人。試問：美國、英國也不會容許國內組織分裂自己的國家，為何要為在中國的地方搞分裂的「港獨」組織撐腰？反對派組織支持「民族黨」的遊行只有約 600 人出席，反映「港獨」不得人心。香港主流民意支持特區政府打擊「港獨」。

「香港民族黨」在社交網站公開警方約 700 頁文件。這份文件，讓港人更加清楚看到「香港民族黨」的「港獨」真面目。

「民族黨」煽「獨」證據確鑿

警方文件詳列「香港民族黨」過往的「港獨」言行資料。兩年多來，該黨公開發表的「港獨」言論不下百種，鼓吹和推動「港獨」的行動也數以十計，包括在金鐘添馬公園舉辦「港獨」大會、向中學進行「政治啟蒙」滲透、向大專院校提供「港獨」橫額標語、出版刊物以及赴台日等地與「疆獨」、「藏獨」分子勾聯。召集人陳浩天本人還曾在電台節目中公開表示，為達到「港獨」目的「不惜流血」等等。這些言行顯示，該黨的「港獨」圖謀觸目驚心，不只口頭鼓吹「港獨」，更有多項實質行動，有組織、有計劃地推動「港獨」，甚至揚言使用武力，如不及時依法禁絕，後果不堪設想。特區政府果斷採取行動，得到香港社會廣泛認同。

特區政府今次對「香港民族黨」採取禁制行動，經歷長達兩年多時間艱苦細緻地搜證和研究。文件顯示，警方建議保安局局長按《社團條例》依法制止該黨運作，有理有據，在法理上無可質疑和挑戰。例如，文件引用該黨創黨時提出的六大綱領，包括「建立自由而獨立的香港共和國」、「支持並參與一切有效抗爭」以及「廢除未經港人授權的基本法」等，指明違反基本法第一條及第十二條；該黨損害國家安全、擾亂公眾秩序的性質和行動，明顯違反《社團條例》。

反對外國干預　制止「兩獨」合流

自特區政府宣佈擬依法禁止「香港民族黨」運作，英國外交部、美國駐港總領事館都站出來表示關注事件，同樣聲稱言論、結社和集會自由應受保護。特區政府根據充足事實和法律依據禁止「港獨」組織運作，是依法辦事，有理有據，無可置疑。外國政府和機構無權對香港內部事務指手畫腳。試問：美國、英國會否容許或鼓勵有組織在自己的國土內進行分裂國家的活動？己所不欲，勿施於人。既然美英自己也不容許，為何要為在中國的地方搞分裂的「港獨」組織「香港民族黨」撐腰張目？這是何道理？美英不應把危及國家安全的「港獨」言行與結社自由拉在一起說三道四，誤導國際社會和港人。

必須指出的是，「香港民族黨」還頻繁勾聯「台獨」分子推動「香港獨立」，嚴重危害國家安全。警方文件揭示，陳浩天去年 7 月與「台獨」分子舉行視像會議，表明「台獨」勢力支持「民族黨」推動「港獨」。「港獨」與「台獨」合流，不僅對兩岸關係和平發展和祖國統一產生干擾和破壞，而且衝擊香港的繁榮穩定，損害香港市民的福祉，決不能等閒視之。我們必須堅決反「港獨」，堅決制止「港獨」與「台獨」合流。這既是維護國家的主權和統一，也是維護香港的繁榮穩定和港人福祉。在此，不僅要警告「台獨」勢力，在香港問題上不可肆意妄為，也要奉勸台灣民進黨當局看清形勢，審慎處事，好自為之。

撐「港獨」遊行違主流民意

「民陣」及多個反對派政黨上週六聯同多個「港獨」組織遊行及集會，反對警方建議引用《社團條例》禁止「香港民族黨」運作，宣稱捍衛言論及結社自由。反對派口頭上說不支持「港獨」，但卻組織遊行支持「港獨」組織「香港民族黨」，做法是自相矛盾。這次遊行最終只有約 600 人出席，反映了「港獨」不得人心。香港主流民意支持特區政府打擊「港獨」，支持特區政府採取法律行動，依法禁止「香港民族黨」這個徹頭徹尾的「港獨」組織運作。

（原載於 2018 年 7 月 23 日香港《文匯報》）

FCC 為「港獨」搭台踩紅線　政府須收回物業示警

提要：香港外國記者會（FCC）不顧社會各界強烈反對，昨日執意邀請「港獨」組織「香港民族黨」召集人陳浩天演講。陳浩天的所謂演講不僅鼓吹「港獨」，而且公開要求美國制裁香港，足以證明是一場宣揚「港獨」的大會，更說明保安局依法禁止「民族黨」運作是依法有據。分裂國家不屬於言論自由。FCC支持「港獨」，嚴重挑戰中國國家主權。香港任何地方都不能播「獨」，更何況在政府物業內？政府須收回屬於政府物業的 FCC 會址，以儆效尤。

對於 FCC 執意為「港獨」分子提供宣傳平台，社會各界莫不義憤填膺。外交部駐港特派員公署更發表措辭嚴厲的聲明，對 FCC「不顧香港各界的強烈反對」邀請陳浩天演講，表示「義憤並予以譴責」，指新聞從業員不能以新聞和言論自由為名，「幹損害別國主權安全的勾當」。

演講播「獨」暴露 FCC 險惡用心

在 FCC 提出邀請陳浩天作演講嘉賓之時，外交部駐港特派員公署已經明確表示反對，並且要求 FCC 取消演講。對於中國國家外交層面的嚴正要求，任何外國組織理應尊重，但 FCC 卻反過來指責外界的批評是打壓言論自由云云。陳浩天昨天的所謂演講，不但利用 FCC 的平台大肆宣傳「港獨」，赤裸裸地聲稱香港的「主權」必須由香港人掌握，指達到這一目的的唯一方法就是「港獨」，更公然鼓吹「台獨」、「藏獨」、「疆獨」、「蒙獨」合作，並稱未來出路包括「加強與美國合作」，要求美國對香港作出制裁云云。

昨日的演講會説明了幾個事實：

一是陳浩天是一名極端的「港獨」分子，「香港民族黨」更是一個有計劃、有行動、有綱領鼓吹「港獨」的組織。

二是陳浩天的演講印證了保安局引用《社團條例》禁止「香港民族黨」運作，是合理合情合法，「民族黨」的言行已經嚴重觸犯《社團條例》，保安局必須及早予以取締。

三是暴露了 FCC 的虛偽和險惡用心。

FCC 一直聲稱不支持「港獨」，但陳浩天昨日正是得益於 FCC 的幫助，通過其平台向海內外媒體廣泛傳播其「港獨」理念。如果沒有 FCC 的「邀請」，陳浩天有這個宣傳機會嗎？如果 FCC 完全不認同其主張，會邀請他到其會址演講嗎？FCC 罔顧外交部駐港特派員公署的嚴正要求和社會輿論對 FCC 此舉的譴責，執意邀請陳浩天演講，正暴露其不可告人的政治立場。

全世界都無搞分裂的自由

確實，香港市民享有各種的自由，但卻沒有鼓吹分裂、煽動「港獨」的自由，不單香港沒有，全世界也沒有一個國家容許以「言論自由」之名煽動分裂。FCC 此舉不但公然為「港獨」分子提供宣傳平台，更是對中國國家主權的嚴重挑釁。

事實上，言論自由不是絕對的，更不是搞分裂的保護傘。英美等國同樣不容許以言論自由之名搞分裂。2016 年，英國一個所謂新納粹組織「國家行動」在社交網站讚揚當年槍殺留歐國會議員考克斯的極端白人主義槍手。英國政府隨即破天荒地把「國家行動」定性為恐怖主義組織，依法取締及禁止其一切活動。

在美國，1940 年制定的史密斯法案第二條亦規定：「意圖顛覆、破壞聯邦政府，提倡、鼓吹、教唆或印刷、發行、編輯、出版、公佈、出售、公開展示顛覆、破壞聯邦政府的必要性、適宜性的書寫品或印刷品」，都

是被禁止的。這項法律制定發佈後，幾經修訂，目前仍然有效。英國、德國、法國等國家的法律中也有同樣的規定。這說明一個事實：全世界都沒有搞分裂的自由。

香港任何地方都不許「播獨」

中央對「港獨」零空間零容忍，「港獨」在香港無市場。FCC 公然為「港獨」組織提供宣傳平台，不但是漠視香港法律，更是公然挑戰中國的國家主權。對於 FCC 的猖狂挑釁行為，除了批評之外，還須對其行為作出反制及懲治。尤其是 FCC 一直得到特區政府的照顧，以特惠租金租用會址。這本是特區政府對外國傳媒的支持，但現在該會址竟反過來成為「港獨」分子的播「獨」平台。在香港，任何地方都不容許「播獨」，何況是政府的地方？ FCC 既然違規使用政府物業，更公然挑戰香港的法律以至國家主權，特區政府再沒有理由繼續將政府物業租予這些組織，應立即研究收回其會址，讓 FCC 知道挑戰國家主權，必須承擔後果。

（原載於 2018 年 8 月 15 日香港《文匯報》）

韓正高度肯定香港紀律部隊傳遞重要訊息

提要：主管港澳事務的中共中央政治局常委、國務院副總理韓正昨日會見香港紀律部隊文化交流團，充分肯定香港紀律部隊工作，傳遞出 3 個重要訊息：一是反映中央高度肯定紀律部隊在捍衞香港法治，尤其是平定非法「佔中」、旺角暴亂的卓越表現；二是支持紀律部隊嚴正執法，敢於擔當，維護「一國兩制」和香港繁榮穩定；三是重視紀律部隊的國家意識和愛國精神，鼓勵紀律部隊多了解內地改革開放巨大成就，堅定對國家、對香港發展的信心。

中共中央政治局常委、國務院副總理韓正會見保安局局長李家超率領的香港紀律部隊文化交流團時，充分肯定香港紀律部隊工作，並代表中央政府向全體紀律部隊及家屬致以衷心感謝及誠摯問候。他說，「一國兩制」這樣一個偉大的實踐得到舉世公認的成功，其中就有香港紀律部隊的功勞和貢獻。他還特別提到，國家主席習近平過去曾兩次親自接見香港紀律部隊代表，並發表重要講話，表明中央對香港紀律部隊一貫高度重視，厚愛有加。

中央非常滿意紀律部隊的工作表現

一個法治社會，不但需要有完善的法律體系，也需要有素質良好、敢於擔當、勇於護法的紀律部隊。韓正對於香港紀律部隊的高度評價，反映中央非常滿意紀律部隊的工作表現。確實，香港作為一個成熟的法治社會，不但擁有健全的司法制度，而且有一支素質良好的紀律部隊，執行法律、堅守法治。香港能夠成為享譽國際的法治社會，並且是世界

上最安全的城市之一，罪案率維持在低水平，香港紀律部隊功不可沒。

近年來，激進歪風蔓延，紀律部隊在處理公眾集會事件時屢屢受到少數激進不法分子的挑釁，前線執法人員時常遭到無理指責，承受巨大壓力。2014 年的非法「佔中」更打開了激進歪風的「潘多拉盒子」，79 日的違法「佔領」，令香港法治遭到史無前例的破壞；及後的旺角暴亂，繁忙的街道變成暴亂的「戰場」，暴徒襲警、縱火、刑毀等暴行嚴重破壞社會秩序。在危急的形勢下，香港警隊挺身而出，以專業、克制的表現成功處理騷亂。香港在接連的政治騷亂中能夠穩坐釣魚船，除了中央政府的堅定支持，特區政府臨危不亂、沉着應對之外，紀律部隊盡忠職守，專業克制地採取執法行動，也是重要原因。

依法取締「港獨」組織　維護國家主權

面對激進勢力肆無忌憚地破壞法規、公然挑戰警方執法和反對派的縱容偏幫、顛倒是非黑白，紀律部隊的執法確實面對嚴峻挑戰。如果紀律部隊不能嚴正執法，香港的法治將難有保障，社會的繁榮穩定也將失去支柱。韓正的充分肯定，既是為紀律部隊打氣鼓勁，也表明中央全力支持紀律部隊執法，中央是紀律部隊最強大的後盾。這對於一直默默耕耘、堅守職責、公正無私的紀律部隊來說，當然是極大的激勵和鼓舞。

必須指出的是，近年來，「自決」、「港獨」勢力不斷衝擊香港法治，挑戰國家主權底線。「港獨」違法違憲，「港獨」分子公然在社會上「播獨」，危害國家的主權、安全，危害香港的繁榮穩定，危害香港的根本利益，必須採取法律手段予以制裁。對於違法的「港獨」行為，紀律部隊本着維護法治、嚴格執法的精神，依照法律的相關規定，理直氣壯地執法，並採取取締違法「港獨」組織的措施，以維護社會正常的秩序和法律基石。

支持紀律部隊　維護法治基石

　　韓正會見時讚揚交流團以改革開放 40 週年作主題，體現出紀律部隊的國家意識和愛國精神。他說，這也充分表明了香港紀律部隊的國家意識、愛國精神，大家到內地走一走、看一看，可以感受一下內地改革開放以來，所取得的巨大成就，堅定對國家、對香港發展的信心。紀律部隊是法治的守護神，守護香港的繁榮穩定和「一國兩制」，更應該具有高度的國家意識和愛國精神，以高度的使命感和責任感捍衛香港法治和「一國兩制」。重視培養紀律部隊的國家意識和愛國精神，傳承愛國精神，讓紀律部隊成為「一國兩制」和香港社會穩定的基石，具有現實意義。因此，加強香港紀律部隊與內地的文化交流，有利於紀律部隊成員更好地認識國家，履行職責。

　　香港回歸祖國 21 週年，「一國兩制」取得舉世公認的成功，背後離不開一支盡職盡責、無私無畏的紀律部隊。廣大市民更應該大力支持紀律部隊的工作，維護香港的法治基石。

（原載於 2018 年 8 月 28 日香港《文匯報》）

依法取締「民族黨」彰顯反「港獨」強大意志

提要：「香港民族黨」是一個正在實施「港獨」違法行為的非法組織，不僅違反基本法，而且觸犯《社團條例》。特區政府依法予以取締，證據充足，法理基礎穩固，合法合情合理。港澳辦和中聯辦都表態，堅決支持特區政府依法禁止「香港民族黨」運作，表達了中央堅決遏制「港獨」的強大意志。特區政府須加強執法，密切監察「民族黨」及其骨幹行動，並全面展開執法行動，取締所有「港獨」組織。

　　特區政府刊憲，保安局局長李家超行使《社團條例》第八（2）條賦予保安局局長的權力，禁止「香港民族黨」在香港運作，以維護國家安全、公共安全、公共秩序，得到了社會各界和中央的堅決支持。

禁止「民族黨」運作合法合情合理

　　基本法第一條清楚列明：「香港特別行政區是中華人民共和國不可分離的部分」。「香港民族黨」是明目張膽公開主張「港獨」、正在實施分裂國家行為的非法組織。警方提交的文件詳細羅列「香港民族黨」實施「港獨」的言行，包括其召集人報名參加立法會選舉，為「香港民族黨」爭取資源和海外支持以及擴大宣傳平台；透過報刊、電台、網上渠道作出宣傳，又實行針對年輕人的「中學政治啟蒙計劃」；多次公開表示會以一切有效的方法，包括使用武力以至武裝革命、滲透社會各界等以爭取「港獨」；多次到海外聯繫外地組織，尋求合作和支援，以實行其「港獨」目的，等等。這些事實充分證明，「香港民族黨」是有實質行動的「港獨」

組織，明顯抵觸基本法以及《社團條例》有關國家安全和公共秩序的規定。

特區政府今年 7 月根據《社團條例》第八條，有關維護國家安全或公共安全、公共秩序的規定，提出取締「香港民族黨」，並已 3 次延長申述期，給予其充分的申述時間和機會。然而，「香港民族黨」利用申述期多次在社會上宣揚「港獨」，公然挑戰法律。特區政府最終刊憲禁止「香港民族黨」運作，理據充足，是一個合法、合情、合理的決定，是維護國家安全和香港繁榮穩定的必要舉措。

港澳辦中聯辦表達中央堅決支持

「港獨」違憲違法，危害國家安全，破壞香港繁榮穩定，挑戰「一國兩制」底線。國家主席習近平去年來港視察發表重要講話時指出，「任何危害國家主權安全、挑戰中央權力和香港特別行政區基本法權威、利用香港對內地進行滲透破壞的活動，都是對底線的觸碰，都是絕不能允許的。」國務院港澳辦發言人指出，任何宣揚「港獨」主張、從事分裂國家活動的組織，無論其規模、影響大小，是否採取暴力或武力方式，其活動的違法性和社會危害性都是十分嚴重的，都是危害國家安全的行為，對此必須採取「零容忍」的態度。中聯辦負責人表示，堅決支持香港特別行政區維護法治，依法禁止「香港民族黨」運作，履行維護國家主權、安全、發展利益的憲制責任。港澳辦和中聯辦的表態，彰顯了中央堅決遏制「港獨」的強大意志。

「香港民族黨」被依法禁止再運作，涉及非法社團罪行即時適用，包括管理及協助管理、以非法社團成員身份行事、向非法社團付款或給予援助、提供場地等，刑罰包括罰款或監禁，其中監禁最高 2 至 3 年。「香港民族黨」已定性為非法社團。

「港獨」組織就像販毒、犯罪等問題一樣，具有極其嚴重的法律和社會後果，任何人都不應以身試法，為非法社團提供援助而自毀前程。陳浩天在申述期間的「港獨」言行變本加厲，警方須繼續加強執法，密切監

察「香港民族黨」會否成為地下社團，組織秘密活動，甚至防止該黨骨幹更換社團名稱，繼續「掛羊頭賣狗肉」。

全面取締所有「港獨」組織

值得留意的是，「香港民族黨」並非唯一鼓吹「港獨」的組織，「港獨」分子在一些青年和學生羣體尤其活躍。這些「港獨」分子不會甘心解散組織，近期與「台獨」等各路「獨派」分離勢力頻繁來往，利用台灣、海外的平台繼續販賣「獨」貨。「青年新政」游蕙禎最近便在美國《紐約時報》撰文，大肆鼓吹「港獨」。特區政府須果斷展開法律程序，取締同類組織，全面遏止「港獨」。

（原載於 2018 年 9 月 26 日香港《文匯報》）

反對派阻修例美化「佔中」實質是反中亂港

提要：反對派近期組織兩輪攻擊行動：一是以抹黑、拉布、煽動遊行等手段阻礙修訂《逃犯條例》，誤導民意，肆意攻擊內地司法制度；二是美化「佔中」罪犯，繼續散播「違法達義」的歪理，挑戰人大權威，與外國勢力呼應配合遏華禍港，其實質是反中亂港、破壞法治、損害香港繁榮穩定，衝擊「一國兩制」底線。社會各界應全力支持建制派主導修例的議會行動，挫敗反對派抗中亂港的圖謀，堅決維護「一國兩制」，確保香港長治久安。

特區政府提出修訂《逃犯條例》，以堵塞現有法律漏洞，不讓香港淪為「逃犯天堂」，得到主流民意支持。然而，反對派為狙擊修訂《逃犯條例》，無視法律公義，肆意抹黑、拉布癱瘓議會，無所不用其極：先有各種罔顧事實、扭曲邏輯的言論恐嚇市民，任意攻擊內地司法制度，誤導公眾；後有陳方安生等政客跑到美國就修例「告洋狀」，引起公憤。立法會修訂《逃犯條例》的法案委員會近日先後兩次會議，資歷最深的議員、民主黨涂謹申主持選舉正副主席會議期間，更與其他反對派議員一唱一和，肆意拉布，濫用權力騎劫公眾利益。

反對派企圖挑起新一輪分化對立

反對派為加強阻礙修例的聲勢，藉「佔中」諸犯被判監煽動市民反對修例。包括 3 名發起人在內的 9 名搞手在「佔中」案判決後，被反對派炒作為「英雄」。早於反對派發動反修例遊行前，「佔中」諸犯朱耀明、李永達及黃浩銘便直接鼓動市民上街遊行。他們將「佔中」案判刑作為一張

「悲情牌」,「民陣」聲言不少市民參與遊行與「佔中」諸犯判刑有關。反對派通過美化「佔中」諸犯,繼續散播「違法達義」的歪理,又與外國勢力合謀美化「佔中」諸犯,呼應配合美英禍港遏華的圖謀,扮演引外力亂港的急先鋒。

必須指出的是,修訂《逃犯條例》和「佔中」案判刑,都是鞏固香港法治根基的必要之舉。反對派以反修例的恐嚇說法和美化「佔中」罪犯的誤導言論,挑起新一輪分化對立和爭拗。為將反修例進一步政治化,反對派甚至提出特首下台的無理要求,矛頭直指特首林鄭月娥。反對派這些行動的目的路人皆見,就是要打擊特首和特區政府的管治威信,損害香港法治核心價值,衝擊國家安全底線,從而達到他們進一步抗中亂港和阻撓特區政府依法施政的目的。反對派過去發動「佔中」、「旺暴」、議會拉布,已令香港令出不行、法治不彰、社會混亂,發展經濟、改善民生受到嚴重拖累,普羅市民大受其害。現在,反對派故伎重施,將修例政治化,鼓動「佔中」重來,意圖撕裂社會、禍害法治、阻礙發展,實在不得人心。

各界全力支持建制派主導完成修例

香港出現穩中向好的積極變化來之不易,值得港人珍惜。反對派打「兩手牌」,既將移交逃犯問題政治化,又藉機延續「佔中」禍害,衝擊香港當前擁有「風更清、氣更正、人心更齊」的良好局面。立法會內會明日進行討論並發出指引,由建制派最資深議員石禮謙取代涂謹申主持會議,務求儘快審議修例,趕及 7 月份本年度立法會會期結束前通過。這是建制派合力在議會撥亂反正的重要一着。社會各界須以強大民意明是非、駁歪理,全力支持建制派主導修例的議會行動,挫敗反對派反對修例、美化「佔中」的抗中亂港圖謀,堅決維護「一國兩制」,確保香港長治久安。

(原載於 2019 年 5 月 3 日香港《文匯報》)

戳穿反對派的三大惡意誤導

提要：反對派攻擊修訂《逃犯條例》有三大誤導性說法：一是指香港市民隨時會被引渡到內地受審，令人人自危；二是指引渡內地會「予取予求」，犯人人權無保障；三是反對派指可賦予香港法院「域外法權」審理涉外案件，不需引渡。對於反對派惡意製造恐慌的誤導性說法必須戳穿，以匯聚真正的支持修例的強大民意，支持特區政府和立法會依時完成修例。

惡意挑動市民反修例

由當局提出《逃犯條例》修訂開始，反對派就沒有停止過誤導市民，煽動民情，打擊特區政府管治威信。反對派的誤導性說法主要有以下 3 方面：

第一，反對派指修訂《逃犯條例》後，香港市民隨時會被引渡到內地受審，令香港人人自危，反對派更以所謂「送中」來妖魔化修例。

事實是，修訂《逃犯條例》針對的是在內地或台灣等香港以外的地方嚴重觸犯刑法的逃犯，奉公守法的一般香港市民根本不受影響，何來擔心被引渡？再說，香港是法治之區，香港人如果在其他地區嚴重觸犯刑法，依法按照法定程序將他們引渡受審，天公地道。過去由於《逃犯條例》存在漏洞，讓一些犯法者利用漏洞逃避刑責，令香港淪為「逃犯天堂」。這次修訂正是要填補有關漏洞，所針對的是罪犯而不是一般市民。反對派將修訂說成是針對市民，完全是惡意誤導，製造恐慌，企圖挑動市民反修例。

第二，反對派指修訂《逃犯條例》後，引渡會出現所謂內地「予取予

求」的情況，犯人的人權得不到保障。這種說法完全無視修訂對犯人人權提出的多重保障。這方面的保障有 8 項：

一、引渡只適用於嚴重罪行，這些罪行都有嚴格定義，例如謀殺、誤殺、意圖謀殺等，並不包括政治罪行，並不會出現所謂引渡政治犯的問題。

二、參考國際移交逃犯做法，引渡的罪行必須符合「雙重犯罪」原則，即是在香港及引渡的地區都屬於嚴重罪行才會引渡。

三、因為種族、宗教、國籍或政見的檢控，也不能處理。

四、如果犯人在引渡審訊上存在不公，或因為種族、宗教、國籍或政見等原因而被限制辯護，也可拒絕引渡。

五、疑犯不能引渡至第三方地區或國家。

六、死刑犯不會引渡。

七、只納入原有 46 項罪行中的 37 項罪行類別，剔除 9 項主要涉及商業的罪行類別。

八、犯人可聘用律師，亦有權在香港法庭就案件提出看法，由法庭作出最後判決是否進行引渡，確保個案符合《逃犯條例》下各項證據的規定及人權保障。

以上這些保障符合國際標準，並不存在犯人人權缺乏保障的問題。

正視聽　匯聚民意支持修例

第三，反對派指可以賦予香港法院「域外法權」，以審理港人在境外涉嫌謀殺、誤殺或意圖謀殺的案件，不需引渡。

雖然有些國家的司法制度設有「域外法權」，但香港法院一直以來都是沿用「屬地」原則處理刑事案，並沒有「域外法權」。如果現在要賦予香港法院「域外法權」，是對香港司法制度的重大改變，是強香港所難，根本不可行。相反，通過修訂《逃犯條例》可以即時堵塞漏洞。反對派捨近圖遠提出「域外法權」，是故意轉移焦點，橫生枝節阻礙修例。

應該注意到的是，確實有些香港市民對國家的發展尤其是法制建設的情況了解不多，存有一些疑慮。反對派正是利用這一點，不擇手段誤導恐嚇市民，企圖製造所謂反修例的「強大民意」，逼迫特區政府放棄修訂《逃犯條例》。顯然，對於反對派的惡意誤導必須戳穿，以匯聚真正的支持修例的強大民意，支持特區政府和立法會依時完成修例。

（原載於 2019 年 5 月 8 日《星島日報》）

釋除國際商界疑慮　反對外國勢力干預

提要：特區政府非常重視回應外商對修訂《逃犯條例》的善意關注，本港工商界也要發揮積極角色，與特區政府一道，釋除國際商界疑慮。中央非常重視香港作為國際金融及貿易中心的營商環境。權威人士解讀韓正副總理支持修例的講話時，特別強調身在香港的外國人不必對修例過於擔憂。必須指出的是，駐港外交官及外國商界對香港修例表達善意關注，提出建設性意見，可以理解；但不能容許外國勢力藉關注之名干預香港修例。對於任何干預香港內部事務的行為，我們都會堅決反對。

特區政府提出修訂《逃犯條例》，多個外國政府和商會對修例表達了不同關注。林鄭特首日前表示，就近日總商會及其他團體提出的一些關於修例的建議，政府會儘快一併回應。她稍後並將約見最少 3、4 名外國駐港總領事，親自解說修例。

政府認真回應外商善意關注

特區政府透過完善刑事司法協助制度，修訂《逃犯條例》堵塞漏洞，打擊嚴重罪行，顯示香港竭力維護法治公義及打擊跨境犯罪的決心，致力提升香港法治化的國際營商環境，維護包括外商在內的經貿利益。目前，一些外國駐港領事已表達了對修例的支持，許多外國商會亦認同港府修例。政務司司長張建宗在網誌提到，上週向外國商會講解修例，「部分與會者在了解實情後，明確表示認同和支持修例的決定，認為能彰顯法治。」立法會日前宴請多個國家的駐港總領事及名譽領事，有外國領

事於席上表示支持修例。

香港是國際金融及商貿中心，外國在香港的商業活動非常活躍，外商在港商業利益龐大。特別是不少跨國企業在香港設立亞太區總部，透過香港作為進入內地市場的跳板，與內地關係密切。由於制度、環境、語言、文化上的差異，尤其是香港反對派對修例作出歪曲抹黑，的確容易形成誤會。有駐港外交官和外商不是太了解修例內容，對修例會否影響營商環境存有疑問，表達善意關注，是可以理解的。有立法會議員在立法會與多國領事午宴後表示，感受到外國領事不太了解修例的內容。這些情況說明，有必要繼續對外商耐心細緻解讀修例細節，切實回應善意關注，釋除疑慮。

中央重視維護香港營商環境

主管港澳事務的韓正副總理近日就中央支持特區政府修例發表重要講話。北京權威人士解讀韓正講話時，專門談到與香港向內地移交逃犯問題相關的第四種情形：「中國公民或外國人在國外針對中國國家或公民犯罪而身在香港的」。權威人士特別強調，第四種情形發生的概率很小，如果對方是外國人，還要考慮外交關係、中國與有關國家是否有引渡協議和協作安排等因素。所以，只要是對具體情況作出理性和專業的分析，都不必對修例過於擔憂。

事實上，中央非常重視維護香港營商環境。今次修例中一個受到海內外尤其是商界關注的問題，就是修訂《逃犯條例》應否包括商業類罪行？國際商界也表達了修例會否影響香港國際金融商貿中心聲譽和競爭力的強烈關注。特區政府隨後在《逃犯條例》包括的 46 項罪行中剔除其中 9 項，主要就包括有關商業類的罪行。眾所周知，習近平主席主政以來，中央鐵腕反腐，大力打擊經濟犯罪。在這樣的大背景下，中央願意接受剔除商業類罪行的安排，不僅體現了中央對特區政府的尊重，實際上也是對國際社會關注的一種積極回應，表明了中央對香港作為國際金

融及商貿中心營商環境的重視。

商界與政府齊釋除外商疑慮

必須指出的是，香港修訂《逃犯條例》合情合理合法。駐港外交官及外國商界對修例表達善意關注，提出建設性意見，可以理解；但不能容許外國勢力藉關注之名干預香港修例，更不能容許將香港當作棋子遏制中國崛起。對於任何干預香港內部事務的行為，我們都會堅決反對。

本港工商界在國際商界有廣泛的人脈關係，是搭建香港營商關係的重要一環。香港工商界可以與特區政府一道，釋除國際商界疑慮，增進外商對香港情況的正確理解和判斷，共同締造良好營商環境。

（原載於 2019 年 5 月 30 日香港《文匯報》）

支持警方維護香港法治安寧

提要：香港警隊是一支優秀的紀律部隊，香港是世界上最安全的城市之一，警隊可以說是居功至偉。習近平主席 2017 年「七一」前夕到訪八鄉少年警訊永久活動中心時，高度讚揚警隊在維護法治、維持社會穩定方面的關鍵作用。警隊在今次反修例的暴力衝擊中，再次展示出專業的執法素質，說明香港警隊是一支訓練有素、作風優良、愛港敬業的優秀紀律部隊。

警隊盡忠職守不容誣衊

在反修例風波中，發生多場暴力衝擊，一些全副裝備的激進分子，不斷暴力衝擊警方防線，更向警員投擲削尖的鐵枝、磚頭等足以致命的物件，導致多名警員受傷倒地。正是警方盡忠職守的執法行動，不但保護了政府總部、立法會以及金鐘主幹道的安全，更有效防止由反對派、激進派挑起的暴力衝擊，對市民、對香港造成更大傷害。在接連爆發的暴力衝擊中，造成了 81 名示威者及 22 名警員受傷。如果不是警方的專業、克制和忍讓，在這樣規模的衝擊下，受傷人數絕不止此數。在這場風波中，香港警隊一直任勞任怨，風餐露宿，守護着香港的安寧，對於警員捍衛法治的行動，全港市民都予以高度的肯定和謝意！

反對派及激進派一方面策動連場衝擊，目無法紀，挑戰法律底線，另一方面在衝突之後，竟然提出所謂釋放暴力衝擊分子、「追究警方暴力執法」等荒謬要求，完全顛倒是非、混淆正邪。一些極端分子更在網上對警員及其家屬肆意欺凌、滋擾、「起底」，有人甚至在網上發佈各種極端仇警言論，聲言要「建立校園欺凌警察子女文化」，鼓吹全港中小學生

「杯葛排擠警察子女作為抗爭手段」。這些泯滅人性的言論令人髮指，必須追究及嚴懲。

廣大市民必須認識到，警隊是香港穩定的基石，警隊受到誣衊，警權受到衝擊，將來警員如果因為恐懼反對派的施壓，而在執法時畏首畏尾，法治和社會安寧又靠誰來維護？屆時受害的只會是廣大市民。支持警方就是支持維護香港法治與安寧，面對反對派的無理責難及刁難，社會各界更應該團結支持警方，不容警員被無理攻擊和誣衊。

理解停止修例　重新出發

也要看到，林鄭特首宣佈暫緩決定，在社會上亦不無爭議，尤其是一直支持修例的建制派及市民，都認同修例是彰顯公義，填補移交漏洞，完善香港法治的必要之舉，支持政府繼續推動修例工作，對於政府的決定難免感到不解甚至不忿。對於這種情緒應予尊重。修例工作的正當性、合理性不容置疑，但反對派千方百計的抹黑、恐嚇、煽動，故意放大一些市民對修訂的憂慮，在社會上造成一股反修例風潮。在這樣的形勢下，堅持繼續修例，只會令社會進一步撕裂，引發更大的政治風波，最終受害的只會是全港市民。因此，特區政府宣佈暫緩是審時度勢的決定，也是務實的做法，應予尊重及支持。在這場反修例風波中，特區政府不忘初心，捍衛公義；林鄭特首為了香港的和諧大局，不願看到社會分裂，影響經濟和民生，勇於道歉承擔責任；建制派頂住壓力，顧全大局，都應予以肯定。

（原載於 2019 年 6 月 22 日《星島日報》）

「遍地開花」顯示反修例行動完全變質

提要：反修例示威衝擊「遍地開花」，嚇走遊客、逼停消費、堵塞道路，顯示反修例行動已完全變質。修例議題已經不存在，但激進示威者仍然不依不饒，不斷在地區上點燃火頭，到處搞事，目的就是綁架香港利益，脅迫特區政府接納其不合理的要求。環球經濟風高浪急，香港經濟現下滑趨勢，如果任由擾亂經濟民生的示威衝擊行動持續，不僅遊客減少，投資者更不敢來，經濟增長乏力，失業率上升，年輕人找不到工作，必然身受其害。香港市民應看清楚這些激進示威者的真面目，積極發聲反制他們的禍港行動。

反對派聯同激進分子藉反對修訂《逃犯條例》發動連串暴力衝擊行動後並未收手，大搞所謂「遍地開花」，日前先後在屯門針對「大媽」、在尖沙咀針對內地旅客聚眾示威，引發暴力衝突；他們計劃每個週六或週日，由反修例網民以不同議題在全港 18 區中的一個或多個地區發起示威活動，聚眾後再藉故引發進一步的激烈行動。這些極端化行動破壞全港各區的安寧和秩序，引起社會強烈關注。

逼政府接納不合理要求

有旅遊業界反映，最近兩三個星期受連串反修例暴力衝擊事件影響，整體訪港報團人數及酒店入住率已下跌 5% 至 10%；暑期訪港團預訂跌兩至三成，個別市場生意額更跌五成。受日前首階段的「遍地開花」行動影響，高鐵站暫停售票一日，嚴重影響旅客訪港行程，部分旅客擔心示威引發混亂，暫緩來港旅遊消費；尖沙咀、旺角和高鐵西九龍站一

帶店舖被迫提前關門，據估算受影響商戶多達千家，示威一日的總體損失至少逾 1 億元。行動嚇走遊客、逼停消費、堵塞道路，直接衝擊香港經濟民生，旅遊、零售首當其衝，業界叫苦。目前，激進網民揚言沙田將是下個「遍地開花」地區，正籌備「7‧14沙田大遊行」，擾亂正常生活和公眾秩序的行動無日無之，市民人心惶惶。

激進網民發起的所謂「遍地開花」，都專挑遊客地區、商業中心、交通樞紐、民康設施等與經濟民生密切相關的地區和場所，與反修例已毫不相干，反映反修例行動已完全變質。修例議題已經不存在，但激進示威者仍然不依不饒，不斷在地區上點燃火頭，到處搞事，目的就是綁架香港利益，脅迫特區政府接納其不合理的要求。香港市民應看清楚這些激進示威者的真面目，積極發聲反制他們的禍港行動。

「遍地開花」必須停止

國際貨幣基金組織（IMF）早前發表報告指，中美貿易戰已令全球GDP 增長減少 0.5 個百分點，跌幅相當大。政府統計處的數據顯示，本港今年首季 GDP 按年增長放緩至只有 0.5%，為 10 年來最差，進出口更是持續下跌 6 個月，內部需求與投資亦轉弱，外界預期第二季 GDP 會進一步回落。香港大學香港經濟及商業策略研究所更在 3 個月內，兩度調低香港本地全年經濟增長預測至 1.8%，遠遜去年的 3% 增幅。環球經濟風高浪急，世界各經濟體都在積極應對經濟下行風險，香港經濟出現下滑趨勢，全社會需要集中精力全面應對。

修例風波令香港付出慘重代價，市民無辜承受違法衝擊苦果，為暴力行動埋單，反對派還要聯手激進分子煽動大批示威者將暴力「遍地開花」，令香港社會經濟民生雪上加霜，市民利益被犧牲，令人失望痛心。如果任由抗爭「遍地開花」，癱瘓商業、堵塞交通，其後果必然引發連鎖效應，衝擊各行各業，最終導致失業率攀升，社會發展停滯，市民生計受損，青年置業難、向上流動難持續，大家都看不到希望，全港市民蒙

受其害。「遍地開花」行動衝擊經濟民生，禍害香港，必須停止！

放下政爭重回發展正軌

香港發展已沒有虛耗空間，經不起再次動盪，市民期望香港社會儘快平息風波，走出陰霾，放下政治紛爭，重回經濟民生發展正軌。林鄭特首已提出 4 項「新政」，社會各界應以香港發展大局為重，支持林鄭特首用新的施政作風來回應市民對於經濟、民生各方面的訴求，修補社會撕裂，凝聚團結力量，避免香港繼續在內耗和內鬥中沉淪。

（原載於 2019 年 7 月 11 日香港《文匯報》）

機場襲擊具恐怖特徵　各界合力守護香港

提要：香港是五星紅旗下的特區，竟然發生非法禁錮和毆打內地記者和遊客的嚴重暴力事件，嚴重傷害了廣大內地同胞的情感，引起了香港各界和內地同胞的強烈憤慨。機場襲擊事件具有恐怖主義特徵，各界必須高度警惕，合力制止。極端分子的暴力行徑已經激起越來越多市民的反感，越來越多的各界人士加入到「止暴制亂，恢復秩序」的行列。「守護香港大聯盟」發起反對暴力、守護香港的系列行動，為表達主流民意提供了平台。有中央政府的大力支持，有香港社會各界和特區政府、香港警隊的共同努力，香港一定能夠止暴制亂，重回發展正軌！

　　香港國際機場連日被大批示威者堵塞，癱瘓運作，更發生震驚全國的襲擊內地記者與遊客的極端暴力事件，正反映暴力運動有恐怖主義特徵，引起香港各界的高度關注和警惕。

機場襲擊事件具有恐怖主義特性

　　暴徒霸佔機場期間，公然侵害旅客出行往返的基本權利。一些暴徒公然禁錮、暴打、羞辱內地旅客和記者，無辜平民受到不人道的對待，目無法紀，人神共憤！這種恐怖主義行為，踐踏文明，嚴重破壞香港社會秩序，違反基本道德與人性，完全超出法治社會的底線，必須予以最嚴厲譴責！

　　連場暴力事件充分顯示，暴徒的暴力行為不斷升級，縱火、暴打、禁錮、亂射等違法暴力手段層出不窮。港澳辦發言人指香港激進示威者

屢屢用極其危險的工具攻擊警員，開始出現恐怖主義的苗頭，機場暴力事件「近乎恐怖主義」。中聯辦聲明亦指機場暴力行為「已經與恐怖分子的暴行無異」，並堅定支持香港警方依法儘快拘捕暴徒，將他們繩之以法。香港警方針對近期暴亂的執法行動克制專業，善用策略，強而有序，無畏無懼，嚴厲拘捕違法犯罪分子，有力維護了香港社會秩序。香港社會必須全力支持警方繼續嚴正執法，早日止暴制亂。

反對派為暴行辯護難辭其責

造成香港今日暴力橫行以致公然行私刑的惡劣局面，反對派議員一直縱容暴力是重要原因。他們不僅從未譴責暴徒暴行，反而以各種藉口為暴行狡辯，甚至聲稱有關暴徒對內地旅客、記者的禁錮、搜身、毆打只是行使「公民拘捕權」，是被欺凌者「挑動示威者情緒」云云，顛倒黑白，莫甚於此！

環顧整場反修例風波，年輕人成為暴亂主力，社會各界高度關注青年教育問題。為還校園寧靜，學校須嚴守辦學原則，教師須恪守教師守則，專心辦學教學，反對任何形式的校園欺凌及暴力行為。教育局、警方與學校管理層須密切合作，保護學生免被激進組織招攬，參與違法活動。

所有熱愛香港的市民，對於過去逾兩個月的持續暴亂已經受夠了！大家都不忍心幾代人努力建設的香港變成支離破碎的家園，護法治、求穩定、求和諧的呼聲越來越強烈。在此關鍵時刻，全社會必須行動起來！

「守護香港大聯盟」發起系列行動

由社會各界人士組成的「守護香港大聯盟」發起反對暴力、守護香港的系列行動，包括發起反對暴力網上聯署，並計劃在近期舉行大遊行，提供一個平台，讓社會充分表達反對暴力、維護安寧的主流民意；為了

儘快將在機場施暴的暴徒緝拿歸案，大聯盟宣佈懸賞 100 萬港元，鼓勵市民向警方提供線索，協助警方儘快破案；與教育及辦學團體合作，舉行校園反欺凌、反暴力活動。我們相信，有中央政府的大力支持，有香港社會各界和特區政府、香港警隊的共同努力，香港一定能夠止暴制亂，回到發展正軌！

（原載於 2019 年 8 月 16 日香港《文匯報》）

特區急須研究引用《緊急法》

提要：香港極端暴力事件不斷升級，不僅騷亂破壞越來越激烈，而且已經到了快要搞出人命的危急關頭。特區政府應否引用《緊急情況規例條例》（下稱《緊急法》）賦予的權力，採取嚴厲的特別法律手段止暴制亂，成為關注焦點。其中 3 個問題最受關注：一是特區政府引用《緊急法》是否比中央出動駐軍平亂為好？二是特區政府應否盡快頒令禁止蒙面？三是反對派反對動用《緊急法》，是否應該與暴力割席？

不動用《緊急法》難全面止暴制亂

《緊急法》是上個世紀 20 年代港英殖民統治時期通過的法律。1997年回歸時，全國人大常委會認為有關條例並無牴觸基本法，因而得以保留下來成為特區法律。《緊急法》賦予行政長官很大的權力：倘若香港出現緊急情況，行政長官會同行政會議有權訂立任何認為合乎公眾利益的規例，包括暫停實施任何成文法例，逮捕、羈留、驅逐及遞解任何人出境，審查刊物和通訊內容等。必須指出，當暴徒野蠻遠遠超過歐美的示威者、控制局面越來越困難的時候，特區政府有必要研究運用《緊急法》這個「撒手鐧」賦予的權力，採取特別法律手段，全面實現止暴制亂。

前一段時間，社會上對於中央應否出動駐軍平息動亂議論很多。比較而言，特區政府引用《緊急法》是在本港自治的法律體系範圍之內行事，比中央出手平亂的政治和心理衝擊小得多，可算是一個中間落墨的方案，能夠在香港社會層面得到較多的理解和支持。

頒令禁止蒙面是當務之急

就目前情況來看，頒令禁止蒙面是當務之急。暴徒肆無忌憚將暴力升級，正是因為利用蒙面隱藏身份，這已成為警方有效執法的最大難題。社會上許多團體和社會人士都一再呼籲特區政府儘快訂立《禁蒙面法》。事實上，禁止蒙面犯法是世界通行的做法。美國多個州以及加拿大、法國、德國、奧地利、澳洲、俄羅斯等地都有訂立禁蒙面法。

特區政府研究啟動《緊急法》，最需要做的一件事就是引用《緊急法》賦予的權力，參照外國做法，儘快頒佈緊急禁令，禁止戴面罩參加遊行、示威活動。只要禁止佩戴面罩，暴徒就會有所顧忌，不敢再貿然作出犯法之事，警方才能有效瓦解暴徒的「黑羣」戰術，香港才有可能全面止暴制亂。可見，特區政府頒佈禁止蒙面的緊急法令，對全面止暴制亂具有關鍵意義。

反對派應與暴力割席

特區政府引用《緊急法》一事，反對派的反對最為激烈。然而，大家所看到的現實是，反對派的政治人物不僅不與暴力割席，反而包庇縱容鼓動暴力。這是那些極端分子肆無忌憚將暴力升級的重要原因。如果反對派真的不希望看到特區政府動用《緊急法》，就應該公開站出來發聲反對暴力。

實際上，《緊急法》雖然賦予行政長官極大權力，但特區政府最終是否引用《緊急法》或引用到甚麼程度，取決於社會各方能否有效遏制暴力。林鄭特首也表示，如果暴力慢慢減退或消失，我們根本不需要再考慮去用這些法例。所以，香港所有不希望特區政府動用《緊急法》的人，都應該配合特區政府止暴制亂，恢復秩序。

（原載於 2019 年 9 月 7 日《星島日報》）

敢於亮劍善於鬥爭　對話需軟止暴要硬

提要：習近平主席最近關於「發揚鬥爭精神增強鬥爭本領」的講話，其中的一個核心關鍵字「鬥爭」出現了近 60 次，引起外界廣泛關注。習主席在講話中特別強調，「凡是」遇到 5 方面的風險挑戰，就必須進行堅決鬥爭，而且必須取得鬥爭勝利，其中第二個就是「凡是危害我國主權、安全、發展利益的各種風險挑戰」，這也正是當前香港面對的重大風險挑戰。習主席的講話雖然論述的是實現「兩個一百年」奮鬥目標的大方略，但對於我們應對香港當前的複雜形勢，具有重要的指導意義，值得深入解讀。

香港圍繞修改《逃犯條例》所出現的事態已經完全變質。少數暴徒和背後黑手的目的已與修例無關，他們是要搞亂香港、癱瘓特區政府，進而奪取特區的管治權，從而把香港變成一個獨立或半獨立的政治實體，假高度自治、「港人治港」之名行完全自治、對抗中央之實，最終使「一國兩制」名存實亡。顯然，這就是一種危害我國主權、安全、發展利益的風險挑戰。如何對這種風險挑戰進行堅決鬥爭，並注重策略方法，講求鬥爭藝術，取得鬥爭勝利？習主席的講話具有很強的指導性。

止暴制亂是當務之急

首先，要抓主要矛盾、抓矛盾的主要方面，堅持有理有利有節，合理選擇鬥爭方式、把握鬥爭火候，在原則問題上寸步不讓，在策略問題上靈活機動。香港現在正處在暴徒和幕後黑手步步進迫、不斷將暴力衝擊升級的危急關頭，惡性的恐怖主義襲擊極可能發生。這是香港當前面

對的主要矛盾，止暴制亂自然也是當務之急。特區政府對暴徒必須採取果斷有力、堅決有效的反制行動，全力止暴制亂。香港各界須認清當前形勢的國際大背景和止暴制亂與維護國家安全的關係，堅決維護「一國兩制」行穩致遠。

我們必須清醒地看到，面對極端分子的暴力行動升級，範圍不斷擴大，止暴制亂的硬仗預料還要打一段時日。目前，暴徒製造「盲眼女子」、「太子站死人」等事件，推動新一輪激進行動，香港瀰漫支持暴力、輕信謠言的氛圍，影響社會團結一致止暴制亂。特區政府因應最新發展調整策略整合隊形，社會各界對各種煽動暴力的假消息提高警惕，實在及時和必要。政府近日加強跨部門協作，並與公共機構聯手行動，戳破各種謊言和誤導；警方還宣佈休班警員將配備伸縮警棍、推出社交媒體報料熱線，讓公眾提供暴力消息，這顯示政府已改變策略，積極凝聚全民力量遏止暴亂，適時加強了止暴制亂的深廣度。

根據形勢調整鬥爭策略

其次，要根據形勢需要，把握時、度、效，及時調整鬥爭策略。現在，香港局勢正出現一些積極的變化，「民陣」的「8‧18」集會沒有再次演變成為大規模暴力衝擊，表明香港社會已經形成強烈的止暴制亂氛圍。林鄭特首及時提出構建對話平台，隨後提出 4 項行動，包括正式撤回修訂《逃犯條例》；監警會加入新成員，設立國際專家小組；構建對話平台；邀請社會領袖、專家和學者，就社會深層次問題做獨立研究及檢討，向政府提出建議等，展示了極大的誠意和善意，產生了積極正面的社會影響。不過，特區政府在就對話釋出善意和誠意的同時，堅決依法止暴制亂的態度不能改變。如果暴力衝擊繼續升級，特區政府就不得不拿出《緊急法》這把「尚方寶劍」，特別是參照外國做法，儘快頒佈緊急禁令，禁止戴面罩參加遊行、示威活動。

第三，要團結一切可以團結的力量，調動一切積極因素，在鬥爭中

爭取團結，在鬥爭中謀求合作，在鬥爭中爭取共贏。港澳辦在最近的記者會上特別強調，要把以和平遊行集會表達訴求的行動與暴力犯罪和挑戰「一國兩制」底線的行徑區分開來。事實上，參與和平遊行集會活動，與那些肆無忌憚挑戰「一國兩制」底線、衝擊中央駐港機構的犯罪行為，在性質上是截然不同的。一般參與反修例遊行集會的市民並不是「止暴制亂」的對象。講清楚這個問題，就是要團結一切可以團結的力量，爭取最大多數香港人的理解與支持，以實現全面止暴制亂、恢復秩序的目標。

　　這次風波折射出香港社會一些深層次矛盾和問題，已經到了必須高度重視並採取有效措施加以解決的時候。我們應該以習主席的講話為指導，在止暴制亂、恢復秩序的同時，就社會深層次問題進行討論，集思廣益尋找出路，帶動香港社會重新聚焦解決經濟發展和社會民生，大家一起守護和建設我們共同生活的家園。

（原載於 2019 年 9 月 12 日香港《文匯報》）

《禁蒙面法》阻止更多青少年成為暴徒

提要：《禁蒙面法》生效第二天，參與暴力行動的被捕人士中有 10% 是 15 歲以下少年學生，令人震驚。蒙面是未成年學生「夠膽」參與暴力犯罪的重要原因。《禁蒙面法》正是阻止更多青少年學生再捲入暴力漩渦的重要手段。反對派指責《禁蒙面法》有反效果，令暴力升溫，這完全是倒果為因，其目的是要激化暴力，廢政府依法止暴「武功」，香港市民尤其是青少年學生不要受誤導。極端分子與支持暴力的反對派對《禁蒙面法》反應激烈，恰恰說明特區政府此舉擊中了他們的要害。最後的瘋狂後，往往也是清明的開始！社會各界共同支持特區政府和警方強力執法，定能實現止暴制亂。

《禁蒙面法》10 月 5 日生效。特首林鄭月娥昨日表示，10 月 6 日當天參與暴力行動的被捕人士中，有 10% 是 15 歲以下。她呼籲包括學校和家長在內的整個社會共同遏止暴力，如果繼續為暴力行為「撐腰」或將之合理化，社會更難平靜下來。

暴亂連場更證訂《禁蒙面法》必要

這幾日香港再次爆發連場暴亂，全城再度陷入恐慌之中。暴徒數日瘋狂破壞，多區馬路被堵，汽油彈不絕，多個港鐵車站一再受到攻擊，港鐵一度全面停開，普通市民浴血街頭，銀行陷於火海之中，食肆和其他零售店舖被嚴重打砸搗毀。在暴徒蹂躪下，多區大型商場、商店提早關門，市面冷清，市民生命財產安全沒有保障，香港社會陷於半癱瘓狀態，昔日車水馬龍的國際大都會淪為「死城」。蒙面作為暴徒的心理和身

份掩護，正是暴力的助燃劑。非常時期須用非常手段，特區政府引用《緊急法》實施《禁蒙面法》，止暴制亂邁出關鍵一步，也是對極端分子及背後黑手發出的嚴正警告，為警方打擊暴徒提供了有力的法律武器，大大增強了社會各界對實現止暴制亂、恢復秩序目標的信心。正如林鄭特首所說，訂立《禁蒙面法》後出現的暴亂，清楚表明香港的公共安全已受到廣泛危害，正是訂立《禁蒙面法》的「堅實理據」。

反對派何不推自己子女當「勇士」

連月暴亂以年輕人為主，更有不少是未成年學生。警方數字顯示，6月9日至開學前的3個月，警方在各暴亂和非法集結現場已拘捕257名中學生及大專生，但9月2日開學至27日的不足一個月內，被捕學生已達207人，且佔4個月整體被捕學生人數逾44%，反映開學後被捕學生人數不跌反升，其中年齡最小的被捕者年僅12歲，有學生更淪為擲汽油彈的「投彈手」。

極端勢力將使用武器和投擲燃燒彈等的暴力行為卡通化，美其名曰「火魔法師」，慫恿青少年戴上面具做「義士」、「勇士」，然後瘋狂打砸、縱火。這是公然以蒙面誘惑青少年犯罪。不少心智未成熟的學生以為蒙面可以四處惡意破壞搗亂，違法沒有後果。這是反對派不斷美化暴力，令青少年透過面具幻想自己化身「英雄」的惡果。

眾所周知，反對派人士從來不會推自己的子女蒙面違法，上前線挑戰法治。市民不禁疑問：為甚麼你們認為「正義」的事情卻不鼓勵自己子女參與？如果蒙面可做「義士」，為甚麼你們不要自己子女也蒙面上場？事實上，反對派就是清楚後果嚴重，根本不會叫自己子女參與其中，但他們卻大力煽動他人子女蒙面參與違法抗爭，再次暴露其虛偽面目，不擇手段，不安好心。

《禁蒙面法》正是阻止更多年青學生再捲入暴力漩渦的重要手段。林鄭特首指出，《禁蒙面法》其中一個主要目的，就是希望幫到校長、家長、

老師和學生本身認識他們不應該進行這些活動。

防止蒙面歪風入侵校園

《禁蒙面法》根據香港社會當前情況訂立，是止暴制亂的重要一着。面對反對派將學子綁上暴亂戰車，社會各界更要正視《禁蒙面法》的必要性、及時性，必須揭露反對派種種為暴力撐腰的歪理，堅決支持特區政府落實《禁蒙面法》以至其他有效止暴制亂的法律手段，不容暴力荼毒學生。教育界為保護孩子，須配合教育當局的反蒙面措施，密切留意學生蒙面情況，避免蒙面在學校形成風氣。家長更應關注子女行為，勿讓他們因蒙面而身陷暴力險境，抱憾終生。

（原載於 2019 年 10 月 9 日香港《文匯報》）

「光復香港時代革命」本質是「顏色革命」

提要：「光復香港，時代革命」口號之下的暴動騷亂，是一場貨真價實的「顏色革命」，是一場「黑色革命」。以「黑色」為代表的大規模持續暴亂是「顏色革命」的一個表徵；以「光復」和「革命」挑動的激進和暴力，是「顏色革命」的強烈信號；直接挑戰「一國兩制」中的「一國」這個根本，是這場「黑色革命」的根本目的。如果主張「光復香港，時代革命」的政客可以蒙混過關參選區議會，對香港的憲制架構將產生災難性後果，後患無窮。特區政府和社會各界應該合力採取措施撥亂反正，不能讓區議會成為滋生「港獨」的土壤。

衝着「一國」這個根本

港澳辦發言人在早前的記者會上，曾經就「光復香港，時代革命」的口號表明態度：香港是中華人民共和國的一個特別行政區，在香港這樣一個地方，你們想「光復」甚麼呢？你們想把香港「光復」到哪去呢？所以，從他們的口號就可以看得出來，他們的政治動機一目瞭然，路人皆知，就是衝着「一國兩制」中的「一國」這個根本來的，就是要挑戰這個根本。事實上，越來越多人看清楚，圍繞修改《逃犯條例》所出現的事態已完全變質，極端分子及其背後黑手的目的已與修例無關，而是要攪亂香港、癱瘓特區政府，進而奪取特區的管治權，從而把香港變成一個獨立或半獨立的政治實體。「光復香港，時代革命」口號所表明的，其實質就是一場企圖在香港奪權的「顏色革命」。

「顏色革命」自 20 世紀末在前蘇聯的加盟共和國如格魯吉亞及烏克蘭等地開始，之後由北非突尼西亞蔓延至中東的埃及、也門及利比亞等。

這些「顏色革命」有 3 個基本特徵：一是外部勢力幕後操控；二是暴力癱瘓社會，企圖推翻政府奪取管治權；三是以「民主自由」挑動「獨立」浪潮，打擊國家民族團結。

區議會不能助滋生「港獨」

香港以「光復香港，時代革命」為口號的暴力行動，具有與「顏色革命」完全相同的本質特徵：一是以美國國會和政客為代表的外部勢力不斷為香港的極端勢力撐腰，以各種方式為香港的暴亂提供支持，包括提供資金物質、推動《香港人權與民主法案》等等；二是香港的暴徒亮明車馬訴諸暴力，砸爛大量公共設施、堵塞交通、毀壞商場商舖，意圖癱瘓社會秩序和特區政府的管治；三是暴徒包圍和衝擊中央駐港機構中聯辦，肆意侮辱國旗、國徽和區徽，亮出「香港國旗」，唱出「香港國歌」，提出「臨時政府宣言」，直接挑戰「一國兩制」原則底線。事實上，由「佔中」到反修例動亂，「港版顏色革命 2.0」已經發展到「港版顏色革命 3.0」。在「光復香港，時代革命」口號之下，以「黑色」為代表的大規模持續暴亂，是一場貨真價實的「顏色革命」，是一場「黑色革命」。

目前，反對派多名區選參選人聲稱認同「光復香港，時代革命」的口號，但都以不同理由狡辯不支持「港獨」。然而，再好聽的辯解也改變不了口號的「顏色革命」本質，改變不了支持這個口號的人企圖顛覆香港、奪取香港管治權的真實目的。如果主張「光復香港，時代革命」的政客可以蒙混過關參選區議會，對香港的憲制架構將產生災難性後果，後患無窮。特區政府和社會各界應該合力採取措施撥亂反正，不能讓區議會成為滋生「港獨」的土壤。

（原載於 2019 年 10 月 26 日《星島日報》）

落實四中全會精神　切實維護國家安全

提要：中共十九屆四中全會聚焦推進國家治理體系和治理能力現代化，可以說是中國「工業、農業、國防、科學技術」四個現代化之後的「第五個現代化」，將對國家的發展產生深遠影響。四中全會關於香港問題的重要論述，受到海內外的廣泛關注。全會提出「建立健全特別行政區維護國家安全的法律制度和執行機制」，具有強烈的針對性，表明了中央從國家治理層面加強香港特區維護國家安全制度建設的決心，大大加強了香港社會對全面實現止暴制亂的信心。

我們國家的改革開放，已經取得一系列物質成果和理論成果，需要通過制度鞏固升級。中共十九屆四中全會審議通過了《中共中央關於堅持和完善中國特色社會主義制度、推進國家治理體系和治理能力現代化若干重大問題的決定》，充分反映了新時代國家事業發展的新要求和人民羣眾的新期待，對於推進國家治理體系和治理能力現代化，具有里程碑的意義，將引領我們的國家繼續堅持改革創新，戰勝各種風險挑戰，確保國家興旺發達、長治久安。

重視香港問題與近期暴亂有關

與過去的中央全會較少涉及香港問題有所不同，十九屆四中全會對香港問題有重要論述，大體有四方面的要點：堅持和完善「一國兩制」制度體系，推進祖國和平統一；「一國兩制」是中國共產黨領導人民實現祖國和平統一的一項重要制度，是中國特色社會主義的一個偉大創舉；

必須嚴格依照憲法和基本法對港澳特區實行管治，維護港澳長期繁榮穩定；建立健全特別行政區維護國家安全的法律制度和執行機制。中央全會如此重視香港問題，當然與香港近期的修例風波直接有關。

事實上，香港的修例風波對「一國兩制」造成嚴重衝擊。香港和國際社會也有不少人擔心，中央會否繼續在香港實行「一國兩制」。全會公報再次宣示「一國兩制」這一基本國策，顯示中央堅定不移落實「一國兩制」，不會因為任何情況而有所動搖。這既是對企圖破壞「一國兩制」的敵對勢力的嚴重警告，也堅定了香港社會對中央繼續保持「一國兩制」的信心。與此同時，「一國兩制」作為一項前無古人的開創性事業，需要在實踐中不斷探索。當前，「一國兩制」在香港的實踐遇到一些新情況新問題，完善「一國兩制」制度體系的問題自然更加突出。如何按照十九屆四中全會的要求，總結修例風波的經驗教訓，做好堅持和完善「一國兩制」制度體系的工作，值得高度重視。

「港版顏色革命」危害國家安全

十九屆四中全會提出「建立健全特別行政區維護國家安全的法律制度和執行機制」，在香港社會引起廣泛關注。事實上，香港持續近 5 個月的反修例暴亂，就是一場直接危害國家安全的「港版顏色革命」。極端分子及其背後黑手企圖以暴力行動搞亂香港、癱瘓特區政府，奪取特區的管治權，把香港變成一個「獨立」或「半獨立」的政治實體。敵對勢力所提出的「光復香港，時代革命」的口號，清楚表明反修例暴亂就是一場企圖奪權的「港版顏色革命」。

更加嚴重的是，香港的「港獨」及分裂勢力與美國及「台獨」勢力勾結，直接危害國家的主權安全，但香港本身卻無足夠法律及機制維護國家安全。全會提出「建立健全特別行政區維護國家安全的法律制度和執行機制」，具有強烈的針對性。習主席在慶祝香港回歸祖國 20 週年大會的講話中指出，「香港維護國家主權、安全、發展利益的制度還需完善」，

並且明確劃出底線：任何危害國家主權安全、利用香港對內地進行滲透破壞的活動，都是絕不允許的。香港要履行維護國家安全的責任，重中之重是要積極研究落實基本法第二十三條立法的工作。

參考澳門經驗儘快落實 23 條立法

香港已經回歸祖國 22 年，基本法第二十三條立法仍然沒有完成，這是維護國家安全存在的法制短板，埋下香港社會動盪的重大隱患。儘快落實基本法第二十三條立法，是香港的憲制責任，絕不能繼續束之高閣。澳門在回歸 10 週年的時候，已經制定了國家安全法；2018 年又出台澳門特區國家安全委員會的行政法規，在國家安全立法和執行機制方面，都積累了成功的經驗。香港應該參考澳門的經驗，儘快研究落實基本法第二十三條立法，切實做到維護國家安全。

（原載於 2019 年 11 月 4 日香港《文匯報》）

市民不讓香港停擺　眾志成城抵制「三罷」

提要：暴亂分子以極端暴力的手段搞所謂「三罷」，剝奪市民正常出行的基本人權，但廣大香港市民沒有被嚇倒，無數打工仔克服困難堅守崗位，讓這個被摧殘得遍體鱗傷的城市仍然堅強挺立，令人欽佩。香港正常的活動不能停下來，不能跌入暴亂分子的「三罷」圈套。香港遭受重創，香港市民不分階層、無分顏色，都是受害者。香港止暴制亂已經到了關鍵時刻，所有希望香港好的市民，都應該攜手同行，都應該支持特區政府特別是警方嚴正執法，全面實現止暴制亂，保護香港家園！

　　激進勢力以極端暴力發起「三罷」行動，暴亂分子拼命煽動「三罷」，大肆破壞交通系統，不擇手段阻撓市民上班、上學，更加猖狂地攻擊警方，以縱火燒人等令人髮指的殘忍手段對付無辜市民，企圖製造最大恐怖效應，讓香港陷入全面癱瘓。

市民沒有被暴力嚇倒　堅持返工返學

　　暴亂分子以極端暴力的手段剝奪市民正常出行的基本人權，剝奪市民免於恐懼的自由，但廣大香港市民沒有被嚇倒。在缺乏基本安全感的情況下，大家堅持返工、返學。在極為惡劣的環境下，各行各業努力保持正常運轉。無數父母為返學的孩子牽腸掛肚，守護孩子。無數打工仔克服困難堅持崗位，讓這個被摧殘得遍體鱗傷的城市仍然堅強挺立。我們要向所有絕不向暴力妥協的香港同胞致敬！我們要向香港這座不屈的偉大城市致敬！

當前的香港正處於最危急的關頭。在街上打打殺殺 5 個多月後，仍不收手的暴徒已殺紅了眼，越來越失去理智，越來越孤注一擲地拼命「攬炒」。正如林鄭特首所說，貿然將香港一些正常的活動停下來，將會跌入這個圈套，造成香港社會停擺的現象。林鄭特首呼籲全城、各界共同止暴，每一位市民、每一個界別都可以出一份力。事實上，要讓香港度過浩劫，需要全體市民眾志成城抵制「三罷」，需要萬眾一心止暴制亂。不儘快實現止暴制亂，不儘快恢復秩序，一切都是空話。

社會各界需以實際行動向「三罷」說不

萬眾一心止暴制亂，廣大市民要從自己做起，遠離違法暴力，確保自身安全，堅持返工、返學，以實際行動向「三罷」說不，就是為止暴制亂作貢獻。香港是所有香港人共同的家園，不容暴徒無休無止破壞下去。有許多市民勇敢站出來，自發清理路障，自發清洗「連儂牆」，堅決支持警方執法，這種精神值得敬佩。

萬眾一心止暴制亂，教育界必須負起責任，儘快改變軟弱渙散的狀態，制止校園內的種種亂象。香港當前的亂象很大程度集中在高等院校，大面積停課主要發生在高校，被捕的暴徒不少是大學生。大學管理層屈服於壓力而放任自流甚至縱容暴力的現象非常普遍。教育當局和大學管理層該猛醒了，該有所作為了。不負責任的綏靖政策已經害了不少學生，嚴格管理，堅決反對暴力，才是真正愛護學生。

萬眾一心止暴制亂，工商界要繼續發揮中流砥柱作用。香港的營商環境、國際形象和聲譽、國際金融中心地位已遭到嚴重破壞。香港經濟已經進入技術性衰退，將進一步陷入寒冬。在香港最危急的關頭，在大是大非面前，工商界要更加堅決地站出來，旗幟鮮明支持止暴制亂，支持特區政府穩定經濟和改善民生，同時要做好自救工作。香港的工商界人士以捐地或捐資資助中小企等形式幫助工商界共渡時艱，表達了工商界守護香港家園的心聲！

堅定不移支持政府及警方嚴正執法

　　香港已經遍體鱗傷，香港市民不分階層、無分顏色，都是受害者。反暴力、護法治、保家園是所有愛護香港市民的共同利益，也是大家共同的責任。香港止暴制亂已經到了關鍵時刻，所有希望香港好的人，都應該攜手同行，以正制暴，用正氣壓倒邪氣，齊齊發出正能量，向暴力說不，堅定不移支持特區政府特別是警方嚴正執法，全面實現止暴制亂，保護香港家園！

（原載於 2019 年 11 月 13 日香港《文匯報》）

制止街頭暴力滑向恐怖主義

提要：香港街頭越來越瘋狂的違法暴力活動，正加速滑向恐怖主義。如果聽任恐怖主義泛濫，香港勢必會被推入萬丈深淵。香港社會各界必須高度警惕，對恐怖主義予以嚴厲譴責，全力支持特區政府和警方採取更嚴厲、更果斷、更有效的措施打擊恐怖主義行徑，堅決實現止暴制亂，儘快還香港和平安寧。

說香港的街頭暴力正在滑向恐怖主義，絕非危言聳聽，更非杞人憂天。恐怖主義最重要的特徵，就是訴諸暴力，針對平民，危害公共安全，製造社會恐慌。2016 年 1 月 1 日起實施的《中華人民共和國反恐怖主義法》指出，恐怖主義是指通過暴力、破壞、恐嚇等手段，製造社會恐慌、危害公共安全、侵犯人身財產，或者脅迫國家機關、國際組織，以實現其政治、意識形態等目的的主張和行為。香港不斷升級的暴亂，幾乎符合以上所有特徵，可以說是不折不扣的恐怖主義行徑。

香港的暴徒用盡各種暴力、破壞、恐嚇手段，製造了香港數十年來最嚴重的社會恐慌：他們瘋狂破壞公共交通，癱瘓機場、堵塞馬路、往港鐵車廂投擲燃燒彈，嚴重危害公共安全；他們縱火焚燒普通市民，搗毀搶劫商舖，肆意危害市民生命財產安全；他們圍攻警署，攻擊警察，搶奪警察槍枝；他們企圖以暴力推翻政府，改變香港現行政制，實現「顏色革命」。如果讓暴徒的恐怖主義行徑得逞，香港賴以成功的法治、自由、人權等核心價值，都將被徹底葬送，香港市民不分階層、無論顏色，都是受害者。在暴徒的恐怖主義行徑面前，所有愛護香港的市民都應該清醒過來，對禍港殃民的恐怖主義行徑予以強烈譴責，支持特區政府及警方嚴厲打擊恐怖主義行徑。

打擊恐怖主義不能持雙重標準

恐怖主義是人類的共同敵人。堅決反對恐怖主義，共同打擊恐怖主義，是人類的共同使命。「伊斯蘭國」的恐怖分子是恐怖分子，香港的恐怖分子也是恐怖分子。對此絕不能搞雙重標準。

美國曾將打擊恐怖主義列為最重要的國家安全戰略，動用一切手段全力打擊和消滅基地組織、「伊斯蘭國」等恐怖組織。美國也以鐵腕鎮壓國內帶有恐怖主義特徵的嚴重暴亂。1992 年洛杉磯發生暴亂，造成至少 60 人死亡，2,300 人受傷，12,000 人被捕，3,700 多座建築物被毀，財產損失達 10 億美元。

除地方警力，時任美國總統老布殊命令美國司法部派出 1,000 名「專業的防暴執法人員」，同時援引《叛亂法案》以行政命令調動 10 萬名國民衛隊士兵，並派出曾參加沖繩戰役、仁川登陸和長津湖戰役的王牌部隊海軍陸戰隊第一師以及陸軍第七步兵師共 4,500 名士兵參與鎮壓，很快控制住局勢。老布殊發表講話強調：「在一個文明的社會中，沒有任何理由可以成為謀殺、縱火、盜竊和破壞行為的藉口。暴徒的暴行令洛杉磯遵紀守法的良民人心惶惶。肆意破壞生命和財產並不是對不公正的憤怒的正當表達。」老布殊的這番話，可謂放之四海而皆準。

然而，美國人總是喜歡玩弄雙重標準。香港發生蒙面人襲警被警察擊中事件，警方完全是依法處置。可是，美國政府不具名高官稱，美方譴責香港最新暴力事件中不合理使用致命武力的行為。正如中國外交部新聞發言人指出的：「發表上述言論的美國政府官員不具名，恐怕是自己都不好意思具名發表這樣的言論吧？他們的口頭正義也再次暴露出他們的雙重標準和別有用心。」

香港是一個文明法治社會，任何人沒有任何藉口在香港殺人放火。對於任何恐怖主義行徑的姑息和放縱，都是對香港市民的犯罪。對於街頭日益泛濫的恐怖主義暴行，香港別無選擇，只能堅決打擊，徹底剷除！

（原載於 2019 年 11 月 17 日《星島日報》）

嚴防「獨狼式」本土恐怖主義

提要：「民陣」週日發起的港島大遊行，雖然在相對和平的情況下進行，但一批黑衣暴徒仍然繼續違法堵路、破壞商舖，以至向法院縱火，所幸在警方的有力執法下，並沒有演變成大規模騷亂。但最令人憂慮的是，在遊行前夕，警方有組織罪案及三合會調查科根據情報，分途突擊搜查全港 11 個地址，不但搜獲大量具殺傷力的武器，更搜獲一把具有優良發射能力 9mm 半自動手槍、4 個彈匣其中 3 個已經入滿彈，共 105 發性能良好子彈。

黑衣人圖重演烏克蘭槍擊事件

這是警方首次搜獲真槍實彈，情況非同小可。有組織罪案及三合會調查科高級警司李桂華表示根據情報，「（此團夥）計劃今日較後集會遊行時，使用槍械製造混亂，包括用以射擊警員，或者嫁禍警員傷及途人。」確實，暴徒要襲擊全副武裝的警員不易，但如果混入遊行人羣中「放冷槍」，製造槍擊事件，不但會造成嚴重傷亡，更會激發起更大風波，令香港局勢更加危險。幸好警方成功搗破了多個武器庫，否則週日遊行隨時演變成流血事件。

雖然槍擊事件最終未有發生，但已經敲響了嚴重警號，反映反修例暴亂已經逐步演變成本土恐怖主義。所謂本土恐怖主義是指本地居民採用暴力行為製造恐懼，以達成其推動在政治、宗教等意識形態上的目標。這場反修例暴亂最初時以修例為名，以及後逐步露出其「顏色革命」的本質，隨着警方的有力打擊，暴亂聲勢大幅下滑，一些暴徒更將暴力不斷升級，演變成「獨狼式」的「本土恐怖主義」。這次被粉碎的槍擊事件，

就是由所謂「屠龍小隊」策劃，消息指，他們購買與警方特警同型號的槍彈，試圖在遊行人羣中射擊警員，繼而引發雙方駁火，再亂槍「無差別」射殺示威者以嫁禍給警員，讓警隊和特區政府背上「濫殺無辜」的罪名。

必須指出的是，這種「放冷槍」行為正正是「顏色革命」慣伎。烏克蘭在 2013 年爆發「顏色革命」，最先是反對派發起所謂「和平集會」，很快就變成嚴重騷亂，導致事件失控的主要原因，是突然爆發了基輔獨立廣場的開槍事件。有不明身份的狙擊手向人羣開槍，導致 53 人死亡，其中 49 人為示威者，4 人為執法者。事件被反對派利用煽動更大的反政府風潮，並將矛頭指向總統亞努科維奇。兩日後烏克蘭國會表決通過，將總統亞努科維奇革職，他隨即流亡俄羅斯，讓親美的波羅申科上台。「顏色革命」不費一兵一卒達到改朝換代目的，而當中的關鍵就是基輔獨立廣場那一槍。

禍害深遠　須徹底與暴力割席

但在多年之後，有份參與槍擊事件的槍手接受傳媒訪問時，卻爆出了當日的真相。他原來是格魯吉亞前軍人，與一組軍人受聘於烏克蘭的反對派，負責基輔獨立廣場的槍殺事件，他們不但受令向警員開槍，更射殺現場示威者，目的就是製造嚴重流血事件，挑動民憤，讓反對派藉亂奪權。最終果如所料，烏克蘭的反對派利用這宗事件達到奪權目的。現在「屠殺小隊」企圖在遊行中製造槍擊事件，與基輔獨立廣場的冷槍幾乎如出一轍，所不同的是，基輔那一槍最終打響，引發了無可挽回的後果。港島遊行那一槍，警方成功阻止了，但下一次還會這樣幸運嗎？

面對本土恐怖主義蔓延，特區政府應向社會清晰傳遞絕不姑息任何暴力、不容任何本土恐怖襲擊行為的立場，更要全力支持警隊執法，為警隊提供各種支持和協助，香港市民也要看清楚「獨狼式」本土恐怖主義的禍害，這只會帶給香港無窮的動亂和災難，市民應徹底與暴力割席，令社會恢復理性。

（原載於 2019 年 12 月 15 日《星島日報》）

駱惠寧「三個一定」表達對港真誠、真情和信心

提要：駱惠寧出任中聯辦主任，肩負着中央的重託。香港社會也期望駱主任以豐富領導經驗在新崗位上繼續發揮專長，助港走出困局。駱主任昨日首次會見香港傳媒並發表講話，不僅表達了對香港形勢的揪心和對香港能重回正軌的期盼，更強調「三個一定」：一定能確保憲法、基本法在香港得到全面貫徹實施，一定能確保「一國兩制」行穩致遠，一定能確保香港長期繁榮穩定。駱主任的「三個一定」，既包含了做好香港工作的真誠和真情，更顯示了對香港明天更好的堅定信心！

　　國務院上週六任命駱惠寧為香港中聯辦主任，昨日履新。駱主任在中聯辦大樓內首次會見傳媒時表示，到中聯辦任職，就他個人而言是「新使命、新挑戰」，會帶着對香港的真誠和真情做好工作。

「三個一定」堅定港人對「一國兩制」制度自信

　　香港經受修例風波的巨大衝擊，陷入「沙士」以來最大的經濟低谷。香港被黑衣暴徒打上暴力烙印，香港的國際形象以至外界對香港的信心都受到影響。駱主任充分肯定香港在「一國兩制」下的獨特優勢。他指出，「香港是東方明珠、國際化大都市，香港同胞為國家改革開放和現代化建設作出了重要貢獻，祖國也始終是香港最強大的後盾。」駱主任還特別引述習近平主席在新年賀詞中所說，「沒有和諧穩定的環境，怎會有安居樂業的家園？真誠希望香港好、香港同胞好。」駱主任的講話表明了中央高度重視並堅決維護香港社會繁榮穩定，真切關顧香港同胞的整

體和長遠利益。駱主任在講話中提到，「近半年來香港的形勢令人揪心，大家都熱切地期盼香港能重回正軌。」這是回應港人在新年伊始的最大願望，表達了與港人同舟共濟的真誠和真情。

駱主任的「三個一定」顯示了對香港明天更好的堅定信心。反修例暴亂不斷蔓延，其實質就是企圖挑戰和撼動憲法與基本法確定的「一國兩制」憲制秩序，動搖香港的法治根基，摧毀香港的繁榮穩定。駱主任以「三個一定」作出回應：相信在林鄭特首、特區政府以及社會各界的共同努力下，一定能確保憲法、基本法在香港得到全面貫徹實施，一定能確保「一國兩制」行穩致遠，一定能確保香港長期繁榮穩定。事實上，香港回歸以來的事實已經並且將會繼續證明，「一國兩制」作為一項前無古人的開創性事業，完全行得通、辦得到、得人心，中央貫徹「一國兩制」方針的決心堅定不移。駱主任以「三個一定」堅定港人對「一國兩制」的制度自信，為香港「一國兩制」實踐行穩致遠和保持香港長期繁榮穩定增添正能量。

香港社會期望駱主任助港走出困局

駱主任表示，「我過去在內地工作，但對香港並不陌生」，對香港來說，「『一國兩制』是最大優勢，我將繼續帶領中聯辦的全體同事，忠實地履行職責。」駱主任曾長期在安徽工作，先後擔任青海、山西兩地省委書記，工作經歷和領導經驗非常豐富。中央在香港困難的時刻任命駱惠寧出任中聯辦主任，體現出中央對香港情況相當熟悉、有充分了解。香港社會期望今次的新安排，帶來新人事、新作風，期望駱主任帶領中聯辦，與特區政府共同努力，貫徹落實基本法及「一國兩制」，在新的崗位上創造性開展工作，助港走出目前困局。

（原載於 2020 年 1 月 7 日香港《文匯報》）

謠言煽暴　全民打假

提要：這場「黑暴」已經持續超過半年，儘管仍然未見全面止息，但已呈現師老兵疲，強弩之末之勢。近一段時間，因暴亂被捕人士，幾乎清一色都是青年學生，部分更是一面稚氣，當一個政治運動只剩下青年學生在負隅頑抗之時，說明暴亂正在不斷流失不同階層的市民支持和參與，慘淡收場只是時間問題。

將修例妖魔化挑動風波

　　對於這場「黑暴」，儘管未蓋棺，但已可論定，這是一場由謠言和仇恨製造出來的政治風波，由《逃犯條例》修訂提上討論之時，別有用心者已經製造大量謠言抹黑，將修例妖魔化，挑動這場風波。隨着暴亂不斷擴大，煽暴文宣組更沒停過的在網上散播各種荒謬絕倫的謠言，對特區政府、警隊作出大量無憑無據的抹黑和攻擊，不斷挑動市民情緒，為這場暴亂添柴加火。

　　特區政府及警隊不是沒有澄清過謠言，但面對網上海量的假新聞、假消息，單靠定期的記者發佈會，根本難以反駁此起彼落的謠言，就如英國前首相丘吉爾名言：「當真相在穿鞋的時候，謊言已經跑遍了全城。」這場暴亂之所以曠日持久，尾大不掉，正與各種假新聞禁之不絕有直接關係，再加上政府新聞處在暴亂初期完全沒有作為，警隊既要鎮暴，又要打假，導致左支右絀。針對謠言煽暴的問題，是時候重錘出擊，發動全民打假，務求做到假新聞一出即打，一出即澄清，不要再讓假新聞「跑遍」全城。

新聞處應主動闢謠

　　對於打假問題，特區政府必須承擔更大責任，政府新聞處這麼大的編制，這麼多高薪的新聞主任，完全可以更積極地去澄清謠言，不但要主動利用網絡闢謠，更要積極向社會各界包括傳媒提供最新資料，每當網上有假新聞，就立即出來澄清。政府甚至可考慮定期召開闢謠記者會，在形式上不必局限於正規的記者會，可以利用網上直播等方式，定期就各種謠言進行澄清、反駁、反擊，向謠言擺出全面開戰的姿態。

　　在社會上更應該開展全民打假行動，包括在網上設立打假平台，網民一見到網上有哪些假新聞時，可以立即向有關平台報料，平台可將有關假新聞羅列出來讓市民看清真相。平台更可發揮「舉報」作用，針對面書上的假新聞、煽恨報道，可以發揮網民舉報，攜手打擊各種假新聞。

　　從制度上講，假新聞已經成為各個政府面對的一大難題，假新聞以新聞自由之名，行煽動政治、挑動政爭、惡意抹黑之舉，對社會造成越來越大的危害。近年，各國亦相繼完成針對假新聞的立法，以重刑重罰打擊假新聞。

　　泰國政府早前更成立「抗擊假新聞中心」，負責監察網上流傳的資訊，中心會把網上流傳的新聞分為天災人禍、經濟、保健品及政府政策四大類。資訊和通訊技術部長普提蓬（Puttipong Punnakanta）指，假新聞廣泛定義為任何誤導他人，或損害國家形象的網絡內容。中心一旦懷疑出現假新聞，將透過社交平台、網站和傳媒，向相關部門發出更正通知。

須更有力反制措施

　　泰國這個「抗擊假新聞中心」，完全可以在香港複製，中心可以由官方或民間自行成立，打造一個網上的新聞監察平台，一發現假新聞可以立即通報，並通知有關方面作出追究。雖然香港並未就假新聞立法，但不代表對假新聞可以聽之任之，特區政府及警隊理應對一些無理中傷、

誹謗的媒體或個人作出民事訴訟,將他們告上法庭,例如針對專門造假、每日都有大量假新聞肆意抹黑的報章,政府不應只是澄清,必須有更有力的反制措施,以法律手段將無良、「有毒」的傳媒追究到底。全民打假,不是要損害言論自由,而是要還真相予社會,還公道予社會。

（原載於 2020 年 1 月 9 日《星島日報》）

駱惠寧表達中央殷切期待：家和萬事興

提要：在中聯辦新春酒會上，駱惠寧主任以《共同珍惜香港這個家》為題發表講話，以平實真摯的語言和家國情懷真誠感召港人，「家」的溫情貫穿全文，更引用《獅子山下》名句「拋開區分求共對」作結，飽含「家和萬事興」的真情與期待。700萬港人風雨同路，命運與共，大家都不想香港這個家支離破碎。回顧香港的發展歷程，求和諧、求安定是全體港人的共同心願，是促成香港穩步發展的巨大動力，這一點過去如是，現在如是，將來如是，不會改變。「家和萬事興」的和諧價值觀，值得港人永遠堅守。

7個月前，香港還是享負盛譽的全球最安全城市之一。曠日持久的反修例暴亂騎劫香港，香港家底被騷亂不斷蠶食，幾代香港人辛勤建設的城市備受摧殘，一幕幕打砸燒畫面令人揪心。

以香港大家庭親和理念為港人加油

駱主任致辭時談到，習主席視察澳門時特別強調「家和萬事興」，又引述習主席新年賀詞語重心長地對香港同胞說，「沒有和諧穩定的環境，怎會有安居樂業的家園！」在香港嚴重撕裂陰霾下，悲觀論調對立情緒瀰漫。駱主任引述習主席講話，傳遞了習主席和中央對香港的關懷，希望香港社會有商有量，守望相助，和諧相處。駱主任以香港大家庭、彼此一家親的親和理念，為港人加油鼓勁，引發社會的共鳴。

香港的繁榮穩定、和諧安康、安居樂業得來不易。香港連續25年獲評為全球最自由經濟體，國際金融中心、航運和貿易中心地位鞏固，

法治核心價值和司法獨立、自由開放貿易等成為傳統優勢，政府擁有逾萬億元財政儲備，等等，這些都是在社會安穩、奉公守法、包容樂助的大背景下取得的成就，人人得以專注更好發展，開拓更好事業，推動社會向前進步。即使回歸以來，香港經歷了兩場金融動盪、「沙士」疫潮、普選爭議、「佔領」行動，在國家大力支持下，港人得以站穩陣腳，和衷共濟，砥礪前行，種種難關沒有打散「珍惜香港這個家」的團結鬥志。

回顧香港的發展歷程，求和諧、求安定是全體港人的共同心願，是促成香港穩步發展的巨大動力，這一點過去如是，現在如是，將來如是，不會改變。「家和萬事興」的和諧價值觀，值得港人永遠堅守。即使爆發修例風波，經歷了更嚴峻考驗，憑藉「珍惜香港這個家」的和諧精神，再大風雨也能從容應對。

維護好香港這個家的深厚根基

駱主任從 3 方面闡述如何「共同珍惜香港這個家」：發揮好「一國兩制」這一最大優勢；守護好法治文明這一核心價值；實現好繁榮發展這一美好心願。事實上，回歸近 23 年的實踐證明，「一國兩制」堅持得好，香港就能贏得發展機遇；法治牢固，社會就有規矩成方圓，不走極端，不搞破壞；聚焦發展，就能排除政治干擾，參與國家事業，保持國際視野，建設香港更好的文明富裕社會。駱主任所講的這 3 個方面，就是要維護好香港這個家的深厚根基，寫好「一國兩制」行穩致遠的新篇章，這應該是港人共同努力的方向和目標。

700 萬港人風雨同路，命運與共，大家都不想香港這個家支離破碎。如果出現偏離「一國兩制」原則、衝擊法治核心價值、損害繁榮發展的情況，就要坐言起行，加快修正，確保香港這個家得以延續，健康前行。

香港的社會動盪曠日持久，牽動着全國人民的心。駱主任強調，止暴制亂、恢復秩序仍然是香港當前最為緊迫的任務。事實上，社會回復平靜、復歸和諧是香港重回發展正軌的大前提，只有遏止暴力，香港才

能重新出發，事業興旺，家庭和順。

把香港這個共同家園建設得更美好

　　駱主任講話最後勉勵港人說，「當前，儘管局勢還沒有完全穩定，但香港精神一直在，香港優勢仍然在，國家支持始終在，我們對香港這個家重回正軌、早日復元充滿信心。」在中央的堅定支持下，廣大香港市民定能放下分歧，同心奮鬥，攜手向前，不負中央期盼和支持，把香港這個共同家園建設得更美好！

（原載於 2020 年 1 月 17 日香港《文匯報》）

建立維護國安機制　確保「一國兩制」行穩致遠

提要：中聯辦主任駱惠寧日前以《推動香港「一國兩制」事業行穩致遠》為題在《人民日報》發表文章，就香港「一國兩制」行穩致遠提出「四個始終」，包括：始終堅定「一國兩制」制度自信；始終準確把握「一國兩制」正確方向；始終強化「一國兩制」使命擔當；始終築牢「一國兩制」社會政治基礎。高度概括了維護香港「一國兩制」事業根基的四個基本點，清楚指出了香港走出困局的方向和要求。

修例風波引發的暴亂嚴重衝擊「一國兩制」，香港如何走出困局、重回正軌，是香港社會各界最關注的問題。駱惠寧主任在文章中提出「四個始終」，重點就是堅持、鞏固、完善及發展「一國兩制」，尤其是國家安全體制機制上的長期缺位，更要切實解決。

持續超過半年的暴亂，對特區政府的治理體系、治理能力構成嚴峻挑戰，暴露出許多深層次問題，包括國家安全未能得到有效維護。

健全維護國家安全機制不但是香港的憲制責任，更有助維護國家安全、鞏固香港法治安定，確保「一國兩制」行穩致遠。必須指出的是，沒有國家安全，就不可能有安寧和福祉；沒有國家安全，就不可能有香港的繁榮穩定；沒有國家安全，就不可能有「一國兩制」的行穩致遠。維護國家安全就是維護港人福祉。唯有維護國家安全，港人才能享受安定繁榮的生活，分享國家發展的紅利。回歸以來的事實已經證明，中央永遠是香港繁榮穩定的最強大後盾，從金融風暴、「沙士」的衝擊，到支持香港融入國家發展大局、全面參與「一帶一路」建設，推動粵港澳大灣區建

設。中央都一直為香港的發展提供保障，維護好國家安全也是香港義不容辭的責任。

主動出擊殲滅「港獨」勢力

然而，在維護國家主權、安全、發展利益方面，香港的制度還不完善，還存在突出短板和風險點：

一是香港的國家安全立法遲遲未能完成，導致香港成為世界上其中一個長期沒有健全國家安全法律制度的地方，隨着兩地交往不斷深化，粵港澳大灣區建設不斷提速，香港卻是大灣區 11 市中唯一一個沒有國家安全法覆蓋的城市，在大灣區人流、資金流、物流、信息流等不斷貫通之後，國安立法的缺位將成為國家總體安全的一個「軟肋」。香港早一日完成基本法第二十三條本地立法，就早一日堵塞國家安全的漏洞，以免香港成為顛覆國家的基地。

二是對於「港獨」勢力的打擊力度還需要加大。近年特區政府確實加強對「港獨」勢力的打擊，包括在立法會選舉上「把關」，依法取締「香港民族黨」，重創了「港獨」勢力的氣焰。但同時，百足之蟲，死而不僵，「港獨」勢力雖受打擊，但仍在社會活動，仍企圖將魔爪伸向學界，「港獨」分子甚至公然到外地勾連外部勢力干預香港事務，「港獨」分子仍在肆無忌憚以各種方式不斷挑戰國家主權安全。

對於「港獨」勢力肆虐，特區政府不能再被動，必須主動打擊，包括依法取締其他「港獨」組織，依法檢控違法「港獨」分子，採取更有力措施斬斷「港獨」伸向學界的魔掌。儘管基本法第二十三條仍未立法，但特區政府還有不少法律手段可以採用。同時，必須嚴防「港獨」勢力進入議會，必須嚴格把關，將「港獨」分子拒諸選舉門外。

三是推動「去殖化」。香港回歸已經 22 年，但「去殖化」並未完成，社會制度、政治制度、教育制度、文官制度等等，都是沿用港英時代的一套，並未隨着回歸而調整。這場暴亂將香港制度上的不足、社會政治

的矛盾完全暴露出來，要解決問題不能再頭痛醫頭，而是標本兼治，從制度上着想，完善「一國兩制」制度體系，包括政府管治、司法、教育、公務員團隊等制度，都需要不斷完善，並且大力加強憲法和基本法教育、國情教育、中國歷史和中華文化教育，不斷完善「一國兩制」條件下香港教育治理制度體系。

（原載於 2020 年 1 月 22 日《大公報》）

三管齊下撲滅「本土恐怖主義」

提要：香港年初發生 3 宗爆炸品案，事後有人在 Telegram 羣組承認責任，聲稱要迫使特區政府「全面封關」。警方至今拘捕包括大專學生在內的 17 人，並檢獲多個土製炸彈和 2.6 噸炸彈原材料，其中 6 人被控「串謀導致相當可能會危害生命或財產的爆炸」罪。

警務處處長鄧炳強日前表示，正與律政司研究會否改以《聯合國（反恐怖主義措施）條例》作出檢控，若最終更改控罪，將是 2002 年立法以來，首次以《反恐條例》提控。而警方在去年治安情況總結的新聞稿中，亦明確表明香港已出現「本土恐怖主義的行為」。

「本土恐怖主義」是指為了達到政治或意識形態目的，無差別地攻擊市民，製造暴力恐懼的行動，歷史上的北愛爾蘭運動，近年美國的白人至上極端主義，都是造成重大傷害的「本土恐怖主義」。根據香港《反恐條例》，恐怖主義定義為：作出或恐嚇作出暴力、損害財產、危害他人生命、對公眾安全造成嚴重威脅等行動，及意圖推展政治或宗教等主張而強迫特區政府、威嚇公眾人士，等等。從法律的定義看，最近連串的爆炸品案，暴徒企圖在社會製造大規模死傷事件，已經符合香港《反恐條例》的定義，「本土恐怖主義」正在香港生根蔓延。

事實上，在至今尚未止息的黑色暴亂中，香港已開始出現「本土恐怖主義」跡象。黑衣暴徒由最初的擲水樽和雜物，發展到投擲磚頭、鐵馬、汽油彈、腐蝕性液體和發射弓箭等致人於死地的武器；警方由開始時搜出口罩、彈叉，到之後檢獲恐怖分子常用的 TATP 烈性炸藥、金屬水喉、鐵釘炸彈、槍械，以及搗破製造爆炸品實驗室。

至今年年初，正值新冠肺炎襲港，暴徒更變本加厲，在醫院及口岸放置炸彈或遙控爆炸裝置，聲稱支持醫護「罷工」，要求特區政府「全面封關」，罔顧市民性命安危。這些已屬「本土恐怖主義」行徑，暴徒行為與恐怖襲擊無疑，再不以強力手段撲滅於萌芽，只會令暴徒越來越大膽，越來越有恃無恐，各種恐怖襲擊必將此起彼落，這是全社會都不能承受的後果。

　　打擊「本土恐怖主義」必須三管齊下：一是對於恐怖主義行為，應以《反恐條例》作出檢控，而非一般的《刑事罪行條例》，以《反恐條例》檢控更能反映實況，對暴徒更有阻嚇性。以爆炸罪行為例，雖然《刑事罪行條例》及《反恐條例》的罰則一樣，最高可判終身監禁，但引用《反恐條例》提控，不但更能突出這類帶有恐怖主義性質的暴力行為的嚴重程度，令暴徒不敢輕言造次，更可向社會尤其是入世未深的青年傳遞清晰信息，令他們了解到這類行為的危險性和嚴重性，從而將本土恐怖主義撲滅於萌芽狀態。

　　二是要將反恐常規化、制度化，加強警隊常規抗暴能力。警隊來年預計增加約 2,500 人，約 1,500 人會擔任俗稱「藍帽子」的機動部隊工作，相當於把「總區應變大隊（即防暴大隊）」常規化，另有部分人手負責反恐工作。增加警隊資源，為防暴大隊注入新血，並將之常規化，有助提升警隊的抗暴能力，令暴徒投鼠忌器，也為打擊「本土恐怖主義」做好準備，社會各界理應支持。

　　三是廣大市民必須主動與「本土恐怖主義」、與「黑暴」切割，這無關政見，而是關係到香港的安全。「本土恐怖主義」已經成為香港最大威脅，暴徒連醫院、交通工具都可以公然襲擊，為了達到一己目的，視人命如草芥。面對暴徒越來越具殺傷力、越來越冷血的恐怖襲擊，廣大市民無分立場都是受害者。因此，市民一定要堅定反對「本土恐怖主義」；拒絕反對派的煽惑，與「黑暴」割席，停止仇恨和撕裂對立，同時全力支持警方毫不留情地打擊、剿滅本土恐怖主義，讓香港重回穩定安寧。

　　　　　　　　　　　　　　　（原載於 2020 年 3 月 21 日《大公報》）

中聯辦談話顯示中央強力反制外力干預港事

提要：美英個別反華政客和美國國際事務民主協會，對香港基本法第二十三條立法和執法機構依法打擊黑色暴亂的行動，進行無理攻擊，肆無忌憚干預香港事務和中國內政，這是美國全方位遏制中國戰略的組成部分，中國政府必須予以強力反制。中聯辦作為中央授權處理香港事務的機構，理所當然要站出來發聲。中聯辦發言人強烈譴責西方反華政客和組織干預香港事務，既是發出嚴正警告：香港問題事關中國的主權、安全、發展利益，任何外部勢力不得干預；也是作出重要宣示：無論發生甚麼情況，中國政府貫徹「一國兩制」方針的決心堅定不移。

中聯辦發言人昨日發表談話，對西方反華政客和美國國際事務民主協會（NDI）肆無忌憚干預香港事務和中國內政、惡意抹黑「一國兩制」言行，表示強烈譴責和堅決反對。

中聯辦作為中央授權機構理所當然要發聲

美國國務卿蓬佩奧日前再次對香港事務說三道四，聲稱反對香港就基本法第二十三條立法。這是明目張膽干涉香港事務。由美國國會成立的美國國際事務民主協會，日前發表題為《香港民主化的承諾：不滿與法治挑戰》報告，竟然將「黑色暴亂」的恐怖暴力行徑美化包裝為「和平示威」，大肆攻擊守護法治秩序的香港特區政府和警隊。外部敵對勢力這種肆意干預香港內部事務和中國內政，惡意抹黑「一國兩制」，為違法暴力分子撐腰張目的惡劣行徑，中聯辦作為中央授權處理香港事務的機

構，理所當然要站出來發聲。

事實上，香港「黑色暴亂」期間，大批黑衣暴徒聚集街頭，瘋狂襲擊警察，無辜市民被打死打傷，公私財產受到前所未有的破壞，大學校園更變身「兵工廠」，本土恐怖主義萌芽生根，全港市民終日活在惶恐不安之中。造成今次「黑暴」的一個重要原因，在於香港保障國家安全利益的法例存在漏洞，為外部勢力干預提供了可乘之機，為「港獨」病毒蔓延提供了土壤。

美國、英國、加拿大等早已有完善的國家安全法，多國近期亦針對其國家安全面臨的新挑戰，修訂相關國家安全法例，並十分重視國家安全的教育。然而，美國相關政客和組織，對這些事實絕口不提，對國際慣例視若無睹，顛倒黑白，肆意歪曲，必須予以嚴厲譴責和嚴正反駁。中聯辦發言人明確指出，「美英個別反華政客對香港基本法第二十三條立法大放厥詞，對香港警方的執法行動和香港司法制度作出歪曲評論，對『一國兩制』和基本法進行無理攻擊，其言論之荒謬、態度之囂張，令人震驚。」

西方反華勢力與美國遏制中國戰略相配合

必須指出的是，美英個別反華政客和美國國際事務民主協會對香港大肆進行無理攻擊，其中的一個重要目的，就是要為香港的「黑色暴亂」塗脂抹粉。眾所周知，美國是香港這場大規模「黑色暴亂」的幕後黑手，西方反華勢力為香港暴力分子張目，正是與美國全方位遏制中國的戰略相配合，將香港變成牽制中國的棋子。中央不僅將這場黑色暴亂定性為直接危害國家安全的「港版顏色革命」，而且認為外部勢力對香港事務深度干預，使香港成為國家安全的風險口。中聯辦主任駱惠寧最近在「國家安全教育日」的致辭中，清楚表達了中央這方面的關注和憂慮，並明確指出，「港獨」「黑暴」嚴重挑戰「一國兩制」原則底線，嚴重危害國家安全。

十九屆四中全會決定，要求建立健全特別行政區維護國家安全的法律制度和執行機制，表明中央對香港形勢和問題瞭然於胸，抓住了全面準確落實「一國兩制」、基本法，保持香港長期繁榮穩定的核心問題。違法暴力帶來的傷害教訓深刻，各界必須汲取。香港完善法治基礎，履行憲制之責，建立健全維護國家安全的法律制度和執行機制，已事在必行。

中聯辦談話貫徹習主席三個「堅定不移」要求

國家主席習近平去年 11 月在巴西出席金磚國家領導人會議的國際場合，向世界鄭重宣示三個「堅定不移」：中國政府維護國家主權、安全、發展利益的決心堅定不移，貫徹「一國兩制」方針的決心堅定不移，反對任何外部勢力干涉香港事務的決心堅定不移。中聯辦發言人的談話，正是貫徹習主席的要求，對西方反華政客和組織干預香港事務的行徑發出嚴正警告：香港問題事關中國的主權、安全、發展利益，任何外部勢力不得干預！

（原載於 2020 年 5 月 4 日香港《文匯報》）

中聯辦兩聲明反「攬炒」反干預行監察

提要：今年「五一」並不平靜，暴徒圖謀「五一」假期在全港鬧事，如果不是警隊早已嚴陣以待，才令暴徒不敢貿動。在地區上，香港經濟在疫情下遭重創，內需市道首當其衝，但反對派還在「五一」炒作所謂「黃色經濟圈」，將消費政治化，企圖令社會繼續分化分裂，令內需市場雪上加霜。在國際上，一些反華政客沒有停止過干預香港內政，就基本法第二十三條立法大放厥詞，一些西方國家更藉疫情發起新一輪圍堵中國行動，香港反對派亦隨之呼應。一時之間，香港政治形勢山雨欲來。

確保「一國兩制」行穩致遠

在這個時候，中聯辦罕有地連續在本月 2 日和 3 日發出兩個聲明：第一個是批評「黃色經濟圈」以政治綁架經濟的「政治攬炒」；第二個是針對西方反華政客，指責美英個別反華政客對香港基本法第二十三條立法大放厥詞，對香港警方的執法行動和香港司法制度作出歪曲評論。中聯辦連續兩日發表聲明，不但反映香港政治形勢嚴峻，波譎雲詭，中聯辦必須明確表達中央立場，反對「攬炒」，反對外國干預港事，這是一種提醒也是嚴正警告，而且中聯辦針對香港重大政治事件積極發聲，也是履行自身職責，體現中央對香港監察權的應有之義。在關係香港繁榮穩定，關係「一國兩制」實踐的問題上，港澳辦、中聯辦未來將會更積極地發聲，以確保「一國兩制」行穩致遠，維護香港長治久安。

製造社會撕裂「經濟攬炒」

　　暴徒在 5 月 1 日勞動節假期，再度發動違法聚集、滋擾商舖，更向警車投擲汽油彈，被警方當場拘捕的疑犯年僅 15 歲，令人惋惜。正如中聯辦在聲明中質問反對派政客，當他們大肆蠱惑年輕人「有案底的人生更精彩」時，他們的孩子又在哪裏？如此以犧牲一代人的美好前程為自己一方的「政治燃料」，反對派到底居心何在、於心何忍？

　　在當前疫情肆虐，香港經濟飽受重創之時，暴徒無視疫情，繼續煽動市民參與暴力活動，甚至威脅在公共場所放置炸彈，完全罔顧香港防疫工作，罔顧香港經濟，罔顧青年前途，「攬炒」香港。反對派炒作所謂的「黃色經濟圈」，人為製造社會撕裂，不擇手段地去滋擾、破壞無辜的商戶，同樣是一種自殘式的「經濟攬炒」。

　　至於一些西方反華政客，對香港基本法第二十三條立法大放厥詞，對香港警方的執法行動和香港司法制度作出歪曲評論，對「一國兩制」和基本法進行無理攻擊，其言論公然干預香港內政，更加需要嚴正駁斥。一些反對派政客一邊批評中聯辦的聲明，一邊卻「邀請」外國政客干預港事，對香港內政指指點點，不但是雙重標準，更是無視基本法和香港的憲制秩序。

　　中聯辦兩個聲明，不但反映了中央對香港情況的關注，清晰傳達出中央的立場，更體現出中央對香港監督權的落實和行使。在關係香港繁榮穩定的事務上，中聯辦不但有權發聲，更是理所當然應該發聲。同時，中聯辦兩個聲明，更表明中央不會讓暴徒得逞，不會讓「攬炒」發生，不會容許外國政客對香港內政說三道四，公然干預基本法的國家安全立法。維護國家安全是香港特區的憲制責任，純屬中國內政，其他任何國家無權干涉。中聯辦的聲明擲地有聲，激濁揚清。

不要讓社會習非成是

在當前的政治環境下，中聯辦嚴正發聲絕對有必要。香港是中國的香港，是「一國兩制」下的香港特別行政區，中聯辦作為中央政府的派出機構，代表中央處理香港有關事務，也將更積極地行使監督權。對於香港的政治風波，中聯辦更需要及時表態，駁斥社會上的歪論歪理，不要讓社會習非成是。

（原載於 2020 年 5 月 6 日《星島日報》）

從四方面對教育亂象刮骨療毒

提要：繼有小學教師將鴉片戰爭起因胡謅為「英國以禁煙為由攻打中國」後，近日媒體揭發文憑試歷史科考試題目，竟要學生評論「1900 年至 1945 年間，日本為中國帶來的利多於弊」，引起社會譁然。日本軍國主義的戰爭暴行，對中國造成的災難罄竹難書，既沒有所謂「利弊討論」的空間，更沒有藉此出題考核學生學習水平的必要。文憑試考題引用片面資料，誤導學生向「日本侵略對中國有利」的方向思考並作答，嚴重歪曲史實，顛倒是非，荼毒考生，這正是香港回歸 23 年以來教育混亂的縮影。

　　教育局今次果斷亮劍，除了口頭譴責外，更要求考評局取消試題，並派員到考評局進行質素監管，踏出了撥亂反正的第一步。然而，香港教育亂象叢生，已到了不能放任的地步，特區政府必須拿出刮骨療毒的決心，對於教育亂象痛下針砭。我認為可從以下 4 方面着手：

　　第一，加強文憑試試題監管。這次歷史科試卷的荒謬試題絕非個別情況，2017 年就有試題引用「某團體」1982 年的調查，竟稱七成受訪者期望香港維持英國「殖民地」現狀，要求考生「推斷香港人對香港前途的一項憂慮」云云。這樣的試題不但資料偏頗，更帶有嚴重的引導性，反映考評局對於試題缺乏監管，讓一些具有政治偏見的出題員得以利用試題散播其政治理念。

　　考評局雖然聲稱文憑試題有「重重把關」，但實際上卻是由評核經理主導，在監管上存在嚴重漏洞。當局必須全面檢討審題委員會及科目委員會的構成和工作，教育局更應積極參與出題工作，例如可要求教育局官員參與審題委員會及科目委員會，局方並要對試題作出最後的審核，

以確保不會再出現荒謬試題。

第二，成立委員會徹查考評局出題風波。除了試題設計備受質疑外，考評局人員的操守亦為人詬病，有高層竟在社交網站留言「林鄭滾蛋」，更有高層狂言《南京條約》並非不平等條約。根據《香港考試及評核局條例》，考評局主席、副主席及大部分委員均由行政長官委任，行政長官在考評局的運作中扮演重要角色，並且可向考評局發出指令。對於這場風波不能高高舉起，輕輕放下，應該設立專門委員會徹查事件，並提出改善建議。

第三，改革通識科。除了歷史科外，通識科亦是近年教育政治化的「重災區」。通識科文憑試題多年來飽受非議，包括連年出現政治必答題，更有意無意選用敏感參考資料，學生為博高分，無奈跟隨出題者思路作答。例如今年通識科其中一條必答題，就要求考生就新聞自由及國家安全的「兩難」問題作出分析，提供的資料就來自「記協」調查，誘導考生得出新聞自由可以凌駕國家安全的結論，已是昭然若揭。

社會一直有聲音指通識科課程設計過闊，加上教材缺乏監管，容易被一些政治教師藉機散播極端政治思想。教育局應全面檢討通識科，一方面研究取消通識科必讀必考，讓學生可以選擇是否修讀，另一方面加強對通識教育教材的監管及指引，落實通識教材送審，並主動檢視出版商的教科書，確保不會出現偏頗、扭曲的內容。

第四，果斷引用《教育條例》對失職失德教師除牌。約 80 名教師在修例風波的暴動中被捕，有中學助理校長及教師詛咒警察及其家屬，有小學常識老師篡改鴉片戰爭歷史，這些都反映香港教師良莠不齊。《教育條例》明確授權教育局常任秘書長「覺得該教員不稱職」或「專業上的失當行為」時，便可依法取消教員註冊。不過，修例風波至今，未有教師因為個人的失職、失德行為而被除牌。教育局必須鼓起勇氣，拿出這把「尚方寶劍」嚴懲失德教師。

（原載於 2020 年 5 月 19 日《大公報》）

監警報告還警隊公道　糾纏抹黑必須停止

提要：監警會關於警方處理修例風波的審視報告，內容嚴謹翔實、客觀公正，結論和建議具有說服力。報告披露的事件經過、具體求證，逐一戳破詆毀警隊的各種流言蜚語，還了警隊公道。事實真相在前，糾纏抹黑警隊的言論站不住腳，必須停止。有人企圖透過扭曲報告繼續為糾纏抹黑警隊製造藉口，不可能得逞。維護法治安寧是香港市民的共同利益，社會各界應該大力支持警隊嚴格執法、維護法治安寧，支持特區政府根據報告的建議，共同研究落實完善警隊執法的措施。警隊還需根據報告發出的警號，加強防範和打擊本土恐怖主義。

　　監警會上週五公佈警方處理修例風波的審視報告，共提出 52 項建議，引起社會廣泛關注。保安局局長李家超昨日出席立法會大會前表示，社會上對報告有些批評斷章取義，有誤導性，並不公道。

報告嚴謹客觀結論建議具說服力

　　監警會今次發佈逾千頁的專題審視報告，有 3 個特點：一是針對性強，全面聚焦「6‧12」金鐘衝突、「7‧21」元朗事件及「8‧31」太子站事件等六大爭議，切實回應外界關注；二是資料翔實，以 10 個月時間查閱 2 萬多張照片、2 萬多個錄影片段，以事實為基礎作宏觀描述；三是公平公正，既肯定警方行動源於執法需要，同時指出處理手法有改善空間。這些特點，顯示報告內容嚴謹，全面客觀，視野宏遠，極有分量，結論和建議具有說服力，值得社會各界參考和引用。

修例風波有別於以往違法暴力行動的一個社會現象，在於大量似是而非的消息迅速流傳，被蓄意利用激發仇警情緒，激化更大規模的暴力衝突。監警會報告實事求是、公平公正地反映了警方在修例風波中的表現，同時駁斥一些流言謠言，釐清不少事實真相。社會上部分針對、抹黑警察的言論和傳言，都經不起事實考驗。

　　例如，報告整理和羅列各宗爭議事件的詳細時序和警方行動，提供大量資料和不同視角，如實回答社會疑問，讓外界有更多角度了解真相。社會可從報告中了解動亂由小變大、由和平到暴力的激化軌跡，亦能明確察看警方只為回應激進示威中的暴力行為，最初並無主動使用武力。然而，警方的這些維持秩序行動，卻被渲染為「警暴」。又如，傳聞已久的「警察在太子站打死多人」的「8‧31」事件，報告從多方面搜集了大量資料，發現所有提出指控的人，都拿不出任何證據，說明事件全屬子虛烏有，直指傳聞是超乎常理的主張。再如，報告又循多種途徑搜索，都找不到任何具體證據支持「7‧21」元朗事件所指警隊與黑幫勾結的指控。

報告發出警號：防範本土恐怖主義

　　報告披露的事件經過和具體求證，逐一戳破詆毀警隊的各種流言蜚語，可說還了警隊公道。事實真相在前，抹黑警隊的言論站不住腳，必須停止。有人企圖透過扭曲報告繼續為糾纏抹黑警隊製造藉口，不可能得逞。

　　值得注意的是，報告多次指出示威漸次變質、暴力升級，甚至提及這些暴力行動存在「恐怖主義」苗頭的跡象，向社會發出強烈警號。報告以協調示威策略、提供大量汽油彈及設計相若的防毒面具等為例，指明每次暴力示威中，明顯存在着不同形式的組織性；而警方最近搜獲步槍、手槍及彈藥，似乎意味香港社會正被扯向一個恐怖主義的年代。報告更開宗明義提出，警方執勤面對暴力行為時，有時必須使用武力，亦必須

汲取教訓，制定嶄新策略方向，並在資源及科技上作充足準備，才能應對類似城市游擊戰所帶來的挑戰和攻擊。

報告中這些對社會醍醐灌頂的重要忠告，提示包括警隊在內的全社會，對香港潛在的本土恐怖主義必須提高警惕，及早防範，如果香港淪為本土恐怖主義城市，後果不堪設想。

支持特區政府落實完善警隊執法措施

社會穩定是香港重建家園的重要條件，維護法治安寧是香港市民的共同利益。警隊是維護香港法治安寧的重要支柱。社會各界應該大力支持警隊嚴格執法，支持特區政府根據報告的建議，共同研究落實完善警隊執法的措施，逐步化解爭議，重建警民互信，維護香港和平城市形象，癒合香港社會的傷害，重新再出發。同時，為打擊本土恐怖主義，警隊需根據報告提及的形勢調整策略，早作部署，引用《反恐條例》和任何相關法律打擊幕前幕後的「黑暴」分子，將香港遭受恐怖主義襲擊的風險減到最低。

（原載於 2020 年 5 月 21 日香港《文匯報》）

中央出手為港止亂　穩定才有生機

提要：國務院副總理韓正週六參加了港澳地區全國政協委員聯組會。他在會上表示，依法懲治搞「港獨」、「黑暴」等的極少數人，堅決反對外來干涉，是為了維護絕大多數香港市民的合法權益和切身利益，保障香港的長治久安和繁榮穩定。

連破武器庫　局勢危急

「黑暴」持續不退，更全面捲土重來；本土恐怖主義越益猖獗，近期警隊接連破獲的武器庫，足以在香港製造巨大傷亡的襲擊；外國反華勢力公然干預港事，與香港反對派勾肩搭背。在香港，國家安全已經受到來自內部和外部勢力的現實威脅和嚴重損害，形成了國家安全的「突出風險」。但同時，香港特區在未來較長時期內，都缺乏自行完成基本法第二十三條本地立法的條件，這是香港的政治現實。在「突出風險」以及未能自行立法的「政治現實」下，由中央主動出手立法，便成為當前唯一可行的辦法。

由「佔中」、旺角暴亂到去年 6 月至今的修例風波，香港在維護國家安全方面的短板已經完全暴露出來，香港反對勢力的行徑日益猖獗，在社會、經濟、政治等方面的「攬炒」漸無底線，正向着「顏色革命」的目標推進。在如此危急的局勢下，中央必須出手果斷阻止，否則香港將陷入長期內亂的漩渦，走上衰敗的不歸路。

料有陣痛　中央不怕打硬仗

必須指出的是，香港的國家安全法律長期缺位，不但危害國家的安全和主權，更威脅香港的繁榮穩定。在「黑暴」「攬炒」和新冠肺炎疫情打擊下，本港上季本地生產總值收縮 8.9%，表現歷來最差，失業率亦升至 5.2% 的 10 年新高，香港因為「黑暴」和疫情總共損失不少於 5,000 億港元，普遍預料香港經濟恐怕仍未見底。有意見擔心中央出重手會激起衝突，社會又再動盪。無疑，在中央出手立法之後，香港可能會遭遇到一些「陣痛」，反對勢力與外部反華勢力勢將傾力反撲，但相信中央早已預見到有關情況，中央並不怕打硬仗。

而且，要根除香港「黑暴」的土壤，必須要動大手術，手術中難免出現「陣痛」，但面對如此重症，只有下重藥，才能逐步遏止動亂，才能令社會漸趨穩定，才能令經濟重現生機，市民最終必能受惠；反之，若亂局持續，經濟只會衰頹下去。

堵漏洞　保障安心營商生活

香港作為國際金融貿易中心，完善的制度和法治是香港的基石。香港在國家安全法律上的長期缺位，已成為香港的最大漏洞。堵塞國家安全漏洞不但不會影響香港的競爭力，反而令商家安心經營，投資者安心投資，市民安心工作生活，遊客安心來港旅遊。全世界的發達經濟體都有訂立國家安全法律，歐洲有、美國有，新加坡也有國家安全法，也沒有看出經濟受到甚麼損害。而且美國相關的國家安全立法更是超過 20 部，現在說香港會因為訂立國家安全法而影響金融中心地位的人，完全是雙重標準。

法治健全、社會穩定，是任何商業投資活動的決定性因素。唯有建立健全維護國安的法治機制，清除催生暴力經濟的社會土壤，擺脫政治化干擾，香港才能凝神聚力謀發展，解決各種深層次矛盾，鞏固香港作

為國際金融商業中心地位，市民才能安居樂業。

　　由大亂到大治，是社會發展的規律，這點香港市民必須清楚認識。只要香港能平亂，就可以久安，這也是深受「黑暴」所害的廣大市民的殷切期盼。中央此時出手，可謂急香港所急、急市民所急，市民應明白維護國家安全的重要性和迫切性，支持中央完善香港國家安全立法。

（原載於 2020 年 5 月 27 日《星島日報》）

張曉明打開天窗說亮話

提要：港澳辦副主任張曉明在一個研討會上談及港區國安法問題，他指出回顧歷史，回歸初心，維護國家主權、安全、發展利益不僅是「一國兩制」的題中應有之義，而且是「一國兩制」的核心要義。

揭示香港問題本質

張曉明這篇「重頭講話」一個最明顯特點，就是「打開天窗說亮話」，對於香港問題清心直說，沒有諱疾忌醫。這場修例風波的真正根源，各界都有不少分析，包括房屋問題、社會流動問題、青年問題以及經濟發展問題等，這些問題並非不重要，但主要是香港問題的表象或後遺症而非本質。正如張曉明所說，香港問題的核心，是源於香港各派勢力，對於如何建設香港存在嚴重分歧，「我們要建設一個真正實行『一國兩制』、『港人治港』、高度自治並保持長期繁榮穩定的香港，但反對派及其背後的外部勢力則企圖把香港變成一個獨立或半獨立的政治實體，變成一個反華反共的橋頭堡，變成外部勢力一枚牽制和遏制中國發展的棋子。」

反對派的圖謀是通過「雙普選」，將香港變成一個「獨立或半獨立的政治實體」，變成一個親西方、排斥中央權力的地區，並讓西方代理人可以藉着選舉取得香港管治權。這條路線與香港的建設力量，要建設一個真正實行「一國兩制」、「港人治港」、高度自治並保持長期繁榮穩定的香港，自然出現嚴重衝突，反對派為了實現「亂中奪權」的目的，在回歸後以「雙普選」之名，挑動各種政治風波，實際就是要將香港變成反華橋頭堡。

在這樣的政治形勢下，反對派自然與建設力量水火不容，彼此互相拉扯角力，在特區政府和建設力量全力推動解決香港經濟民生問題時，反對派都會無所不用其極的拖後腿，當年我們稱反對派是「為反而反」，現在看來，反對派不只是「為反而反」，更是要將香港變成政治戰之地，不斷煽動香港社會的「反中抗中」情緒，最終通過「雙普選」奪權。回歸後香港政治風波不斷，根源正在於此。張曉明的發言一針見血，揭示了香港問題的本質。經濟民生問題當然重要，但不真正解決香港問題的核心，就不可能真正處理好香港的深層次矛盾。

撥亂反正保障「一國兩制」

在這樣的「判斷」之下，中央出台港區國安法，針對的就不單單是作為「殺毒軟件」，修補香港的國家安全漏洞，更是中央推動香港撥亂反正的「關鍵一招」。有了港區國安法，反對派政客以及其背後的外部勢力將難以在香港挑起風浪，打擊「港獨」勢力及外部干預將會有法可依。有了國安法，香港社會等如有了一層「保護罩」，以抵禦「分裂勢力」、「反華勢力」的破壞，遏止反對派「亂中奪權」，將香港變成反華橋頭堡的圖謀。這樣，香港的發展及以「一國兩制」才會得到更有力的保障。

要突破香港困局，就需要對症下藥、標本兼治，張曉明「打開天窗說亮話」，清楚表明維護國家安全就是維護「一國兩制」，維護香港的繁榮穩定，更表明中央對香港的支持不變，之後將會繼續有支持香港措施，有助香港社會進一步凝聚民意，支持國安立法，從而推動香港早日走出困局，重返正軌。

（原載於 2020 年 6 月 12 日《星島日報》）

制止「罷課公投」鬧劇　學校管理層責無旁貸

提要：國務院港澳辦和香港中聯辦發言人日前就香港教育亂象發聲，點名批評「香港眾志」以所謂「中學生行動籌備平台」的名義發起「罷課公投」，藉此反對制定港區國安法，是企圖把學生當作阻止立法的「炮彈」和工具，用心歹毒、行為卑劣。「黑暴」勢力江河日下，「攬炒派」隨即將魔爪伸向校園，利用入世未深的學子作為其爛頭蟀。所謂「罷課公投」不但沒有任何法律效力、實際效力，更是鬧劇一場，不過是藉此煽動學子再次走上暴亂前線。教育局及所有學校都有責任制止政治罷課，斬斷政治黑手，保護莘莘學子。

基本法和香港法律體系並沒有制定任何「公投」制度。香港不是獨立或半獨立的政治實體，而是「一國兩制」下中華人民共和國的一個特別行政區，香港無權創制「公投」制度。「攬炒派」在社會上進行所謂「公投」，既無憲制基礎，亦無法律效力。所謂「罷工罷課公投」，根本是一場虛妄、荒謬、違法的鬧劇，企圖挾持市民利益，綁架學生福祉，以此向特區政府施壓，其行為可恥，居心更是卑劣。

煽動罷課將嚴重損害學生利益，尤其是新冠肺炎疫情自年初爆發後，全港學校停課數個月，其間教師只能網上授課，令課堂時間大幅縮短，雖說這是非常時期的非常手段，但學習進度的確有所阻礙。現時學校已復課，但中小學只維持半日上課，仍未完全恢復正常。在莘莘學子需要重新適應校園生活、追趕學習進度之際，口講為年輕人着想的「攬炒派」及「黑暴」勢力卻反其道而行，發動所謂的「罷課」，其心可誅。

近年政治及「黑暴」勢力大舉入侵校園，學生更成為其招攬、煽動的目標，部分人更因為投身違法暴力活動，賠上了美好前途。據警方統計，

截至 5 月 29 日，共有 8,981 人在修例風波中參與違法活動被捕，超過四成是學生，年齡最小的才 11 歲。有年僅 12 歲的學童更三度被捕。他們涉及的罪名包括參與暴動、非法集結、傷人、襲擊致造成身體傷害、縱火、刑事毀壞、藏有攻擊性武器、襲警等，不少都是重罪，這些案底和污點將永遠烙在他們身上，但「攬炒派」卻不會顧及他們未來，反對派政客的子女更從來不會涉險，其卑鄙可見一斑。

導致今日教育亂象，「政治教師」以至校方須負上最大責任。有教師背離師德與職業操守，在課堂上散播極端言論，慫恿甚至帶領學生參與暴力違法活動。有通識科教師竟在網上詛咒「黑警死全家」，更有中學助理校長詛咒警察子女「活不過 7 歲」。遺憾的是，不少學校管理層沒有盡好管理之責，對於違規教師輕輕放過，更放任師生在校園宣傳暴力思想及違法活動，在校園內唱「港獨」歌曲。

《教育條例》明確授權教育局常任秘書長「覺得該教員不稱職」或「專業上的失當行為」時，便可依法取消教員註冊。教育局必須鼓起勇氣，拿出這把「尚方寶劍」嚴懲失德教師，以儆效尤。至於學校管理層的過失，局方更應針對有關投訴嚴肅調查，並追究有關管理層的責任。

香港教育要撥亂反正，就必須堅守「一國兩制」的正確方向，建立健全有效制度與執行機制，特別是教育局和有關機構更要恪盡職守，依法履職、依法盡責，把孩子從「黑暴」魔掌中拯救出來。對於教育界的害群之馬、對於不作為的學校管理層、對於考評局內的毒瘤，更要全面清理整頓，不能再坐視教育亂象。

（原載於 2020 年 6 月 18 日《大公報》）

港區國安法信任特區　體現「一國兩制」原則

提要：港區國安法是一部突出主體責任、統籌制度安排、兼顧兩地差異的重要法律，其中的一個鮮明特點，就是最大程度信任特區、依靠特區，貫徹「一國兩制」原則，尊重香港法律，最大程度保護人權，最大程度兼顧普通法特點。港區國安法針對極少數危害國家安全的人，保護的是遵紀守法的絕大多數香港市民，既合理溫和，又有強有力的執行機制，大大加強了香港社會對國安立法良好執行的信心。期待全國人大常委會早日通過立法，推動香港儘快實現由亂變治，讓香港發展重回正軌，聚焦經濟民生。

全國人大常委會會議日前初次審議了《中華人民共和國香港特別行政區維護國家安全法（草案）》，公佈了法律草案的說明，明晰了涉港國安立法面貌。社會各界全面了解港區國安法的主要內容，有利香港社會正確認識和依法履行維護國家安全的責任。

港區國安法最大程度信任依靠特區

制定港區國安法是中央在關鍵時刻為完善「一國兩制」及保證香港長期繁榮穩定所作的重大舉措，具有必要迫切的大背景：過去一年來，反對派連同「港獨」組織和本土激進分離勢力，勾結西方敵對勢力發動連串「黑暴」恐怖行動，嚴重危害國家安全、政治安全和香港公共安全，香港的「一國兩制」實踐遭遇前所未見的挑戰。然而，香港特區現在並不具備自行完成就基本法第二十三條立法的社會基礎和條件；國安事務亦涉及複雜的國際問題，香港自己處理國安工作存在短板。

從港區國安法的主要內容看，港區國安法是一部突出主體責任、統籌制度安排、兼顧兩地差異的重要法律，充分考慮了香港維護國家安全的現實需要和特區的具體情況，體現了對「一國兩制」相關制度機制的健全完善，對「一國兩制」行穩致遠和香港長治久安具有重大而深遠的意義。

港區國安法的一個鮮明特點，是最大程度信任特區、依靠特區，明確在香港特區維護國家安全，特區擔負主要責任。在這方面的絕大部分工作，包括執法檢控和司法工作都由特區去完成，絕大多數案件都交給特區辦理。根據立法主體內容，特區成立維護國家安全決策機構，統籌特區維護國家安全事務；特區並成立專門部門、配備專門力量、指定專門人員負責處理；香港特區對本次立法規定的絕大多數犯罪案件亦行使管轄權。更重要的是，《草案》強調中央實行管轄的案件只限於少之又少的「特定情形下」，即是對特區「管不了、管不好」的特定案件，中央才會出手，不會取代香港特區有關機構的責任。由宏觀層面、執行層面到案件管轄等方面，港區國安法都突出了香港在維護國家安全上為國家服務的主要責任，這是貫徹「一國兩制」原則、尊重香港法律的重要體現。

港區國安法是合理溫和「有牙老虎」

相對於世界各國的國安法，從《草案》3方面可見港區國安法是一部合理溫和的國家安全法：

第一，港區國安法針對的是觸犯《草案》所規定的4種嚴重危害國家安全犯罪的人，客觀上只會是極少數人，保障的是絕大多數市民的基本權利。

第二，港區國安法明確規定依法保護特區居民根據基本法和有關國際公約所享有的各項權利和自由，包括言論、新聞、出版、結社、集會、遊行、示威的自由，與國際公約精神相符，最大程度保護人權。

第三，港區國安法亦充分考慮香港特殊性，做到立法與國家有關法律、香港特區本地法律的銜接、相容和互補，也儘可能採用了普通法的

原則和標準。

這些立法內容要點，充分回應了香港社會對人權自由保障和法律體制銜接的關注，讓港人安心、放心，大大增強了立法在香港的認受性。

值得留意的是，《草案》保留了中央在「特定情形下」對香港發生的嚴重危害國家安全的犯罪案件實行管轄的權力，同時中央政府和特區政府都需要設置相應的機構維護國家安全。這些規定，從國家和香港特區兩個層面、法律制度和執行機制兩個方面，確保了法律不成為「無牙老虎」，最大程度保證法律有效實施，有利於支持和加強香港特區維護國家安全的執法和司法工作，大大加強了香港社會對國安立法良好執行的信心。

期待早日通過立法推動香港由亂變治

「香港不再亂下去」、「香港不再成為外部勢力危害國家安全的橋頭堡」，這是香港市民的普遍願望。港區國安法立法刻不容緩，法例一日未在港頒佈及實施，香港一日就有空窗期。期待全國人大常委會早日通過立法，推動香港儘快實現由亂變治，讓香港發展重回正軌，聚焦經濟民生。

（原載於 2020 年 6 月 23 日香港《文匯報》）

駱惠寧擔任香港國安委顧問是適合安排

提要：中聯辦是中央授權專責處理香港事務的機構，代表中央政府就涉及中央與特區關係事務、基本法正確實施、政治體制正常運作和社會整體利益等重大問題行使監督權。中聯辦主任兼任特區國安委顧問，不僅說明中央對國安委顧問崗位的高度重視，而且凸顯了中聯辦在落實中央對港政策的作用，折射出中央治理香港模式的調整，中聯辦在特區的實際影響力將得到提升。駱惠寧主任過去先後擔任青海、山西兩地省委書記，積累了處理地區事務的豐富經驗，具有駕馭複雜政治形勢的能力。駱主任來港 7 個月，作風務實，形象穩健，一定能夠在香港國安委顧問的崗位上發揮應有的作用。

國務院任命中聯辦主任駱惠寧出任香港特區維護國家安全委員會國家安全事務顧問，在香港社會引起廣泛關注。中聯辦主任兼任特區國安委顧問，是一個具有特別意義的安排，值得認真解讀。

凸顯中聯辦落實中央對港政策重要作用

香港國安法第十五條專門規定，香港特別行政區維護國家安全委員會設立國家安全事務顧問，由中央人民政府指派，就香港特別行政區維護國家安全委員會履行職責相關事務提供意見。顯然，香港特區國安委顧問是一個重要的職位安排，在連接中央和特區方面發揮重要作用。中央任命身為中聯辦主任的駱惠寧擔任香港國安委國家安全事務顧問，足顯對國安委顧問崗位的高度重視。

中央有關駱主任擔任國安委顧問的安排，折射出中央治理香港模式

的調整。中央對港方針政策的根本宗旨，是維護國家主權、安全、發展利益，保持香港的長期繁榮和穩定。香港國安法是事關國家安全和「一國兩制」準確貫徹落實的重要法律，特區政府需要精準部署，有效實施。中聯辦是中央授權專責處理香港事務的機構，代表中央政府就涉及中央與特區關係事務、基本法正確實施、政治體制正常運作和社會整體利益等重大問題行使監督權，貫徹執行中央對港方針政策，支持行政長官和特區政府依法施政。中聯辦主任兼任特區國安委顧問，意味着對港新政策在香港落地時，中央的主導角色進一步通過中聯辦的工作凸顯。中聯辦在特區的實際影響力將得到提升。

駱主任具有駕馭複雜政治形勢的能力

維護國家安全是中央事權。中央對於香港特區維護國家安全的事務，既有權力也有責任進行指導和監督。中央委派的香港特區國安委顧問，在這方面發揮重要作用。事實上，維護國家安全涵蓋國家制度、對外聯繫、政治研判和駐地事務等多種範疇。擔任香港特區國安委顧問，既要有政治形勢研判能力，又要熟悉香港的相關事務。中聯辦主任不僅了解中央基本政治判斷，而且熟悉香港本地事務，能同時兼顧中央和特區的工作要求。從這方面看，駱惠寧以中聯辦主任的身份兼任國安委顧問，確實是恰當人選。

從過去一年的修例風波可見，黑色暴力活動不斷升級，極端恐怖主義手段層出不窮，策略多變，背後的資金鏈、組織鏈龐大而隱蔽，涉及的境外勢力和香港分離分子裏應外合，推波助瀾，香港特區經歷了一場極為複雜的巨大政治衝擊，香港的國家安全受到嚴重威脅。擔任香港特區的國安委顧問，需要有豐富的政治歷練。從個人履歷看，駱主任過去先後擔任青海、山西兩地省委書記，積累了處理地區事務的豐富經驗，具有駕馭複雜政治形勢的能力。而且，駱主任來港 7 個月的時間，作風務實，形象穩健，在代表中央推動香港履行好憲制責任、維護國家安全

的事務上積極有為。相信駱主任能夠在香港國安委顧問的崗位上發揮應有的作用。

希望香港國安機構撐起國安「保護傘」

香港國安法修補了香港國家安全短板，為健全香港的國家安全法律制度和執行機制，提供有力的憲制安排和法律依據，從制度機制的不同層次和方面，對中央和香港維護國家安全的權責作出系統、清晰的規定。香港國安法頒佈實施後，希望香港特區國安機構儘快展開工作，確保相關法律執行到位，為香港、為市民撐起國家安全的「保護傘」，切實有效維護國家安全和香港的繁榮穩定，確保香港的「一國兩制」實踐行穩致遠。

（原載於 2020 年 7 月 7 日香港《文匯報》）

國安法執行到位　港由亂到治

提要：在香港回歸祖國 23 週年之際，香港國安法正式頒佈實施，不但從法律上填補香港在國家安全上的漏洞，更為全面準確貫徹「一國兩制」方針，切實維護國家主權、安全、發展利益，有效維護香港繁榮穩定提供了制度上的保障。

在香港國安法出台前後，「港獨」分子紛紛雞飛狗跳，「港獨」組織相繼解散崩解，反對派元老政客不是突然退隱就是與「港獨」劃清界線，正說明香港國家法是香港穩定的定海神針，更是廣大市民的守護法。香港國安法實施後，關鍵是確保法律執行到位，包括執法有力、檢控有效、判決阻嚇，這樣才能將香港國安法的效果發揮出來，這樣香港才能夠真正由亂到治。

「香港主導執法」原則

通過後的香港國安法，最大特點是既充分保障了「兩制」，亦保留中央對於「特定案件」的管轄權，保持了中央在國家安全上的關鍵權力，並且在刑罰上保障了法例阻嚇力。根據規定，4 項罪行的最高刑罰，包括「分裂國家罪」、「顛覆國家政權罪」、「恐怖活動罪」及「勾結外國或境外勢力危害國家安全」，最高刑罰均為無期徒刑。而煽動、協助、教唆或資助他人干犯港區國安法，情節嚴重者可處 5 年以上、 10 年以下有期徒刑。這樣的刑罰安排，與各國規定相符，較英美國家甚至有所寬鬆，務求在保障人權的同時，亦確保法例的震撼力。

中央在立法上高度信任特區政府，儘管國家安全屬於國家事權，但中央在法案上同時確立「香港主導執法」的原則，由特區成立維護國家安全委員會，統籌特區維護國家安全事務；在執行層面，由執法、檢控到審判，都由特區成立專門部門、配備專門力量、指定專門人員負責處理，形成香港「一條龍式」執行香港國安法機制；在案件管轄、法律適用層面上，絕大多數犯罪案件都由特區行使管轄權。

更重要的是，法案強調中央實行管轄的案件只限於少之又少的「特定情形下」、即在特區對「管不了、管不好」的特定案件，中央才會出手，不會取代特區有關機構的責任。這不但體現中央對香港的支持和關顧，更表明立法後特區政府是維護國家安全的「主軸」，對於違反國家安全的「四宗罪」，特區政府是第一責任人。如何確保國安法執行機制有力，執法到位，是特區政府未來的重中之重。

重案重罪重罰具阻嚇力

必須指出的是，香港國安法的出台，雖然對大多數違法分子、反對派政客產生了巨大震撼力，但一些暴徒仍然死不悔改，7 月 1 日港島的騷亂正是暴徒對於國安法的試探和挑釁。最終警方果斷執法，將大批違法人士拘捕，但引用香港國安法檢控的並不多。事實上，當日的騷亂，暴徒都是針對國安法而來，不少人更公然高叫「港獨」口號，進行各種破壞和搗亂，已經構成了觸犯國安法的罪行，檢控部門應更果斷、更積極地引用國安法，以重案重罪重罰的方式，彰顯法律的權威和阻嚇力。

維護國家安全既是中央的責任，更是特區責無旁貸的憲制責任，在中央的支持和信賴下，特區政府更要擔負起「主軸」角色，切實執行好有關法律，對於違法者必須敢於亮劍，敢於執法，絕不能畏首畏尾。同時，維護國家安全也是全體港人的責任和義務。各界理應支持立法，配合執法，履行維護國家安全的責任。這樣，才可以推動香港重新出發。

（原載於 2020 年 7 月 9 日《星島日報》）

「初選」觸碰國安紅線　策動人須依法嚴懲

提要：國務院港澳辦和中聯辦發言人嚴厲譴責反對派政團罔顧有關法律和特區政府警告，執意開展非法「初選」，是對香港基本法和香港國安法的公然挑戰，堅定支持特區政府深入調查、依法查處。行政長官林鄭月娥亦指出，所謂「初選」的目的，如果是達至「35+」選舉結果、目標是去阻撓政府的政策，可能落入違反香港國安法的顛覆政權罪行。

　　反對派「初選」不但毫無法理依據，更涉嫌觸犯香港多條法例，包括《選舉條例》、《私隱條例》以及「限聚令」。這場「初選」本質更旨在癱瘓政府，背後的資金諱莫如深，當中是否有外國資金參與其中，令人質疑。這場非法「初選」挑戰法紀，特區政府不單要譴責，更要依法徹查追究，懲治戴耀廷等搞手，以捍衞香港法治尊嚴。

　　《選舉（舞弊及非法行為）條例》清楚列明，只要在提名結束期之前表示有意參選的，都是候選人。條例亦規定，在選舉前後為促使候選人當選而導致的開支，就是選舉開支，需要在選舉申報書中申報，亦不可超過訂明限額。參加「初選」的反對派，在法律上都屬於立法會選舉候選人，需要對「初選」產生的所有開支如實申報，包括投票程式開發費用、票站當日租金、論壇製作費用等，否則除了涉嫌違法，也構成偷步展開競選工程，對其他候選人造成嚴重不公。

違選舉法更違國安法

這場「初選」實際是一場篩選，整個投票過程漏洞百出、黑箱作業，根本沒有一絲公信力。反對派不過是以所謂「初選」來操縱選舉，表面各黨派在爭奪出線，實際卻由幕後「大台」操盤，最終一些反對派老政客敗陣，一些「激進派素人」卻高票出線，這些不尋常的結果都充斥着人為操控的痕跡，這種近乎「選舉圍標」根本沒有半點民主精神。

必須指出的是，這不單是一場旨在奪取立法會過半數議席的「初選」，更是一場企圖實現「攬炒」議會、癱瘓香港的「初選」。它從本質上已經觸犯了香港國安法，國安法第二十二條列明，嚴重干擾、阻撓、破壞香港特區政權機關依法履行職能，即屬犯罪。顯而易見，是次「初選」已經觸碰了國安法的紅線，執法部門完全可以依法檢控有關搞手，並且作為之後 DQ 相關人士的證據。

戴耀廷聲稱靠眾籌資金舉行「初選」，但亦表示籌款情況不理想，但何以最終仍有足夠資金？究竟錢從何來？事實上，傳媒早已揭發有外國資助非法「佔中」，而這次「初選」背後又是否有外國資助呢？戴耀廷必須向公眾交代。

香港國安法第二十九條列明，與外國或者境外機構、組織、人員串謀實施，或者直接或者間接接受外國或者境外機構、組織、人員的指使、控制、資助或者其他形式的支援，對香港特區選舉進行操控、破壞並可能造成嚴重後果，均屬犯罪行為。

政制及內地事務局亦表示，當局接獲不少市民投訴，指有關「初選」活動涉嫌干預、操弄選舉，嚴重擾亂選舉秩序並導致選舉不公。毫無疑問，「初選」目的就是為了干預、操控選舉，本身已觸犯選舉相關法例，如果當中涉及外國資金或機構參與其中，更加觸犯了國安法。戴耀廷至今拒絕交代，明顯是心中有鬼，執法部門理應介入調查。

「徒法不足以自行，徒善不能以為政。」這場「初選」由綱領到人選再到執行細節，不但損害選舉公平公正，更是衝擊國安紅線，執法部門

豈能坐視？對於戴耀廷目無法紀的猖狂行徑，肆意破壞選舉的公平公正，特區政府豈能不依法嚴懲？港大繼續包庇這樣的「不法教師」，更是令人不齒和憤怒。

（原載於 2020 年 7 月 16 日《大公報》）

堅決落實國安法是對美「制裁」最有力回擊

提要：美國干預香港事務的惡行可以說是罄竹難書，壹傳媒集團創辦人黎智英正是美國在香港的頭號代理人。多年來，黎智英配合美國反中亂港傾盡全力。黎智英等核心高層涉嫌危害國家安全等罪被捕，是對美國所謂「制裁」的有力回擊，清楚表明中央和特區政府落實香港國安法的態度堅定不移，不會因為任何外來的所謂「制裁」恐嚇而動搖。國安法已在香港實施，干犯國安法者必定惡有惡報。美國的所謂「制裁」行動，再次說明香港國安法的制定和實施非常必要。香港堅決落實國安法，將所有危害國家安全的人繩之以法，就是對美國所謂「制裁」行徑最有力的回擊。

　　美國財政部宣佈，對多位中國政府涉港工作機構負責人和香港特區官員實施所謂「制裁」，激起香港市民和全國人民的憤慨。對於美國政府粗暴干涉中國內政和香港事務，嚴重違反國際法和國際關係基本準則的野蠻卑劣行徑，香港社會各界在予以強烈譴責的同時，也紛紛要求中央和特區政府採取措施予以全力反制。

美國所謂「制裁」是雙重標準橫蠻無理

　　國家安全屬於國家事權，每個國家都有權制定合乎自身國情的國家安全法律。中央今次訂立香港國安法維護國家安全，全面遏止恐怖主義和分離勢力危害國家安全的亂港行動，是我國主權範圍內的事，天經地義，符合國際慣例。事實上，美國本國的國家安全法不僅由來已久，而且更多更嚴苛。美國為維護國家安全，1947 年通過國家安全法；2001

年「911」恐襲後，只花了 40 多天便通過了《愛國者法》，在反恐法基礎上大幅擴大政府權力和機構設置，國土安全部人員高達 24 萬之多。然而，美國卻針對香港國安法進行政治操作，祭出所謂「制裁」措施，粗暴干涉中國內政和香港事務，完全無視國際法和國際關係基本準則，讓世人再次看到美國的雙重標準、橫蠻無理。

美國損害中國國家安全，採取所謂「制裁」行動，再次說明香港國安法的制定和實施非常必要。美國所謂「制裁」，絲毫動搖不了我們維護國家安全的堅定意志。港澳辦、中聯辦兩度發出聲明，嚴厲譴責美國的所謂「制裁」，為「被制裁」的我方官員公開表態「無懼美國制裁」點讚，彰顯捍衛國家主權安全決心和信心。香港國安法是維護國家安全和香港繁榮穩定的「定海神針」，香港社會必定堅決支持中央政府和特區政府作出反制，堅決支持中央政府和特區政府相關官員落實香港國安法，維護國家安全。

黎智英勾結外部勢力危害國家安全

美國干預香港事務的惡行可以說是罄竹難書，壹傳媒集團創辦人黎智英正是美國在香港的頭號代理人。多年來，黎智英配合美國反中亂港傾盡全力。從傳媒揭露的事實可以清楚看到，黎智英以媒體和資金支持反基本法第二十三條立法、反國民教育、反「一地兩檢」、反人大釋法；推動違法「佔中」、黑色暴亂，策動港版「顏色革命」；替「港獨」分子搖旗吶喊，賣力宣揚分離主義，等等。黎智英更被揭發充當幕後「金主」，秘密捐款予反對派政團及政客逾 4,000 萬港元，對抗中央。黎智英定期向美國方面「匯報」香港情況，並獲美國高規格接待，去年更一再喊出「為美國而戰」的口號，將香港當成中美之爭的「第一戰場」，其賣身配合美國遏華戰略、叛國賣港、危害國家安全的表現已經寫在額上。

還有一個眾所周知的事實是，擔任黎智英助手 20 年的 Mark Simon，曾在美國海軍擔任情報工作，也是美國中情局前僱員，其父親更

任職美國中情局 35 年，背景絕不簡單。來自美國「亞洲民主基金會」的巨額款項，正是通過 Mark Simon 存入多個反對派政黨及人士的銀行戶口。Mark Simon 是黎智英團夥勾結外部勢力的活生生證據。

拘捕黎智英表明維護國安無懼恐嚇

　　香港國安法實施後，有關部門終於採取執法行動，直搗壹傳媒巢穴，黎智英等多人昨日以涉嫌干犯勾結外國或者境外勢力危害國家安全及串謀欺詐等罪被警方拘捕。黎智英等核心高層被捕，是對美國所謂「制裁」的有力回擊，清楚表明中央和特區政府落實香港國安法的態度堅定不移，不會因為任何外來的所謂「制裁」恐嚇而動搖。國安法已在香港實施，干犯國安法者必定是惡有惡報。反中亂港分子企望美國的所謂「制裁」嚇怕中央和特區政府，只不過是一廂情願的幻想。

（原載於 2020 年 8 月 11 日香港《文匯報》）

國安法之下豈容「黑暴」藉疫「謀獨」再亂香港？

提要：「黑暴」分子發起今次亂港遊行集結，公然對抗國安法，充分暴露「黑暴」「攬炒」藉疫「謀獨」，再次把香港拉向「黑暴」「攬炒」萬丈深淵的險惡圖謀。今天的香港，已經進入國安法年代。國安法構築了維護香港國家安全和繁榮穩定的銅牆鐵壁。任何危害國家安全的行為必將受到嚴厲懲治，反中亂港勢力肆無忌憚衝擊國家安全而不受法律制裁的日子已一去不復返，任何人膽敢以身試法，必定會碰得頭破血流。社會各界必須堅持以零容忍、零空間的堅定態度，堅決支持警方嚴格按照香港國安法和本港法律，懲治「黑暴」「攬炒」分子及分裂主義者，共同維護國家安全和香港的繁榮穩定！

　　一批反中亂港「黑暴」分子打着「反國安法、反健康碼、要求重啟選舉」的旗號，發起違法的「九龍大遊行」。反中亂港勢力再次大集結，折射「黑暴」「攬炒」企圖捲土重來，引起社會各界強烈關注。

「黑暴」分子企圖將香港拉向「攬炒」深淵

　　反中亂港「黑暴」分子在違法遊行中揚言要「重燃戰火」「絕地反擊」。從違法遊行中清晰可見，「黑暴」分子聚集在旺角及油麻地一帶，有暴徒用雜物如沙包、電線、垃圾等堵路，鼓動他人走出馬路，亦有暴徒向在場警員投擲雜物，辱罵警員，嚴重擾亂社會秩序。警察在遊行路線一帶後巷發現 3 袋磚頭及碎石，不排除有人打算在暴亂現場使用。另外，逾百名滋事分子進入旺角朗豪坊商場內遊走叫囂，滋擾商戶。「黑暴」分子的種種惡劣行徑顯示，反中亂港勢力企圖組織反修例風波以來

的另一波大規模暴亂，再次把香港拉向「黑暴」「攬炒」的萬丈深淵。

特區政府根據疫情嚴峻形勢決定立法會選舉押後一年，是對市民健康和生命安全負責的必要之舉，得到中央全力支持。當前，香港本地源頭不明感染個案仍然存在，防疫工作不容鬆懈。在中央傾力相助下，特區政府推動社區普及檢測，成功找出部分潛在患者，助力切斷隱形傳播鏈，使香港疫情防控走出重要一步。正當普及檢測重燃市民對香港社會早日全面復常的希望之際，「黑暴」「攬炒」之徒倒行逆施，公然違反限聚令，煽動上街聚眾，無視疫情反彈和擴散風險，以一己政治私利凌駕公共衛生安全，不惜犧牲市民健康福祉，破壞社會秩序，卑劣自私，冷血無良，與民為敵，必須予以強烈譴責！

不容「黑暴」「攬炒」之徒藉疫「謀獨」

疫情爆發以來，香港經濟陷入谷底，各行各業苦不堪言。廣大市民對全面穩控疫情、走出經濟民生困局的意願十分強烈。令人氣憤的是，疫情稍稍回落，「黑暴」伺機又起，惡意攻擊抹黑中央對香港抗疫的援助支持，企圖阻延香港疫後重建工作，其目的就是令本港重陷動盪不安，以便「黑暴」在「攬炒」中渾水摸魚，重新集結亂港能量。「黑暴」藉疫情「攬炒香港」，以亂謀私，用心十分險惡，必須予以揭發和全力抵制，絕不容香港逐漸向好的防疫抗疫大局被「黑暴」「攬炒」打回原形。

必須指出的是，今次亂港遊行集結，有人高喊「光復香港，時代革命」、「香港要獨立」等「港獨」口號，公然對抗香港國安法，充分暴露「黑暴」「攬炒」政治化疫情、藉疫「謀獨」的險惡圖謀。就在違法遊行前數週，「黑暴」「攬炒」派的連登討論區和反中亂港喉舌《蘋果日報》便排山倒海出現不同的煽動文宣；違法遊行當日，朱凱廸、岑子傑、陳日君和黃之鋒等多名反中亂港政棍現身現場鼓動人羣，參與「港獨」活動。種種跡象顯示，遊行期間的「港獨」行徑和破壞行動有預謀、有組織、有計劃，對香港的國家安全構成嚴重威脅。廣大市民必須看清「黑暴」「攬炒」

危害「一國兩制」、以暴力泛濫將香港推向危險境地的實質，不能讓街頭暴力煽動分裂的圖謀得逞。

任何人挑戰國安法必定頭破血流

今天的香港，已經進入國安法年代。國安法構築了維護香港國家安全和繁榮穩定的銅牆鐵壁。正如香港中聯辦發言人發表談話嚴正警告少數人，「在維護香港國家安全和社會大局穩定上，只有剛性原則，沒有彈性空間，對任何違反香港國安法的行為都將是零容忍。」任何危害國家安全的行為必將受到嚴厲懲治，反中亂港勢力肆無忌憚衝擊國家安全而不受法律制裁的日子已一去不復返，任何人膽敢以身試法，必定會碰得頭破血流。事實上，國安法頒佈實施，香港社會出現由亂轉治的積極轉變。社會各界必須堅持以零容忍、零空間的堅定態度，絕不容許任何人以任何形式鼓吹「港獨」，堅決支持警方嚴格按照香港國安法和本港法律，懲治「黑暴」「攬炒」分子及分裂主義者，共同維護國家安全和香港的繁榮穩定！

（原載於 2020 年 9 月 8 日香港《文匯報》）

失德教師須嚴懲　更要公諸於眾

提要：教育局經過深入調查及紀律程序後，上月底取消一名有計劃散播「港獨」信息的教師的註冊，是修例風波後首宗教師因專業失德而被「釘牌」的個案。這名教師利用教材和工作紙，有計劃、有預謀地在課堂向學生灌輸「港獨」思想，毒害學子，師德淪喪，教育局果斷引用《教育條例》將失德教師「釘牌」，是保護學子的應有之義。面對香港學界的沉疴痼疾，教育局必須作出更大承擔，主動調查懲處失德教師，更應設立違規教師數據庫，將他們公諸於眾，以捍衛香港教育的專業和尊嚴。

勿以私隱為藉口包庇「黃師」

未成年學生入世未深、缺乏足夠的思辨能力，對於一些極端偏頗思想容易照單全收，作為傳道、授業、解惑的教師，本應協助學生明辨是非，培育愛國理念法治意識。然而，本港一些「政治教師」，卻是政治立場凌駕教育專業，在課堂上公然鼓吹「違法達義」、「港獨」、「自決」等謬論，甚至慫恿學生參與暴力行動。修例風波至今逾萬人被捕，其中學生竟佔四成，正暴露香港教育的頑疾。然而，教育局過去鮮有嚴肅懲處失德教師，一般只是警告了事，導致大批「政治教師」越來越有恃無恐，不但在網上惡毒詛咒官員和警員「死全家」，更有教師親身參與違法暴亂，情況令人觸目驚心。

這次被「釘牌」的教師任教於小學，但竟要求小五學生做一份討論「港獨」為題的工作紙，並要學生先觀看「港獨」分子陳浩天的訪問，再答寫鼓吹「港獨」的原因等。這明顯逾越了言論自由的界線，是明火執仗

的美化、鼓吹「港獨」，向學生灌輸違法思想。有關行為不單違反《教育條例》，更喪失作為教師應有的品格操守。教育局嚴懲失德教師是理所當然，亦是「遲來的正義」。

教育局由去年 6 月至今年 8 月，共收到 247 宗教師涉嫌專業失當的投訴，有 204 宗已大致完成調查，其中有 131 宗屬於成立及初步有可能成立的個案。除了是次取消一名教師的註冊外，局方亦向 21 名教師發出譴責信，另有多人受到書面警告、書面勸喻、口頭提示等不同程度的處分。不過，這批被裁定失德的教師姓什名誰、任教學校及個案內情，局方都未有披露，就連是次「釘牌」個案的詳情，也是由傳媒率先披露，教育局「只懲不報」的做法顯然未能令人滿意。對家長來說，如果子女就讀的學校內有失德以至播「獨」教師，子女隨時有被教壞的風險，他們理應有知情權從而規避風險。然而，教育局一直以避免令學校受壓為由，拒絕公開失德教師的資料，這是將失德教師的私隱凌駕於莘莘學子利益之上，明顯是本末倒置。

「教協」是教育亂象的禍首

公開失德教師姓名和學校名稱，在國際上已有先例。例如在英國，負責頒發教師資格證的教學管理機構（TRA）在收到投訴後，會決定是否轉交到專業操守小組進行聆訊，當決定進行聆訊，就會公開涉事教師的姓名及所屬學校，而在大部分情況下，聆訊會開放予傳媒及公眾旁聽。在美國佛羅里達州，如果初步調查結果顯示有合理理據繼續調查，以及投訴依規定進行，投訴及所有信息都會被公開。

然而，自詡為專業機構的「教協」，竟以目前連有性罪行紀錄的教師身份都不會公開為由，反對公開失德教師身份。有關言論除了有包庇「性罪犯」之嫌，更暴露「教協」一直是播「獨」「黃師」的保護傘，為了保護這些「教育界敗類」，讓他們繼續向學生「洗腦」，就連學生、家長的利益以至教育專業都棄如敝屣，「教協」根本是香港教育問題的罪魁禍首。

教師肩負春風化雨的重任，其操守及行為更應該受到監管，教育局必須以事不避難的態度，敢於動大手術，除了將失德教師掃地出門，更應將他們的姓名、任教學校及案情公諸於眾，既讓家長和學生擁有知情權，也以儆效尤讓其他「黃師」不敢胡作非為。教育局是時候拿出決心，全面整頓香港教育亂象，保護廣大學子免受「獨」害。

（原載於 2020 年 10 月 8 日《大公報》）

黃之鋒等人判決傳達三個重要訊息

提要：前「香港眾志」秘書長黃之鋒、主席林朗彥及成員周庭，涉去年「6·21」煽惑鼓動他人圍困及衝擊警察總部，被控煽惑他人參與未經批准集結等3控罪。西九龍裁判法院日前作出判決，其中黃之鋒判入獄13.5個月，林朗彥入獄7個月及周庭入獄10個月。

包圍衝擊警總必嚴懲

這次判決傳達出3個重要訊息：一是傳達包圍衝擊警察總部是嚴重罪行，必須嚴懲；二是表明政治理念並非減刑理由，違法就要負責，任何人都不能例外；三是糾正修例風波後的「違法達義」思潮，令一些人不要以為犯法大多只會判社會服務令，甚至是犯法零成本，重新樹立法律威嚴，並且告誡青年不要再以身試法。

正如裁判官指出，黃之鋒以包圍警察總部為目的，挑戰警方權威，集結歷時15小時，9,000人包圍警總，規模大、時間長。

全世界的政府部門、警察總部都不會容許示威者包圍衝擊，否則必將依法嚴懲。警隊是香港社會穩定的基石，示威者針對警隊、打擊警權，將衝擊香港的法治和秩序。法庭有必要保障警隊的權威和警員的安全。

政治訴求非求情理由

在事件中，3人的犯罪事實清晰，有大量的證據顯示黃之鋒等人當日在警察總部前，拿着大聲公組織行動以及煽動犯案，3人在現場呼籲

包圍警總，並拒絕與警方談判專家談判，林朗彥、周庭亦在行動中扮演領導者角色。

有關行為不但涉及煽惑、組織及參與未經批准集結等控罪，更嚴重危及社會安全和秩序。律政司所提控罪的重點，也在於他們有沒有干犯過煽惑他人參與未經批准集結等普通法罪行，而這些證據足以落實有關罪名。

至於所謂政治訴求，在過去多次判案中，法庭已經明確指出「崇高理想」並非求情理由，至於「違法達義」更已被法庭全面推翻。法律只認同和保護合法的權力和自由，違法者無論犯案動機多麼崇高，都不是求情及輕判理由。

這次黃之鋒等人企圖炒作政治動機，藉此希望法官減刑，但法庭的判決再次表明違法就要負責，任何人都不能例外。

糾正違法達義歪風

近一年的「黑暴」，嚴重衝擊本港法治精神，違法達義歪論令不少青年誤入歧途，香港的法治基石被不斷削弱。法庭須要通過判決顯示捍衛法治尊嚴的決心。以 3 人的犯罪事實以及嚴重程度而論，這次判罰是恰當的，也是依法論罪，更重要的是法庭藉判決向外界傳達明確訊號：煽惑他人衝擊警察總部是嚴重罪行，絕不能再以所謂政治理念挑戰法紀，這個判決既是讓黃之鋒等 3 人為自己罪行負責，也是告誡其他青年人，不要再受黃之鋒等政客的煽動，斷送一生前途。

必須指出的是，英國外相藍韜文就 3 人被判囚發聲明，促當局停止打壓反對派；美國國會一份報告，亦指拘捕反對派支持者是「政治迫害」云云。英美國家的聲明完全是雙重標準。「政治犯」有明確定義，一是因為政治立場而非行為被檢控；二是在審訊過程存在不公，控罪與行為不相稱；三是法庭不能獨立審案。在這些條件下被檢控的人才可以稱為「政治犯」，並不是因為參與了政治行動而觸犯法律，遭到檢控就是「政治

犯」。黃之鋒 3 人被判罰，是因為其犯法行為，而不是因為他們的政治思想和立場，他們是「刑事犯」而不是「政治犯」，至於所謂政治檢控更是公然抹黑香港法庭，企圖施壓影響判決。

2001 年倫敦騷亂，時任首相卡梅倫曾發誓對犯罪分子和犯罪行為予以「反擊」，英國更設專門法庭對騷亂案速審速判。香港依法懲治黃之鋒等人的違法暴力行為，英國卻採取雙重標準對待，實在虛偽之極。

（原載於 2020 年 12 月 17 日《星島日報》）

「初選」旨在顛覆　執法維護國安

提要：香港警方拘捕戴耀廷等 50 多名策劃組織實施所謂「初選」、涉嫌違反香港國安法的相關人員。反對派策動的非法「初選」，開宗明義是要奪取立法會控制權，從而達到癱瘓政府、顛覆政權目的，戴耀廷在所謂「真攬炒十步」中已經表明初選是達到其「真攬炒」的重要一環，不但用心歹毒，更是公然挑戰香港國安法。今天的香港，已經進入國安法時代，任何危害國家安全、顛覆政權的言行都必將依法嚴懲。社會各界應全力支持特區政府有法必依，執法必嚴，以發揮國安法保家衛國、維護香港繁榮穩定的「定海神針」作用，確保「一國兩制」行穩致遠。

　　反對派的所謂「初選」，本身就是一個違法的僭建物。香港只有法定的選舉，沒有所謂「初選」。這場「初選」在過程中更視香港選舉法例如無物，參選人公然偷步宣傳、擅自收集市民私隱資料，更有操縱選舉、脅迫其他參選人退選之嫌。「初選」表面上讓反對派人士爭逐參選，實際卻由幕後「大台」操盤，最終出現了大量不正常的結果、充斥着人為操控的痕跡，這樣「選舉圍標」操作，理應依法追究。

「攬炒」議會罔顧市民福祉

　　更重要的是，「初選」不單止在達至所謂「35+」、奪取立法會過半數議席，更揚言藉着否決財政預算案，令特區政府停擺，說明「初選」在本質上就是一場「攬炒」議會、癱瘓香港的政治行動。搞手及組織者罔顧香港整體利益、漠視廣大市民福祉，一意孤行將香港引到玉石俱焚的境地，

視法律如無物，嚴重違反了國安法第二十二條的「顛覆政權罪」，當中提到「嚴重干擾、阻撓、破壞中華人民共和國中央政權機關或者香港特別行政區政權機關依法履行職能。」反對派的「初選」就是為了干擾、阻撓、破壞政府職能，從而顛覆政權，這樣的所為已經觸犯了香港國安法，警方依法拘捕，既是依法辦事，也是理所當然。

　　港區國安法在去年 7 月 1 日實施，意味香港正式進入國安法時代。對於反對派藉「初選」的「攬炒」行動，特區政府當時已經表明「初選」違法，呼籲搞手懸崖勒馬，社會各界亦指出「初選」本質上已觸犯法律，但反對派卻無視警告，依然如期在 7 月中旬舉行「初選」。「初選」結束後，港澳辦及中聯辦隨即指出，「初選」目標就是要控制立法會、否決財政預算案、癱瘓特區政府、全面「攬炒」香港、顛覆國家政權，已經涉嫌觸犯香港國安法以及香港本地選舉法律。有法必執是法治社會的應有之義，無人可以凌駕於法律之上，反對派完全是咎由自取。

　　必須指出的是，這次警方的拘捕行動，主要針對戴耀廷等組織者及主要參與者，他們在明知道「初選」違反國安法的情況下，仍然組織、參與這場「初選」，公然挑戰法紀，警方堅決執法，是維護法紀、維護國家安全的應有之義。社會各界應該全力支持特區政府的執法行動，只有堅決執行港區國安法，共同編織香港維護國家安全的保險網，國家安全及香港的長期繁榮穩定才能得到有效保障。

（原載於 2021 年 1 月 10 日《星島日報》）

駱主任表達中央對警隊的肯定信任和期許

提要：駱惠寧以中聯辦主任的身份走入警隊中進行慰問活動，不僅表達中央對香港警隊工作的肯定和關心，而且表明中央是香港警隊的堅強後盾，給予警隊工作最有力的支持。駱主任說，香港警隊已經由城市治安警察，發展成為一支維護香港穩定和國家安全的堅強可靠、值得信賴的執法力量。這句話包含了 3 方面的重要含義：一是中央肯定香港警隊質素和重要性已經提升到一個更高的階段；二是中央表達了對香港警隊的高度信任；三是中央表明對香港警隊的期許：香港警隊將在維護香港穩定和國家安全上發揮更大的作用，這也指出了警隊今後的工作重點。

新春佳節即將來臨之際，行政長官林鄭月娥、香港中聯辦主任駱惠寧等一同到特區政府警察總部和西九龍總區尖沙咀警署，看望慰問警務人員。

中聯辦主任慰問警隊具特別意義

駱主任轉達中央領導對香港警隊及全體紀律部隊人員的誠摯問候，代表中聯辦向警員和他們的家人致以新春的祝福，並向警隊致送了「忠誠勇毅、無畏無懼」的錦旗。這是中聯辦主任首次公開慰問香港警隊，具有特別的意義。

2019 年發生修例風波所衍生的「黑色暴亂」曠日持久，暴力行動更呈現恐怖主義行為的苗頭，大批蒙面暴徒在全港範圍打砸搶燒，社會人心惶惶，令香港面臨回歸以來最嚴峻的形勢，香港的國家安全受到嚴重

威脅。從「黑暴」開始的第一天起，香港警察既要應付極端分子不斷升級的暴力衝擊，還要忍受縱暴分子的辱罵、挑釁、污衊等人身攻擊，承受前所未有的壓力。但是，為了維護國家主權、安全和香港的法治秩序，香港警隊頂住壓力、挺身而出、全力以赴、嚴正執法、衝鋒在前、連續作戰，不負中央所託，在實現止暴制亂的過程中作出了重大貢獻。正如駱主任所說，警隊用實際行動詮釋了「忠誠勇毅、心繫社會」的座右銘。

警隊已成維護穩定和國安執法力量

特別值得重視的是，駱惠寧在講話中指出：「經過一年多血與火的鍛造，香港警隊已經由城市治安警察，發展成為一支維護香港穩定和國家安全的堅強可靠、值得信賴的執法力量。」駱主任這句話包含了 3 方面的重要含義：一是中央肯定香港警隊質素和重要性已經提升到一個更高的階段；二是中央表達了對香港警隊的高度信任；三是中央表明對香港警隊的期許：香港警隊將在維護香港穩定和國家安全發揮更大的作用，這也指出了警隊今後的工作重點。

駱惠寧以中聯辦主任的身份走入警隊中進行慰問活動，讓香港社會都看到，警隊為國家、為香港所做的一切，中央都看在眼裏、記在心裏，不僅表達中央對香港警隊工作的肯定和關心，而且表明中央是香港警隊的堅強後盾，給予警隊工作最有力的支持。

警隊永遠是國家和香港的忠誠部隊

中央實施香港國安法扭轉乾坤，「攬炒派」大勢已去，香港大局已定。香港未來更重要的維護國安工作，是加強部署防範反中亂港分子勾結外部勢力、「黑暴」分裂活動死灰復燃。在中央堅定支持下，警隊定能繼續堅守第一線維護治安，擔當維護香港穩定和國家安全的忠誠衛士！正如香港警務處處長鄧炳強在感謝特首林鄭月娥和駱惠寧主任的關心和

慰問時所表示的那樣：未來不論是社會治安、防疫工作或維護國家安全，香港警察都會竭盡所能。警隊永遠都是維護國家安全、香港社會安全的忠誠部隊！

（原載於 2021 年 2 月 2 日香港《文匯報》）

夏博義挑戰國家憲制不自量力

提要：新任大律師公會主席夏博義公然挑戰全國人大常委會權威，揚言要特區政府修改港區國安法。國務院港澳辦和香港中聯辦發言人隨即嚴厲批評，國務院港澳辦發言人直指夏博義的政治用心，是想極力阻擋港區國安法開啟的撥亂反正進程，挑戰香港特別行政區憲制秩序，把香港的高度自治變成完全自治，對抗中央對香港的管治。夏博義的言論引起社會各界的猛烈抨擊，更受到兩辦的嚴正譴責，不但在於其言論肆意抹黑港區國安法，玷污法治精神，為「港獨」分子張目，更在於其言論是公然挑戰人大權威，挑戰「一國兩制」原則底線。

人大決定具有毋庸置疑的法律效力，港區國安法不但在法理、情理、道理上都具有堅固的基礎，而且自實行以來更發揮了「一法定香江」的效果。夏博義身為大律師公會主席，卻知法枉法，將國安法視為「威脅」，赤裸裸地挑戰基本法所確定的香港憲制秩序，既是政治玩火，更是不自量力的「盲動」。夏博義的謬論絕不會動搖香港執行國安法的決心，反而將大律師公會推向對抗國家憲制的歪路，夏博義理應懸崖勒馬。

「一法定香江」何須修改

憲法和基本法共同構成香港特區的憲制基礎，香港作為中國的特別行政區，全國人民代表大會作為國家最高權力機關，全國人大及其常委會制定全國性法律並列入基本法附件三適用於香港特區，具有不容置疑的權力。夏博義妄言修改國安法，如果不是無知，就是別有用心挑戰

人大權力。試問全國人大及其常委會依法制定的法律，香港有何權力修改？國安法實行以來，香港局勢迅速回穩，街路暴力絕跡，市民的人權得到保障，這樣一條「良法」請問又為何要修改？

夏博義本身是人權律師，但諷刺的是，在「黑暴」期間港人的人權完全得不到保障，市民失去了免於恐懼的權利，商戶失去了安心經營的權利，官員、警員以至建制派人士的安全也得不到保障，夏博義這名所謂人權律師有出來捍衛港人人權嗎？完全沒有，他對於暴徒暴行不哼一聲，對於違法行為沒有批評半句，這說明他根本是政治掛帥，曲學阿世。現在又出來批評攻擊國安法，同樣不是出於捍衛人權，也不是為了維護社會利益，而是出於政治需要，出於抹黑國安法，為暴徒張目的需要，這樣的人不要說做大律師公會主席，就是做一名律師都沒有資格。

法治是香港保持繁榮穩定的根基，大律師公會作為專業的大律師組織，理所當然要認識憲制，尊重憲制，嚴格依法辦事，維護香港的公平公義。但上任主席戴啟思卻不斷將公會推上政治風眼，在香港法治遭受「黑暴」摧毀之時，公會沒有為法治人權出過聲，反而是不斷摻和政治風波，儼然成為反對派的衛星組織。現在新主席夏博義不但妄議國安法，更將人大常委會釋法抹黑為「香港制度的缺點」，完全暴露其人的偏激面目，更是公然挑戰人大的權力，挑戰香港的憲制秩序。

大律師公會主席竟然不講法律、不講憲制，反映公會已被一小撮激進人士主導，失去了法律專業的宗旨，甚至在憲制問題上口沒遮攔，企圖利用公會的身份誤導公眾挑動不滿，打擊國安法的落實。然而，國安法絕不會因為一些激進的言論而受影響，夏博義妄圖撼動國安法以至中央權力，不但是不自量力，更將公會帶上一條不歸路。

（原載於 2021 年 2 月 7 日《星島日報》）

「民陣」黑幕曝光　必須依法嚴查取締

提要： 長期以來，「民陣」作為反中亂港活動的核心組織，不僅屢次罔顧法紀組織非法集會，更在「黑暴」期間成為多次遊行後暴亂的「大台」。如何處理「民陣」的違法亂紀問題，備受外界關注。「民陣」以非法社團身份在香港從事違法亂紀的活動，長期涉收外國勢力資金神秘運作，肆無忌憚破壞社會安寧，挑戰中央權威，危害國家安全。香港進入國安法年代，過去一些打着「民主自由」旗號公然對抗中央、分裂國家、衝擊「一國兩制」的組織和活動，不可能再有立足之地、策動之所。警方及有關執法部門有責任對「民陣」進行嚴謹調查，依法採取必要果斷的執法取締行動。

　　警方社團事務主任早前指「民陣」成立多年未註冊，涉違《社團條例》，要求「民陣」於本月 5 日前提交 6 項資料，包括成立至今的收入來源、銀行賬戶，以及與「支聯會」等 26 個團體聯署致聯合國等。「民陣」召集人陳皓桓公然抗法，聲稱不會逐一回應提問云云。

「民陣」以非法社團身份危害國安

　　香港保障市民的結社和集會自由，但自由並非絕對，前提必須守法，以保障香港社會的秩序和穩定。根據《社團條例》，任何本地社團或其分支機構均須於其成立後一個月內，向社團事務主任申請註冊或豁免註冊。「民陣」成立至今 19 年，曾於 2006 年 7 月申請註冊為社團獲批，至同年 9 月申請取消註冊。從傳媒及社交平台資訊的跡象顯示，「民陣」其後仍以社團形式運作，已違反《社團條例》第五條的規定，實際上是以

非法社團的身份在香港從事損害公共秩序和危害國家安全的活動。

「民陣」拒向政府依法註冊，不僅繼續年年發動「元旦遊行」及「七一遊行」，煽動社會對立，近年來更被極端分子騎劫，淪為「攬炒派」司令部，前年的「黑暴」便由「民陣」搞遊行引爆。據統計，前年6月至去年10月初，「民陣」領頭發起共15次「集會遊行」，屢屢演變成暴力衝擊，「攬炒」政團、「黑暴」及「港獨」分子每每藉此衝擊行政、立法、司法、執法機關，極端分子甚至製作土製炸彈、私藏槍械等隨時準備發動恐怖襲擊。其中，前年8月18日「民陣」流水式集會案，壹傳媒創辦人黎智英、民主黨創黨主席李柱銘等9人，便被法庭裁定組織及參與未經批准集結罪罪成，分別被判監8個月至18個月。由逃犯條例衍生的修例風波，「民陣」正是抹黑醜化條例、煽動社會恐懼的始作俑者；修例風波期間「黑暴」肆虐，「港獨」橫行、本土恐怖主義滋生，一再發起「遊行集會」助長有關惡行的「民陣」，更是罪責難逃。

涉收受外國資金搞「國際戰線」

查證資金來源是警方今次調查「民陣」的重點方向。事實上，「民陣」收受外國資金、搞「國際戰線」反中亂港，行徑早已彰彰明甚。有調查指出，美國國家民主基金會（NED）深度介入支持示威，包括向國際工會聯合會 Solidarity Center 和國家民主研究所這兩個以香港為基地的反華非政府組織，以及香港人權觀察提供數以百萬美元計的資助。這三者均與「民陣」關係密切。

有「民陣」資深會員透露，「民陣」每次遊行都搞街頭籌款，其獲得的捐款中，不排除涉及來自境外勢力的資金。然而，「民陣」無註冊，毋須核數師核數並公開財政狀況，這種不記名、毋須銀行過戶的方式，實際上是令不明來歷的資金堂而皇之流進「民陣」及其會員的口袋。特區政府正調查「民陣」有否收受美國資助舉行反修例活動。自今年3月傳出「民陣」涉違香港國安法被查後，「民陣」多個反對派會員組織紛紛跳船割

席，即凸顯「民陣」會員作賊心虛。

國安法實施 「民陣」瓦解成定局

　　香港進入國安法年代，過去一些打着「民主自由」旗號公然對抗中央、分裂國家、衝擊「一國兩制」的組織和活動，不可能再有立足之地、策動之所。「民陣」長期從事違背「一國兩制」和香港法律的「攬炒」和分裂活動，其黑幕逐漸被曝光，隨着香港國安法的實施及全面撥亂反正，「民陣」瓦解幾成定局。警方及有關執法部門對「民陣」進行嚴謹審視和調查，依法採取必要果斷的執法行動，是維護香港法治、彰顯社會公義的負責任表現。

（原載於 2021 年 5 月 11 日香港《文匯報》）

特區政府維護「一中」　台庇暴謀「獨」必受嚴懲

提要：台灣蔡英文當局為香港的「黑暴」分子提供支援，明目張膽包庇「黑暴」，特區政府宣佈停止香港駐台經貿文辦的運作，堅守中央政府處理香港涉台問題的基本原則和政策，表達了維護「一中」原則的嚴正態度。蔡當局拒統求「獨」，倒過來指特區政府將事件政治化，顛倒黑白、倒果為因，必須受到譴責！蔡當局一日不返回「九二共識」的正路，港台關係難回正軌，台灣只會自陷更孤立境地。統一是祖國的國家意志，任何分裂國家的圖謀更絕不可能得逞，誰膽敢搞分裂，必將背上民族罪人的千古罵名，必將受到嚴厲懲罰！

特區政府最近宣佈暫停駐台經濟貿易文化辦事處的運作，日前再發聲明批評台方單方面設立辦事處支援香港「黑暴」分子。蔡當局反稱設立辦事處並未觸及「九二共識」等政治性議題，更稱支援「黑暴」是提供人道關懷及必要服務云云，抹黑特區政府扭曲事實別具政治目的。

沒有「一中」就沒有交往基礎

「九二共識」包含的「一中」原則，是兩岸交往的基礎。駐台經貿文辦於 2011 年 12 月開始運作，其功能正是在「九二共識」基礎上，促進港台的經貿和文化交流。蔡英文自上任以來，拒不承認「九二共識」。香港發生修例風波後，蔡當局更竟然推出所謂「援港專案」，在台港經濟文化合作策進會下設立所謂的「台港服務交流辦公室」，為暴徒及破壞香港繁榮穩定的人提供支援，明目張膽為分裂和暴力分子撐腰。特區政府宣佈停止香港駐台經貿文辦的運作，不僅是為了確保駐台香港人員免受在台

激進分子衝擊的風險，更堅守了中央政府處理香港涉台問題的基本原則和政策，正確處理港台關係相關事宜，表達了維護「一中」原則的嚴正態度。

香港國安法實施後，不少在香港參加「黑暴」的暴徒為了逃避法律制裁，紛紛逃到海外，其中，逃到台灣的人最多。對於逃台的暴力分子，蔡當局以所謂「人道」理由賣力包庇，以移民、升學等形式協助「黑暴」分子在台逃避在港刑責，又為潛逃人士在台灣申請「庇護」。

蔡當局高調介入香港問題有兩個目的：一是要搞亂香港，為其推行拒統求「獨」的分裂圖謀尋找藉口；二是將炒作香港事務作為提振蔡英文民望的政治議題，轉移島內民眾對其執政不彰的焦點。現在，蔡當局藉「台港服務交流辦公室」，以「交流」名義蓄意支持分裂和暴力之徒，繼續就香港「黑暴」煽風點火，駐台經貿文辦基於這些政治化操作而結束運作，完全是蔡當局一手造成，責任全在台方。蔡當局包庇「黑暴」，拒統求「獨」，更倒過來指特區政府將事件政治化，顛倒黑白、倒果為因，必須受到譴責！

統一是堅定的國家意志

香港回歸以來，特區政府一直務實推動港台關係穩定發展。經貿文辦的設立，就是港台關係穩定發展的成果。然而，隨着蔡英文上任後堅持走「台獨」路線，回到陳水扁時期的「去中國化」，兩岸關係急速惡化。台方多次粗暴干預香港事務，對港台關係造成無可彌補的傷害，近年的一連串行徑已嚴重破壞港台關係。蔡英文在兩岸關係上不斷玩火，香港在台設立促進經貿和文化交流的機構，也就很難正常運作。長遠而言，蔡當局一日不返回「九二共識」的正路，港台關係也難言和諧，台灣只會自陷更孤立境地。

國台辦發言人日前正告蔡當局不要在亂港謀「獨」的絕路上越走越遠，否則必遭嚴懲。事實很清楚，「港獨」和「台獨」勢力相互勾連，目的

就是分裂祖國；「台獨」勢力藉「黑暴」分子煽動分裂，危害國家安全，目的就是破壞「一國兩制」。香港實施國安法，止暴制亂，既是反「港獨」，也是反「台獨」，是維護我們國家的主權和安全。我們要對「港獨」和「台獨」勢力發出嚴厲警告：統一是祖國的國家意志，是全體中國人民的共同願望，任何分裂國家的圖謀都絕不可能得逞，誰膽敢搞分裂，必將背上民族罪人的千古罵名，必將受到嚴厲懲罰！

（原載於 2021 年 5 月 27 日《大公報》）

「支聯會」挑戰底線必自食其果

提要：警方日前反對「支聯會」的集會申請，上訴亦被駁回，而「支聯會」副主席鄒幸彤亦涉嫌宣傳或公佈未經批准集會被捕，這說明特區政府在涉及國家安全問題上不再含糊，警方經過一年多止暴制亂的歷練，執法更有底氣、更有決心。「支聯會」長期以來明目張膽鼓吹改變國家根本制度，多年來舉辦各種敵視仇視中央政府的集會和活動，危害國家安全，市民應該認清其違法性質。「支聯會」肆意挑戰國安底線，必自食其果，難逃被取締的結局。

鄒幸彤在社交媒體作出的言論，明顯是宣傳非法集會，甚至呼籲市民參與，她更四出為集會張羅、造勢，對國家安全和公眾秩序造成惡劣影響，性質嚴重，警方將其拘捕，是秉公執法、依法辦事。任何人參與危害國家安全和公眾秩序的違法活動，警方會毫不猶豫執法。

不斷煽動集會居心不良

必須強調的是，由 2019 年「黑暴」肆虐，到現在社會大致回復平靜，香港警隊在這段時間挺身而出，止暴制亂，已經由城市治安警察，發展成為一支維護香港穩定和國家安全的堅強可靠執法力量。今日的香港警隊，比任何時候都更有底氣，對於任何危害國家安全、公眾秩序的活動，有法必執，執法必嚴。

「支聯會」秘書蔡耀昌聲稱，鄒幸彤近期的言論並不代表「支聯會」、立場甚至與「支聯會」相反。然而，作為支聯會副主席的鄒幸彤，其言論竟然不代表「支聯會」，確實令人懷疑。更重要的是，「支聯會」一邊說不

會舉辦違法活動，一邊卻不斷煽動市民參與各種集會，顯然是居心不良。事實上，支聯會所謂「五大工作綱領」：「釋放民運人士、平反八九民運、追究屠城責任、結束一黨專政、建設民主中國」，其實重點只有一個，就是結束共產黨的管治，這也是近年「港獨派」、「攬炒派」突然「擁抱」「六四活動」的真正原因。

一直以來，「支聯會」以反中為政綱，舉辦各種反中活動，挑撥港人和國家的關係，埋下危害國家安全、損害香港繁榮穩定的重大隱患。市民應該認清「支聯會」的違法性質，不應再受煽惑，不要以身試法。

「利莫大於治，害莫大於亂」

國家憲法與香港基本法共同構成香港特區的憲制基礎。憲法確立中國共產黨的領導地位，第一條就列明：「社會主義制度是中華人民共和國的根本制度。中國共產黨領導是中國特色社會主義最本質的特徵。禁止任何組織或者個人破壞社會主義制度。」香港回歸祖國後，作為直轄於中央人民政府的地方行政區域，當然要尊重國家主體實行的社會主義制度，尊重憲法確立的中國共產黨的執政地位，切實維護憲制秩序是香港的基本政治法律要求。

港區國安法第二十二條亦列明，任何人組織、策劃、實施或者參與實施推翻、破壞中華人民共和國憲法所確立的中華人民共和國根本制度，即屬犯罪。香港已經進入國安法時代，任何組織和個人煽動或實施推翻中國共產黨領導的國家基本制度的行動，不僅違反憲法，而且涉及觸犯國安法中規定的顛覆國家政權罪。

經歷 2019 年的「港版顏色革命」，市民更應清楚認識到 32 年前的動亂性質和危害，更應明白到「利莫大於治，害莫大於亂」的道理。繼續任由「支聯會」等反中亂港分子橫行，任由他們與外部反華勢力互相勾結搞亂香港，全社會都要付出慘痛代價。市民應該擦亮眼睛，看清「支聯會」作為危害國家安全的組織性質和對國家安全的危害性，拒絕任何非法集

會，拒絕充當反中亂港的馬前卒。同時，「支聯會」也應認清形勢，自行
解散或者是其最好結局。

（原載於 2021 年 6 月 13 日《星島日報》）

商界對港有信心　美抹黑只徒勞

提要：美國當局日前向 7 名香港中聯辦副主任實施所謂「制裁」，並向在港經營的美企和個人發佈所謂「商業警告」，抹黑香港營商環境。中聯辦作為中央駐港代表機構，全力配合落實國安法，捍衛國家主權、安全和發展利益，維護香港社會大局穩定，對外部勢力干預香港事務迎頭痛擊，守護香江，使命光榮。所謂「制裁」不會影響中聯辦的工作，更不會動搖中央、特區政府捍衛國安的決心，不過是廢紙一張而已。國際商會組織以至美國商會都高度肯定香港的投資環境和前景，向香港投下了信心的一票，美國的無理抹黑只是徒勞，相反只會進一步暴露美國的不堪面目。

撤資潮未現　反見資金流入

　　西方尤其是美國的某些政客長期干預香港事務，支持香港的反中亂港分子，肆意衝擊「一國兩制」紅線，妄圖發動港版「顏色革命」，煽動「黑暴」、鼓吹「港獨」，破壞香港社會的秩序和安寧，在香港早已惡名昭彰。近期又企圖從經濟方面抹黑、唱衰香港，其真實目的昭然若揭，就是利用香港作為棋子打擊、遏制中國發展。這更加說明落實香港國安法的重要性和必要性，國安法實施一年以來，香港實現了由亂及治的轉折重回正軌，更開啟了良政善治新時代。香港局勢逐步穩定，自然引起一些反華政客的狗急跳牆，更肆無忌憚地干預香港事務。

　　事實上，香港國安法實施一年來，一些別有用心者以及外國勢力，沒有停過的散播所謂「撤資」恐慌，指國安法將嚴重損害外資的信心云云。然而，一年來所謂「撤資潮」根本沒有出現，無論是香港資本市場、

銀行資金流入，還是投資，都呈現日漸活躍上升趨勢。

國安法實施以來，香港股市樓市持續暢旺，銀行體系資金、外匯儲備持續處於高位，大批國際企業依然將總部及辦事處設於香港，何來「撤資」之說？恰恰相反，本地及國際企業對於粵港澳大灣區前景抱有極大信心，更認為香港是進入大灣區的最佳切入點，尤其在香港社會回復穩定之後，更為國際商界和投資者打下強心針。香港的金融中心、商業樞紐地位沒有受損，反而受惠於社會趨穩而進一步強化鞏固。

香港美國商會會長早泰娜日前就反駁美國當局聲稱香港營商環境「風險上升」的說法，強調香港仍為營商好地方，更沒有任何跡象顯示香港國安法影響到香港商業法律，而商會會員亦相信香港未來營商環境會更好，會方也不建議在港美企撤走。同時，會方近月更斥資 8,000 多萬元買入位於中環的永久會址，以行動證明香港仍是國際商界熱衷的投資地點。美國著名經濟學家薩克斯亦表示，美方應尊重中國的主權和領土完整，所謂「制裁」是錯誤的做法，同時看好香港前景，認為這符合包括美國和中國在內全世界的利益。

這些都說明香港的營商環境並沒有因為國安法而受損，相反國安法為香港提供了穩定的營商環境，國家龐大的發展機遇，更讓香港搭上國家發展的快車，香港未來的前景必定更加璀璨，美國的抹黑、警告不會有任何作用。

中央對無理制裁必有力回擊

全國政協副主席、國務院港澳辦主任夏寶龍在「香港國安法實施一週年回顧與展望」專題研討會上發表的重要講話中，正告美國等一些國家的政客和歐洲議會的一些政客：「你們粗暴地踐踏國際法、干涉中國的內政，對我們做的毫無意義的所謂制裁，只能更加激起我們的憤怒和對你們的蔑視，只能不斷敲響你們在香港的代理人——反中亂港分子的末日喪鐘，只能是搬起石頭重重地砸在你們自己的腳上。」夏主任這段話

激濁揚清，顯示了中央的決心和意志，引起香港社會各界強烈共鳴。中央對於外國的無理制裁、恐嚇必將作出有力回擊。任何外力以任何方式干預香港事務、干涉中國內政，任何公然挑釁中國主權的行為，都會遭到包括絕大多數香港市民在內的 14 億中國人民反對，必然會撞得頭破血流。

（原載於 2021 年 8 月 7 日《星島日報》）

揭露美國亂港真面目　中央強力挺港護國安

提要：長期以來，以美國為首的西方勢力千方百計插手香港事務，意圖遏制中國發展。外交部公佈的事實清單，將美國自 2019 年修例風波以來一手炮製的種種惡行臚列於公眾面前，充分揭露美國推動港版「顏色革命」的陰謀，讓社會進一步認清美國製造香港亂局的真面目。這是中方對美國瘋狂干涉中國內政、介入香港事務的堅定反擊。公安部強調要切實履行好公安機關承擔的各項涉港工作職責任務，堅決維護國家安全、主權、發展利益。特區政府須用好中央的支持，以國家的公安執法力量為後盾，做好執法和情報工作機制對接，堅決打擊危害國家安全的反中亂港分子，挫敗美國藉搞亂香港遏制中國的圖謀。

事實清單分五大章節，梳理了自 2019 年修例風波以來美方干預香港事務、插手中國內政的 102 項事實。國務院港澳辦、香港中聯辦、外交部駐港公署、特區政府和香港社會各界先後表達了支持外交部事實清單的嚴正立場，發出了反對美國霸凌行徑、堅決維護國家主權安全的最強音。

對外部勢力敲響「警世鐘」

事實清單脈絡分明，讓人們清楚看到 2019 年「黑暴」動亂的緣由、境外勢力為「黑暴」撐腰的把戲、意圖打遍中國和特區政府的手段、以金錢收買人心推銷分離主義的勾當等，觸目驚心，當中充滿政治謊言和惡毒狡詐，以「民主自由」包藏禍心，讓香港社會進一步認清美國製造香港亂局的真面目。

美國推動港版「顏色革命」，以達到遏制中國發展的目的。香港事務是中國內政，維護國家安全天經地義，絕不容外力干預。外交部事實清單是對企圖干預中國內政、遏制中國發展的外部勢力敲響的「警世鐘」。

多年來，反中亂港分子勾結西方勢力，為港版「顏色革命」做馬前卒，一步步挑戰和衝擊底線，嚴重威脅香港國土安全、政治安全和公共安全。香港經歷過「黑暴」，全社會遭受浩劫，幸而中央果斷出手，制定和實施香港國安法，香港社會迅速回復秩序。人心惶惶、人人自危的日子一去不復再，「民陣」、「教協」、「職工盟」、「支聯會」等勾結外力的組織更分崩離析。

事實上，美國對香港事務長期伸出干預之手，在香港扶植大批政治代理人反中亂港，利益和組織關係盤根錯節。在不甘心霸權地位動搖、竭力阻遏中國發展的大背景下，美國不可能就此善罷甘休，打「香港牌」干預香港制華的性質不僅不會改變，更隨時變本加厲，社會各界對此必須有清醒認識，高度警惕。

公安部支持　香港更有底氣

國家安全是安邦定國的重要基石。全國公安機關堅持總體國家安全觀，以人民安全為宗旨，堅決粉碎、嚴厲打擊各種滲透顛覆破壞活動、暴力恐怖活動、民族分裂活動、宗教極端活動，堅決捍衛以政權安全、制度安全為核心的國家政治安全。公安部強調，要切實履行好公安機關承擔的各項涉港工作職責任務，繼續全力支持香港警隊依法履職和嚴正執法，堅決維護國家安全、主權、發展利益，堅決維護香港社會大局穩定，努力為確保香港長期繁榮穩定和「一國兩制」行穩致遠作出更大貢獻。公安部發出的信息，表達了國家對香港的強力支持，特區政府、香港警隊打擊危害國家主權安全的反中亂港分子和敵對勢力，更加堅定，更有底氣。

特區政府需與內地公安部門加強合作交流，就反恐、打擊敵對勢力

等執法和情報工作做好機制對接，依法有效打擊危害國家安全的活動，共同貫徹總體國家安全觀，維護香港長治久安，確保「一國兩制」行穩致遠。

（原載於 2021 年 9 月 29 日香港《文匯報》）

第二部分

「愛國者治港」與「一國兩制」發展

中央全面管治權與特區高度自治並不矛盾

提要：習近平總書記在十九大報告中，強調牢牢掌握憲法和基本法賦予的中央對香港、澳門全面管治權，引起香港社會的熱烈討論。必須強調的是，中央的全面管治權與特區的高度自治並不矛盾，而是相輔相成。特區的高度自治權是中央授予的，派生於中央的主權和全面管治權，兩者是「源與流」的授權關係。然而，香港有人將中央的全面管治權與特區的高度自治權對立起來，並以高度自治來否定中央的全面管治權，導致香港的「一國兩制」實踐面臨「跑偏」、「走樣」、「變形」的問題。正因為如此，習近平總書記在十九大報告中強調，必須把維護中央對香港、澳門特別行政區全面管治權和保障特別行政區高度自治權有機結合起來，確保「一國兩制」方針不會變、不動搖，確保「一國兩制」實踐不變形、不走樣，確保香港的「一國兩制」實踐行穩致遠。

　　有關中央全面管治權的提法，最早出現在 2014 年國務院發表的「一國兩制」白皮書。白皮書明確指出香港「作為直轄於中央人民政府的地方行政區域」，有「中央授予的地方事務管理權」，中央擁有香港「全面管治權」，當中包括：香港特別行政區直轄於中央人民政府，特首向中央人民政府負責，中央人民政府擁有任命特首和主要官員、依法管理與香港特別行政區有關的外交事務、向特首發出指令的權力等。這是回歸以來，中央首次有系統地論述中央對香港的管治權。

全面管治權是憲法和基本法賦予

　　香港有評論指中央強調對香港的全面管治權，將會損害原有的高度

自治權。這種說法經不起法理和事實的推敲。中央對香港的管治權是國家主權的重要內容。在國家對香港恢復行使主權、中央對香港特區擁有全面管治權的基礎上，基本法規定了一部分權力由中央政權機構直接行使，一部分權力由全國人大授予香港特區按基本法規定行使，這部分權力亦即人們常說的高度自治權。

香港是中國的一個特別行政區，中央政府毫無疑問對包括香港在內的各個地方政府擁有全面管治權，只是考慮到香港的特殊情況，才授權香港實行高度自治。香港基本法是根據憲法第三十一條制定，憲法是母法，基本法是子法。香港基本法提及的高度自治權，亦是由憲法授權而來，並非香港所固有，香港更沒有所謂「剩餘權力」。所以，從法源的角度上看，中央的全面管治權與高度自治權是授權和分權的關係，並不存在重申中央管治權而削弱香港高度自治權的問題。國務院發表「一國兩制」白皮書，正是從法理上闡釋中央對香港的全面管治權，除了駐軍和外交，還涉及到政府組建、支持和監督特區政府依法施政、行使憲法和香港基本法賦予全國人大常委會的職權等，絕非單指駐軍和外交。

重申中央管治權具有很強針對性

必須指出的是，中央對港全面管治權是國家主權的一個體現。「一國兩制」白皮書的英文版中將「全面管治權」翻譯為 overall jurisdiction，這是一個國際法的概念，是指一個主權國家對其領土範圍的一切擁有管轄權。香港回歸之後，中華人民共和國政府於 1997 年 7 月 1 日恢復對香港行使主權，當中包括對港的全面管治權，絕不允許任何人以任何理由對抗和否定。沒有中央的全面管治權，也就沒有香港的高度自治權。因此，重申中央對港全面管治權，與高度自治權並無矛盾，反而是有助明確中央與香港的權力與角色，讓社會各界明白到只有尊重中央在「一國兩制」下的權力，才可讓「一國兩制」走得穩，行得遠。

習近平總書記在十九大報告中再次重申中央管治權，既有深刻的思

想性，亦有強烈的針對性。在香港，有人將中央的全面管治權與特區的高度自治權對立起來，並以高度自治權來否定中央的全面管治權，導致香港的「一國兩制」實踐面臨「跑偏」、「走樣」、「變形」的問題。正因為如此，習近平總書記在十九大報告中強調，必須把維護中央對香港、澳門特別行政區全面管治權和保障特別行政區高度自治權有機結合起來，確保「一國兩制」方針不會變、不動搖，確保「一國兩制」實踐不變形、不走樣。

中央全面管治權和特區高度自治權有機結合

確實，釐清中央全面管治權對於「一國兩制」行穩致遠有深遠的意義。回歸至今的事實可以看出，中央對香港高度放權，香港享有最大程度的自治，但同時香港社會也要清楚，「高度自治」不是「完全自治」。香港在享受高度自治的同時，必須維護好國家主權、安全和利益。唯有把握好、維護好中央對港管治權，香港的高度自治權才可以有穩固的基礎。維護中央權力，也是維護香港利益。兩者並非此消彼長的關係，而是共榮共生的關係。要處理好兩者關係，關鍵就是要嚴格按照憲法和基本法辦事，把兩者有機結合起來，而不是互相對立和排斥。唯此，才能確保「一國兩制」實踐不變形、不走樣。

（原載於 2017 年 10 月 20 日香港《文匯報》）

堅持「一國兩制」大原則　祖國是香港強大後盾

提要：「一國兩制」最適合香港。習近平主席在政協成立 70 週年大會的講話中明確宣示，要全面準確貫徹「一國兩制」、「港人治港」、高度自治的方針，表明了中央堅持「一國兩制」方針不會變、不動搖，並且要確保「一國兩制」實踐不變形、不走樣。香港發生修例風波，有人擔心中央會否減少對香港的支持。實際上，國家始終是香港強大後盾，無論香港發生甚麼事，中央都會堅定不移支持香港，相信中央很快就會根據香港的需要推出挺港措施。在舉國歡慶國慶 70 週年的時候，廣大香港市民更應營造祥和喜慶的社會氣氛，表達香港人應有的愛國之情。

1949 年 10 月 1 日，中華人民共和國宣告成立，祖國從此由一盤散沙走向團結統一、由積貧積弱走向繁榮富強。身處「一國兩制」的香港，今天應該如何認識和慶祝新中國成立 70 週年，值得社會各界在香港當前複雜形勢下認真思考。

「一國兩制」最適合香港　中央方針不會變

回顧香港回歸 22 年的發展，香港社會保持繁榮穩定，繼續發展成為國際大都會，有賴於成功落實「一國兩制」大原則，確保香港保留獨特優勢：香港賴以成功的法治精神仍然維持，法治水平全球排名從回歸前的第 60 多位躍升至現在的第 16 位；香港經濟持續保持繁榮發展，連續 20 多年被評為全球最自由的經濟體，國際金融、貿易、航運及航空中心地位牢固，國際影響力和競爭力有增無減；港人從受殖民統治到真正當家

作主，依法享有前所未有的民主權利和自由；香港在「一國兩制」下，更繼續在國際事務方面擔當重要的角色，仍以「中國香港」名義參加以國家為單位的國際組織和會議。凡此種種，只要了解香港的經濟騰飛和輝煌發展，就會得出這樣的結論：「一國兩制」最適合香港。

香港回歸祖國 22 年來，「一國兩制」實踐取得了舉世公認的成功，證明「一國兩制」是香港回歸後保持長期繁榮穩定的最佳制度安排，這既對香港好，也對國家好。習近平主席近日在中央政協工作會議暨慶祝中國人民政治協商會議成立 70 週年大會上的講話中明確宣示，要全面準確貫徹「一國兩制」、「港人治港」、高度自治的方針，表明了中央堅持「一國兩制」方針不會變、不動搖，並且要確保「一國兩制」實踐不變形、不走樣，堅定了香港社會對中央繼續落實「一國兩制」的信心。

中央始終堅定不移支持香港

新中國成立 70 年尤其是改革開放以來，經濟發展高歌猛進，香港長期以來受惠於國家發展的帶動，得到了發展經濟改善民生的源源動力。中國是世界機遇所在，各國企業想方設法謀求與中國合作，香港融入國家發展大局更是大勢潮流，不可阻擋。在「一國兩制」下，香港融入國家發展大局的美好前景不會變。港人可以到內地學習生活、就業創業，搭乘國家發展快車，謀求個人事業更好發展，香港也因為把握好國家各種機遇，自身優勢發揮得更好，經濟發展得更快，難題更有條件解決，東方之珠更加璀璨。香港發生修例風波，有人擔心中央會否減少對香港的支持。實際上，國家始終是香港強大後盾，香港能夠有今天的發展和繁榮，是因為背靠一個對我們關顧有加的祖國，無論香港發生甚麼事，中央都會堅定不移支持香港，相信中央很快就會根據香港的需要推出挺港措施。

營造祥和喜慶氣氛表達愛國之情

十一慶典將至。撫今追昔，祖國內地能取得今天的輝煌成就殊為不易，香港能保持今天的繁榮穩定更是得益於國家的大力支持，值得我們倍加珍惜。過去，港人也以自己特有的方式表達愛國情懷。華東水災、汶川大地震，港人的人均捐款都是世界第一。在舉國歡慶國慶70週年的時候，廣大香港市民更應營造祥和喜慶的社會氣氛，表達香港人應有的愛國之情。

（原載於 2019 年 9 月 26 日香港《文匯報》）

建設香港初心不動搖　建制政黨社團再出發

提要：在「黑色暴力」籠罩、社會兩極對立、選舉公平被肆意破壞等極端不利環境下，建制派在區議會選舉中的得票比例仍然超過四成，極為不易，值得珍惜。這裏，既有建制派參選人的頑強拼搏，也有愛國愛港社團的全力支持。愛國愛港社團不懼選舉逆境，動員大批來自不同界別的社團義工為愛國愛港候選人助選，必須充分肯定。雖然在單議席單票制的選舉制度之下，建制派只得一成多議席，令人惋惜，但建制派服務市民、建設香港的信念不會動搖，一定會保持初心不氣餒，繼續深耕社區，服務市民，爭取更多市民的支持，與愛國愛港社團一道砥礪前行再出發，在明年立法會選舉打出翻身一仗。

　　區議會選舉結果塵埃落定，建制派在持續暴亂及泛暴派的抹黑、攻擊下，打了一場前所未有的艱難選戰。建制派整體選票有明顯增長，取得四成多選票，但由於單議席單票制的選舉制度只得一成多議席，很多選區以微弱劣勢惜敗。如何解讀今次區選結果對香港整體政治格局的影響，備受社會各界關注。

建制派已盡力　愛國愛港社團功不可沒

　　過去 5 個多月中，亂港派藉《逃犯條例》修訂發動連場暴亂，嚴重衝擊香港法治和社會秩序，建制派的選舉工程根本不能正常展開。外部勢力與暴力分子相互呼應，美國議會在選前一週提速推動《香港人權與民主法案》，顯然是有意刺激選民情緒。香港社會氛圍嚴重對立、社會情緒嚴重撕裂，整體政治環境對建制派非常不利。令人欣慰的是，堅持反暴

力的建制派總體獲 123.5 萬票，取得逾四成選票，較 2015 年區選大增逾 44 萬票，說明建制派基本盤不僅穩固，而且有擴大，只是在單議席單票制下，議席分佈不能反映建制派的支持度。建制派已經盡力，實在毋須悲觀氣餒。

更要看到的是，自區選開始以來，愛國愛港社團旗幟鮮明支持為港謀福祉、做實事的候選人。愛國愛港社團在今次區選中，面對來自內外的嚴峻挑戰特別是「黑色暴力」恐怖，助選難度可想而知。愛國愛港社團沒有怯於今屆區選惡劣形勢，基於對香港止暴制亂的關心和支持，即使面對選舉逆境，仍在今次區選中，號召大批來自不同界別的社團義工，紛紛走上街頭為愛國愛港候選人助選，在多區為建制派守住了穩定多數，又開拓了不少票源。在今次破紀錄的高投票率下，建制派仍能保持四成得票，愛國愛港社團功不可沒。

建制派仍是維護繁榮穩定中流砥柱

過去多屆由建制派主導的區議會，不同的建制派區議員先後提出大量有利經濟民生、推動地區發展、促進公民意識、加強國民身份認同的議案、意見，有力阻壓反對派以政治騎劫區議會。然而，由反對派主導的區議會，可以預料地區民生問題將趨向政治化，社區安寧隨時被破壞。屆時，經濟民生議題會被政治議題排擠，區議會務實為民的功能被架空。地區面對嚴峻形勢，廣大市民必須監督反對派區議員是否如實履行區議員責任，不容改變區議會作為地區諮詢機構的性質，禍害地區居民。

在當前香港複雜的政治環境中，止暴制亂仍是最迫切的任務，配合政府依法施政更任重道遠，建制派繼續扮演維護香港繁榮穩定的中流砥柱角色不會改變。由於反對派不僅會藉區議會為暴力充當保護傘，而且將對特區政府的施政製造更大的障礙。建制派此刻更要萬眾一心，重新出發，支持特區政府止暴制亂、恢復秩序，沉着應付明年和以後的連場選戰，為香港未來發展做好部署。

建制派與廣大市民凝聚共識攜手同行

受持續逾 5 個月的違法暴力衝擊，香港經濟面臨衰退風險，各行各業艱苦經營，市民生活百上加斤，當下香港經濟環境極之惡劣。今次選舉結果也反映社會深層次矛盾亟待解決。建制派需與廣大市民凝聚共識，攜手同行，支持特首和特區政府依法施政，共同推動社會恢復法治秩序，令香港重回發展正軌，積極融入國家發展大局，紮實推進香港經濟升級轉型，惠及民生，讓香港早日走出困局。

（原載於 2019 年 11 月 17 日香港《文匯報》）

習主席總結澳門經驗對香港具指導意義

提要：習主席以「四個始終」高度概括澳門「一國兩制」成功實踐的四點經驗，是準確把握「一國」和「兩制」關係的重要指導原則，啟示香港如何才能將「一國兩制」重大利好制度發揮得更好。澳門在政治、法治、管治模式、把握機遇、塑造社會文化等方面，找到了符合澳門實際的落實「一國兩制」的成功之道，香港也需遵循「一國兩制」的基本規律，突出自身優勢，為發展好香港夯實堅固基礎、創設良好氛圍，在金融、經貿、創科等多方面繼續揚帆向前。借鑒澳門經驗，排除外部勢力干預，是確保「一國兩制」行穩致遠的一個關鍵。

澳門慶祝回歸祖國 20 週年，習近平主席 3 天澳門視察之行，行程密集，內容豐富，為澳門發展勾畫了新願景、指引了新征程，在香港同胞中也產生了強烈反響，形成了巨大感召力。習主席其間發表一系列重要講話，高度肯定澳門回歸 20 年來的輝煌成就，也為香港未來指路引航帶來深刻啟示。

四點經驗啟示香港發展固本培元

地方小巧的澳門在回歸後的發展一日千里。習主席在慶祝澳門回歸祖國 20 週年大會發表的重要講話，以「四個始終」高度概括澳門「一國兩制」成功實踐的四點經驗：始終堅定「一國兩制」制度自信；始終準確把握「一國兩制」正確方向；始終強化「一國兩制」使命擔當；始終築牢「一國兩制」社會政治基礎。這四點寶貴經驗，揭示了「一國兩制」具有強大生命力的根本原因，既是對準確把握「一國」和「兩制」關係的重要

指導原則，也啟示香港如何才能將「一國兩制」重大利好制度發揮得更好。

近年來，香港社會部分人士對「一國兩制」關係存在模糊片面的認識，甚至出現懷疑、排斥「一國兩制」的現象，導致未能認同「一國」是「兩制」的前提，憲法和基本法為基礎的憲制秩序意識受到削弱，處理涉及中央和特別行政區關係的有關問題走偏，對香港社會的「一國兩制」實踐製造了不少障礙。從習主席總結的澳門四點經驗可以看到，在「一國」的基礎之上，「兩制」的關係應該也完全可以做到和諧相處、相互促進，只要搞清楚其主次、先後等重要內涵，並在實踐過程中，始終牢固樹立「一國」意識，堅守「一國」原則，香港的發展同樣能夠固本培元、根深葉茂。

澳門亮點加強港人對「一國兩制」信心

習主席在出席澳門特區政府歡迎晚宴時發表重要講話，指出具有澳門特色的「一國兩制」實踐有五大亮點，包括愛國愛澳成為全社會的核心價值、憲法基本法權威牢固樹立、行政主導體制順暢運行、積極主動融入國家發展大局、包容和諧增強社會凝聚力。澳門在政治、法治、管治模式、把握機遇、塑造社會文化等方面，找到了符合澳門實際的落實「一國兩制」成功之道。這五大亮點證明，「一國兩制」是完全行得通、辦得到、得人心的，這對香港發展的啟示意義，同樣值得重視。

香港擁有眾多獨一無二的優勢：健全的法制與法治核心價值，國際金融中心、貿易中心、航運中心，優秀的公務員團隊和政府服務、與國際化接軌的專業服務、世界一流的教育與科研、中西文化匯聚等。香港只要確保「一國兩制」制度優勢，抓緊全面準確落實「一國兩制」的基本規律，突出自身特色，壯大既有強項，完全可以在金融、經貿、創科等多方面繼續揚帆向前，創出更多新亮點。

排除外力干預確保「一國兩制」行穩致遠

習主席強調，絕不允許任何外部勢力干預港澳事務。事實上，澳門回歸 20 年來，為維護國家安全，在落實基本法第二十三條立法、通過網絡安全法等做了大量重要工作。這是澳門排除外部勢力干預、確保「一國兩制」行穩致遠的一個關鍵。香港社會也須正視維護國家安全的缺口，儘快落實基本法第二十三條和健全相關機制，早日堵塞漏洞，防範外部勢力橫加干涉，破壞香港繁榮穩定。

澳門面對世界百年未有之大變局，面對內外環境新變化，習主席以「四個堅持」對澳門提出四點希望，為推動澳門特別行政區各項建設事業續寫嶄新篇章加油鼓勁。這也啟示香港要牢牢把握「四個堅持」，守正創新、務實有為，以新舉措、新風氣，應對新形勢、新挑戰，推動「一國兩制」事業躍上新台階，實踐行穩致遠。

（原載於 2019 年 12 月 24 日香港《文匯報》）

駱惠寧吹和風展善意　反對派應積極回應

提要：在中聯辦新春酒會上，駱惠寧主任以《共同珍惜香港這個家》為題發表講話，駱主任在講話中提到，習主席視察澳門時特別強調「家和萬事興」，又引述習主席新年賀詞語重心長地對香港同胞說，「沒有和諧穩定的環境，怎會有安居樂業的家園！」當前香港正面對回歸以來最嚴重的撕裂對立，化解矛盾，修補創傷是當前首務。「家和萬事興」既是中國人的傳統智慧，也是香港當前最需要的「解藥」。駱主任在發言中充分展示對香港的關懷和期望，以港人聽得入耳的話講出港人所想，引起了不少市民的共鳴。

回到「忠誠反對派」路上

　　駱主任的新春講話不但接地氣，而且更大吹和風。他提到不管甚麼樣的政治光譜，都應形成這樣的共識，認同「一國」、珍惜「兩制」，是香港同胞的福祉所繫，也是香港明天的希望所在。這番話提到不管甚麼樣的政治光譜，當中的指向十分明顯，就是反對派陣營。在這場反修例風暴中，反對派全面靠攏暴徒，顛倒是非，罔顧香港福祉，其所為自然令中央失望。但同時，中央亦充分理解到，在香港這個社會，反對派是一股重要的政治力量，反映和代表着一定的民意，所以一直都希望反對派能夠回到尊重憲制的「忠誠反對派」路上。

呼籲香港「家和萬事興」

　　現在駱主任重申認同「一國」、珍惜「兩制」，是香港同胞的福祉所

繫，也是香港明天的希望所在。這是向反對派表達了善意期待，期待反對派能夠回到認同「一國」、珍惜「兩制」的大原則下，這樣香港的社會對立才有望得以修補，香港才會有明天。相反，如果反對派走上反憲制、反中央的不歸路，不但反對派將失去所有的政治空間，香港社會也會陷入無日無之的政爭、內耗，全港市民都是輸家。駱主任的講話顯示出充分的善意，向反對派伸出了橄欖枝，同時也劃出了明確的底線：香港政治人物都必須認同「一國」、珍惜「兩制」，反對派應該讀懂有關言論。

事實上，持續超過半年的反修例風暴，正在不斷地蠶食香港的家底，幾代香港人辛勤建設的城市備受摧殘，一幕幕打砸燒畫面令人揪心。7 個月前，香港還是享負盛譽的全球最安全城市之一，現在卻成為了「動盪之都」、「撕裂之都」，相信大多數市民不論政見如何都會感到痛心，不希望見到香港撕裂下去。

香港當前除了要止暴制亂之外，更要及早修補撕裂。700 萬港人風雨同路，命運與共，大家都不想香港這個家支離破碎。駱主任呼籲香港「家和萬事興」，期望香港不同光譜力量回到「一國兩制」的大道上，正顯示出中央對香港的關顧和珍惜。

「珍惜香港」發揮「一國兩制」優勢

回顧香港的發展歷程，求和諧、求安定是全體港人的共同心願，憑藉「珍惜香港這個家」、同舟共濟的精神，香港社會渡過了不同難關，再大風雨也能從容應對。

駱主任在講話中從 3 方面闡述如何「共同珍惜香港這個家」，包括：發揮好「一國兩制」這一最大優勢；守護好法治文明這一核心價值；實現好繁榮發展這一美好心願。其中，鞏固、發揮好「一國兩制」的優勢，無疑是香港長治久安、繁榮穩定的根本，也最符合香港的利益，尤其是香港青年更是「一國兩制」行穩致遠的受益者。

既然香港是一家人，一切都好商量，沒有解不開的結，沒有闖不過

的關。期望反對派以及社會不同光譜人士能夠體會中央的苦心，體會中央對反對派人士的善意期待，也希望反對派人士作出正面回應，用行動說明他們也珍惜香港這個家。

（原載於 2020 年 1 月 29 日《星島日報》）

堅守「一國兩制」初心　推動香港再出發

提要：中聯辦主任駱惠寧日前撰文表示，「一國兩制」偉大實踐已經進入了「五十年不變」的中期，一些長期積累的矛盾逐步顯現，尤其是在去年修例風波中，發生了大量嚴重觸碰「一國兩制」原則底線的行為，憲法和基本法的權威受到前所未有的挑戰。

基本法頒佈 30 年來，一直是香港的「定海神針」。然而，近年香港接連不斷的政治風波，卻對「一國兩制」和基本法帶來各種挑戰。去年爆發的修例風波，黑衣暴徒的違法暴力行為公然衝擊「一國兩制」原則底線。近期反對派更揚言要在 9 月立法會選舉中奪取過半議席，從而全面否決政府所有的法案和撥款，企圖「全面攬炒」香港，實現「奪權」「變天」。這些都對基本法和「一國兩制」運行帶來嚴峻挑戰。

在「一國兩制」進行到「五十年不變」中期的特殊歷史時刻，在各種困難與挑戰並存的環境，如何推動香港重回正軌，幫助香港再出發，是社會各界最關心的議題。要應對「一國兩制」實踐中的各種困難和挑戰，關鍵還是要回到基本法上尋找出路，越是困難的時候，香港社會越要堅守「一國兩制」事業初心，堅定憲法和基本法制度自信，堅決貫徹落實基本法，這樣才能儘快達成社會的共識，讓香港重回正軌重新出發。

須堅定打擊「港獨」分裂勢力

甚麼是「一國兩制」事業初心？就是基本法序言明確規定的「維護國家的統一和領土完整，保持香港的繁榮和穩定」。香港如果離開了這個初

心，繁榮穩定將難有保障。維護國家安全就是維護港人福祉，維護香港的繁榮穩定，兩者是一體兩面的關係。因此，要令香港長治久安，必須切實維護好國家安全。

堅定憲法和基本法制度自信。就是對「一國兩制」，對憲法和基本法有信心，明白到基本法是香港繁榮穩定的保障。要在社會上樹立對憲法和基本法的制度自信，特區政府需要全力推動基本法的普及宣傳和教育，讓市民大眾尤其是青年人認識基本法，遵守基本法，在社會上樹立尊法、護法意識。

堅決貫徹落實基本法，這是維護香港穩定的重中之重。「徒善不足以為政，徒法不能以自行」。

貫徹落實基本法，關鍵在於執行，雖然香港並未完成國家安全立法，但對於「港獨」勢力、對於分裂勢力、對於反中勢力，香港同樣有足夠的法律工具予以制裁；對於一些人尤其是公務員、港台員工違反基本法的言行，政府同樣有責任作出懲處。堅決貫徹落實基本法，政府是第一責任人。

就如駱惠寧主任在文中引用清代鄭板橋《題竹石》的詩句「咬定青山不放鬆」，「任爾東西南北風」，指出應對「一國兩制」實踐中面臨的各種困難和挑戰，要求堅守「一國兩制」事業初心，堅定憲法和基本法制度自信，不為一時之曲折而動搖，不為外部之干擾而迷惘。這說明，對於基本法必須既要有制度自信，更要以咬定青山不放鬆的決心貫徹落實基本法。這樣，香港才可以迎風破浪，重新出發。

（原載於 2020 年 4 月 8 日《大公報》）

譴責反對派政治「攬炒」　中央發聲有責有理

提要：在公民黨郭榮鏗濫權拖延下，立法會內務委員會就正副主席選舉持續空轉半年，大量事關法律和社會發展的重大法案和重要事務，一律擱置空等。郭榮鏗所為嚴重危害香港社會整體利益，不符基本法的憲制職能和立法會誓言的要求，不僅須受社會強烈譴責，更應依法依規追究其公職人員行為失當的責任，褫奪不稱職議員的議席。港澳辦、中聯辦發言人就內會問題發表談話，對香港繁榮穩定發聲，點明了香港各界推動立法會和香港社會儘快重回正軌的重要意義。為了香港發展大局，全社會應全力支持各種抵制反對派亂局的行動，為立法會撥亂反正，讓內會儘快恢復正常運作，尋求當下困境出路。

　　立法會內務委員會的重要性僅次於立法會大會，按議事規則須為立法會會議作準備，並商議與立法會事務有關的事宜，而其一項重要職能，是審議已提交立法會的法案，以及在立法會會議席上提交省覽或提交立法會批准的附屬法例。

內會停擺嚴重危害社會整體利益

　　由公民黨法律界議員郭榮鏗主持的內會，去年 10 月 18 日至今召開 14 次會議，一直在選舉正副主席事宜上鑽盡各種規程空子拉布，內會負責審議處理大量事關法律和社會發展的重大法案和重要事務，一律擱置空等。在半年中，連帶影響多達 14 條法案及 80 條附屬法例，涉及 2019 年施政報告致謝動議的辯論安排、多項防疫抗疫措施、增加法定產假至 14 週、落實空置稅、國歌法立法等與民生息息相關的立法工作。其中，

現任終審法院常任法官張舉能接替明年 1 月退休的現任首席法官馬道立，便由於內會停擺，窒礙任命程序，直接影響香港司法運作，司法界形成強烈意見反對主持會議的郭榮鏗的做法。

面對「黑暴」和新冠肺炎疫情雙重打擊，香港百業蕭條，經濟民生陷入困境，市民正等候立法會內會處理有助解困、提振社會向前發展的審批事務。反對派此際卻企圖通過內會空轉，進而癱瘓立法會，達到窒礙特區政府依法施政、「攬炒」香港的政治目的。郭榮鏗夥同反對派議員對立法會的破壞前所未有，嚴重危害香港社會整體利益，必須受到社會強烈譴責。

中央守護香港　要求全面落實基本法

根據基本法第七十三條，立法會行使多項職權，包括根據基本法規定並依照法定程序制定、修改和廢除法律。公民黨郭榮鏗半年來以內會主持身份持續濫權，內會包括法案審議在內的運作完全停頓，嚴重阻礙立法會履行基本法下的職能，中央不能坐視不管。港澳辦是中央管理港澳事務的專責部門，中聯辦是中央駐港的最高代表機構，兩辦發言人就內會問題發表談話，既是中央關心愛護香港的具體體現，更是全面落實基本法的應有之義。

基本法第六十六條訂明，立法會是香港特別行政區的立法機關；立法會誓言指明，就任立法會議員「定當擁護《中華人民共和國香港特別行政區基本法》，效忠中華人民共和國香港特別行政區，盡忠職守，遵守法律，廉潔奉公，為香港特別行政區服務。」郭榮鏗在主持內會主席選舉時故意拖延，其作為明顯不符基本法有關立法機關的憲制職能，以及誓言中擁護基本法、效忠特區及盡忠職守的要求。立法會議員如果違反誓言，已涉構成公職人員行為失當；任何人拒絕履行誓言，便應依法依規追究其公職人員行為失當的責任，褫奪不稱職議員的議席。

（原載於 2020 年 4 月 16 日香港《文匯報》）

貫徹落實基本法的四個方向

提要：今年是香港基本法頒佈 30 週年。1990 年 4 月 4 日，第七屆全國人大第三次會議審議並通過《中華人民共和國香港特別行政區基本法》，以國家法律形式落實了「一國兩制」的偉大構想。香港回歸祖國後，基本法作為香港特別行政區的憲制性文件，確保了國家對香港基本方針政策的實施，保障了「一國兩制」的順利落實，為香港繁榮穩定提供了根本保障。事實證明，「一國兩制」是香港順利回歸和保持長期繁榮穩定的最佳制度安排，基本法則是香港的「定海神針」。

然而，基本法頒佈 30 週年以來，取得了舉世矚目成績的同時，也面對不少挑戰和新問題。近年接連不斷的政治風波，由違法「佔中」到去年的反修例風波，都顯示一些人對基本法缺乏正確認識，容易被別有用心者挑動煽動。有反對派政客將香港享有的高度自治扭曲為「完全自治」，一些人更肆意推動「去中國化」，漠視中央權力，眼中只有「兩制」沒有「一國」，這些都是導致香港近年深陷政治漩渦的主要原因。如何更好貫徹落實基本法，是香港克服面前困難和挑戰的一條必答題。

維護國家主權　打擊分裂勢力

當前「一國兩制」的實踐已經進入了「五十年不變」的中期，要貫徹落實基本法，確保「一國兩制」行穩致遠，有四個方向需要努力：一是必須高舉維護國家主權和安全的旗幟，加大力度打擊分裂勢力。十九屆四中全會提出建立健全特區維護國家安全的法律制度及執行機制。基本法

第一條開宗明義指出，香港自古以來就是中國的領土，是中華人民共和國不可分離的部分。

但近年，「港獨」、「自決」勢力卻日益猖獗，有「港獨」組織公然策動「本土恐怖主義」，有「港獨」分子堂而皇之地參加區議會選舉，當選後更作出「港獨」誓詞。要捍衛基本法，重中之重就是要重錘打擊「港獨」、分裂勢力，執法當局應更積極使用各種法律工具，打擊、取締各個「港獨」組織。同時，為免再出現 2016 年的宣誓風波，特區政府必須嚴守門檻，對於一些長期主張「港獨」者，必須將他們拒諸選舉門外，不容他們染指議會。

及早健全完善各項配套機制

二是及早健全、完善中央管治權的各項配套機制。根據憲法和基本法，中央對港擁有「全面管治權」，包括任命行政長官和主要官員、負責管理與特區有關的外交事務和特區防務、行使基本法解釋權及特區法律備案審查權等等。對於有關權力的運用，必須及早完善機制，包括中央對行政長官和主要官員的選拔、任命、監督、罷免方面，以至對立法會的監督等，都應有一套清晰的制度和程序。

推動教育　加強公務員認識

三是全面推動憲法和基本法教育，並作為教育當局未來重點工作。青少年是香港的未來，加強憲法和基本法教育，有助「一國兩制」事業薪火相傳。在校園內，憲法和基本法教育應當納入各級學校的課程和考試，而且必須接受教育當局嚴格考核；校園外，特區政府應與社會各界通力合作，舉行全港性、普及化的基本法教育，潛移默化引導青少年踐行「一國兩制」，遵守基本法。

四是特區政府必須加強 18 萬公務員對基本法的認識和教育。基本

法第九十九條訂明，公務人員必須盡忠職守，對香港特區政府負責。公務員認識基本法自覺維護「一國兩制」天經地義。特區政府應該建立恆常的培訓機制，並且對於一些公然挑戰基本法的公務員，例如近日挑戰一個中國界線的港台記者等，都應作出懲處，不容公務員逾越界線。

（原載於 2020 年 4 月 16 日《星島日報》）

中央設「兩辦」行使監督權是全面管治權組成部分

提要：中央設置「兩辦」行使對香港高度自治權的監督權，是中央對港全面管治權的重要組成部分，不容置疑。香港回歸以來，「兩辦」一直都依法行使監督權。試問，如果港澳辦和中聯辦不是管轄香港的部門，那麼，由甚麼中央部門來執行中央人民政府管轄香港的權力？反對派的所謂「兩辦無權論」，企圖架空中央對港全面管治權，其目的就是去中央化，令公眾以為「中央權力不及香港」，這正是要為香港與祖國分離製造理論基礎。「兩辦」發聲譴責反對派議員「攬炒」，表明中央為確保「一國兩制」和基本法得到全面準確落實，一定會對反對派破壞香港政治體制正常運作的圖謀予以強烈反制，絕不姑息！

國務院港澳辦和香港中聯辦近日發聲譴責香港個別立法會議員在內會搞「政治攬炒」，損害香港利益。反對派以所謂「兩辦無權干預香港內部事務」之說誤導民意。中聯辦發言人之後接受媒體查詢時強調，「兩辦」有權責發聲，批評反對派故意曲解基本法。

「兩辦無權論」誤導民意須嚴正駁斥

中央通過憲法和基本法，授權香港特區政府行使屬於高度自治範圍內的權力，履行有效管治香港的主體責任。憲法第三十一條規定：「國家在必要時得設立特別行政區。在特別行政區內實行的制度按照具體情況由全國人民代表大會以法律規定。」憲法第六十二條規定，全國人民代表大會有權決定特別行政區的設立及其制度。正是根據上述憲法規定，香港特別行政區才得以成立。基本法第十二條亦明確規定：「香港特別行

政區是中華人民共和國的一個享有高度自治權的地方行政區域，直轄於中央人民政府。」

正如中聯辦發言人回覆傳媒查詢時指明：「中央對香港實行『一國兩制』、『港人治港』、高度自治的方針政策，但高度自治並非完全自治，特區享有的高度自治權，包括立法權，均來源於中央授權。被授權者須對授權者負責，授權者對所授出的權力擁有監督權，這個道理不言自明。」中央堅定不移依照憲法和基本法行使對港的全面管治權，關心香港局勢理所當然。「兩辦」是中央授權專責處理香港事務的機構，代表中央發聲合憲合法，有權有責。

反對派針對「兩辦」聲明，提出所謂「兩辦無權論」，企圖架空中央對港全面管治權，其目的就是去中央化，令公眾以為「中央權力不及香港」，這正是要為香港與祖國分離製造理論基礎，是十分惡毒的誤導，須嚴正駁斥。

「兩辦」一直都有代表中央行使監督權

事實上，自香港回歸以來，「兩辦」（包括當年的新華社香港分社）一直都有代表中央政府對香港特區的高度自治行使監督權。港澳辦列明的 8 項職能便明確包含「貫徹執行『一國兩制』方針和中央對香港、澳門的政策規定，執行香港特別行政區基本法、澳門特別行政區基本法」、「了解香港、澳門的有關情況，提出政策建議」、「承辦國務院交辦的與香港、澳門有關的法律事宜，就基本法實施涉及的相關法律問題研究提出意見」。中聯辦的 5 項職能亦明確包含「承辦中央政府交辦的其他事項」。

「兩辦」作為代表中央負責管理香港事務的專責機構，發聲譴責香港反對派議員在內會搞「政治攬炒」，阻礙立法會履行基本法規定的法定職責，是代表中央履行中央對港權責。試問，如果港澳辦和中聯辦不是管轄香港的部門，那麼，由甚麼中央部門來執行中央人民政府管轄香港的權力？

十九屆四中全會的《決定》，圍繞按照「一國兩制」原則，提出 5 個治理好香港澳門的工作任務及要求，其中第一個要求，就包括維護憲法和基本法確定的特別行政區憲制秩序、依法行使憲法和基本法賦予中央的各項權力。中央按照「一國兩制」原則治理好港澳，健全對特區行使全面管治權，是中國國家治理制度體系的重要組成部分，也是國家治理現代化的重要體現和應有之義。中央設置「兩辦」行使對香港高度自治權的監督權，是中央對港全面管治權的重要組成部分，不容置疑。

中央對反對派阻礙實施基本法強力反制

　　郭榮鏗卻利用主持選舉內會主席的機會，與其他反對派議員相互配合，在長達半年的時間內阻撓內會選出主席，癱瘓立法會內會運作，嚴重阻礙立法會履行基本法規定的職責。「兩辦」發聲譴責反對派議員「攬炒」，履行中央對香港特區的高度自治權的監督權力，表明中央為確保「一國兩制」和基本法得到全面準確落實，一定會對反對派破壞香港政治體制正常運作的圖謀予以強力反制，絕不姑息！

（原載於 2020 年 4 月 21 日香港《文匯報》）

港澳辦何以再次點名批評郭榮鏗？

提要：國務院港澳辦新聞發言人 4 月 21 日再度回應傳媒提問，批評郭榮鏗將事關香港市民切身利益的大量法案議案統統擱置，蓄意違背誓言、涉嫌公職人員行為失當，可謂事實清楚，鐵證如山。這是繼「兩辦」早前發聲批評郭榮鏗及反對派在內會惡意拉布、「政治攬炒」之後，港澳辦再度發聲點名批評郭榮鏗。

惡意拉布損公眾利益

　　港澳辦再次點名批評郭榮鏗，說明這次事件絕不尋常，反對派故意將內會拉布議題，轉移到所謂基本法第二十二條，轉移到「兩辦」有沒有權發聲的問題上，潛台詞是要排斥中央對港的監督權和管治權。港澳辦接連發表措辭強硬的聲明，一方面表明郭榮鏗的惡意拉布行為，必須嚴正追究，另一方面重申中聯辦完全有權力、有責任對涉及中央與特區關係事務、「一國兩制」方針和基本法正確實施、政治體制正常運作和社會整體利益等重大問題行使監督權。明確「兩辦」有權有責代表中央，在香港落實管治權和監督權，這些權力絕不會因為反對派的抗拒而備而不用。港澳辦的嚴正聲明，劃出了香港的政治界線，越雷池者必會遭到強力反制，屆時勿謂言之不預。

　　港澳辦新聞發言人再次強調郭榮鏗的惡言拉布行為，是這場風波的根源，郭榮鏗及反對派在內會惡意拉布，癱瘓立會，損害公眾利益。郭榮鏗身為立法會議員，宣誓擁護基本法及效忠中華人民共和國香港特別行政區，但他現在的所作所為，恰恰是在玩忽職守，癱瘓議會，損害香港，不但違背誓言，更違背了基本法的規定。「兩辦」發聲針對的正正

是郭榮鏗的拉布行為。然而，反對派卻故意將焦點轉到「兩辦」有沒有權發聲的問題，企圖誤導公眾，令社會輿論糾纏於中聯辦是否基本法第二十二條設立的假議題上，從而轉移郭榮鏗惡意拉布的視線。

港澳辦聲明直指「郭榮鏗夥同反對派議員對立法會保安安排胡搞蠻纏、擅自安排會前默哀儀式等等，是惡意『拉布』、濫用權力」，「將事關香港每一位市民切身利益的大量法案議案統統擱置，這是盡忠職守、為香港特別行政區服務的應有表現嗎？」這是將事件的焦點重新聚焦於郭榮鏗的所作所為，表明將追究其塞責所為，將風波重新聚焦，不讓郭榮鏗藉機脫身。

道理講明白劃清界線

更重要的是，港澳辦通過這次事件明確香港的政治界線。反對派散播所謂「兩辦無權論」，背後反映的一些人有意排斥中央權力，甚至連「兩辦」就香港重大事務發聲，也被指為「干預」，這種「去中央化」的趨向值得社會警惕。事實上，港澳辦和中聯辦是中央授權專責處理香港事務的機構，不是基本法第二十二條所指的一般意義上的「中央人民政府所屬各部門」。「兩辦」絕對有權有責就涉及中央與特區關係事務、就基本法正確實施、政治體制正常運作和社會整體利益等重大問題發聲，行使好中央的監督權。但何以這麼明顯的道理法理，一些人包括法律界人士也不明白，這是對基本法的無知，還是揣着明白裝糊塗呢？

港澳辦接連發聲，就是要將道理講明白，將界線劃清楚，自香港回歸以來，港澳辦和中聯辦，一直都有就涉及中央與特區關係事務、基本法正確實施等重大問題發聲，並非自今日始，這是其職責的一部分，所謂「兩辦無權論」根本是一派胡言。反對派企圖將謊言說一百遍就當成事實，現在港澳辦嚴正反駁，激濁揚清，反而有助將道理講清楚，從而粉碎反對派的謊言和圖謀。

（原載於 2020 年 4 月 26 日《星島日報》）

立會絕非「獨立王國」 「議會攬炒」註定死路一條

提要：特區政府因應疫情押後立法會選舉一年，全國人大常委會決定現屆立法會繼續履職不少於一年，社會各界原本期望「攬炒派」議員在延任期間依法履行職責。然而，自立法會復會以來，「攬炒派」議員仍然不斷拉布拖延會議，導致議會亂象不斷，大量經濟民生議案受阻，引起市民強烈不滿。

　　日前，多名現任及前任「攬炒派」議員涉嫌在今年 5 月 8 日立法會內務委員會會議作出擾亂行為，違反《立法會 (權力及特權) 條例》的「藐視罪」及「干預立法會人員罪」，被警方拘捕及落案起訴。警方依法拘捕該批「攬炒派」，向社會傳達出明確信號：立法會不是法外之地，立法會議員更沒有「免罪金牌」，違法癱瘓議會必將依法追究。

　　疫情之下，立法會選舉延期，中央以香港整體發展大局為重，以社會及議會穩定為先，允許包括「攬炒派」議員在內的全體立法會議員繼續履職。這是希望「攬炒派」議員改弦易轍，以民生福祉為依歸，依法履職繼續服務市民。

　　然而，自立法會復會不足 1 個月以來，「攬炒派」議員的表現卻令公眾失望，不但沒有盡責履職，更多次衝擊議會秩序，令議會運作大受影響。

　　在「暴」「疫」雙重夾擊下，重啟經濟、改善民生已是廣大市民普遍願望。然而，「攬炒派」議員為一己政治利益為反而反，繼續在議會內拉布，將暴力帶入立法會，癱瘓議會運作，導致立法會亂象頻生，議會淪為「鬥獸場」，市民成為「攬炒派」政治表演的犧牲品。「攬炒派」議員的行為無異於站在市民的對立面，市民看得一清二楚。

必須指出的是，香港國安法頒佈實施後，成為香港由亂轉治的「定海神針」。香港國安法第二十二條列明，嚴重干擾、阻撓、破壞中華人民共和國中央政權機關或者香港特別行政區政權機關依法履行職能，即屬犯罪。香港國安法的實施，確保行政、立法等特區政權機關履行職能不受干擾，對立法會議員依法依規行使權力劃出明確紅線。

改弦易轍方有出路

立法會是特區建制的重要組成部分，議員肩負維護香港憲制秩序的責任。「攬炒派」議員長期騎劫立法會，變本加厲拉布、製造流會，導致政府施政舉步維艱，民生福祉受損，如果立法會運作再被嚴重阻撓，市民根本利益受損，執法部門完全可以引用香港國安法追究其違法行為。

本港疫情持續多時，當前經濟民生各方面受到很大衝擊。要避免出現更惡劣情況，全社會更須團結一致應對最嚴峻的經濟困境和提防疫情反彈。「攬炒派」議員應該珍惜留任的機會，摒棄對抗，改弦易轍，以市民利益為依歸，同心抗疫，推動經濟發展。如果繼續走上與中央和特區政府對抗、在議會拉布搗亂的不歸路，「攬炒派」在香港將沒有任何前途可言。這是「攬炒派」必須作出的政治抉擇。

（原載於 2020 年 11 月 4 日《大公報》）

人大決定為從政者劃界線定規矩

提要： 全國人大常委會作出決定，香港立法會議員因宣揚或支持「港獨」、拒絕承認國家對香港擁有並行使主權、尋求外力干預香港事務，或有其他危害國家安全等行為，一經依法認定，即時喪失議員資格。除在立法會選舉被 DQ 的 4 人外，決定還適用於今後參選或者出任立法會議員者。人大決定正本清源，明確了香港從政者的憲制要求，為從政者劃界線定規矩，保證了「愛國者治港」的原則底線。反對派要留在議會就必須改弦易轍，以「總辭」施壓不但徒勞，更是自取其辱。

在香港回歸祖國、納入國家治理體系之後，愛國愛港是對「治港者」最基本的要求。立法會議員作為廣義的「治港者」一員，他們必須是「愛國者」、「愛港者」，這是毋庸置疑的。人大決定將議員擁護基本法、效忠國家和香港特區的憲制要求規範化、制度化，並明確褫奪不符要求的議員資格，有助立法會撥亂反正，為香港的長治久安掃除障礙。

沒有珍惜延任機會

立法會選舉因疫情而延期，全國人大常委會容許全體議員，包括在立法會選舉被 DQ 的 4 人延任至少一年，是希望立法會能夠儘快履行職責，也是對反對派議員表達包容和善意，希望他們改弦易轍，珍惜延任機會，以民生福祉為依歸，依法履職服務市民。

然而，反對派卻未有回應中央及市民的期望，反之卻在瘋狂拉布、癱瘓施政，變本加厲地「攬炒」議會。從立法會復會首日起，反對派就不

停濫點人數，連續 3 星期釀成流會，令議會的時間白白流失。立法會復會至今，僅通過 4 項從上個立法年度積壓下來、包括按慣例只須一次會議審議的技術性法案，而特區政府於本年度計劃提交的 20 項條例草案，依然未能審議，令大量經濟民生政策受阻。

在議會外，反對派的惡行更是罄竹難書，公然反對香港國安法、包庇「港獨」分子、勾結外部勢力、造謠抹黑中央和內地、離間港人對於國家的感情……這些行為，有哪一點是擁護基本法、效忠國家和香港特區？又有何符合擔任立法會議員的資格？人大這次正本清源絕對有必要。

溫和派議員應思考前路

事實上，DQ「攬炒派」議員，在社會上有強大的民意基礎。紫荊研究院民調顯示，超過六成市民不滿留任反對派議員的表現，亦有超過六成市民不支持被取消參選資格的反對派議員留任；香港研究協會調查亦顯示，約六成人不滿反對派政客的表現，超過六成人認同取消被 DQ 的反對派政客的議員資格。特區政府果斷執行人大決定，褫奪「攬炒」議員資格，既是理直氣壯，也是維護「一國兩制」的應有之舉。

反對派聲言倘人大落實 DQ 決定，將「集體總辭」。然而，中央關心的是香港大局，是立法會重返正軌，反對派留任與否無關宏旨，他們以「總辭」施壓根本是徒然，反而是自斷從政之路。更要指出的是，部分作風相對溫和的反對派議員，是時候考慮前路，再與「攬炒派」捆綁一起，走「攬炒」對抗中央的路線，將不會有任何前途可言。他們應該作出明智抉擇，而不是上演甚麼「總辭」鬧劇。

（原載於 2020 年 11 月 12 日《星島日報》）

區議會亂象亟需遏止

提要：立法會選舉押後前，報名參選區議會第二功能界別的「攬炒派」元朗區議員王百羽和九龍城區議員李軒朗，日前被警方以串謀詐騙罪拘捕。事件再次突顯「攬炒派」的不堪面目，其違法失德，視法律如無物，個人操守更是蕩然無存。區議會這一年被「攬炒派」議員搞得烏煙瘴氣，變成了反中央反特區的平台，對於這些違法區議員、區議會亂象，是時候要重槌整頓。

王百羽團隊申報的選舉開支中，兩份講稿竟涉款 50 萬元，形象設計、攝影 20 多萬元，顧問費、營運社交平台費用、提供諮詢服務費用等，全部涉及天價開支，不但遠高出市價，更超過其他候選人的選舉開支 10 倍以上，足以令人質疑當中存在詐騙成份。

王李二人涉嫌虛報選舉開支，案件性質嚴重，不但涉騙取大筆公帑，更涉及公職人員行為失當，關係區議會的聲譽。警方果斷執法，徹查案件絕對有必要，也向外界表明法律面前人人平等，不論是區議員或一般市民，犯法就必須承擔刑責。

這次再有「攬炒派」議員因犯法被捕，再次暴露這些議員的違法煽暴面目。新一屆區議會任期展開至今已有超過 60 名「攬炒派」區議員涉嫌干犯不同罪名被捕或被控，涉及暴動、參與非法集結、藐視法庭、妨礙司法公正、阻差辦公等不同罪名，情況令人觸目驚心。

在區議會上，這些議員一直不務正業，濫用區議員職權和資源支援「黑暴」，多次通過各種濫權、政治化，甚至「煽獨」議案，肆意刁難警方代表，將區議會變成上演政治鬧劇的舞台。現在有人更涉嫌侵吞公帑，其行為不但違法，更是低劣可恥，這些區議會「碩鼠」，如果不及早掃除，

只會將區議會變成「罪惡溫床」。

王李兩人不但涉嫌詐騙公帑，更公然鼓吹「港獨」。警員在李軒朗議員辦事處搜出一批寫上「港獨」字句的揮春，而王百羽與「本土民主前線」、「香港民族陣線」等「港獨」組織的頭目關係密切，當選區議員後繼續在不同場合宣揚「自決」，更曾與另一「港獨」組織「學生動源」設置街站「播獨」；李軒朗亦曾在網上直播、錄影時多次展示「光時」黑旗，其個人社交媒體更充斥各種「港獨」內容和口號。兩人不但是「港獨」分子，在當選後更利用議員身份繼續宣傳「港獨」、「自決」。單是這些行徑，已觸犯了香港國安法，足以作出檢控並且取消其議員資格。

立法會與區議會選舉同樣要求參選人擁護基本法和效忠香港特區，同樣規定參選人須按法例規定在提名表格內簽署聲明，示明會擁護基本法和保證效忠香港特區。全國人大常委會早前通過有關香港立法會議員資格問題的決定，在香港政壇樹規矩、劃界線，有關要求不應只適用於立法會，也應覆蓋至所有公職人員，包括區議會，確保「愛國者治港」的原則和底線得以體現。

近日有民調發現，過半受訪者「非常唔滿意」其當區區議員在過去一年的表現，近六成受訪者認為其當區區議員沒有兌現競選承諾。現時區議會在「攬炒派」議員竊據之下，既發揮不了區議會的職能，充當不了政府與市民之間的橋樑角色，相反更淪為資助「黑暴」、鼓吹「港獨」平台。

對於區議會的亂象絕對不能坐視不理，中央協助立法會撥亂反正後，現在正是遏止區議會亂象，重建區議員政治規範的時候。

（原載於 2020 年 11 月 25 日《大公報》）

中央主導修改選舉制度是權責所在也是現實需要

提要：中央主導修改香港選舉制度是權責所在，完善有關選舉制度必須在中央的主導下進行。這是夏寶龍主任關於「愛國者治港」講話發出的重大信息。中央主導修改選舉制度也是現實需要。回顧回歸以來的發展歷程，香港每當碰到社會重大爭議、事關香港長治久安的議題，中央都會出手解決，及時息紛止爭，匡正時亂。香港面臨選舉制度缺陷問題，中央再次出手解決「愛國者治港」選舉制度的重大政制問題，起到撥亂反正、正本清源的關鍵作用。正如特首林鄭月娥所說，為了令情況不惡化到「一國兩制」難以貫徹落實下去，是需要由中央層面來解決這個問題，國家安全如是，政治體制如是。

全國政協副主席、國務院港澳辦主任夏寶龍日前在全國港澳研究會舉行的專題研討會上發表講話，闡述了有關「愛國者治港」和完善相關制度的問題。行政長官林鄭月娥回應記者提問時表示，回歸以來香港遇到有一定爭議的議題，社會產生一些鼓吹仇視中央及特區政府的言論，中央為了避免「一國兩制」難以貫徹落實，才要從中央層面解決國家安全和政治體制的問題，此乃撥亂反正、正本清源。

完善選舉制度須在中央主導下進行

中央主導修改選舉制度是權責所在。國家憲法第三十一條明確規定：國家在必要時得設立特別行政區。在特別行政區內實行的制度按照具體情況由全國人民代表大會以法律規定。香港特區是中華人民共和國的一個享有高度自治權的地方行政區域，直轄於中央人民政府，權力

來自中央。創設特別行政區、建立特別行政區的制度，權力在中央。選舉制度是香港特別行政區政治制度和政治體制的重要組成部分，完善有關選舉制度必須在中央的主導下進行。所以，夏主任在論述落實「愛國者治港」原則要完善相關制度的五項原則時，強調「必須尊重中央的主導權」。

中央主導修改選舉制度也是現實需要。回顧回歸以來的發展歷程，每當香港碰到社會重大爭議、事關香港長治久安的議題，中央都會出手解決，及時息紛止爭，匡正時亂。政制改革、居港權爭議，人大釋法一錘定音；社會出現大規模危害國安的「黑色暴亂」，中央制定香港國安法，一法安香江。現在，香港面臨選舉制度缺陷問題，「攬炒」勢力大舉進入香港治理架構，中央再次出手解決「愛國者治港」選舉制度的完善問題，起到撥亂反正、正本清源的關鍵作用。正如特首林鄭月娥所說，為了令情況不惡化到「一國兩制」難以貫徹落實下去，是需要由中央層面來解決這個問題，國家安全如是，政治體制如是。

選舉制度不能成危害國安高風險領域

必須看到的是，選舉安全事關香港特區的政權安全和國家安全。造成香港選出一批不接受香港特區憲制秩序、不接受「一國兩制」的議員，對「一國兩制」和國家安全利益構成嚴重禍患的亂象，究其根本原因，正在於選舉制度存在嚴重缺陷，「愛國者治港」原則要求無法有效落實，成為國家安全的制度短板，必須儘快修補完善。香港很快就面臨立法會選舉，選舉制度缺陷一日不解決，香港仍然可能重陷「議會攬炒」的亂局，國家安全仍然處於危險風口，後果不堪設想。正因為如此，夏主任講話發出振聾發聵的提問：「如果任由反中亂港勢力一步步奪取香港的管治權，為所欲為，肆意從事各種危害國家安全和破壞香港繁榮穩定的活動，如果任由外國勢力干預香港選舉等政治事務，大家想想，香港的前景會怎樣？香港還有安寧之日嗎？」

香港的選舉制度不能成為危害國家安全的高風險領域，只有從制度入手，按照「愛國者治港」提出的客觀標準和要求，與時並進改革包括選舉制度在內的相關制度，確保由愛國者長期執政，才能切實維護國家的根本制度和特別行政區的憲制秩序，消除國家安全隱患。

務求「愛國者治港」原則深入民心

　　用制度保證「愛國者治港」，既包含了特區行政、立法、司法等政權架構的治理，也包括了特區教育等領域的治理。香港社會應該加強「愛國者治港」的宣傳教育，務求「愛國者治港」的原則深入民心，社會人人共守。

（原載於 2021 年 2 月 25 日香港《文匯報》）

政權保衛戰　香港無退路

提要：主管港澳事務的國務院副總理韓正，日前會見港區人大代表，談及本港選舉制度改革。有與會人大代表引述韓正語稱，近年香港的治安及暴亂情況不斷升級，香港的法治及社會秩序受到嚴重踐踏，完善選舉制度是「顛覆與反顛覆的鬥爭」，不是「民主不民主的問題」，而是一場「法制和法治的保衛戰」，中央別無退路。中央這次對香港選舉進行大手術，不但是為了堵塞現時選舉制度的漏洞，更要防止出現通過選舉顛覆政權、「攬炒」香港的風險。這是一場政權保衛戰，也是香港繁榮穩定和長治久安的保衛戰，中央別無絕路，香港也無退路，必須將改革進行到底，讓香港撥亂反正，重回正軌。

近年香港政治風波不斷，「一國兩制」下的選舉竟然選出一班挑戰國家憲制、損害「一國兩制」、衝擊香港繁榮穩定的議員，這說明香港現行的選舉制度機制存在明顯的漏洞和缺陷，給反中亂港勢力奪取香港管治權提供了可乘之機，不但令香港陷入無日無之的政治對立和撕裂，更嚴重威脅國家安全。

不存在所謂倒退

全國人大是最高國家權力機關，和它的常設機關全國人大常委會行使國家立法權，以「決定＋修法」的方式完成完善香港選舉制度的立法程序，具有無可質疑的法律基礎，更是保障「一國兩制」行穩致遠的必要之舉。

有反對派人士指這次選舉改革，賦予選舉委員會極大的權力，是香港政制的倒退，是要趕絕反對派云云。事實上，回歸後的首兩屆立法會

選舉，本來就是由選委會產生部分議員，直至 2004 年後，才退出立法會選舉的角色。現在恢復選委會功能，原因是目前的選舉制度已經走上彎路，選舉背棄了「一國兩制」的初心。通過「重構」和「賦權」選委會，是為了消除選舉制度的風險，為的是香港整體利益，也是為了更加體現均衡參與，令選舉制度更加健康，不存在所謂倒退。

中央這次下大決心完善香港選舉制度，原因是現時的制度已經嚴重威脅香港的政權安全、國家安全，正如韓正副總理所說，近年香港的治安及暴亂情況不斷升級，包括前年衝擊立法會，破壞機場及癱瘓鐵路等事件，香港的法治及社會秩序受到嚴重踐踏，完善選舉制度是「顛覆與反顛覆的鬥爭」。如果中央坐視香港選舉的漏洞和風險，讓更多「港獨」、「攬炒」分子竊據議會，香港將永無寧日，立法會更可能成為反特區、反中央的平台，屆時香港的政權安全、法治安寧將難有保障，香港的繁榮穩定也將失去基礎，750 萬市民都是受害者。

發揮「三個有利」

這次中央力挽狂瀾完善選舉制度，將可發揮「三個有利」：一是有利於堅持和完善「一國兩制」制度體系。沒有「一國兩制」，香港的繁榮穩定將失去基礎，沒有「愛國者治港」，「一國兩制」也不可能行穩致遠，全面落實「愛國者治港」就是要從制度上保障「一國兩制」。二是有利於維護香港社會安寧和國家安全。令「港獨」激進分子再不能利用選舉制度的漏洞進入議會，利用議會平台散播「港獨」，煽動對內地的不滿情緒，阻撓特別行政區政府施政，損害香港市民福祉。三是有利於確保香港長期繁榮穩定，有利於結束香港長期以來有關立法會和行政長官產生辦法的政治爭拗和亂象，破解香港長期面臨的政治困局。

更重要的是，唯有對選舉制度動大手術，全面落實「愛國者治港」，才能有力地阻止「攬炒」勢力、外國反華勢力的顛覆政權圖謀，才能保障香港的法治和安寧。這是一場政制保衛戰、香港保衛戰，沒有妥協餘地。

（原載於 2021 年 3 月 10 日《星島日報》）

238萬簽名顯示強大民意支持人大決定

提要：「連線」行動收集到238萬個簽名，彰顯了香港社會求穩定、求發展的主流民意。香港市民不會忘記，「攬炒派」和「港獨」分子利用選舉制度漏洞在立法會和區議會實施種種亂港行為和行動，市民深受其害，已經忍無可忍。廣大市民踴躍參與簽名行動，正是表達了對反中亂港分子的深惡痛絕，對「愛國者治港」由衷的擁護和支持。有意參與管治的人更要努力提升能力水平，回應中央和香港社會對「愛國者治港」的期望。今次簽名行動顯示的強大民意，警醒溫和「泛民」人士勿重蹈過去與激進派綑綁的覆轍，而須守住愛國者的基本底線，與反中亂港分子割席，回到理性、建設的軌道上來，否則，就沒有政治前途可言。

完善香港選舉制度，全面落實「愛國者治港」，是回應香港社會求穩定、求發展的主流民意。今次行動所收集到的簽名，彰顯中央主導完善選舉制度得到強大民意力挺。從本月11日開啟簽名行動以來，迅速得到社會熱烈響應，來自基層、中產、工商、教育、婦女、青年等不同界別市民，以實際行動傳播「愛國者治港」的最強音。

愛國者須提升水平回應社會期望

香港市民不會忘記，多年來，「攬炒派」和「港獨」分子一直在立法會和區議會實施種種亂港行為和行動，與外部勢力裏應外合製造政治風波，嚴重衝擊特別行政區憲制秩序，嚴重干擾特別行政區政府順利施政，危及國家主權安全和香港繁榮穩定。香港深陷於泛政治化泥沼之中，各

種深層次問題未能有效解決，市民深受其害，已經忍無可忍。全國人大「311 決定」完善香港選舉制度，全面落實「愛國者治港」，築牢國安城牆，杜絕「攬炒」重臨，為香港帶來浴火重生的希望。短短 11 日收集到的 238 萬個簽名，正是表達了市民對反中亂港分子的深惡痛絕，對「愛國者治港」由衷的擁護和支持。

背負民意強烈期望，「愛國者治港」任重道遠，未來更須加強能力，做好管治香港工作。事實上，不從事危害國家主權安全的活動，這是對愛國者最低的標準。中央此次完善選舉制度，不僅是要讓反中亂港者出局，也會從能力水平、公眾認受度等方面作出系列制度安排，通過充分的選舉競爭，確保選出中央放心、市民認可、德才兼備的人。「愛國者治港」下的管治者必須具有把握大局、體察民情、協調各界、樂於服務市民等從政必備能力。有意參與管治的人都要努力提升能力水平，才能回應中央和香港社會對「愛國者治港」的期望。

強大民意警醒溫和「泛民」勿重蹈覆轍

港澳辦常務副主任張曉明指出，將來香港立法會的民意代表性會更加廣泛，在立法會裏面仍然可以聽到不同的聲音，包括批評政府的聲音，這當然可以包括「泛民」議員的聲音。今次簽名行動顯示的強大民意，正警醒溫和「泛民」人士勿重蹈過去與激進派綑綁的覆轍，而須守住愛國者的基本底線，與反中亂港分子割席，回到理性、建設的軌道上來，否則，就沒有政治前途可言。

（原載於 2021 年 3 月 23 日香港《文匯報》）

中央重視民意　建言完善制度

提要： 全國人大常委會法工委、基本法委員會、港澳辦、中聯辦一連 3 日在香港開展座談、訪談等活動，就落實全國人大關於完善香港特區選舉制度的決定，廣泛聽取意見。中央有關部門就落實全國人大「311 決定」，廣泛聽取本港社會各界意見，規格之高、範圍之廣，反映中央對香港民意的重視，也顯示中央對香港撥亂反正的責任擔當。完善香港選舉制度，目的是為了保障管治權牢牢掌握在有管治能力的愛國者手中，保障香港的長治久安。香港社會各界應就完善選舉制度、落實全國人大「311 決定」積極建言獻策，共同完善選舉制度。

重新構建增加賦權

事實上，在早前研究相關決定的過程中，港澳辦與中央有關部門就專門成立了工作小組，並邀請兩地法律、政治及選舉制度專家參與，又通過多種方式不斷聽取特區政府、特首、相關官員和各界人士的意見。這反映了中央對完善香港選舉制度的重要工作的重視和慎重。在人大作出決定後，中央更在香港舉辦六十多場座談、訪談會，聽取超過 1,000 名香港各界人士的意見，港澳辦常務副主任張曉明亦表明此次來港重點是「帶着耳朵」聽意見，充分顯示中央對香港民意的尊重。

香港近年深陷於泛政治化漩渦之中，市民對於香港的政治對立和亂象已經感到極為煩厭，不希望見到香港社會陷入日復一日的內鬥撕裂之中。中央出手完善香港選舉制度，堵塞選舉漏洞，就是要終止香港的政治亂象，確保香港特區依法施政和有效治理，既是為了維護香港的繁榮

穩定和長治久安，也是回應香港主流民意的訴求，體現了中央全面準確貫徹落實「一國兩制」方針的堅定決心，以及對香港一以貫之的關愛之情。

　　中央這次完善香港選舉制度，是以對選舉委員會重新構建、增加賦權為核心。中聯辦主任駱惠寧在日前的座談會上，就對此提出了三點體會：一是選委會具有廣泛代表性，可超越某個界別、某個地區、某個團體的利益局限性，使立法會能夠更好代表香港社會整體利益；二是行政長官和立法會的選民基礎有了共同點，有利於處理好行政立法關係，維護行政主導的體制；三是有效防止立法會被「港獨」和激進分裂勢力操控，出現極端政治化，使香港穩步發展民主的同時，更能夠有效地維護國家和香港根本利益。

　　作為社會縮影的選委會成為香港選舉制度的重心後，行政長官和立法會選舉將比現時更能體現均衡參與、更充分兼顧各方利益。此外，這兩場選舉有了選委會作為連結，部分選委更兼任立法會議員，將可作為行政和立法之間的橋樑，以往「兩權」衝突對立的局面將有望緩解。更重要的是，選委會不但有權選出立法會議員，更掌握有意參選立法會者的「入閘」大權，他們須獲足夠選委提名方可正式成為候選人，這為選委會賦予了「安全閥」的角色。駱惠寧主任的「三點體會」，除了精闢闡述了人大決定的精神和要義，亦點出了新的選舉制度將更符合香港實際、更富有香港特色、更適合香港需要。

　　人大決定為完善香港選舉制度提供堅實的憲制基礎，具有不容挑戰的權威性。張曉明副主任就特別提醒，是次討論的前提和重要基礎就是人大決定，須在此基礎上討論如何細化和完善香港選舉制度，而不是在這個決定之外天馬行空。任何建議只要有利於推動「一國兩制」行穩致遠、落實「愛國者治港」，相信中央都會充分考慮甚至吸納。

（原載於 2021 年 3 月 28 日《星島日報》）

支持政府儘快完成新選制本地立法

提要：在全國人大及其常委會完成「決定＋修法」程序之後，完善香港選舉制度已進入本地立法階段。中央已為此創造了有利條件：一是人大常委會對新的選舉制度作出具體規定，有利於香港儘快完成立法工作；二是中央一直注重諮詢和吸納香港各界意見，為本地立法理順了民意基礎。林鄭特首帶領特區政府從公眾諮詢解說、本地立法、安排選舉 3 方面展開工作。在推動本地立法中擔當重任的政制及內地事務局局長曾國衞和其他問責官員，密集諮詢意見，宣講修法，體現了勇於任事、認真負責的工作作風，讓香港社會對全國人大常委會修訂案的內容有更深入的認識，對香港特區的本地立法有更多的了解，大大加強了市民對特區政府儘快完成本地立法的信心。

為全面落實「愛國者治港」原則，中央根據憲制權力就香港選舉制度進行「修理」「升級」，並已為特區進行本地立法創造了有利條件：

具體規定　廣泛諮詢

一方面，在全國人大的充分授權之下，全國人大常委會修訂案應寫盡寫，將完善選舉制度涉及的主要內容都作了具體規定，有利於香港特區進行本地相關立法時準確落實立法意圖，在有限的時間內儘快完成立法工作，確保在未來一年內完成選舉委員會、立法會和行政長官的選舉，特區的本地立法可望水到渠成。

另一方面，中央在完善香港選舉制度的過程中，一直注重諮詢和吸納香港各界人士的意見，為特區的本地立法理順了民意基礎。從全國人

大「311 決定」，到全國人大常委會對基本法兩個附件的修改，全國人大法工委、國務院港澳辦、香港中聯辦舉辦了 66 場座談會，還登門拜訪或約談了一些香港知名人士，當面聽取意見的總人數超過 1,000 人。香港市民的意見已在新的選舉制度裏體現，在堅實的民意基礎上，特區的本地立法將更為穩妥。

全國人大常委會雖對選舉制度作出了具體規定，但一些具體安排還須透過香港特區進行立法全面實施。全國人大及其常委會授予了香港特區充分的權力進行本地配套立法，香港本地立法空間仍然很大，例如，選委會委員的具體產生辦法、候選人資格審查委員會的構成及運作等。就特區本地立法來說，有兩點最為重要：一是加快立法進度，確保香港特區組織開展接下來一系列選舉活動，確保特區政權機關順利換屆和政治體制有效運作；二是要與全國人大決定和新修訂的兩個附件全面準確有效對接，確保特區本地立法在全國人大決定和相關的法律框架內進行，理性務實聚焦討論。

為全力配合和推動本地立法工作，特區政府正從公眾諮詢解說、展開本地立法、全面安排選舉 3 方面，密切聯繫社會各界，體現了勇於任事、認真負責的作風，讓香港社會對全國人大常委會修訂案的內容有更深入的認識，對香港特區的本地立法有更多了解，大大加強了市民對特區政府儘快完成本地立法的信心。

齊心支持令民主更進一步

中央以長遠的戰略目光，以香港社會的整體及根本利益為出發點，以「一國兩制」實踐行穩致遠為依歸，通過完善香港選舉制度迅速解決香港的政制、政治及政權穩定的難題，保障香港 700 多萬市民的福祉。社會各界應該全力支持特區政府的本地立法工作，齊心協力完成完善香港選舉制度的任務，令香港的民主步伐穩步向前，開啟香港良政善治的新時代。

（原載於 2021 年 4 月 8 日香港《文匯報》）

團體進入選委會既是權利更是法定責任

提要：通過新選舉制度進入管治架構服務香港，是所有德才兼備的愛國者和愛國團體義不容辭的責任。紅十字會、社會工作者總工會近日提出拒任團體選委的要求，實質是抗拒新制度，對抗「愛國者治港」。選舉權對自然人是可以放棄的權利，但對於具有廣泛代表性的團體而言，不僅是權利，更是必須履行的法定責任，任何人都無權決定放棄機構法定選舉權。筆者要問：提出拒任的人士或團體負責人，是否真的要與新制度對抗？是否要否定選委會所體現的廣泛代表性、與業界密切聯繫、「愛國者治港」的要求？你們有權力這樣做嗎？你們提出這樣的要求，是否符合法定的程序正義？是否代表全體會員意志？是否符合業界的利益？

《2021年完善選舉制度（綜合修訂）條例草案》將於本週三在立法會恢復二讀，紅十字會早前去信政府，拒任「醫學及衞生服務界」當然選委及選委選民。香港社會工作者總工會日前亦在臉書發文，促請被政府指明為社福界當然選委的社工註冊局主席拒絕接受委任。

無權決定放棄機構法定選舉權

根據全國人大決定和人大常委會修訂案，特區政府把香港相關團體和團體代表列為選委會當然委員，是基於三點考慮：一是廣泛代表性；二是與有關界別有密切聯繫；三是奉行「愛國者治港」原則。重新構建的選舉委員會，具有保障社會整體利益、改善政府管治、促進香港民主穩步發展的特質和優點。在新組成的選委會中，醫學界和衞生服務界合併

為「醫學及衛生服務界」，有關變化令該界別分組更具廣泛代表性；社會福利界在選委會的 30 席中，則有 15 席為當然委員，由不同的社福機構或組織的主席擔任，有關安排讓社福界選委的涵蓋範圍變得更大，更能代表業界的整體利益。

新選舉制度提升香港民主的品質，選委會擴大規模，調整界別組成，更好體現均衡參與，更能代表香港社會整體利益，加強團體選舉參與是其中的重要體現。必須強調的是，自然人的選舉權是個人權利，是行使或放棄，可以由個人決定；但對於具有廣泛代表性的團體而言，法律賦予的法定席位，不僅是應該享有的權利，更是必須履行的法定責任，不可以由某個人或某些人決定是否放棄。

選委會納入更多團體代表，其中一個重要考慮，是具有廣泛代表性的團體，能夠以團體角度而非個人角度，更好地代表其所屬的機構、組織、團體的集體利益，更好地反映整個界別的訴求，為社會發展凝聚最廣泛共識。一個團體行使其團體的法定選舉權，是一種團體責任，須對團體所代表的集體負責。一個機構的負責人如果不願意或不能夠代表其團體依法行使法定的選舉權，可以選擇辭職，讓位給願意並且能夠代表其團體依法行使法定選舉權的人士。任何機構的負責人都沒有權力作出放棄一個機構法定選舉權的決定。

拒任選委實是抗拒「愛國者治港」

「愛國者治港」是維護國家主權、安全和發展利益的必然要求，也是「一國兩制」方針的核心要義。要求管治者效忠國家，更是世界通例。中央主導完善香港選舉制度，讓特區政權機關的選舉和任用制度為「愛國者治港」提供堅實保障，確保香港的管治者符合愛國者的要求，符合國家憲制秩序和香港特區政治倫理，天經地義，中外如是。通過新選舉制度進入管治架構服務香港，是所有德才兼備的愛國者和愛國愛港團體義不容辭的責任。

個別人士或團體負責人提出拒任選委的要求，實質上是抗拒新制度，對抗「愛國者治港」。在此，筆者要問：提出拒任的人士或團體負責人，你們真是要與體現「愛國者治港」原則的新制度對抗？你們是否要否定選委會所體現的廣泛代表性、與業界密切聯繫、「愛國者治港」的要求？你們有這樣的權力作出放棄一個機構法定選舉權的決定嗎？你們這樣做，是否符合法定的程序正義？是不是極少數人的決定？是否代表全體會員意志？

再說，紅十字會秘書長和社工註冊局主席加入選委會，通過進入在特區管治中具有重要地位的選舉委員會架構，反映利益，提出意見，加強相關服務，可以更好發揮志願團體、法定團體的職能。如果隨意放棄擔任當然選委的機會，是否符合業界的利益？

應重視履行當然選委莊嚴職責

完善香港選舉制度，優化治理體系，提升香港特區整體管治水平，以集中精力發展經濟、改善民生，其目的就是為了發展香港，造福港人。獲列入成為選委會當然委員的團體，都是在界別和行業內具廣泛代表性的團體。紅十字會和社工註冊局，服務香港的歷史悠久，長久以來為業界積極貢獻。團體接受並行使所賦予的選委會選舉權，以選舉行政長官人選和立法會議員，具有重要憲制功能。有關團體理應重視履行擔任選委會當然選委的莊嚴職責，在制度框架內更好參與香港社會事務，為香港的發展、「一國兩制」行穩致遠作出應有的貢獻。

（原載於 2021 年 5 月 25 日《星島日報》）

社會各界共同努力　全面落實新選舉制度

提要：中央為完善香港選舉制度的本地立法提供了基本保障，林鄭特首領導特區政府不負中央所託，展現了特區政府勇於任事、認真負責的魄力和能力。全面貫徹實施新選舉制度，依法妥善安排未來 12 個月的 3 場選舉，是貫徹「愛國者治港」原則的下一個重要歷程。社會各界更須繼續彰顯「愛國者治港」的浩然正氣，在不同層面支持落實新選舉制度，不僅輸送參政議政年輕人才，推動參與各場選舉，而且須向公眾推介新選舉制度，並駁斥謬論，拒絕誤導，讓各場選舉不受干擾，堅定推動「愛國者治港」落到實處。

行政長官林鄭月娥前日簽署經立法會通過的《2021 年完善選舉制度（綜合修訂）條例》，條例今日刊憲公佈，隨即正式生效。林鄭特首指出，特區政府會履職盡責，無畏無懼地果斷執法，竭力維護特區的憲制秩序，確保香港的長期繁榮穩定。

新選制刊憲保香港長期繁榮穩定

在全國人大及其常委會完成「決定＋修法」程序後，中央為完善香港選舉制度的本地立法提供了基本保障：一是從國家層面為構建香港新的選舉制度奠定了憲制基礎；二是對新的選舉制度作出具體規定，有利於特區本地立法準確落實立法意圖，同時避免出現執行中不必要的爭議，加快本地立法進度；三是注重諮詢和吸納香港各界意見，為本地立法理順民意基礎。完善選舉制度本地立法順利通過，實現了中央決策從「最初一公里」到「最後一公里」的貫通落實，標誌中央重大決策在香港

全面落地，突顯了立法過程的民主性、開放性和進步性。

中央就基本法修訂後的兩個附件較原附件具體，但香港特區本地立法空間仍然很大，更具體的內容仍待香港特區立法加以規定。林鄭特首領導特區政府不負中央所託，殫精竭慮，堅定按照人大決定和人大常委會修訂案的精神和規定，完善香港特區選舉制度，完成了本地立法的憲制任務。

展現特區政府勇於任事魄力能力

推動本地立法僅僅兩個月，林鄭特首從公眾諮詢解說、本地立法、安排選舉三方面展開工作，不僅統籌完成了要求高、難度大的法案草擬工作，更讓香港社會對中央決策精神和內容有更深入的認識。林鄭特首親自主持《選委界別分組面面觀》節目，親力親為為新選舉制度解畫，全程投入推動本地立法的解說工作。主責推動本地立法的政制及內地事務局局長曾國衞及有關官員，在立法會不同會議的討論中，與議員密集良性互動，並馬不停蹄到社區與社會不同界別人士就本地立法進行諮詢，收集意見。特區政府按照中央指導積極推展本地立法，最終如期快速完成任務，展現了特區政府勇於任事、認真負責的魄力和能力。

林鄭特首強調，「法例的生命力在於其是否得到準確及貫徹落實。」為確保特區政權機關順利換屆和政治體制有效運作，在完成本地立法環節後，依法妥善安排未來 12 個月的選舉委員會選舉、立法會選舉、行政長官選舉 3 場選舉，是貫徹「愛國者治港」原則的下一個重要歷程。特區政府正全力以赴，全面貫徹實施新選舉制度，籌備未來 3 場選舉，包括適時就候選人資格審查委員會作出任命，於明日起開展特別選民登記安排，選舉管理委員會和選舉事務處加強公眾對完善選舉制度的認識、選舉法則和有關投票的改善措施，等等。特區政府亦會採取措施依法規管操縱、破壞選舉的行為。這些措施有助社會早日適應新選制的規定，確保選舉在公平公正下進行，大大加強了公眾對貫徹落實新選舉制度的信心。

愛國愛港政黨社團踴躍參與選舉

　　全面實施新選舉制度，也是香港社會各階層的共同責任：一是愛國愛港政黨和社團須輸送參政議政年輕人才，推動參與各場選舉；二是社會各界應向公眾說明及介紹選委會新職能、選區新劃界、參選新要求等變化，讓市民及早了解和投入各場選舉；三是對於美國等外部勢力和政客傳媒造謠抹黑新選舉制度，廣大市民更要共同發聲，駁斥謬論，拒絕誤導，讓各場選舉不受干擾，堅定推動「愛國者治港」落到實處。

（原載於 2021 年 5 月 31 日香港《文匯報》）

新官員任命體現香港進入「愛國者治港」新時代

提要：在慶祝中國共產黨建黨百年暨香港回歸祖國 24 週年之際，中央任命新官員，調整特區政府管治團隊。3 位新任命官員忠誠堅定、勇於任事、作風果斷，止暴制亂經受考驗，由能力強、敢擔當的愛國者擔當重任，為特區管治帶來新氣象，體現香港進入全面落實「愛國者治港」的新時代。香港雖然加速重回正軌，但反中亂港分子企圖搞亂香港、配合西方勢力壓制中國發展的大背景沒有改變，未來挑戰不容低估，清理危害國家安全亂源，須敢於下硬手。特區政府管治團隊新調整，體現官員選拔審核制度與時俱進，有利鞏固香港國安法落實以來出現的由亂及治新局面，有利於打好抗疫戰，推動經濟發展，繼續發揮香港作為國際城市的優勢，譜寫良政善治新篇章！

依照基本法規定，根據行政長官林鄭月娥的提名和建議，國務院決定任命李家超為政務司司長、鄧炳強為保安局局長、蕭澤頤為警務處處長，同時免去張建宗的政務司司長職務。林鄭特首表示，3 位新任命官員在香港前所未有的困難時刻與她並肩作戰、勇於擔當，有信心他們會繼續以迎難而上的精神，發揮所長、竭盡所能，為國家和香港作出更大貢獻。

新任官員忠誠堅定勇於任事經受考驗

3 位新任官員履歷資深，經驗豐富，有擔當有作為，他們的任命為特區管治帶來新氣象。新任政務司司長李家超在保安局局長任內克盡己職，經歷多次重大社會挑戰的考驗，堅決處理危害國家安全亂象，包括

應對修例風波引發的「黑暴」、依法凍結壹傳媒創辦人黎智英及壹傳媒資產、依法取締「香港民族黨」等。新任保安局局長鄧炳強前年 11 月上任警務處處長之際，正值修例風波最激烈時期，他臨危受命，帶領警隊處理香港前所未有的危機。新任警務處處長蕭澤頤前年獲委任為警務處副處長，親臨前線與同袍一同執法，前線指揮經驗豐富，亦曾拍攝警隊宣傳電影《守城》影片，正氣形象鮮明。

中央強調有效落實全面管治權，維護國家安全及憲制秩序。3 位新任命官員止暴制亂經受考驗，曾經面對排山倒海的壓力，但都展現出忠誠堅定、勇於任事、作風果斷施政新風。李家超強調，作為政務司司長，同時亦是國家安全委員會成員，須繼續履行維護國家安全的責任。鄧炳強強調，基本法第二十三條立法「必須要做，亦要儘快去做」，局方會盡一切能力做好預備工作。蕭澤頤亦明言，假新聞、假消息形成「黑暴」謊言共同體」，警方一定會鍥而不捨收集證據，把危害社會繁榮穩定、危害國家安全的人繩之以法。

香港清理動亂根源須敢於下硬手

「愛國者治港」是推進「一國兩制」事業的時代呼喚。在香港特區架構中，身處重要崗位、掌握重要權力、肩負重要管治責任的人士，必須是堅定愛國者，必須真心維護國家主權、安全、發展利益，必然尊重和維護國家的根本制度和特別行政區的憲制秩序，必然全力維護香港的繁榮穩定。今次特區政府官員的調整，由能力強、敢擔當的愛國者擔當重任，體現香港進入落實「愛國者治港」的新時代。

香港雖然加速重回正軌，但反中亂港分子企圖搞亂香港、配合西方勢力壓制中國發展的大背景沒有改變，未來政治社會挑戰不容低估。香港未來清理動亂根源，須敢於下硬手，在公務員隊伍、國安教育、執行國安法等方面多所作為。特區政府管治團隊作出必要調整，從多方面根除危害國家安全的禍患，香港的長治久安才能落到實處。特區政府管治

團隊新調整，體現官員選拔審核制度與時俱進，有利鞏固香港國安法落實以來出現的由亂及治新局面，有利於打好抗疫戰，推動經濟發展，繼續發揮香港作為國際城市的優勢，開啟良政善治新篇章。

（原載於 2021 年 6 月 29 日香港《文匯報》）

回歸 24 年　港正式進入「愛國者治港」新時代

提要：在香港回歸祖國 24 年暨中國共產黨建黨百年之際，中央對於特區政府管治團隊作出調整。根據行政長官林鄭月娥的提名和建議，國務院決定任命李家超為政務司司長、鄧炳強為保安局局長、蕭澤頤為警務處處長，同時免去張建宗的政務司司長職務。

晉升 3 人抗「黑暴」有功

　　林鄭特首表示，3 位新任命官員在香港前所未有的困難時刻與她並肩作戰、勇於擔當，有信心他們會繼續以迎難而上的精神，發揮所長、竭盡所能，為國家和香港作出更大貢獻。這次獲晉升的 3 人，都是經歷過「黑暴」血與火的鍛煉，勇於任事、敢於擔當，並且身先士卒地維護國家安全、捍衛「一國兩制」。這次特區官員調整既是深慶得人，更顯示回歸 24 年香港正式進入「愛國者治港」新時代，特區管治也迎來了新氣象。

　　必須指出的是，香港局勢雖然轉趨穩定，但各種國安風險仍在，外國反華勢力仍然沒有停過干預香港事務，「攬炒」、「港獨」勢力依然是死而不僵，仍在圖謀作亂。未來挑戰不容低估，清理危害國家安全亂源，必須敢於下硬手，任用更多意志堅定、有能力的愛國者，有利鞏固香港國安法落實以來出現的由亂及治新局面，開啟良政善治的新篇章。

　　隨着香港國安法的出台以及新選舉制度的確立，香港政局不但逐步撥亂反正，更標誌着香港正式進入「愛國者治港」的新時代。對於新時代下管治特區者，港澳辦主任夏寶龍提出了具體條件，當中包括四點：

　　一、全面準確貫徹「一國兩制」方針。無論遇到甚麼困難和挑戰，都

始終堅定「一國兩制」制度自信不動搖，都始終站在國家根本利益和香港整體利益的立場上，把握正確方向，堅守原則底線。二、堅持原則、敢於擔當。把維護「一國兩制」作為最高責任。三、胸懷「國之大者」。要站在中華民族偉大復興的戰略高度和國家發展全局，謀劃香港的未來，辦好香港的事情，推進「一國兩制」實踐。四、精誠團結。把全社會的正能量激發出來，從而形成愛國者治港的強大力量和聲勢。這四點正是對新時代「愛國者」的權威解讀，未來進入政府、掌握權力者都必須符合以上條件。這次特區官員的調整，正是對「愛國者治港」最清晰的註腳。

3 位新任官員不但履歷資深，經驗豐富，更重要是在任內顯示出有擔當有作為，敢任事敢做事，特別是在大是大非的問題上，在關係國家安全關係「一國兩制」的問題上，3 人都顯示出卓越的能力和擔當。李家超在出任保安局局長期間，應對了回歸以來最大的暴亂，與警隊合作無間，成功平亂，並且大力打擊「港獨」勢力，取締「港獨」組織，並依法凍結壹傳媒創辦人黎智英及壹傳媒資產，行事雷厲風行。至於新任保安局局長鄧炳強以及新任警務處處長蕭澤頤，兩人當年更是受命於「黑暴」之際，以警隊一哥及二哥的身份在前線平暴制亂，成功將「黑暴」平息。

忠誠堅定　中央用人唯才

3 人的升遷不但反映中央用人唯才，更顯示中央對於維護國家安全及憲制秩序的重視。事實上，香港局勢雖然回穩，但遠未到刀槍入庫、馬放南山之時，不但「黑暴」勢力還在虎視眈眈，尋找反撲的機會，而且香港仍然存在各種國安漏洞需要填補，包括傳媒、教育等方面仍然有很多工作要做，再加上各種深層次問題亟待解決，都需要更多有能力的堅定愛國者推動突破。唯有全面落實「愛國者治港」，讓更多能人賢士進入政府，才能確保「一國兩制」落實不變形不走樣，確保香港長治久安。

（原載於 2021 年 7 月 3 日《星島日報》）

「攬炒」政棍辭職不能避責　回歸理性方為出路

提要：「攬炒派」區議員利用區議會平台和資源煽動「黑暴」、鼓吹「港獨」，公然反對香港國安法，衝擊國家安全，市民利益嚴重受損，全港市民都看清他們反中亂港的本質。「攬炒派」辭職非真誠悔改而是逃避責任。《區議會條例》已列明區議員職能，公職人員相關法例亦已對處理包括區議員在內的公職人員宣誓效忠劃出清晰紅線。為免「攬炒派」議員「泛政治化」歪風延續，讓人以為辭職可避責，當局必須依法處置辭職議員的刑責，該追責的便不能放過。民主黨等溫和反對派必須痛定思痛，改邪歸正，成為實踐「一國兩制」的健康力量。

　　區議員將於本月內宣誓，大批「攬炒派」區議員近日相繼辭職「跳船」。多區區議會已出現主席及副主席同時懸空情況，包括中西區區議會主席鄭麗琼、東區區議會主席黎志強、深水埗區議會主席楊彧等。民主黨主席兼南區區議會主席羅健熙日前亦宣佈辭去南區區議員職務。

「攬炒派」區議會惡行觸目驚心

　　宣誓條例已於今年 5 月刊憲生效，對處理包括區議員在內的公職人員宣誓效忠劃出清晰紅線，包括拒絕承認中華人民共和國對香港擁有並行使主權、拒絕承認香港特區作為中華人民共和國一個地方行政區域的憲制地位、宣傳或支持「港獨」主張、尋求外國勢力干預香港事務等。區議員完成宣誓是法例規定，會否因違反誓言而被追究，政府會依法辦事。行政長官林鄭月娥明確表示，本屆區議會極端政治化、有議員侮辱官員等行為，對此感到十分可惜，又指公職人員條例已通過，要求區議員要

宣誓，區議員先行辭職可能是做過「負面清單」的事，自己「心裏有數」。

2019年的區議會選舉，大批「攬炒派」議員魚目混珠進入區議會，他們在區議會的瘋狂行徑觸目驚心，不僅把持區議會黑箱作業，不少由非「攬炒派」團體提出的活動撥款申請被拒，惡意推倒建制派過去的正常地區民生建設，更利用區議會平台和資源煽動「黑暴」、鼓吹「港獨」，公然反對香港國安法，組織、參與企圖顛覆特區政權的所謂「初選」，給區議會和香港造成許多聞所未聞的亂象。

區議會淪為鼓吹煽動「港獨」平台，衝擊國家安全，市民利益嚴重受損，教訓不可謂不深刻。必須指出的是，當前大批「攬炒派」區議員辭職，並非真誠悔改，而是儘早離場可自保。事實上，「攬炒派」區議員大舉進行違反區議會規定的行為是鐵一般的事實，理所當然按法律和機制作出懲處，豈能因辭職就全身而退？「攬炒派」過去充當「黑暴」推手，與外部勢力裏應外合，催生不少激進組織，誤導年輕人走上違法抗爭之路，給香港留下重大隱患，「泛政治化」惡果卻由全社會承受，市民氣憤難平。為免任由「攬炒派」議員延續「泛政治化」歪風，不可讓人以為辭職可避責，當局必須依法處置辭職議員的刑責，該追責的便不能放過。

民主黨須改邪歸正避免「亡黨」

值得注意的是，宣佈辭去南區區議員職務的民主黨主席羅健熙聲稱，民主黨將於9月的會員大會才決定參選與否。事實上，民主黨領導層當年在推動政改時，表現出該黨理性、溫和，願與中央溝通的良性互動，可惜近年放棄溫和理性路線，越走越激。當前，香港進入新時代，社會由亂及治；中央落實香港國安法、主導完善選舉制度，揭開香港良政善治新篇章。對於民主黨來說，以「忠誠反對派」為目標，參選仍有出路，才能成為實踐「一國兩制」的健康力量；如果誤判形勢，頑固堅持對抗路線，只會走進死胡同。民主黨必須改邪歸正，痛定思痛，才能避免「亡黨」。

（原載於 2021 年 7 月 13 日香港《文匯報》）

依法 DQ 絕不手軟 「泛民」不碰紅線仍可參選

提要：大批「攬炒派」區議員在任期間，利用區議會平台和資源進行大量衝擊國家安全的違法活動，違反參選承諾，不符合宣誓要求。追究違誓議員的法律責任是合法合理合情的必要之舉。當局必須嚴正執行法例，追究辭職或留任「攬炒派」區議員的法律責任，該 DQ 的便 DQ，不容許有人蒙混過關，不留下任何避責空間和灰色地帶，絕不可讓禍港活動有機會死灰復燃。堅決 DQ「攬炒派」區議員，不等於全面封殺所有「泛民」人士。反中亂港分子與「泛民」不能簡單劃等號。參選獲取議席仍是「泛民」從政人士的出路。「泛民」人士只要守住愛國底線，與反中亂港分子劃清界線，仍然可以「入閘」參選以至當選，在特區管治架構內為香港發展作出貢獻。

《2021 年公職（參選及任職）（雜項修訂）條例》已於今年 5 月 21 日刊憲生效，對處理包括區議員在內的公職人員宣誓效忠劃出清晰紅線，特區政府正安排區議員宣誓。民政事務局局長徐英偉表示，政府將嚴正跟隨法例執行區議員宣誓，絕不容許有人蒙混過關。

不容有人蒙混過關

香港法例和相關規定清楚列明有關區議員在內的公職人員行為規定。《2021 年公職（參選及任職）（雜項修訂）條例》列出負面清單主要行為包括：作出危害國家安全的行為或活動、拒絕承認中華人民共和國對香港特區擁有並行使主權、宣揚或支持「港獨」主張、尋求外國政府或組織干預香港特區的事務、作出損害或有傾向損害基本法中以行政長官為主導的政治體制秩序、侮辱或貶損國歌等國家主權的象徵標誌等。

香港市民都看到，大批「攬炒派」區議員參與「初選」或借出議員辦事處作票站、簽署抗爭派「墨落無悔」或中止香港獨立關稅區聲明、明目張膽展示「港獨」口號、濫用區議會資源散播「黑暴」文宣，不僅違反了參選承諾，更不可能符合宣誓要求。區議員不符宣誓資格，或違反區議會條例和指引，不但須負上違反誓言和公職人員行為的刑責，而且會被追討相關薪津，這是合法合理合情的必要之舉。

辭職區議員利用區議會平台和資源進行大量衝擊國家安全的違法活動，企圖藉辭職一走了之，戀棧議席的「攬炒派」議員則以各種理由搪塞宣誓責任。當局必須嚴正跟隨法例，處置辭職或留任「攬炒派」區議員的法律責任，該 DQ 的便 DQ，不容許有人蒙混過關，不留下任何避責空間和灰色地帶，絕不可讓禍港活動有機會死灰復燃。

「泛民」須與反中亂港分子劃清界限

堅決 DQ「攬炒派」區議員，不等於全面封殺所有「泛民」人士。全國政協副主席、港澳辦主任夏寶龍在最近的講話中，強調要堅決把反中亂港分子排除在特區管治架構之外，有人解讀為中央再度收緊紅線，「泛民」難以「入閘」參選。這顯然是一種誤解。夏副主席在今年 2 月發表的那篇關於「愛國者治港」的講話中，不僅明確指出，「愛國者治港」絕不是要搞「清一色」，而且呼籲希望參與香港治理的人士，與反中亂港分子劃清界限。港澳辦常務副主任張曉明在解讀不搞「清一色」時，講得更直白：把不愛國的人特別是反中亂港分子排除在香港特別行政區的管治架構之外，不等於說把所有的「泛民」全部排斥在管治架構之外，因為反中亂港分子與「泛民」不能簡單劃等號，「泛民」裏面也有愛國者，可以依法參選、依法當選。

參選獲取議席仍是「泛民」從政人士的出路。只要守住愛國底線，與反中亂港分子劃清界限，仍然可以「入閘」參選當選，在特區管治架構內為香港發展作出貢獻。

（原載於 2021 年 7 月 27 日香港《文匯報》）

選委會擔負憲制職能　選出有能力愛國者

提要：選委會選舉是完善選制後首場選舉，選出有能力的愛國者，為接下來的立法會和行政長官選舉奠定重要選民基礎，對於香港在「一國兩制」正軌上聚焦發展具有重大意義。夏寶龍副主席對管治能力強的堅定愛國者列出 5 項標準，凸顯新選制對治港者有更高要求。參選者須努力提升能力水平爭取支持，選委會選民和社會各界亦要以嚴肅認真的態度，選出德才兼備的愛國者，資格審查委員會須嚴格把關，堅決拒絕各種「偽愛國者」以不同形式在選委會選舉中「入閘」。

選舉委員會選舉上週五起接受提名，標誌着完善選舉制度正式開始落實。不少相關界別有志從政的愛國者率先報名，踴躍參與，為投入選委會的選舉工程揭開序幕。

氣氛熱烈凸顯各界重視

根據新選舉制度，由 1,500 人組成的選委會負責提名行政長官選舉候選人及選出行政長官、選出其中 40 名立法會議員，以及提名立法會選舉候選人等事宜，擔負重要憲制職能。而且，新選制下的選委會改劃為五大界別，具有廣泛代表性，兼顧各界別、各階層的利益，充分體現均衡參與，更好代表香港社會整體利益，發展優質民主。9 月舉行的選委會選舉是完善選制後首場選舉，順利完成是次選舉，選好有能力的愛國治港者，可為接下來的立法會和行政長官選舉奠定重要選民基礎，對於香港在「一國兩制」正軌上聚焦發展，具有重大意義。提名期開始以來，

短短數日參選氣氛相當熱烈，當中不乏不同政黨成員、專業人士、精英翹楚的新舊面孔，體現社會各界對是次選舉的重視。

　　中央完善選舉制度，根本目的是要落實「愛國者治港」原則，並從能力水平、公眾認受度等方面作出系列制度安排，確保選出中央放心、市民認可、德才兼備的管治者。全國政協副主席、國務院港澳辦主任夏寶龍上月關於全面深入實施香港國安法的講話，對管治能力強的堅定愛國者列出了 5 項標準，包括：善於在治港實踐中全面準確貫徹「一國兩制」方針、善於破解香港發展面臨的各種矛盾和問題、善於為民眾辦實事、善於團結方方面面的力量、善於履職盡責，要求治港者「不僅要想幹事，還要會幹事、能幹事、幹成事」，凸顯愛國的治港者在新選制下有更高的要求。

資審會要嚴格把關

　　新的選舉制度是「愛國者治港」原則的制度化，引入選舉競爭，有意參與管治的人，需要努力提升能力水平。報名參與選委會選舉的人，須努力符合夏副主席提出的 5 項標準，致力於推動「一國兩制」實踐，發展經濟，改善民生，促進兩地互利共贏，積極爭取各界及選委會選民的支持。選委會選民和社會各界亦要以嚴肅認真的態度，以 5 項標準嚴格衡量、考核和選擇，選出德才兼備的愛國者，確保選委會委員在接下來的立法會和行政長官選舉中發揮重要作用，實現香港市民所期待的良政善治。

　　發展香港民主制度決不能背離「愛國者治港」這一根本原則。夏副主席在講話中還特別強調，進入特區管治架構的人都必須是愛國愛港者，絕不容許任何一個反中亂港分子通過任何途徑和方式混進特區管治架構，變成管治者，這是一條鐵的底線。夏副主席的講話，凸顯了排除反中亂港分子參選空間的重要性。把好資格審查關，是確保選好有能力的愛國者的前提條件。相信特區政府與資格審查委員會緊密合作，嚴格

把關，堅決拒絕各種「偽愛國者」以不同形式在選委會選舉中「入閘」，不容假效忠者以僥倖心態魚目混珠。

鼓勵不同界別愛國者依法參選

　　確保香港新選舉制度的落實，是特區政府和社會各界的共同責任。為形成推動選委會選舉更大合力，特區政府應加強向社會各界開展選委會選舉的宣傳和解說工作，務求加深市民了解選委會選舉對香港「一國兩制」事業發展的重要性，爭取各界支持和配合，妥善落實與選舉有關的各項安排。同時，新選舉制度確保落實「愛國者治港」，但並不意味搞「清一色」，特區政府應鼓勵包括「泛民」在內的有志從政的愛國者依法參選、依法當選，為香港各項經濟民生發展事務在管治架構中建言獻策，共同推動「一國兩制」事業新發展。

　　　　　　　　　　　　　　（原載於 2021 年 8 月 10 日香港《文匯報》）

民主要為民解決問題　香港政制發展必循之路

提要：新選制下的立法會換屆選舉即將全面展開。習近平主席強調，民主不是裝飾品，不是用來做擺設的，而是要用來解決人民需要解決的問題的。習主席關於民主的論述，深刻揭示一切政制發展最終目的是為了發展、為人民謀福祉。對於民生和民主的關係，香港經歷過泛政治化特別是黑色暴亂衝擊之後，終於迎來全面落實「愛國者治港」，自然會有更深刻的體會和感受。新選舉制度確保香港的民主政制真正復歸正軌，按照新選制舉行的立法會選舉，將帶動全社會共同努力，發揮好民主推動民生的制度優勢，實現良政善治，造福港人。

國家主席習近平日前在中央人大工作會議發表重要講話，強調民主是要用來解決人民需要解決的問題。政治制度的根本目的，在於有利於一個國家或地區向前發展，增強這個國家或地區人民的幸福感獲得感。習主席的這個論述，正是驗證香港民主好壞的重要原則。

民主論述具指導意義

香港過去多年的泛政治化，從根本上遠離了政制發展的初衷。立法會被連年拉布甚至暴力衝擊拖垮，「黑暴」下的區議會更成為反中亂港分子的政治表演舞台，置社會民生於不顧，不斷消耗香港優勢，打擊香港經濟民生。這樣的立法會、區議會，勾結外國勢力，支持分離主義，縱容「黑暴」禍患，陷廣大市民於危難中，豈會是香港社會追求的好民主？

習主席關於民主的講話，清楚說明了民主的本質特徵和意義所在。

習主席提到，民主不民主，關鍵在於是不是真正做到了人民當家作主，要看人民有沒有投票權，更要看人民有沒有廣泛參與權；要看人民在選舉過程中得到了甚麼口頭許諾，更要看選舉後這些承諾實現了多少；要看制度和法律規定了甚麼樣的政治程序和政治規則，更要看這些制度和法律是不是真正得到了執行；要看權力運行規則和程序是否民主，更要看權力是否真正受到人民監督和制約。這對香港如何按照實際情況發揮新選制下的民主制度作用，為市民謀福祉，具有重要指導意義。

發揮完善選制的力量

新選舉制度能夠推動香港向前發展，所有立法會參選人的參選資格受到候選人資格審查委員會嚴格把關，以落實「愛國者治港」總體要求，排除反中亂港分子進入憲制架構，為香港政治制度平穩運行保駕護航。立法會規模增至 90 席，擴大了立法會的覆蓋面，提高了其代表性。將立法會議員分成選舉委員會選舉、功能界別選舉、地區直選 3 種方式產生，有利於把各方面的代表吸收到立法會，更能體現代表性、均衡性。根據新選制有關均衡參與、行政主導、與時俱進原則產生的新一屆立法會，將促進香港社會政治生態良性發展，提高議事品質和效率，更好支持和監察特區政府依法施政，提出和推動有利經濟社會發展的民生措施；立法會候選人的政綱，將更能集中到事關香港長遠發展和民生福祉等重要迫切的議題上來。香港的民主真正回歸到回應市民需要的正軌上來。

社會期待香港民主發展能助力經濟民生早日走出疫情陰霾，滿足大眾追求繁榮穩定和安居樂業的各項需求。新一屆立法會選舉去民粹化、去極端化、去碎片化，各候選人公平公正比政綱，和衷共濟爭勝選，確保「搞事的人清出去，做事的人選進來」，帶動整個社會更廣泛地凝聚共識，對準當前融入國家發展大局和民生現況，制定經濟社會發展政策，更好地改善民生、促進經濟發展，發揮好民主推動民生的制度優勢。

（原載於 2021 年 10 月 26 日香港《文匯報》）

立選良性競爭能者居之　「躺平」當選絕無可能

提要：立法會換屆選舉提名期正式展開。這不但是完善香港選舉制度後的第一場立法會選舉，更是香港全面進入「愛國者治港」年代、開啟良政善治新篇章下的一場選舉，受到社會各界的高度重視和關注。至今為止，10 個地方選區、28 個功能界別以及選舉委員會界別已相繼接獲提名。報名者既有政黨社團人士，也有不同界別的精英翹楚；有年僅 20 多歲的青年，也有資深的專業人士；既有堅定的愛國愛港政黨代表，也有不同政見人士遞交提名表格。

新選制下的首場立法會選舉，雖然提名仍在繼續，但已經顯示出幾個新特點、新氣象：

一是充分體現新選制下的均衡參與和廣泛代表性。

二是立法會 3 個界別的選舉都出現良性競爭，估計絕大多數議席都需要競爭，參選人需要以政綱、能力、表現爭取選民支持，選舉更具競爭性，「躺平」當選是痴人說夢。

三是雖然有一些政治組織不參選，但同樣有所謂「溫和泛民」獲得足夠提名並報名，反映新選制下依然為不同聲音提供了空間，立法會不但不會出現「清一色」，相反會有更廣泛的民意基礎。

新選制帶來香港新氣象

經過重構後的立法會，不但規模擴大，民意代表性更顯著增強，對功能組別和選民資格的調整，能夠更好地實現功能團體選舉代表界別利益的初衷。至於將分區直選選舉辦法改為「雙議席單票制」，則有利於排

除極少數激進政治勢力，促進香港社會政治生態良性發展，提高議事品質和效率。

從現時報名情況來看，選舉吸引到不少有志服務社會的人士參與，當中包括商界、專業界的精英，也有基層代表。這些人過去或者由於立法會的高度政治化和對立，因而對參選卻步，改制後的立法會選舉，有力地遏止了「泛政治化」和極端風潮，為有心有力服務香港的人士提供了參政的機會。香港本來就是一個利益多元、訴求多元、背景多元的社會，新選制正充分體現均衡參與的特點。

有輿論認為新選制下的立法會選舉，提名門檻提升了，再加上部分人堅持不參選，將令到選舉的競爭性大為減低。這種說法經不起事實推敲。在地區直選上，10 個選區 20 個議席令到選情更加熾熱，愛國愛港陣營內部都有激烈的競爭，再加上有「泛民」人士參選，令到 20 個地區直選議席的爭逐將更加激烈，又何來沒有競爭性？

在功能組別以及選舉委員會組別，以往功能組別由於各種原因，在一些組別很多時候出現自動當選的情況，但以現時的報名情況來看，功能組別的競爭將較以往激烈，甚至過去一些經常自動當選的界別，在今屆都出現了競爭者，參選人再不能「坐定粒六」的以為可以自動當選，需要開展選舉工程爭取選民支持。

前一段時間，有人稱在民主黨、公民黨、民協不參選的情況下，立法會將沒有了不同政治立場的聲音、將出現「清一色」云云。其實，隨着提名期的開展，這種擔憂完全可以消除，多名持不同意見的人士已經相繼獲得足夠提名並報名，另外一些政黨組織，亦已部署在多個選區出席。必須指出的是，他們雖與建制人士持不同政見，但都屬於愛國者。他們的參選，也是民意在立法會選舉的體現，會給議會帶來多元聲音。

「清一色」根本是假議題

固然，有人或許會質疑，這些「溫和泛民」是否能代表「傳統泛民」。

但要指出的是，就是在所謂「泛民」的政治光譜中，最極端、激進的始終屬於少數，主流始終是中間的光譜。採取所謂杯葛、「白票」根本對「泛民」支持者沒有任何好處，只會令他們的訴求和意願難以通過議員在議會上反映。

現時真正想杯葛選舉的不過是最激進的反對勢力。大多數非建制人士都希望有代表自己的聲音，他們的參選，將令到立法會選舉更能體現不同的政治光譜和聲音，更具有代表性。這樣，一些抹黑選舉「清一色」的說法將可不攻自破。況且，就是愛國愛港陣營內也不會只有一種聲音，「清一色」根本是假議題。

新選制關係香港未來政局，關係香港良政善治，關係 750 萬市民的切身利益，選民更應用好手上一票，選出最能代表自己、最符合自身以至香港利益的候選人。立法會選舉選情激烈，選民一票更加重要，決沒有理由放棄。

（原載於 2021 年 11 月 2 日《大公報》）

以優質政綱為民謀福　與市民共同推動良政善治

提要：立法會換屆選舉進入激烈競爭階段。觀察提名期至今的競選過程，多元包容、理性議政是今次立法會選舉的一大特色，各候選人不論在街頭或在選舉論壇，都傾力向選民宣傳政綱，介紹治港理念，比拼個人實績，成為未來高質量立法會辯論的縮影，引發市民對良政善治的熱切期待。新選舉制度帶來新選舉文化，能以民主推動民生，展現良政善治新局，積極爭取市民信任，就是在新選制下脫穎而出的勝選之道。各候選人更須牢記參選初心，發揮愛國者才華才能，切實提升議政水平，以建設香港為民謀福政綱，吸引更多市民參與這場具有標誌意義、史無前例的香港特色民主選舉，共同創造歷史。

不同界別的立法會換屆選舉候選人，近日密鑼緊鼓開展競選拉票活動，既積極開設街站，又頻密參與大大小小的選舉論壇，香港社會的立法會選舉競選氣氛越來越濃烈，引起社會各界廣泛關注和期待。

論政專業理性體現新選制優勢

候選人資格審查委員會日前完成審查所有立法會換屆選舉候選人的提名，不同政治背景、不同社會界別階層人士齊齊「入閘」，不僅確保「入閘」者不持分裂立場，反中亂港者不再入局，參選人將可專心競選，而且候選人背景符合均衡參與及廣泛代表性，體現中央「愛國者治港」不搞「清一色」的要求，充分彰顯新選制下的立法會選舉保持多元包容的民主特性。把握機會參與今次立法會選舉的候選人，立志成為代議士、推動民生民主更好發展，可以透過良性競爭的多元競選平台，展現愛國者的

才華才能。這對有意從政人士而言，都是一次重要的政治歷練，必須好好珍惜，在競選中積極作為。

在愛國者的共同利益立場下，各候選人論政更專業理性，熱誠抱負更強烈，發揮了新選舉制度多元包容的制度優勢。從提名期的熱身階段，到現在各候選人埋身比拼政綱的激烈階段，可以看到選舉期間出現大大小小的思想碰撞，整個選舉過程湧現大量新思維、新建議，治港理念推陳出新，辯論質量高，觀點火花四濺，候選人專注於政綱誰更好、治港理念誰更能代表市民利益，鬥破壞、鬥抹黑的手段不再復見。在街頭的競選單張，羅列候選人傾聽民意、精心撰寫的政綱，滿載候選人沉甸甸的治港熱誠，是一張張如何推動香港更好發展的答卷，這種充滿正能量的競選風氣，反映了社會由亂及治的積極訊號，市民樂於見到。

推動香港發展是選舉重要課題

在良政善治新時代，選民已經厭倦立法會多年來的拉布阻撓和議會暴力，渴求政治新風。完善選舉制度的最終目的是為了發展。如何推動香港發展，是選好今次立法會選舉的最重要課題。把立法會選舉過程變成治港理念大熔爐的喜人現象，是未來高質量立法辯論的縮影，可以觸發市民渴望立法會回歸專業理性、香港返回發展正軌的熱切期望。候選人適應新選舉文化，以惠民生貼地氣的優質政綱，展現以民主推動民生、解決實際問題初心，積極爭取市民信任，就是在新選制下脫穎而出的勝選之道。

所有愛國愛港候選人包括符合愛國者條件的不同政治光譜參選人士，都要保有為市民服務的競選信念，緊扣發展宗旨，用心用情為民辦實事好事。一方面，要深入體察民情，透過宣傳物品和選舉論壇與選民積極互動，把新選制下推動社會良政善治的正能量，在社會傳揚開去，拉動支持共同推動政策落地；另一方面，要時刻把是否有利於促進香港繁榮穩定、有利於社會政治保持穩定牢記心中，從不同界別、不同階層

採納民意，優化政綱，凝聚香港社會最大共識。期待各立法會選舉候選人切實提升議政能力和水平，推動社會各界齊心協力聚焦發展經濟、改善民生，共同實現香港市民所期待的良政善治。

（原載於 2021 年 11 月 23 日香港《文匯報》）

堅定新選制制度自信　堅決反對西方干預抹黑

提要：新選舉制度下的首場立法會選舉即將進入倒數階段，夏寶龍副主席有關香港新選舉制度的講話，傳遞了「愛國者治港」要搞「五光十色」多樣性信息，概括出新選制具有廣泛代表性、政治包容性、均衡參與性、公平競爭性的 4 個優勢和特點，堅定了香港社會對「愛國者治港」的制度自信。香港已經擁有實實在在的民主進步，面對以美國為首的西方勢力意圖以民主作幌子續打「香港牌」打壓中國發展，對新選制指手畫腳，香港社會必須保持清醒認識，堅決反制，廣大市民應以選票展示擁護「一國兩制」的主人翁姿態，在選舉日踴躍投票，齊心選賢舉能，共同創造良政善治新局面。

全國政協副主席、國務院港澳辦主任夏寶龍前日透過視像形式，就香港地方志中心舉辦的活動，以《以史為鑒譜寫香港民主新篇章》為題發表講話，就落實「愛國者治港」原則和新選舉制度等作深入闡述，引起香港社會各界高度關注和廣泛討論。

發揮新選制優勢　畫出最大同心圓

香港特區按照新選舉制度舉行第七屆立法會選舉，這對落實「愛國者治港」原則、發展符合香港實際的民主、塑造香港良政善治新格局具有重要意義。夏副主席指出，「愛國者治港」是搞「五光十色」，是具有多樣性的，這種多樣性，體現在身份的多樣、價值理念的多元、社會制度的包容，我們就是要在愛國愛港旗幟下，最大限度拉長包容多樣性的半徑。事實上，中央出台國安法和完善選舉制度作為一套組合拳，解決了

近年來困擾香港的國家安全問題和政治穩定政權安全問題,香港已經重回發展正軌,必須沿正確方向走下去。夏副主席的講話,勉勵香港社會繼續把「愛國者治港」根本原則落到實處,讓新選舉制度發揮制度優勢,共同畫出符合香港根本利益的最大同心圓,香港定能實現長期繁榮穩定和長治久安,廣大市民定能實現對美好生活的嚮往與追求。

夏副主席概括新選舉制度的 4 個優勢和特點:廣泛代表性、政治包容性、均衡參與性、公平競爭性。這四個優勢和特點,有利更好表達民意、更好體現最大開放包容、更好平衡整體和各方利益、更好專注發展議題展示參選人能力和素質,與舊選制的單一性和惡質競爭形成強烈對比。在這樣的選舉制度下,各種有益香港發展的因素將可迸發而出,更加符合香港民生民主實際,充分證明新選舉制度是香港民主發展的巨大進步。

強力反制美國攻擊抹黑

香港自回歸之初,早已重新納入國家治理體系,「一國兩制」實踐向縱深推進,新選舉制度高舉「愛國愛港」旗幟理直氣壯、義正辭嚴。香港過去實行類似西方民主的選舉制度多年,結果帶來了發展停滯不前、經濟民生困頓的嚴重問題,甚至把香港推向「港獨」邊緣的極危險境地,強烈說明西方民主制度不適合香港。夏副主席明確指出,香港過去很長的一段時期,盲目追求西方式民主,但實際上帶給香港社會的並不是真正的民主,而是社會分化、惡鬥,導致社會失序、經濟失衡、管治失效的危機,香港「黑暴」帶來的慘狀歷歷在目。這段話,深刻揭示民主不能生抄硬搬的真相。新選舉制度根據「一國兩制」制度要求和香港實際推展民主,才是最適合香港的民主制度。

夏副主席在講話中明確指出,香港實行甚麼樣的選舉制度是中國內政,任何外部勢力都無權干涉,國際上有一些人罔顧事實,大肆抹黑、污衊香港的選舉制度,只能暴露出他們的無知、傲慢和偏見。面對西方

勢力將民主定於一尊的橫蠻霸道，香港社會應保持清醒認識。夏副主席在美國即將召開所謂民主峰會的前夕專門發表講話，對外部勢力發出警告，並宣示對中國特色社會主義民主制度和符合香港實際情況民主制度的強大制度自信，這是對美國攻擊抹黑中國及香港民主行動的一種反制。

正如夏副主席所言，香港的選舉制度好不好，要看是否符合香港實際、是否有利於香港的長期繁榮穩定和長治久安。所有擁護「一國兩制」的市民，在立法會選舉日必須踴躍投票，以選票選賢舉能，以展示希望香港越來越好的主人翁姿態，表達「愛國者治港」的制度自信，共同把良政善治變成現實，讓香港民主更加奪目璀璨，讓「一國兩制」實踐更加豐盛！

（原載於 2021 年 12 月 8 日香港《文匯報》）

香港民主白皮書具強烈現實指導意義

提要：新選舉制度下的首次立法會選舉成功舉行的重要時刻，國務院新聞辦發表《「一國兩制」下香港的民主發展》白皮書，具有強烈的現實針對性與重要的指導意義：一是在香港民主發展的關鍵時刻，對重要問題還原歷史、揭示真相、正本清源、凝聚共識，為香港特色民主制度發展指明方向、匡定航道；二是堅決反制香港內外敵對勢力對香港民主發展的干擾破壞，揭露他們打着民主幌子反民主，關心香港是假，反中亂港是真；三是增強信心、開創未來，彰顯中央堅定不移全面準確貫徹「一國兩制」方針，堅定不移支持香港發展符合其憲制地位和實際情況民主制度的決心和信心。

長久以來，香港民主發展成為許多關心香港「一國兩制」事業人士的重要課題。在香港民主發展過程中，香港內外反中亂港勢力一直干擾破壞，不僅令民主發展失焦，更嚴重衝擊「一國兩制」。

為香港民主正本清源立牌指路

中央發佈白皮書，通過系統回顧總結香港民主發展的歷程，講清楚中央是香港民主的設計者、創立者、推進者和維護者。香港的民主制度從哪裏來？香港政制發展問題的實質是甚麼？完善香港選舉制度的目的何在？白皮書對一系列涉及「一國兩制」實踐和香港民主發展的重要問題正本清源，激濁揚清，為香港民主的健康有序發展指明方向、匡定航道，堅定了我們發展符合香港實際情況民主制度的自信。

香港回歸以來，香港內外敵對勢力對香港民主發展的干擾破壞從未

止息。他們不斷挑戰憲法和基本法權威，推倒政改方案，策動港版「顏色革命」危害國家安全，祭出「美英是香港民主之母」的謬論。特別是中央主導完善香港選舉制度以來，香港內外敵對勢力更是對新選制大肆抹黑攻擊，亂港過中，居心險惡、氣焰囂張。白皮書用事實說明，香港在英國殖民統治下，根本沒有民主可言，香港回歸後民主發展出現嚴重曲折，反中亂港分子及其背後的外部勢力是罪魁禍首。白皮書這個切中肯綮的精確判斷，對嚴重踐踏港人民主權利、傷害香港民主發展的勢力予以有力回擊。香港社會必須看清內外反中亂港分子阻礙香港民主發展的險惡用心和陰暗面目，共同排除民主隱患，締造民主發展所需社會環境，香港民主才能有更好發展。

立法會選舉是新選制成功實踐

「一國兩制」下香港民主應該如何發展？對此，白皮書明確指出了目標和路徑，清晰描繪香港民主發展的光明前景，充分彰顯中國共產黨和中國政府對「一國兩制」下香港的民主發展認識更深刻，方向更明確，思路更清晰。白皮書還揭示了香港民主發展的一個真理：落實中央決策，依法推動選制，堅定走符合香港實際情況的民主發展道路，民主道路必將越走越寬廣。白皮書進一步堅定了我們對發展符合香港實際情況的民主制度的自信，只要堅持走符合香港實際的民主道路，香港民主必然前途光明。

完善後的香港選舉制度具有廣泛代表性、政治包容性、均衡參與性和公平競爭性的特點和優勢，是香港民主制度的優化提升和與時俱進，在今次立法會選舉中得到成功實踐、充分發揮，一大批有能力的愛國者脫穎而出，當選者來自不同界別階層和社會背景，過程公平、公正、公開、安全、廉潔，沒有任何反中亂港分子進入特區管治架構。今次選舉，為香港民主應如何發展下去作出良好示範，為香港民主長遠健康發展打下堅實基礎。

（原載於 2021 年 12 月 21 日香港《文匯報》）

立法會議員就職展現新氣象

提要：在行政長官林鄭月娥監誓下，新一屆立法會議員昨日正式宣誓就職，香港第七屆立法會依法組成，為香港進入由亂及治新時代，寫下重要的一頁。新選舉制度下就任的全體立法會議員，肩負誓言錚錚的憲制責任，在香港發展蓄勢待發的當下，社會各界表達熱烈的祝賀和熱切的期待。在立法會新起點上，議員須更好體現「愛國者治港」原則，鞏固提升行政立法良性互動，推動香港經濟民生發展，加快融入國家發展大局，履行誓言擔當作為，確保「一國兩制」行穩致遠，開創更加美好的未來。

立法會議員是香港特區管治架構的重要成員，宣誓彰顯其職責的莊嚴性、重要性。90 位立法會議員準確、完整、莊重地宣讀法定誓言，響徹整個立法會議事廳，故意宣讀內容不一致的誓言及以不真誠、不莊重的方式宣誓的行為已不復見，與立法會過去多次出現宣誓鬧劇以至辱華風波，形成強烈對比，展現了風清氣正的立法會議事新氣象。

公眾看到未來安穩政治局面

基本法第一百零四條訂明，包括立法會議員在內的特區 5 類公職人員，在就職時須依法宣誓擁護基本法、效忠中華人民共和國香港特別行政區。立法會作為本港管治架構的重要部分，議員就職誓詞，包括擁護基本法和效忠中華人民共和國香港特別行政區，是對議員的基本政治和法律要求，反映了承認國家擁有香港主權的基本原則。今次宣誓按照新修訂的《2021 年公職（參選及任職）（雜項修訂）條例》圓滿進行，落實全

國人大常委會有關解釋以及香港國安法中對公職人員宣誓的要求，不僅讓公眾看到未來更安穩的政治局面，增加市民對立法會的認同和新選制的制度自信，更明確傳達議員宣誓必須符合基本政治原則，才能成為管治架構一部分的訊息，讓「愛國者治港」理念深入人心，成為公職人員人人必守的準則。

香港特區享有的權力來自中央授權，特區架構以行政主導，行政、立法和司法三權各司其職，互相配合並制衡，3個機關通過行政長官向中央人民政府負責。中央完善選舉制度的一個重要目的，就是確保愛國愛港力量在立法會中穩定地佔據壓倒性優勢，有利於促進行政機關與立法機關順暢溝通，鞏固和維護基本法規定的行政主導體制順利運行。香港實現由亂及治的重大轉折之後，上屆立法會在最後一年重返正軌，大批法案議案獲得審批，議會運作的高質素高效率前所未有。今屆立法會議員更須再接再厲，在新起點上與行政機關互相配合，互相制衡，不斷鞏固提升行政立法的良性互動關係，加快香港重回正軌的步伐，達至良政善治。

開創香港由治及興的新時代

「愛國者治港」新秩序得到確立，香港進入實現良政善治的新階段，市民對美好生活的期望更大，立法會議員的後續任務艱巨繁重。新一屆立法會議員代表社會各界別、各階層、各方面利益，具廣泛代表性，更好體現均衡參與，接下來更須全面準確貫徹落實「一國兩制」方針，堅決維護憲法和基本法確定的特區憲制秩序，充分發揮「一國兩制」優勢，以更大擔當、更大決心推動經濟民生發展，與特區政府一起解決社會深層次矛盾，助力香港加快融入國家發展大局，更好把握國家發展機遇，不斷提升廣大市民的獲得感幸福感，履行誓言服務市民，開創香港由治及興的新局面。

（原載於 2022 年 1 月 4 日香港《文匯報》）

愛國愛港力量須提升能力才能應對挑戰

提要：嚴峻疫情提示我們，愛國愛港力量必須提升能力，才能應對未來各種挑戰，實現良政善治。香港社團發達，被形容為社團社會，重視發揮愛國愛港社團的重要作用，是習近平主席治港方略的重要內容。我們應該將加強愛國愛港社團建設，作為提升愛國愛港力量能力建設的重要任務來抓。在這方面，提出三點建議：一，加強做好基層工作的能力；二，提高掌握社情民意的能力；三，加強培養年青的社團領袖。

　　香港第五波疫情大爆發，面臨抗疫兩年來最嚴峻的局面，希望中央支持香港抗疫是香港社會的共同期盼。香港疫情牽動習近平主席的心。習主席發出最高動員令，將香港市民的生命健康放在第一位，不僅要求特區政府要把穩控疫情作為壓倒一切的任務，而且舉國家之力支持香港抗疫，在香港社會引起強烈共鳴，不僅大大提振了我們抗疫信心，更增強了我們對偉大祖國的熱愛。

　　為了落實習主席重要指示，全國政協副主席、國務院港澳辦主任夏寶龍已經主持召開 7 次支援香港抗疫工作協調會，確保各項援港抗疫工作雷厲風行、落實到位、有求必應、應供盡供、應發盡發。中聯辦身處抗疫第一線，全力支持特區政府擔當好疫情防控的主體責任，推動愛國愛港力量與社會各界同心抗疫，會商謀劃了支持特區政府防疫抗疫的 16 項舉措。中央的支持給了香港市民最溫暖的「定心丸」，香港社會各界衷心感謝習近平主席和中央的關懷和愛護，大家全力參與抗疫，爭取早日戰勝疫情，為香港回歸祖國 25 週年慶典創造條件，不辜負習主席、中央政府及全國人民的關懷和期望。

嚴峻疫情也提示我們，愛國愛港力量必須提升能力，才能應對未來各種挑戰，實現良政善治。香港社團發達，被形容為社團社會，涵蓋工商、勞工、專業、文化、教育、慈善、聯誼、青年、婦女等不同社團超過 5 萬個。愛國愛港社團更是落實「一國兩制」、「港人治港」、高度自治的基礎力量。重視發揮愛國愛港社團的重要作用，是習近平主席治港方略的重要內容。我認為，應該將加強愛國愛港社團建設，作為提升愛國愛港力量能力建設的重要任務來抓。在這方面，我提出三點建議：

第一，加強做好基層工作的能力。

深耕基層，是愛國愛港社團的重要任務。愛國愛港社團要以擴大基層服務為重心，走好羣眾路線，深入香港基層，擴充社會服務，織好社區網絡，察民情，接地氣，聯繫羣眾，反映羣眾的訴求和意見，落實中央為人民謀幸福理念，推動人心回歸。

第二，提高掌握社情民意的能力。

實現良政善治，需要全面掌握社情民意。愛國愛港社團的網絡遍佈社會不同界別和階層。愛國愛港社團加強掌握社情民意，不僅可以在疏導和凝聚民意方面發揮重要作用，而且能夠為特區政府管治建言獻策，提出切實可行的建議，真正助益政府施政。

第三，加強培養年青的社團領袖。

青年是香港的未來，也是愛國愛港社團的未來。加強培養青年社團領袖，不僅是為愛國愛港社團培養青年骨幹梯隊，也是為特區管治輸送更多愛國人才，值得高度重視。

（原載於 2022 年 3 月 10 日「中國評論新聞網」）

各界支持李家超的三大原因

提要：李家超昨日正式報名參加第六屆行政長官選舉，並遞交了786份選委提名。李家超宣佈參選並展開選舉工程只有短短數日時間，但已經得到愛國愛港力量、社會各界的踴躍支持，不少選委更主動到其競選辦提交提名。李家超的參選得到各界團結支持，大有一呼百應之勢，當中主要有三個原因。

一是李家超在領導警隊止暴制亂、推動落實香港國安法上展現出維護國家安全的擔當和意志，充分顯示其能力與擔當。

二是香港身處中西角力的前沿，內外風險依然嚴峻，需要強勢、有「硬脊樑、鐵肩膀」的特首，抵住外部勢力的壓力，堅定維護國家安全，讓香港有一個穩定的環境發展經濟改善民生。

三是李家超提出的參選宣言以及未來工作目標，呼應了謀發展、求突破的主流民意，顯示出對香港經濟民生問題的準確判斷以及對香港未來的抱負和擔當，得到選委以及市民的認同。

各界團結支持李家超，就是寄望他能夠帶領香港譜寫新篇章，李家超任重道遠，更要積極回應社會期望。

有「硬脊樑、鐵肩膀」

隨着新選舉制度以及「愛國者治港」原則在香港全面落實，外國勢力在港代言人遭受到沉重打擊。但同時，外國勢力絕不會放過在香港攪局的機會，未來對香港的干預和施壓力度將會愈來愈大，各種打壓、制裁也會此起彼落。

而反中亂港勢力近期亦有死灰復燃之勢，「港獨」組織「香港民族陣綫」宣佈重新運作，極端分子在疫情期間在「以疫謀亂」，在疫後隨時再發動新一輪反政府行動。香港的國家安全以及社會穩定依然是風險環伺。

　　面對外國勢力施壓以及反中亂港勢力的圖謀，新一屆行政長官更需要有頂得住壓力的「鐵肩膀」，必須有決心和能力頂住任何外在壓力，堅定不移貫徹落實香港國安法，維護香港的繁榮穩定，更要有打擊反中亂港勢力的決心和意志，守護香港來之不易的局面。

　　李家超有超過 30 年警隊經驗，在任保安局局長期間主責香港的安全事務，在「黑暴」爆發後堅決止暴制亂，推動香港國安法實施，恢復社會秩序；在擔任政務司司長期間切實維護國家安全，在香港由亂到治過程中作出了重要貢獻。

　　李家超對國家對香港有強烈的擔當意識，面對複雜多變的國際形勢和風險，若李家超出任行政長官，能夠無懼外國勢力的制裁施壓，堅定應對外國勢力的干預，捍衛香港和國家的整體利益。「聞戰鼓，思良將」，李家超正是擔任行政長官最合適的人選。

　　李家超以往的工作經歷，主要是保安事務，因此有聲音認為經濟、民生、房屋等政策範疇可能成為其施政的「短板」。這種說法並不全面，一方面特首是領導者，最重要是有駕馭複雜局勢、掌控大局的能力，政府施政「自有主者，各司其事」，特首不必包打天下。如同李家超在記者會上所說，「未來將會是一曲新的交響樂」，他將會當指揮，令每位成員發揮優勢，盡展所長。而李家超在競選過程中展現的兼聽、虛懷和謙卑等特點，說明他具有容人之量，能夠廣納人才，有利施政更加暢順有力。

　　另一方面，穩定的社會和政治環境是發展經濟民生的根本，沒有維護社會秩序和穩定的能力，香港更無法維護國際金融中心和國際商業中心的地位，遑論解決各種深層次矛盾，以至落實任何宏圖大計，都只會是鏡花水月。李家超的強項正在於具有維護社會穩定、國家安全的經驗和能力，擁有豐富的治安管理和政府行政的領導經驗，任內推動落實香港國安法，堅定打擊「黑暴」禍患，致力維護國家安全，在維持社會穩定

方面有擔當、有能力、有貢獻。多年工作證明，李家超是維護國家安全、頂住外部壓力、守住香港穩定大局的「鐵漢子」，能夠為香港發展提供有力的支持。

三大施政方向切中發展癥結

李家超提出的三大未來施政方向，包括以結果為目標解決問題、全面提升香港競爭力、奠定香港發展穩固基石，可謂切中香港發展的癥結。政府施政長期被詬病為程序掛帥、議而不決，官僚主義、因循守舊；近年由於各種政治風波不斷，更令到香港變成「政治城市」，失去了發展的動力和焦點；競爭力更是不進反退。李家超提出的三個方向，正是針對香港這三個問題對症下藥，通過平衡程序與效率，為政府施政拆牆鬆綁；重新在社會上樹立發展的主調；通過政府主導，大力提升香港競爭力，從而突破香港發展困局。

由此可見，李家超的施政風格，將更加重視施政實效、重視結果和目標、重視發展和競爭力，李家超出身基層，亦極為重視關心基層民生問題，而且對香港問題有充分了解，不但「會幹事」，更能「幹成事」，帶領特區政府實現香港良政善治，讓香港在社會安定、人心安穩的大環境下，譜寫香港發展新一頁。這也是各界支持李家超的主要原因。

（原載於 2022 年 4 月 14 日《大公報》）

李家超三大施政方向破解香港發展問題癥結

提要：行政長官候選人李家超提出的三大施政方向，主要對準香港三大發展問題癥結：程序主義、官僚因循，導致各種深層次民生矛盾遲遲未能解決；社會因為政治風波不息動盪不止，難以集中精力解決經濟民生問題；香港競爭力因為缺乏新增長點而不進反退。李家超的施政方向既重視施政實效，更強調發展和提升競爭力，明確提出「底線思維」為發展保駕護航，特別關注基層、房屋問題，反映他對香港問題瞭然於胸，具有強烈的民生情懷，對香港發展有願景有藍圖。相信李家超可以帶領管治團隊有效化解深層次矛盾，譜寫香港發展新一頁。

前政務司司長李家超得到 786 位選委提名，參加第六屆行政長官選舉，獲得的提名數目是歷屆之冠，昨天更通過候選人資格審查委員會審核，正式成為今次選舉的唯一候選人。李家超在短時間內取得過半數選委支持，不單反映他的公務歷練、表現和擔當得到選委及社會各界的支持，更表明李家超提出的未來施政方向和目標得到社會肯定，各界都對李家超領導香港應對內外風險、破解各種民生困局，抱有信心和期望。

李家超的參選口號是「同為香港開新篇」，提出要建設一個充滿活力的香港、一個人人都有幸福的香港、一個高度開放的香港、一個廣泛團結的香港、一個社會安定的香港。在香港由治及興的關鍵時刻，在香港面對挑戰和機遇並存的時間節點，李家超以高度的歷史使命和責任感參選特首，顯示對國家的忠誠、對香港的熱愛以及對市民的負責。

施政要有理念、願景，更要有方向、目標。李家超提出的三大未來施政方向：以結果為目標解決問題、全面提升香港競爭力、奠定香港發

展穩固基石，是針對香港多年來的發展問題癥結對症下藥之舉。不過，要突破香港困局，不能單靠「高大上」口號，始終要對問題有準確把脈，有具體的行動，以務實、可行的態度逐點解決。

提升管治效率　打破程序藩籬

李家超有豐富的公務歷練，曾出任司局長，親自參與政府管治，對於香港積存已久的問題有充分掌握。他將「以結果為目標解決問題」作為第一個施政方向，主要是解決政府程序掛帥、議而不決、官僚主義、因循守舊等頑疾。講究程序是香港文官系統一大優點，但程序過了頭，變成拖沓因循，政府失去行政效率，嚴重影響施政落實。這體現在香港的土地房屋等問題上，不論是開發土地以及大型基建項目，都花費大量時間在程序之上，各政府部門各自為政，缺乏變通，大量時間都花費在文件往還，不斷覆檢之下，一些部門及官員更出現懶政、避事的陋習。

李家超強調「以結果為目標解決問題」，就是要改變行政部門的因循文化，減省非必要的行政程序，提升施政效率，更重要的是在行政機構樹立「目標為本」思維，就各項政策訂立具體的目標指標，並以此作為衡量評級，令政府部門更能做事，做得成事，通過平衡程序與效率，為政府施政拆牆鬆綁。

「全面提升香港競爭力」，反映李家超充分認識到香港所面臨的挑戰。逆水行舟，不進則退，香港的競爭力要不斷強化，才可避免落後於人。香港必須用好「一國兩制」優勢，對接國家發展戰略，打造新的經濟增長點。

建立「底線思維」　維護社會穩定

李家超充分了解到香港最大優勢在於背靠祖國，他表示和內地實現免檢疫通關最重要，香港的抗疫策略，一定要連接國家，顯示他將會採

取更有力的措施，對接國家抗疫策略，早日實現兩地免檢疫通關。李家超更重視培育香港新增長點，將推動科技創新、扶植創新科技產業發展，以把握「十四五」規劃、粵港澳大灣區、「一帶一路」等帶來的機遇，並且繼續鞏固強化香港的「雙接軌」優勢。可以預見，李家超及其管治團隊將會更大力地主導經濟發展，全面提升香港競爭力，突破香港發展困局。

「重新在社會上樹立發展的主調」，前提是穩定。李家超提到要奠定穩固環境讓香港發展，是要建立「底線思維」，一旦香港出現難以想像的風險，可以有預案應對，讓香港無後顧之憂。事實上，社會和政治穩定是發展的根本，沒有一個穩定、有序的社會環境，任何經濟民生措施都將難以推動。2019 年修例風波，不但讓香港社會陷入混亂和無序，發展更是全面停滯，外資亦對香港卻步。所以安全和發展是一體之兩翼，驅動之雙輪，重新樹立發展主調，就是要樹立安全和穩定的主調，切實維護香港的國家安全和社會穩定，這正是李家超的強項。

「底線思維」就是指注重對危機和風險等負面因素進行管控，客觀地設定最低目標、研判最低界限，從而爭取最大期望值的一種戰略思維方法，凡事從壞處準備，努力爭取最好的結果。李家超對於「底線思維」的重視，說明他充分認識到香港所面臨的風險，有決心、有能力帶領香港抵禦內外風險，為發展提供一個有利的環境。

（原載於 2022 年 4 月 19 日香港《文匯報》）

一份務實變革民生為本重視發展的政綱

提要： 行政長官選舉候選人李家超昨日舉行政綱簡介會正式公佈其參選政綱，提出四大政策綱要，包括「強化政府治理能力，團結一致為民解困」、「精簡程序多管齊下，提供更多安居之所」、「全面提升競爭實力，創造持續發展空間」、「同建關愛共融社會，增加青年上流機會」。這四大政策綱要對準香港發展問題癥結，着力破解積存多年的深層次矛盾。整份政綱最大特點在於務實貼地，具有很強的針對性和可操作性，並且重視變革創新，提升政府的治理能力和施政效能。對於基層、房屋問題的關顧和上心，更凸顯李家超的「民本情懷」。強調發展，開放包容，重視香港國際競爭力，亦令外界和國際投資者對香港前途更有信心。綜合而言，這是一份務實變革、民生為本、重視發展的施政藍圖，令外界對於李家超帶領香港開新篇更有信心。

李家超有豐富的公務歷練，對於香港積存已久的問題有充分掌握，他將「以結果為目標解決不同的問題」作為第一個施政方向，正體現其重實效、重實際的施政風格。

對準香港癥結　務實破解難題

這份政綱亦充分體現其務實貼地特點，政綱給外界最大的印象是切實可行、樸實無華，沒有華麗詞藻，沒有高大上的表述，更沒有亂開「空頭支票」，相反重視政策的可行性，通過具體的政策建議，逐一解決香港積存的問題。

例如在市民最關注的房屋問題上，李家超提出精簡程序多管齊下，

為市民提供更多安居之所，當中提出公屋提前上樓計劃，若輪候人士願意在公屋未有充分社區設施前入住，會准許對方提早上樓，期望可以縮短輪候時間。為了加強統籌，建議設立「公營房屋項目行動工作組」及「土地房屋供應統籌組」，推動土地公屋供應提速、提效、提量。

這些都不算是「石破天驚」的建議，但卻有很強針對性，能夠解決香港在覓地建屋上架床疊屋、政出多門、重重審核等問題，不單反映李家超對於政府運作以及存在的問題有充分的了解和掌握，更知道如何破解當中問題。

李家超政綱不但務實，更提出創新變革，當中主要是強化政府治理能力，團結一心為市民解困。政綱提出透過架構重組，完善政治委任官員的設置，令政府工作更有效，並會就指定工作制訂目標，令各個部門清晰某一個領域的進度和結果；他更提出增設一個「動員機制」，確保危機出現時可動員由公務員組成的應急隊伍，集中指揮，儘快作出反應。

提升政府治理力是李家超一個主要施政方向，新一屆政府要有效推動施政，公務員是執行的主體，李家超重點提升政府施政效能，是抓住了重點。李家超一直強調要建立「底線思維」，一旦香港出現難以想像的風險，可以有預案應對，讓香港無後顧之憂。對於政府治理的創新和變革，反映李家超對於政府架構以及存在的問題有充分的認知和掌握，抓住了變革的核心。

李家超對於青年發展和基層問題，同樣重視和關顧。他提出推行解決跨代貧窮的試驗計劃，制定整體青年政策和青年發展藍圖，為青年健康成長和多元發展，設定不同政策目標，協力幫助青年向上流動。在優化醫療護理系統上，他提到要積極推展基層醫療系統建設；在老人支援方面，他會落實合併普通和高額長者生活津貼，提升退休生活保障，這些都凸顯出聚焦民生、關顧民生、以民為本的施政特點。

重視青年發展　關顧基層民生

事實上，「民生為本」也是李家超政綱的一大特點。歸根究底，所有施政的出發點，都是為了改善市民的福祉。李家超四大綱領，不論是房屋、政府治理、重視青年發展和關愛社會，以至增強競爭力，其實都是圍繞民生而來。李家超也是出身基層，憑着個人努力一步一步走到今日，令他對民生，對基層弱勢有很大的關顧，對於青年發展也願意作出更大的承擔。

競爭力是香港的根本，發展是解決香港民生問題的鎖匙。李家超政綱強調要提升香港競爭力，持續發展，並提出六大方向，包括鞏固金融中心，提升核心優勢；發展創科中心，帶動經濟轉型；開發北部都會區，激活發展引擎；塑造文化之都，推動創意經濟；把握法治優勢，強化法律服務；發揮香港所長，多元自由發展。這六大方向是讓香港能在保持現有優勢的同時，可以把握好融入國家發展大局的重大機遇，將香港的獨特優勢發揮好，令香港有市場、有資金亦有人才。

「背靠祖國、面向世界」是香港發展之本，也是「一國兩制」的優勢所在，李家超重視香港競爭力，推出的一系列包容、開放政策，表明香港將會繼續開放，繼續作為國際投資者理想的投資地點，為國際投資者帶來信心。

（原載於 2022 年 4 月 30 日《大公報》）

李家超貫徹務實作風　積極回應市民關注

提要：行政長官選舉候選人李家超日前發表政綱，提出四大施政綱領，及後出席 7 間電子傳媒籌辦的「2022 行政長官選舉答問會」，回答記者和市民提問。不論發表政綱內容還是出席答問會，李家超都充分表現出施政的一大特點：務實實幹，重行動不重空言。李家超的公職生涯及政績，培養出他沉穩紮實、執行力強的特質和作風，並將之體現在他務實貼地、具有針對性和可操作性的政綱。他沒有為了爭取支持而亂開「空頭支票」，而是實事求是、直面難點。這正是香港當前所需要的施政風格。

　　李家超的政綱提出具針對性、可行性的建議，引起社會各界熱議。在行政長官選舉答問會上，9 名隨機抽出的市民代表、7 家傳媒機構的媒體代表，紛紛就房屋、土地、經濟、疫情、民生、醫療、教育，以及政制與內地關係等範疇向李家超提問。

答案直面痛點

　　當中，房屋問題依然最受關注。在房屋問題上，李家超表示會提速提效提量，並認為樓價穩定最適合香港社會，不希望有太大波動。對於有傳媒關注「公屋提前上樓」計劃的實施細節，李家超亦作出詳盡回答。對於未來的管治團隊，他表示將做好團隊的「指揮」，讓團隊發揮最大力量，希望第六屆特區政府用行動爭取大家信任。

　　李家超的務實在於他既明白市民安居的需求，亦明白樓價穩定對香港社會的重要性，所以他將重點放在建屋提速、提效、提量之上。他的

辦法是通過設立「公營房屋項目行動工作組」和「土地房屋供應統籌組」，由司長級官員領導，着力研究減省建屋程序、縮短上樓時間。他更提出在政策範疇上引入指標，設立 KPI，當中包括房屋政策，通過設立建屋指標，推動整個特區政府加快覓地建屋，滿足市民「上車」需要。

至於外界關注的「公屋提前上樓」計劃，讓輪候公屋的市民自行選擇是否在配套未完善之下先行入住，既加快市民上樓，亦把選擇權交給市民，對於有迫切住屋需要的市民來說無疑是「及時雨」。李家超在房策上的政綱，並沒有高大上的宏圖大計，卻針對現有問題提出解決方案，切實可行，並且可以在短期內見到效果。

具備充分認知

李家超在政綱第一項就提出「強化政府治理能力，團結一致為民解困」，既提出透過架構重組，完善政府委任官員的設置，令政府工作更有效，並就指定工作制訂目標，令各個部門清楚某一個領域的進度和結果。他更提出新增一個應急動員機制，應對危機時，新的動員機制可以確保有一個肯定的動員公務員數目。這些建議實際上是對公務員系統的一次改革，加入「以結果為目標」的思維，通過設立工作目標，加強應急能力等建議，全面提升政府的治理能力和應對風險的能力。這反映出，在政府治理的創新和變革方面，李家超對於政府架構現存的問題，具有充分的認知和掌握。

對於基層和青年問題，出身基層的李家超同樣「一枝一葉總關情」，在原有的政策上提出解決跨代貧窮的試驗計劃，制定整體青年政策和青年發展藍圖，針對青年健康成長和多元發展，竭力幫助青年向上流動。在優化醫療護理系統上，他提到推展基層醫療系統建設；在長者支援方面，他會落實合併普通和高額長者生活津貼，提升退休生活保障。這些建議都相當務實，真正回應市民的關切和訴求，凸顯出其聚焦民生、關顧民生、以民為本的施政特點。

李家超的務實作風，源自他有超過 30 年的警隊經驗，在任職保安局期間更領導全港紀律部隊。紀律部隊的出身和經歷，養成李家超重視執行操作、重視將事情做好的作風。從「黑暴」爆發後堅定執行止暴制亂，到推動落實香港國安法順利實施，再到擔任候選人資格審查委員會主席，嚴格把關將反中亂港分子拒於選舉門外，這些政績和表現都充分反映其沉穩紮實、執行力強、能做事的特點和作風。

李家超提出的政綱、在答問會上的回應以至在選舉工程上的表現，給人最大印象是「為政不在多言」，反映他不是一位選舉政客，不會為了爭取支持而亂開「空頭支票」，沒有為了博取眼球而譁眾取寵。平實、穩健、可靠、務實是他政綱的主要特點，重行動不空言是他最明顯的施政風格。這些特點有利建立新風，讓選舉回歸選賢與能、為民做事的初心，減少泛政治化的無謂紛爭和社會內耗。李家超能幹事、敢幹事、幹成事的特點，正是當前香港所需要的。

（原載於 2022 年 5 月 3 日香港《文匯報》）

第三部分

防疫抗疫與經濟民生

大戰當前齊心抗疫　政治罷工違法理情

提要：在新冠肺炎疫情不斷擴散，香港防疫工作十萬火急之下，有醫護工會將發動罷工，這種行為不但違背醫護天職和專業操守、置病人和市民生命安全於不顧，而且嚴重妨礙醫院的運作，急症室、新生嬰兒深切治療部受到衝擊尤為顯著，非緊急服務近乎關閉，個別醫院的緊急服務亦受影響。香港的防疫部署被醫護罷工所打亂，令社會不能集中抗疫。在疫情面前，香港社會沒有不團結的本錢，如果在抗疫期間還要挑動政爭，煽風點火，危害的將是廣大市民的安危。香港現在最需要的是上下一心、團結一致、堅守崗位，在關鍵時候不能政治掛帥，政治罷工絕不能接受。

削弱抗疫力量　風險大增

　　本港日前出現新型肺炎首宗死亡個案，本地感染個案亦不斷增加。特首林鄭月娥亦承認，出現本地感染個案令人憂慮，或顯示香港已經出現了社區傳播。特區政府也推出新措施抗擊疫情，其中要求從內地入境人士，包括香港居民、內地居民和其他旅客，須強制接受檢疫 14 天，以及儘快成立超過 100 億元的防疫抗疫基金。新措施嚴厲壓縮跨境人流，從而將病毒散播的速度和廣泛程度減至最低，反映政府正在全力動員防疫，更說明這是一場香港輸不起的大戰。

　　不過，在疫情擴散、特區政府及社會各界全力抗疫下，「醫管局員工陣線」卻一意孤行發起罷工，更揚言會將行動不斷升級。罷工行動令本來已承受巨大壓力的公營醫療系統百上加斤，隨着確診及懷疑個案越來越多，罷工將令公立醫院人手更加捉襟見肘，大大削弱抗疫力量，疫情在醫院甚至社區爆發的風險大增。

醫護人員就職前，需要作出《日內瓦宣言》，其中一句是：「我將要憑我的良心和尊嚴行醫；病人的健康應為我輩首要的顧念。」從事醫護工作，不但要有醫德、有專業操守，更要有仁心、有良心，以病人的健康為首要考慮，而不是其他因素，更加不是政治。香港的醫護水平一向受到國際社會肯定，當年「沙士」一役，一眾醫護人員夜以繼日、前仆後繼地救死扶傷，捨身忘死，其中被譽為「香港女兒」的屯門醫院醫生謝婉雯更加毅然請戰，自願由內科病房轉到「沙士」病房工作，染疫後更沒有抱怨，反而樂天地說「要快點出院，返病房幫手」，無奈最終因感染病毒不治，全港市民莫不悲痛惋惜。然而，在這次疫情中，一些醫護卻罔顧病人安危參與罷工，將他們當日作出的莊嚴誓詞拋諸腦後，違背醫護天職和專業操守，更令香港醫護的形象蒙污。

在情在理在法　醫護罷工不能接受

基本法雖然賦予市民罷工權力，但有關罷工卻不是沒有限制。根據《職工會條例》和《僱傭條例》，罷工要得到法律保障要符合兩個要求：一是必須由工會發起，並由工會正式向僱主遞交罷工通知，而相關僱主也容許行動，那僱員便可獲得「僱主不能解僱參與罷工員工」的權利。二是罷工須是爭取勞工權益而行使罷工權，方能得到保障。《職工會條例》亦指罷工須因為「受僱用的人因發生糾紛」，當中的糾紛是「勞資糾紛」而不是政治糾紛。但這次罷工卻完全是因為政治而來，自然不會獲得法例保障，在情、在理、在法，醫護罷工都不能接受。

可幸的是，仍有大批醫護人員無懼風險緊守崗位，更有不少私家診所工作的醫護自願到公立醫院提供協助，值得廣大市民由衷敬佩。香港社會當前最需要的「疫苗」，正是這些醫護無畏無私的精神，以及同舟共濟的獅子山精神。只有全社會「拋開區分求共對」，上下一心、團結一致，才可在這場抗疫戰當中取得最終勝利。

（原載於 2020 年 2 月 13 日《星島日報》）

駱惠寧視察中企展示中央關心支持香港抗疫

提要：香港當下面對嚴峻疫情，出現物資緊缺、經濟下行的現象。如何透過物資供應和金融服務等支撐香港抗疫和經濟民生，市民高度關注。中聯辦是中央政府駐港的代表機構，中聯辦主任駱惠寧視察多家在港中資企業，調研物資供應情況和金融風險防範工作，並對中資企業提出明確要求，清晰傳達中央支持香港抗疫、心繫港人福祉的重要信息。在疫情危急關頭，所有在港中資企業員工士氣高昂，全力以赴奮戰疫情最前線，不負中央所託。在中央支持下，香港各界發揚團結對抗「沙士」疫潮的精神，齊心合力呵護香港家園，一定能打贏這場抗疫戰。

事實上，中央始終堅定支持香港繁榮穩定，祖國永遠是香港戰勝挑戰的堅強後盾。面對今次疫情，中央仍然像當年對抗「沙士」一樣，堅定支持香港抗疫，從支援口罩、控制人流、確保日用消費品供應等多方面給予支持。

支持香港抗疫　中資企業肩負重任

對抗新冠肺炎，香港最缺的就是口罩。在香港口罩供應最無助之時，中央在內地口罩同樣緊缺的情況下伸出援手，在國務院港澳辦大力協調下，內地向港輸出 1,700 萬個口罩；在控制人流方面，特區政府根據疫情變化和內地往來港澳人流的實際情況，提出多項加強口岸管控的防疫措施，國家不同部門及時全面配合；在確保日常消費品供應方面，疫情肆虐下，內地多省封城、封市，物資供應緊張，但仍然開足馬力供

銷，使供港貨源充足，保證了果菜奶蛋糧油和活豬對港供應正常，市民日常生活需要得到保障。正是在中央大力支持之下，香港始終穩守防疫和民生陣線。

緊貼香港疫情形勢提出工作要求

中央支持香港對抗新冠肺炎疫情，在港中資企業肩負重任，在糧油米食、日常用品、金融財務等不同方面都作出不同的應急安排。駱主任今次考察，走訪了華潤集團潤發倉、招商局集團倉碼公司米倉，了解豬肉、大米以及日用品倉儲和供應情況；走訪了中銀香港總部，要求再謀劃推出一些金融支持和紓困措施，幫助中小企業和廣大市民應對經濟下行帶來的困難；走訪了中石化香港的青衣油庫，強調要抓好油庫和油氣站等地點的安全生產管理工作，確保萬無一失。疫情持續，引發香港市面出現搶購潮，對中小企業經營、金融市場穩定和普通市民日常生活都造成了衝擊。駱主任這次考察，都是從香港社會最關切的問題入手，正代表了中央急民所急、想民所想，在民生前線毫不猶豫地挺身而出，協助香港社會穩定人心。

走訪調研期間，駱主任又對在港中資企業提出要求：認真貫徹落實習近平主席的重要指示精神和中央決策部署，把防疫抗疫作為當前最重要的工作來抓；充分發揮在市場供應和金融紓困中的積極作用；全力支持配合特區政府抵禦風浪，共同打贏這場疫情防控阻擊戰；繼續以實際行動體現「植根香港、心繫國家、服務社會」的責任和擔當。做好疫情防控工作，關係市民生命安全和身體健康，駱主任對中資企業提出的這些要求，貫徹中央防疫工作指示，緊貼香港社會疫情發展最新形勢，指導在港中資企業做好各項疫情防控工作，提振了全體員工的抗疫士氣，展示中央關心支持香港抗疫。

一直以來，在港中資企業擔當重要歷史使命，對維護香港繁榮穩定、推動經濟社會發展，發揮重要作用。面對今次疫情，在港中資企業

更是率先作出表率，既主動保持輸港物品供應鏈運作正常，又以多項貸款融資措施與港人共同應對經濟下行風險，更動員向全港醫療和慈善機構、基層社區組織捐贈口罩逾 9 萬個，捐款數額數千萬港元。縱使早前受到「黑暴」衝擊，在港中資企業仍然義無反顧，心繫香港，支援港人，表現出高度責任感和使命感。在疫情危急關頭，所有在港中資企業員工士氣高昂，企業貫徹傳統作風，全力以赴，奮戰疫情最前線，不負中央所託。

社會各界齊心合力呵護香港家園

目前，香港不少民間團體發起多起公益抗疫行動，千方百計籌集大批口罩、搓手液和消毒紙巾等防疫用品，又自發開展社區防疫普及宣傳，與全港市民共同抗疫。民間團體積極捐款捐物資，出錢出力履行社會責任，體現了港人對香港家園的熱愛和呵護。在中央支持下，香港社會各界發揚團結對抗「沙士」疫潮的精神，官民專家醫護合力，眾志成城、共克時艱，一定能打贏這場新冠肺炎抗疫戰。

（原載於 2020 年 2 月 19 日香港《文匯報》）

駱惠寧寄語「三心」 為港開出「抗疫良方」

提要：中聯辦主任駱惠寧昨日致函港區全國人大代表、政協委員，分享對於香港當前形勢的一些看法。駱主任在信中就着建制力量如何在「疫」境上為國家出力、為香港盡責？提出了三個「心」，即信心、愛心和齊心。香港面對疫情侵襲，社會人心虛怯、一片愁雲慘霧，在這樣的時刻，更需要抱持信心，懷揣愛心，戮力齊心，共克困境。駱主任的三個「心」，正是當前香港最需要的「抗疫藥方」。

香港沒有不團結理由

　　駱惠寧主任提出的第一個「心」是「信心」。他指出在最嚴格的防控措施下，10 幾億人口的大國，水不停、電不停、暖不停、通信不停、物資供應不斷、社會秩序不亂，各種暖心段子風靡網上，人們用堅毅和微笑告訴世界，中國人不悲觀不恐慌。已故美國總統羅斯福曾經講過：「我們唯一值得恐懼的就是恐懼本身——這是一種難以名狀、盲目衝動、毫無緣由的恐懼，可以使人們轉退為進所需的努力全都喪失效力。」

　　這場疫情規模之大、傳播高速、影響之深，固然令人憂慮。面對這場沒有硝煙的戰爭，面對這個從未見過的敵人，存有恐懼無可厚非，但也要看到全國正形成全面動員、全面部署、全面加強疫情防控工作的局面，要看到中央到地方層面如何有效地阻擊疫情，更要對國家的綜合國力、治理能力、制度效能有信心。相信國家有能力控制疫情，必定能夠打贏這場「抗疫大戰」。

　　在危難時期，信心比黃金更加珍貴。但這個信心不是建基於盲目的

樂觀，而是建基於對中國速度、中國規模、中國效率、中國制度的自信，唯有抱持對國家的信心，堅信中央及特區政府有能力應對疫情，不悲觀不恐慌不自亂陣腳，這場仗才能夠打下去。信心是打好這場抗疫戰的根本。

第二個「心」是愛心。駱惠寧主任在信中高度肯定香港各界對於內地同胞的關心關切，慷慨解囊支援內地抗疫一線，他更形象地指有關防疫物資和醫療設備，其半徑已經從亞洲到了歐洲乃至南美洲。這條防疫物資半徑反映的是兩地同胞血濃於水的親情。這條情感紐帶並非一時的政治風波所能離間得了。疫症無情，人間有愛；豈曰無衣？與子同裳。香港社會各界、兩地同胞更需要互相支持、互相打氣，以愛心相扶，共抗疫情。

必須指出的是，中央一直是香港最強大的後盾。駱主任日前走訪多家在港中資企業，調研物資供應情況和金融風險防範工作，並對中資企業提出明確要求。駱主任的調研之行以及這封信函，清晰傳達中央支持香港抗疫、心繫港人福祉的重要信息。兩地血濃於水，手足情深，在中央關顧支持下，兩地必定能夠打贏這場抗疫戰。

第三個「心」是齊心。越在困頓之時，就越能顯出「人心齊，泰山移」這句中國俗語的智慧。駱惠寧主任在信中指，靠着齊心、團結，中華民族雖屢經大風大浪都化險為夷，香港經歷一次次危機考驗而浴火重生。香港目前最需要的正是齊心。持續超過大半年仍未止息的修例風波，導致社會嚴重撕裂對立，社會黨同伐異，試問還如何團結一致應對疫情？

在疫情當前，社會上各種陰謀論、捕風捉影之說仍然此起彼落，網上造謠造假無日無之，不斷挑動社會對抗，破壞兩地同胞感情；在社會各界本應團結抗疫之時，還有人在煽動罷工、到處破壞，令政府難以集中精力防疫，對香港防疫工作造成嚴重干擾。香港面對回歸以來最困難的時候，已經沒有內耗的本錢，更加沒有不團結的理由，齊心不但是良好願望，更是香港抗疫的實際需要。只有做到「醫無私、警無畏、民齊心」，香港才能戰勝疫情。

駱主任的三個「心」，為香港當前的「抗疫戰」開出了藥方，指明了方向，振奮了信心，鼓舞了士氣。香港是 750 萬人的共同家園，不論抱持任何的政見、任何的立場，珍惜和愛護香港這個家，都是社會最大公約數。在這個時候，我們不應再互相指責，互相埋怨，也不能袖手旁觀，隔岸觀火。社會需要的是在疫境中抱持信心，在困難中懷揣愛心，在分化中戮力齊心，放下歧見怨恨，放開心中矛盾，協助香港走出困局。

（原載於 2020 年 2 月 21 日《大公報》）

蔡耀昌何錯之有　民主黨不民主

提要：蔡耀昌代表社協質疑一些食肆歧視內地人的行為，倡導平等權利和反歧視，何錯之有？民主黨所發聲明不僅拒絕批評歧視行為，反而將食肆的歧視行為合理化，是何道理？民主黨拿蔡耀昌向「黑暴」選票獻祭，何止是「民主黨不民主」，簡直是撈吃歧視「人血饅頭」，良心何在？蔡耀昌事件對反對派步入極端主義再次發出警號。社會各界應同心抵制所有極端主義和歧視行為，防止有人利用抗疫問題誤導公眾、撈取政治利益。

身兼民主黨中央委員的香港社區組織協會幹事蔡耀昌，日前代表社協與平機會主席朱敏健會面，促請平機會調查有食肆不招待內地人，並促請政府儘快修例，將歧視從內地來港的新來港人士或中國公民定為「種族歧視」。63 名民主黨黨員日前發表聯署信，以言論等同支持拒絕「全面封關」為由，促請蔡耀昌辭任民主黨中委。民主黨其後聲明指，蔡耀昌主動向民主黨中委會提出辭任黨內全部職務，並指蔡的立場與民主黨無關，與蔡割席。

拿蔡耀昌向「黑暴」選票獻祭

一般而言，「種族歧視」是指基於某人的種族或其近親的種族而給予該人差於其他人的待遇。事實上，任何人均有可能染疫，防疫不限於某種族的人羣；有食肆標籤內地人為疫症患者，不給予和其他人對等的服務，已明顯是歧視行為。目前，內地疫情已經好轉，許多省市持續多日確診個案零增長，反而歐美和亞洲等地確診個案持續增加，食肆「不招

待內地人」的歧視性質更加凸顯。社協參照國際人權公約和本地反歧視法例準則，指出香港社會出現涉嫌「種族歧視」現象，蔡耀昌代表社協質疑該些食肆歧視內地人的行為，要求平機會以《種族歧視條例》介入和調查，倡導平等權利和反歧視，為社會撥亂反正，有利不同種族的人在香港皆享有平等待遇，何錯之有？

蔡耀昌基於公義原則，在捍衛人權平等權益上，表達了發人深省的反歧視聲音。在民主黨內有這樣的理性聲音，值得尊重和珍惜。然而，蔡耀昌作為民主黨內選舉產生的高層，仍被黨內人士以不認同「全面封關」為由聯署「迫宮」，直接扳倒蔡耀昌，顯示民主黨已被激進的「本土派」把持操縱，專橫獨斷。民主黨更無視蔡耀昌提出反對歧視內地人的合理性，所發聲明不僅拒絕批評歧視行為，反而強調食肆歧視內地人的理據，將食肆的歧視行為合理化，火速向蔡耀昌「迫宮」割席，是何道理？

反對派步入極端警號響起

發起歧視內地人的行動，包括「光榮冰室」在內的一批「黃店」食肆，其中一些食肆是推動「黑暴」活動的積極分子。蔡耀昌指出，目前有 100 多間食肆正執行有關歧視政策。值得注意的是，今次包括林卓廷在內聲言「蔡耀昌不代表我」的聯署人，多屬民主黨內的激進新生代，不少更對 9 月的立法會選舉蠢蠢欲動。蔡耀昌被民主黨內激進勢力「迫宮」，反映民主黨已淪為極端政黨，思維越來越狹隘偏激。為討好極端分子，增加立法會選舉勝算，民主黨不惜與極端「黑暴」越走越近，利用疫情歧視內地人，全力為這批「黃店」撐腰，拿蔡耀昌向「黑暴」選票獻祭，意圖大舉吸納激進選民、「深黃」選票，已經完全背離民主黨創黨時提出的維護人權普世價值。可見，民主黨強調擁護「人權自由」，實際上只是吸引選民支持的口號。

病毒才是人類的共同敵人，防疫需要互相包容、團結友愛，把人類

抗疫智慧和能量全面發揮，歧視只會增加壁壘，分化社會，消耗意志，自亂陣腳，令疫情更加嚴峻。如果香港繼續走向極端主義，甚至被恐怖主義主導，連防疫抗疫都被暴力和歧視思想滲透，公眾健康不能得到社會共同防衛，只會損害市民利益，妨礙社會長遠發展。

蔡耀昌事件對反對派逐漸步入極端主義再次發出警號，社會各界應同心抵制所有極端主義和歧視行為，共建公平公正社會，構築防疫最強陣線，防止有人利用抗疫問題誤導公眾、撈取政治利益。

（原載於 2020 年 3 月 18 日香港《文匯報》）

借鑒內地成功經驗　速建港版方艙醫院

提要： 面對新冠肺炎疫情持續倒灌，醫療體系出現爆煲危機，香港急需爭取國家支持，快速興建港版方艙醫院。武漢建方艙醫院被認為是今次抗疫關鍵之舉。國家自上世紀 90 年代已開始研製第一代方艙醫院系統，在建設方艙醫院的物料供應、組裝規格、技術裝備、規劃調動等方面，已經建立一套成熟的方法體系。特區政府須爭分奪秒搶時間，吸納內地建立方艙醫院的技術和經驗，加緊部署建設港版方艙醫院。全社會都應全力支持特區政府興建方艙醫院的舉措，在覓地選址上予以理解和配合，為應對可能發生的社區大爆發做好充分準備。

世衞上月正式宣佈新冠肺炎「全球大流行」，不論確診或死亡數字，全球個案處於大幅上升趨勢，美歐和亞洲多國先後出現大量集體染疫現象，外圍疫情日趨嚴重。自上月 19 日開始對外地入境人士強制檢疫 14 天後，香港確診個案比「全球大流行」的前一階段，累積個案大增近 1.6 倍，逾七成屬輸入個案，升幅驚人，反映疫情倒灌嚴峻，成為香港第二波防疫重點。

醫療體系瀕爆煲　方艙醫院是出路

醫管局數據顯示，本港公立醫院負壓病床使用率不斷上升，個別醫院負壓病床使用量更高達 100%。若本港確診數字如歐美等地以「幾何級數」上升，醫療系統肯定不勝負荷，疑似個案只能留守社區隔離，形同放任病毒流走，推高社區爆發的風險。近日便再有劏房住戶確診後，因床

位調配問題延後逾 40 小時才被送往醫院醫治。昨早有 50 至 60 名確診病人等候入院，截至昨下午 3 時，仍有 12 名確診病人需等候送院。如果因為醫療系統超負荷令病人延醫，導致疫情在社區大規模爆發，將一發不可收拾。

武漢為長期抗疫設有雷神山、火神山和 16 家方艙醫院，設立清晰的病患分流機制和應急環節，對於有效控制疫情發揮至關重要的作用。醫療體系瀕臨爆煲，建立港版方艙醫院是出路。香港若要應對長線作戰及未來持續增加的患者，應該儘快借鑒武漢的成功經驗，建立方艙醫院和相關醫療設備，集中收治較輕症患者或康復中患者，務求令醫療資源完善分流。

武漢建方艙醫院是抗疫關鍵之舉

武漢建設能提供萬個床位的方艙醫院，是可快速部署的成套移動醫療模塊，其中首批 3 家方艙醫院於 29 小時內建成。在疫情的關鍵時期，建設方艙醫院便被認為是今次抗疫的關鍵之舉。「方艙」的意思，就是利用各種堅固材料有機組合形成方便和可移動的堅固空間，概念源於軍事技術，後來廣泛應用於民用領域。方艙醫院一般由醫療功能單元、病房單元、技術保障單元等部分構成，具有緊急救治、外科處置、臨床檢驗等多方面功能，以及機動性好、部署快速、適應性強等諸多優點，能夠應對突發的應急醫學救援任務。

武漢爆發疫潮初段，面對醫療資源緊張、床位不足等問題，大量確診輕症患者在家隔離，若得不到有效收治，對疫情防控形成一大隱患。啟用大空間、多床位的方艙醫院，大量收治輕症患者，即可有效解決這一難題。此外，方艙醫院開放式的病房，還可大幅提高看護效率，讓醫護人員有足夠的精力照顧更多病人。

國家自上世紀 90 年代已開始研製第一代方艙醫院系統，在建設方艙醫院的物料供應、組裝規格、技術裝備、規劃調動等方面，已經建立一

套成熟的方法體系。中央舉全國之力，支持湖北和武漢防疫抗疫，以驚人的速度建設了 16 家方艙醫院，與火神山醫院、雷神山醫院共同全面排查收治患者。

全社會都應支持特區政府建方艙醫院

目前歐美等國也在仿效內地的抗疫機制，紛紛興建類似方艙醫院的臨時醫療設施。香港目前建立方艙醫院面對兩方面的困難：一是規劃和建設技術經驗缺乏；二是物料和醫療配套供應缺乏。這兩點，特區政府可以尋求國家支持。疫情形勢不等人，面對第二波抗疫硬仗，香港要有內地籌建方艙醫院臨時舉措的幹勁，必須要以雷霆手段，在最短時間提速籌建港版方艙醫院，避免醫療體系陷入失控狀態。

特區政府須爭分奪秒搶時間，吸納內地建立方艙醫院的技術和經驗，加緊部署建設港版方艙醫院。全社會都應全力支持特區政府興建方艙醫院的舉措，在覓地選址上予以理解和配合，為應對可能發生的社區大爆發做好充分準備。

（原載於 2020 年 4 月 1 日香港《文匯報》）

發起人口罩獻愛心　大聯盟傳遞正能量

提要：「千萬口罩獻愛心」活動，是「香港再出發大聯盟」與地區力量共同協作的成果，不僅貫徹大聯盟羣策羣力、同舟同心的創立宗旨，更帶出了香港需要找出路、做實事的重要啟示。本人作為發起人親身參與派口罩，給市民送上關心和祝福，也感受到市民的鼓勵和支持，相互之間都倍感親切，為推動社會齊心抗疫帶來正能量。如何遏止「攬炒派」對香港的禍害已迫在眉睫，大聯盟挺身而出穩住社會信心，喚起市民希望。全社會合力把香港從困局中解放出來，以團結奮進的激昂士氣，全力抵制「攬炒派」的惡行，共同揭開香港發展新一頁，令人期待！

　　大聯盟上週初正式成立後，過去一連兩日啟動首個全港性大型活動「千萬口罩獻愛心」，共同發起人分別在全港數百個地點向市民派發 1,000 萬個口罩。大聯盟坐言起行，致力推動社會生活及經濟活動回復正常，讓香港重新再出發。

大聯盟派口罩給市民送上關心祝福

　　香港疫情紓緩，連續 20 多日無本地確診個案，這是特區政府、醫護人員和全港市民共同努力的成果。眾志成城、萬眾一心，是做好防疫抗疫的重要條件。不少專家指出，新冠肺炎疫潮還將持續一段長時間，為免過去的抗疫努力付諸東流，防疫意識未可鬆懈。社會各界仍需為今後一段時間的防疫抗疫多做工夫。

　　從兩日活動可見，「千萬口罩獻愛心」在全港 18 區以街站派發、社

區和團體分發、網絡登記領取等多種方式展開，大聯盟亦安排工作人員派送口罩至各機構、團體、老人院、單親協會及多元文化中心等地，擴大受益面，令不同地區的大人、小孩和弱勢羣體都能受惠。在大聯盟號召下，不少社會知名人士紛紛落區，將口罩派到每一位市民手中。市民在炎熱的氣溫中秩序井然地領取口罩，並紛紛為大聯盟急市民之所急的貼地行動點讚。本人作為發起人親身參與派口罩，給市民送上關心和祝福，也感受到市民的鼓勵和支持，相互之間都倍感親切，為推動社會齊心抗疫帶來正能量。

今次全港派發口罩活動，是大聯盟與地區力量共同協作的成果，不僅貫徹大聯盟羣策羣力、同舟同心的創立宗旨，更帶出了香港需要找出路、做實事的重要啟示。

大聯盟挺身而出穩住信心喚起希望

香港經濟處於水深火熱，今年首季 GDP 錄得 8.9% 負增長，全年本地經濟增長預測進一步修訂為負 4% 至負 7%；最新失業率更是自 2010 年以來高位，形勢極不樂觀。許多新畢業的年輕人，求職處處碰壁，對前路感到焦急萬分。穩經濟、撐企業、保就業成為香港當務之急，大聯盟將更堅定從民生、經濟、青年等多方面集思廣益，為香港找尋出路。大聯盟短期內的第二波行動，將會調動資源和企業，配合政府提振經濟保障民生，其首要關注的是青年就業與培訓問題。

香港出現「攬炒派」，不顧一切破壞香港幾代人的努力成果。反對派半年來癱瘓立法會內會正常運作，拖延多項與民生息息相關的重要法案，上週五更在立法會內上演暴力衝擊鬧劇，阻撓現任內會主席李慧琼依法主持召開特別內會。反對派又揚言要在今年的立法會選舉中取得過半數議席，否決所有政府議案、法案、撥款。在反對派策動和鼓吹下，「黑暴」沒完沒了，社會受到持續暴力破壞的創傷不能癒合，更多年輕人被誘導違法衝擊成階下囚，令人擔憂和痛心。如何遏止「攬炒派」對香港的

禍害已迫在眉睫。大聯盟挺身而出穩住社會信心，喚起市民希望。全社會合力把香港從困局中解放出來，以團結奮進的激昂士氣，全力抵制「攬炒派」的惡行，共同揭開香港發展新一頁，令人期待！

大聯盟共同宣言是匡正時弊社會良藥

從去年的修例風波到今年的新冠肺炎疫潮，香港社會飽歷風雨，「再出發」是香港社會的期望。大聯盟的《共同宣言》提倡堅守「一國兩制」、重振經濟、重歸法治、重拾團結的香港精神，環環緊扣，相輔相成，是匡正時弊的社會良藥。宣言提出：香港拒絕「被攬炒」，選擇發展；拒絕「被撕裂」，選擇團結；拒絕「被破壞」，選擇法治。這是急市民所急、想市民所想的重要宣告。《共同宣言》着眼當前，放眼未來，為香港拒絕「黑暴」「攬炒」、浴火重生提供新方向、新思維，值得每個熱愛香港的人認真思考和領會。大聯盟作為團結香港各界和廣大市民的新平台，今後不論工作再難、挑戰再大、困難再多，通過大聯盟的推動和努力，定能體現宣言真諦，共同「再出發」！

（原載於 2020 年 5 月 11 日香港《文匯報》）

市民為重選舉輕　推遲立選先抗疫

提要：香港第三波疫情高燒未退，已經連續多日錄得過百宗確診個案，而且未見有遏止的跡象。儘管特區政府接連收緊抗疫措施，但病毒已經流入社區，香港已經出現「本土爆發」，疫情在未來一段時間都難以完全受控。

幾百萬選民聚集票站

要遏止疫情擴散，首要是阻止人羣聚集，保持社交距離，從而斬斷病毒的傳播鏈。香港地狹人稠，本已令到病毒容易傳播，如果再繼續進行大規模的集會及活動，必將令疫情更加失控。所以，9月的立法會選舉必須及早叫停，如果繼續讓各參選人在地區上進行選舉工程，任由投票日幾百萬人聚集在票站，這不但與抗疫背道而馳，更將導致疫情大爆發，威脅全港市民安全。

選舉是重要，但卻不能凌駕市民安全，不同國家或地區都因應疫情推遲選舉，為甚麼香港要堅持選舉讓廣大市民冒險？政府應果斷引用《緊急情況規例條例》或《預防及控制疾病條例》，推遲選舉一年，讓社會在這一年間能夠集中精力抗疫，待疫情完全受控下再選舉也不遲。

醫療體系已瀕臨爆煲

對於疫情甚麼時候受控，不少專家都心中沒底，香港大學醫學院院長梁卓偉預測，即使當局已收緊防疫措施，確診數字起碼要兩個半月後，才有望回復到第三波前的水平。但就算能回復到第三波爆發之前，疫情

依然未有受控，意味着在未來一段長時間，香港都要進行艱苦的抗疫戰。有醫學專家表示，現時確診數字仍高企，但並非「幾何級」上升，認為政府可待 8 月第三週再決定是否選舉。然而，現在每日持續過百個確診個案，醫療體系已經瀕臨爆煲，未到「幾何級」香港已經受不了，到了真的「幾何級」爆發，就不是停選舉而是整個香港都要「停擺」。

在這樣的情況下，9 月的立法會選舉必須延期，以免延誤抗疫。事實上，澳洲 9 月的地區選舉、加拿大 5 月及 6 月的地區選舉，以至英國 5 月的地區選舉，同樣因應疫情押後 12 個月，不少國家或地區都相應押後選舉，當中的考慮點都是相同，就是不要拿市民的安危來冒險。香港也應將立選順延一年，讓政府有一個有較大的迴旋空間，在這一年間先集中控制好疫情。

在法律上，因應公眾衛生危機而推遲選舉，完全是依法有據：一是可以引用《緊急情況規例條例》，該條例授權行政長官會同行政會議認為屬緊急情況或危害公眾安全的情況時，可訂立任何他認為合乎公眾利益的規例，包括暫停實施任何成文法則。這樣，行政長官就可以疫情威脅公眾安全為由，引用《緊急法》暫停執行《立法會條例》取消選舉。直到局勢受控後，再重新執行《立法會條例》。

特首可召開立法會緊急會議

二是可引用俗稱「衛生緊急法」的香港法例第五九九章《預防及控制疾病條例》第八條，當中規定「如行政長官會同行政會議認為任何情況屬公共衛生緊急事態的情況，行政長官會同行政會議可為防止、應付或紓緩該公共衛生緊急事態的影響，及為保障公眾健康，訂立規例」，通過訂立規例暫停選舉。

在這一年時間，特區政府可根據《立法會條例》第十一條，於立法會任期完結或解散後而於指明舉行選出立法會議員的換屆選舉的日期前的期間內，主席必須應行政長官的要求，召開立法會緊急會議；於緊急會

議開始前的立法會任期內擔任議員的人，須當作為立法會議員。

　　即是由現時原班人馬繼續處理未來一年的立法會事務，確保立法會運作如常。

　　選舉無疑重要，但多重要也及不上人命，及不上市民的安危，順延立選是對香港最好也是最負責任的選項。特區政府應該當機立斷。

（原載於 2020 年 7 月 29 日《星島日報》）

人大釋疑止爭　反對派好自為之

提要：全國人大常委會全票通過香港特別行政區第六屆立法會繼續運作的決定，現任全體立法會議員延任一年。人大不但為解決立法會選舉推遲一年後的空缺安排提供憲制法律基礎，而且人大決定一錘定音，具有最高的權威性，有助香港社會釋疑止爭，走出政治爭拗的泥潭，聚精會神於抗疫及恢復經濟，讓社會早日重回正軌。對於中央的包容和善意，反對派應該積極回應，摒棄對立同心抗疫，不要在「攬炒」路線上一路黑到底。

有利消除法律上不確定性

人大有關決定依據憲法、基本法和香港實際情況作出，為解決香港立法會「真空期」問題立牌指路。決定具有最高法律效力和權威性，為現屆立法會繼續履職提供了堅實的憲制法律基礎，體現了香港的憲制秩序，有利於消除法律上的不確定性，最大程度體現中央對香港的支持，為本港早日恢復經濟、改善民生創造有利條件。

香港的疫情仍然嚴峻，特區政府以市民的生命健康安全着想，引用《緊急法》押後立法會選舉一年。現在人大決定讓現任全體立法會議員延任一年的決定，既是依據憲法和基本法而作出，也充分考慮香港的實際情況，不但在操作上簡單易行，而且全體議員留任也具有較強的認受性，讓立法會運作得以無縫銜接，符合香港整體利益，值得社會各界支持。

理性問政　助香港渡難關

人大決定讓現屆立法會繼續履職，這是對立法會運作影響最小的安排，目的是希望立法會能夠及早恢復運作，讓香港重回正軌。香港目前正面對疫情和經濟民生的雙重夾擊，各項防疫及振經濟保民生的工作，都需要行政和立法機構的衷誠配合。讓立法會原班人馬留任，出發點是為了維護香港的整體利益，體現中央對香港、對立法會的良好期望，希望議員都能顧全大局，理性問政，協助香港渡過難關。

顯示包容　予「守行為期」

是次決定的其中一個關注點，是早前報名參選立法會選舉被 DQ 的 4 名反對派現任議員，能否繼續履職。從道理上講，他們近年的所為並不符合擔任議員的資格，之所以被 DQ，正說明他們的所為並沒有擁護基本法和效忠特區。外界也有不少呼聲認為應該 DQ 他們的議員資格。但同時，他們作為現屆議員，既然人大決定讓全體現屆議員延任一年，在法律上他們也屬於其中之一。中央決定讓全數議員繼續履職，顯示出對反對派的包容，也表明中央的出發點，完全是從香港抗疫、立法會的正常運作、社會的穩定發展着眼。

對反對派政客而言，這一年無疑是等如「守行為期」，他們如果希望繼續留在議會，就必須改弦易轍，遵守香港的憲制底線，摒棄對抗的路線，重新回到憲制的一邊。人大決定為反對派留下了一條生路，能否把握好，還是要一路黑到底，反對派應好自為之。

（原載於 2020 年 8 月 19 日《星島日報》）

大規模普測是重啟經濟民生活動基礎

提要：大規模普測有效遏止病毒擴散，不僅是為本港內部重啟經濟、刺激消費、增加就業打好基礎，也是為設立「健康碼」，重啟跨境經貿旅遊往來，為本港經濟民生注入活力創造條件。得力於中央的支持，香港一直希望推動的大規模社區普測終可實現。一些別有用心的「攬炒」政客，為一己私利，罔顧市民健康安全，憑空捏造謠言，企圖搞垮普測安排，必須予以揭露和譴責！一些國家連佩戴口罩也變成政治角力工具，拖累抗疫工作，導致疫情成災，值得引以為鑒。全港市民為自身健康和切身利益考慮，也為社會重返常態着想，都應擯棄無謂爭拗，踴躍參與普測。

特首林鄭月娥日前宣佈，社區普及檢測新冠病毒將於下月 1 日開始，最快今個星期接受網上預約。根據安排，中央提供的資源足夠應付全港 750 萬市民檢測之用，為香港有效抗疫走出正確和重要一步。

全面切斷社區隱形傳播鏈

香港第三波疫情爆發以來，雖然確診病例數量有下降，但感染源頭未明、確診者病死率高兩大問題仍然亟待解決。新冠病毒十分狡猾，有 22.6% 患者並無病徵，但仍具傳播病毒的能力。香港社會「抗疫疲勞」的現象非常明顯，放寬社交措施可能會引發新一波疫情。面對社區仍然存在很多隱形傳播鏈，只要力所能及，香港社會都應合力除惡務盡。

事實上，不少國家和地區嘗試重開經濟後，疫情都出現反彈。香港要夯實疫後重啟經濟民生活動的基礎，以大規模普測全面切斷社區的隱

形傳播鏈，貫徹早發現、早隔離、早治療原則，不讓病毒再有可乘之機，至關重要。在這樣的背景下，全民檢測已是如箭在弦，不得不發。

眾所周知，當前香港經濟陷入谷底，固然與新冠疫情限制經濟活動有關，但是疫情反覆，兩地不能正常通關，也制約了內地「活水」對香港經濟的支撐，大規模普測就是為「後疫情時代」振興經濟和恢復兩地正常交往創造必要條件。

政客造謠誤導用心險惡

短期而言，大規模普測有效遏止病毒擴散，令確診大幅減低，這是為重啟經濟、刺激消費、增加就業創造條件，讓政府限制措施可以放寬或取消，以恢復市民正常生活和社會經濟活動，旅遊業、飲食業、娛樂業等行業便可重拾生機，擺脫關門厄運，失業率才有望回落。

中期而言，大規模檢測對經濟更重要的意義，就是為設立「健康碼」打好基礎。眾所周知，兩地頻繁交往，是香港發展經濟改善民生的重要條件。現在，香港要融入粵港澳大灣區，更要排除疫症制約，早日恢復通關。一旦「健康碼」與內地互換，兩地恢復通關，往來人流逐步回升，將有力刺激香港經濟活動，各行各業受惠。可以預見，透過大規模社區檢測，令本港疫情受控，可以重啟跨境經貿和兩地旅遊交往，為本港刺激經濟、改善就業注入動力。

令人氣憤的是，在防疫抗疫、事關人命的大是大非安排上，反對派仍罔顧市民安危，無視大規模普測對香港抗疫的重要意義，將普測政治化，不僅抹黑內地檢測人員和技術，對安排冷嘲熱諷，更製造各種謠言，企圖搞垮普測安排。特區政府已多次說明，香港需要引入內地人員和檢測技術措施作為支援，檢測人員和器材都符合醫療專業要求，所有檢測資料都會留在香港並且銷毀，一些別有用心的「攬炒」政客，不僅散播「檢測無用論」，甚至憑空捏造所謂「收集港人基因資料」、「輸送利益給予內地機構」等謠言，企圖誤導市民，阻撓普測順利開展。對於反對派

為一己私利，罔顧市民健康安全，將普測政治化的所作所為，必須予以揭露和譴責！

摒棄無謂爭拗踴躍參與普測

　　參與大規模普測是對個人健康和社會共同福祉負責任的做法。一些國家連佩戴口罩也變成政治角力工具，拖累抗疫工作，導致疫情成災，值得引以為鑒。目前，多達 3,000 名醫護響應號召參與普測工作，本着服務社會服務市民的精神，面對疫情風險臨危受命，令人感動。專家指出，越多人參與普測，香港抗疫越容易成功。為自身健康和切身利益考慮，也為找出隱形患者遏制疫情和社會重返常態着想，全港市民都應踴躍參與普測，摒棄無謂爭拗，全民動員，讓大規模普測水到渠成，香港疫情早日穩定，為振興香港經濟、恢復兩地往來鋪路。

（原載於 2020 年 8 月 25 日香港《文匯報》）

「黃醫護」煽動杯葛普檢失德禍港

提要：「普及社區檢測計劃」正式展開，市民反應踴躍，至今已有約 78 萬人登記，首日有逾 12 萬人接受採樣。特首林鄭月娥日前表示，雖然新增確診個案下降至單位數，但代價沉重，呼籲市民積極參與普檢。她點名批評「醫管局員工陣線」呼籲杯葛檢測計劃，影響市民參與意欲，促請有關團體「回頭是岸」。

應對新冠肺炎疫情，最有效的策略只有一條，就是「早發現、早隔離、早治療」，將病毒及早圍堵，截斷社區傳播鏈。多一個市民接受檢測，社區就有多一分保障。然而，「醫管局員工陣線」卻政治凌駕專業和醫德，以各種謬論污名化、政治化普檢，呼籲市民杯葛，罔顧市民安危。這說明在香港的政治病毒遠較新冠病毒嚴重。

必須指出的是，在這次普檢計劃中，多達 6,000 名醫護人員及相關專業的學生自願報名協助採樣工作，他們為香港付出的無私精神令人感動和敬佩，也反映大多數醫護人員都是專業、有醫德、對市民安全負責。但同時，也有一些如「醫管局員工陣線」之流的政治工會，為了一己政治私利，不僅沒有為檢測提供任何協助，更散播各種謠言，詆毀抹黑普檢計劃，甚至埋沒良心的叫囂「全民杯葛」。這種將抗疫政治化、將全港市民生命健康作政治籌碼的所為，理應予以最強烈的譴責。

「醫管局員工陣線」在疫情爆發初期，曾發動政治罷工，妄圖脅迫特區政府「全面封關」。當時社會各界已批評這個政治工會的所作所為是罔顧人命，要求醫管局追究失職醫護責任。然而，「醫管局員工陣線」至今仍然死心不息，日前公開呼籲市民杯葛普檢，組織主席余慧明更宣稱，

計劃沒有「全面封關」等配套下成效存疑，又質疑普檢會製造大量「假陰性」結果，反而加劇病毒在社區傳播云云。

須對政治醫護工會追責

這些說法並無新意。首先，任何檢測都無可能百分百準確，但現時的檢測方式，即使以 5 人為一組的「混合樣本」檢測方法，準確度也至少有 97%。而這次普檢計劃中的混合樣本亦將進行兩次測試，陽性樣本更會由衛生署進行多一次覆檢，將誤差降至百萬分之一的水平。這樣的準確水平已是十分高。至於該組織要求普檢配合「全面封關」、「禁足令」，更是不切實際，現在內地已經基本控制疫情，形勢比香港安全得多，還封甚麼關？至於「禁足令」更沒有顧及社會運作和市民生計，根本不可行。

普及檢測在內地和世界多國都已證明有效控疫。內地在短期內成功控制住疫情已是最佳證明。德國被視為應對疫情較得力的歐洲國家，其中一個成功之道，就是早在 4 月初就實施了歐洲首個大規模抗體檢測項目。現在，英國政府也考慮施行全民新冠病毒常態化檢測。

余慧明之流一葉障目，不是無知就是偏見。最令人齒冷的是，如果市民真的聽從反對派呼籲杯葛普檢計劃，這不但嚴重影響普檢成效，更會令大批隱性患者在社區自由活動，猶如埋下一個個計時炸彈，隨時令香港的抗疫防線崩潰。

反對派煽動「全民杯葛」，真正目的就是要「攬炒香港」，為了打擊特區政府管治威信，不惜破壞政府抗疫工作，阻止普檢，令疫情長期困擾香港。他們的所為已到了不擇手段、喪心病狂的地步。這些醫護的失德禍港所為，說明「政治攬炒」的禍害遠比新冠病毒更大。市民不要被其蠱惑誤導，為人為己為港，踴躍參與普檢。同時，針對「醫管局員工陣線」的所作所為，已經嚴重違反醫管局《行為守則》，更違反醫護的職業道德操守，醫管局應該嚴肅追究責任。

（原載於 2020 年 9 月 3 日《大公報》）

普測成功更要建立長期機制

提要：社區普檢計劃正式結束，累計檢測人數接近 180 萬，共找出 32 個隱性患者。在面對各種政治化干擾之下，普檢仍然得到 180 萬市民參與和支持，成績得來不易，當中既在於特區政府安排得當，在設備安排、人員調配、中心設置、報名手續和普及宣傳等方面統籌得力，加上 6,000 名醫護人員盡心盡力參與計劃，讓市民放心參與；也是由於中央的大力支持，讓香港能夠迅速處理百萬計的檢測樣本，普檢成功更說明市民對於計劃需求殷切，希望香港社會能夠早日復常。抗疫是一場持久戰，特區政府應吸取經驗，為日後持續進行大篩查打好基礎。

請求中央續派「檢測支援隊」

不過，普檢雖然取得成效，但仍有 570 萬人因為不同原因而未有參與，當中很可能潛伏一些隱性患者，成為社區的「計時炸彈」，隨時令疫情出現新一輪爆發。因此，特區政府應建立一套長期的病毒檢測體制，當中應包括以下 4 方面內容：

一是將普及檢測作為長期計劃，政府應保留現時的人手和設備。隨着之後「健康碼」和「旅遊氣泡」陸續推行，市民對於檢測的需求將會持續增加，特區政府在這次普檢上作出了周密安排，並得到中央醫療團隊的大力支援，中央並派出一批專家組成「檢測支援隊」來港，人數達 400 多人，成為香港抗疫的「雷霆救兵」。因應目前疫情仍未平復，特區政府應保持現時的檢測配置，並請求中央繼續派出「檢測支援隊」，一方面以應對不時之需，另一方面通過中央醫療團隊的支持，在香港逐步建立自

身的檢測團隊，並成立長期、系統性的檢測機制，以免再出現檢測能力不足等問題。

二是加強「應檢則檢」範圍。現時的普檢計劃是「願檢則檢」，難免令不少市民沒有參與普測。香港要控制疫情需要繼續擴大檢測範圍，對於一般市民，是否檢測可以自願，但部分工種例如公務員、紀律部隊、教師、學生、安老院舍、運輸業界、食肆從業員、前線售貨員，以及接受《預防及控制疾病（規定及指示）（業務及處所）規例》所規管的場所從業員等，由於工作上會接觸到大批市民，有關工作場所也潛藏較大的感染風險，理應強制檢測，要求所有僱員參與，並且對不合作的僱主僱員設立罰則。

三是在檢測上更具針對性，例如當發現一些感染羣組或地區時，政府應強制有關羣組及居民接受檢測，這個安排不能是自願，必須是強制，務求及早斬斷傳播鏈，以免重蹈早前慈雲山爆發疫情覆轍。政府更可研究修例，賦予相關部門在必要時對目標市民進行強制檢測的權力。

儘早推行「健康碼」「旅遊氣泡」

四是儘早推行「健康碼」及「旅遊氣泡」，並將參與檢測作為必須要求，推動更多市民參與檢測，讓香港逐步恢復正常。

然而，要達到這些目標，不能單靠市民的自律和自願，政府須拿出更大的決心和魄力推動，尤其是面對各種政治化干擾，有反對派人士已表明全力反對「健康碼」，預期之後又會是連場硬仗，特區政府更要堅定意志，敢於反擊各種歪理謬論，堅定推動各項抗疫工作，以實際的表現和成績爭取市民支持。

（原載於 2020 年 9 月 22 日《星島日報》）

駱惠寧探訪基層體現中央對弱勢關懷

提要：10 月 1 日上午，中聯辦主任駱惠寧走進基層社區，慰問香港市民。駱惠寧首先來到港島小西灣 74 歲吳璧嫻家中，向這位將自己省吃儉用存下的 11 萬港元積蓄，全數捐予內地抗疫的「善心人」送上節日問候。駱惠寧接着來到九龍深水埗，探望租住面積不足 8 平方米的徐天民家，得知徐天民目前失業，偶打零工，妻女不得已回到原籍湖南生活。駱惠寧表示，我們一直牽掛着生活困難市民。看到你家的居住環境，心裏很不好受。他請徐天民轉達對其家人的節日問候。

在國慶及中秋佳節之時，駱惠寧親身落區慰問市民，訪貧問苦，不但體現對弱勢的關懷，反映駱主任平易近人，求真務實，關注基層的作風，更表明中央對於香港房屋等民生矛盾的重視。房屋問題是當下香港一大深層次矛盾，駱惠寧特意採訪貧困劏房戶，既體現中央對弱勢關懷，也提示香港各界及特區政府必須加大力度解決房屋等民生問題，紓解香港的民生矛盾，讓市民有安居之所。

國慶中秋雙節，本是市民享受節日歡樂的時光，但對於大批居住在劏房，貧無立錐之地的貧困市民而言，面對修例風波和新冠疫情的雙重打擊，面對失業減薪之苦，卻未必有歡渡佳節的心情。駱惠寧在節日期間親身探訪貧困戶，了解他們的生活情況和實際困難，更囑咐隨行人員，幫助其中一位失業市民儘快實現就業，為他們打氣鼓勁，顯示了中聯辦對港人的牽掛和關注，也充分體現中央「以民為本」的施政理念。

事實上，中聯辦一個主要職能，就是聯繫香港社會各界人士，增進兩地交往，並反映香港居民對內地的意見。這需要中聯辦更積極深入社

會，了解香港民情，把握香港脈搏，駱惠寧親身落區訪貧問苦，有助更了解香港基層市民生計，是履行好自身職責的應有之義。

駱惠寧這次落區探訪的市民都有很強的針對性，探訪吳婆婆既是感謝她將自身積蓄捐予內地抗疫，更重要是彰顯兩地同胞血濃於水，一方有難八方支援的骨肉親情，這些親情是任何政治操作都不能割裂的。而探訪貧困劏房戶，更反映中央高度重視香港的民生問題，駱惠寧在會面中呼籲社會各界、各團體、各企業，支持配合特區政府，落實抗疫基金，共同為恢復經濟、增加就業、紓解民困而努力。顯示中央急港人所急，希望香港集中精力發展經濟、改善民生，其中解決房屋問題更是當前的重中之重。

提示解決房屋等深層矛盾

近年香港樓價不斷飆升，市民上樓難，貧者無立錐之地，中產被供樓開支壓得喘不過氣。歷屆特區政府都高度重視房屋問題，大力發展公共房屋，但由於各種政經掣肘，資助公屋的供應遠遠跟不上需求，市民輪候公屋遙遙無期。駱惠寧這次落區，不但體現中央對於香港貧困市民的關心，更重要的是反映中央十分清楚香港的深層次矛盾，提示特區政府必須及早解決房屋問題。

特區政府應將改善經濟紓解民生作為 10 月施政報告的重點，特別在房屋和土地問題上，應該多管齊下，大力發展新界鄉郊農地、棕地，將市區的荒置工廈、舊樓等改建成貧困人士宿舍，並且進行大規模填海造地，通過大幅增加土地供應，紓解香港的住房困難，切實紓解香港的民生矛盾，讓港人安居樂業。

（原載於 2020 年 10 月 11 日《星島日報》）

香港需用好國家支持　加快安排疫苗接種

提要：香港的第四波新冠疫情仍然嚴峻，社會關注何時能接種疫苗。疫情不能受控，市民的「抗疫疲勞」只會越來越嚴重，疫情反覆的問題也會越來越嚴重，更談不上復甦經濟。廣泛接種疫苗是戰勝今次疫情的關鍵，但特區政府官員卻稱，最快要明年中才有疫苗，實在太慢。我們國家抗疫成果舉世矚目，研發疫苗取得重大進展。林鄭特首新一份施政報告提到，中央政府已同意在有需要時，預留一定數量的內地研發或生產的疫苗供香港市民使用。盡快開展疫苗接種工作時不我待，期待特區政府急市民所急，不要捨近求遠，而需用好國家在疫苗上的支持，並加大在全球採購疫苗的規模和力度，加快本港新冠疫苗接種進度，讓市民看到抗疫的曙光。

香港的第四波新冠肺炎仍然嚴峻，社會各界高度關注接種疫苗進度能否趕上疫情形勢。特區政府有關官員日前表示，已預留資金訂購相當於香港人口兩倍數量的新冠疫苗，但預計最快明年中後期才可較大規模接種，在社會上引起非議。

香港明年中才有疫苗實在太慢

新冠疫苗被視為截斷新冠病毒傳播鏈、重啟經濟的強力利器。經濟合作與發展組織（OECD）日前表示，新冠疫苗最新進展為全球經濟帶來一線希望，預計全球經濟將在明年從今年的歷史性衰退強勁反彈，中國經濟規模到明年底將比 2019 年底大 10%。世界各國高度重視部署研發和引進疫苗工作，原因正在於疫苗不只保護民眾健康，更對重啟經濟、

確保商貿正常活動有重要的抗震作用。

今年 11 月初，國務院副總理韓正在北京會見行政長官林鄭月娥時表示，希望香港把疫情防控作為頭等大事來抓，嚴格落實常態化疫情防控措施，統籌做好疫情防控和經濟恢復工作。當前，香港新冠肺炎疫情反覆，經濟民生受到嚴重衝擊，市民備受困擾。香港和新加坡協定的「旅遊氣泡」，原意正是逐步放寬旅客出入境防疫限制，方便遊客和商務旅客出行，儘快帶動旅遊業和經濟商業復甦，最終在香港出現第四波疫情後觸及熔斷機制而暫緩措施。這是疫情不能受控、拖延經濟復甦的警示。社會各界都期待加快安排接種疫苗。如果最快要明年中才有疫苗，實在太慢。

港不應捨近求遠　需爭取國產疫苗

各國研發新冠疫苗進入最後階段，多國更已搶先開始疫苗接種。其中，英國成為第一個國家宣佈批准使用輝瑞新冠疫苗；俄羅斯日前已正式展開新冠疫苗大規模接種，為全球首個公開讓國民大規模接種的國家。值得注意的是，不少西方國家斥資與藥廠及科研機構聯手研發疫苗，同時大多採取「我國優先」的安排預購大量疫苗，疫苗保護主義令外國疫苗供港受到種種限制，帶來不確定性。

我們國家抗疫成果舉世矚目，研發疫苗取得重大進展。我國現有 5 條技術路線的 14 款疫苗進入臨床試驗，5 款處於第三期，生產準備工作有序推進，部分先後運送到巴西、印尼、中東等地，土耳其更將開始接種中國疫苗。這些國產疫苗已供近百萬人緊急使用，無收到嚴重不良反應報告，藥廠已向國家藥監局提交上市申請。國務院相關新冠病毒專家組更指明，我國年內將有 6 億支新冠滅活疫苗獲批上市。內地新冠疫苗研發取得重大突破，數量多，質量佳，是香港尋求新冠疫苗的重要出路。新一份施政報告提到，中央政府同意在有需要時，預留一定數量的內地研發或生產的疫苗供香港市民使用。特區政府不應捨近求遠，必須加緊與中央政府溝通，爭取儘快落實國產疫苗支援。

儘快制訂引入疫苗時間表和相關程序

　　需要指出的是，新冠疫苗配送接種堪稱世界防疫史上一大工程，即使確定訂貨，仍要解決審批、運送、儲存、接種等各種問題。香港需要在這些方面作出積極部署和緊密籌備，有必要儘快制訂引入疫苗時間表和相關程序，確保疫苗能有序分發予市民廣泛接種。

　　香港第四波疫潮以來，情況越來越嚴峻，不僅多個羣組爆發染疫個案，而且經濟陷入谷底，失業裁員湧至。經歷將近一年的抗疫過程，香港市民堅守各種防疫措施，近月已出現「抗疫疲勞」。疫情不能受控，市民的「抗疫疲勞」只會越來越嚴重，疫情反覆的問題也會越來越嚴重，更談不上復甦經濟，廣泛接種疫苗是戰勝今次疫情的關鍵。儘快開展疫苗接種工作時不我待，期待特區政府急市民所急，用好國家在疫苗上的支持，加快安排接種疫苗，務求讓社會看到抗疫的曙光。

　　　　　　　　　　　　　　　（原載於 2020 年 12 月 8 日香港《文匯報》）

特事特辦及早拿出疫苗接種時間表

提要：香港第四波新冠肺炎疫情越趨嚴峻，疫情反反覆覆，始終未能「清零」，不少市民都將抗疫希望寄託予疫苗，期望儘快接種控制疫情。特區政府有關官員日前表示，已預留資金訂購相當於香港人口兩倍數量的疫苗，但預計最快明年中後期才可較大規模接種。抗疫如救火，不能以一般的辦事速度應對十萬火急的抗疫工作，在需要時就應該特事特辦，簡化行政流程，加快法律配套，爭取在明年第一季全面接種。當前市民對抗疫形勢感到憂慮，特區政府更應及早拿出全面「疫苗接種時間表」，讓市民看到抗疫曙光。

　　多個國家及地區近期都積極採購及安排國民接種疫苗：俄羅斯和英國已先後開始大規模接種，美國的接種計劃即將進行，法國和德國更計劃繞過歐盟的監管機制，提早讓國民接種。澳門亦表示採購的 140 萬劑疫苗明年上半年抵達當地，應急疫苗更可於本月抵澳門。特首林鄭月娥直至週五才公佈本港新冠肺炎疫苗採購安排，首批 100 萬劑疫苗明年 1 月來港，即最快要到明年初才能展開接種，其餘要到明年首季及下半年才到港。

　　各國高度重視疫苗接種，不但因疫苗有助遏止疫情散播，而且更對重啟經濟、確保商貿正常活動有重要的支持。經濟合作與發展組織（OECD）日前表示，疫苗最新進展為全球經濟帶來一線希望，預計全球經濟將在明年從今年的歷史性衰退強勁反彈，中國經濟規模到明年底將比 2019 年底大一成。這正說明在當前疫情的陰霾下，疫苗讓各國看到了戰勝疫情的曙光。這樣特區政府更應積極搶購疫苗，制訂大規模接種計劃，確保香港能夠早日復常。

特區政府目前主要通過兩個途徑採購疫苗：一是世衞的分配機制，但僅可滿足三成五市民的需要，而世衞僅承諾疫苗在明年 12 月前分批到齊；二是向藥廠直接訂購，不過就要面對「疫苗保護主義」，研發疫苗的西方國家將會大手預購疫苗，確保國民優先接種。這為特區政府的採購工作帶來不確定性。

不過，香港採購疫苗方面也有優勢，就是有國家的大力支持。特首在新一份施政報告提到，中央政府同意在有需要時，預留一定數量的內地研發或生產的疫苗供香港市民使用。內地疫苗研發已取得重大突破，數量多，質量佳，現有 14 款疫苗進入臨床試驗，5 款處於第三期，這些疫苗已供近百萬人緊急使用，並無收到嚴重不良反應報告。內地疫苗並已運抵巴西、印尼、土耳其等多個國家，準備在當地大規模接種，這些疫苗正是香港當前最需要的。

宜及早開展緊急立法

經歷將近一年的抗疫，香港市民「抗疫疲勞」越見明顯，市民渴望特區政府儘快交代更多採購疫苗的進展。面對當前的嚴峻局面，特區政府更要特事特辦，用好國家的支持，明確以國家的疫苗為主，外國購買的疫苗為副，並且就購買數量、接種時間，儘快制訂接種疫苗的時間表，並做好各項運送、儲存、安排接種場地等工作。

同時，內地疫苗即使獲得國家藥監局批准使用，也不能在香港直接使用。根據《藥劑業及毒藥條例》，疫苗必須符合藥劑業及毒藥管理局訂明的安全、療效和素質的標準，並獲管理局批准註冊，方可在香港銷售或分發。特區政府應儘快開展緊急立法工作，明確如經國家藥監部門批准使用的疫苗，也可以在香港合法使用，以確保市民可第一時間接種疫苗。

（原載於 2020 年 12 月 13 日《星島日報》）

中央挺港渡難關　香港控疫護國安再出發

提要：香港在 2020 年經歷了不尋常的一年，「黑色暴亂」和新冠疫情雙重夾擊，令香港陷入嚴重困境。中央不僅果斷制定香港國安法，使香港實現由亂轉治的重大轉折，而且鼎力支持香港抗疫，確保香港有足夠國產疫苗，讓市民看到抗疫的曙光。中央總是在香港最困難、最需要的時刻全力挺港，讓港人切身感受到國家最大的愛護和關顧，再次說明偉大祖國是香港的最堅強後盾。香港在新的一年重新出發，需全力做好兩大工作：一是全面防控疫情，盡快復甦經濟改善民生；二是維護國家安全，防範「黑暴」死灰復燃。

國安法止暴制亂　中央支持香港抗疫

香港市民都不會忘記，橫跨 2019 年和 2020 年的「黑色暴亂」，香港陷入法治不彰的動亂之中。全國人大常委會果斷制定香港國安法，於去年 6 月 30 日頒佈實施，成為香港由亂轉治的重大轉折點，「黑色暴亂」得以結束。國安法是香港法治人權自由和社會穩定的保護神。

新冠疫情衝擊香港，一波未平一波又起，至今已進入第四波，情況越來越嚴峻，不僅多個羣組爆發染疫個案，而且經濟陷入谷底，失業裁員湧至。在疫情反覆和「抗疫疲勞」之際，中央不僅出人出錢出力，幫助香港進行全民免費檢測和建造方艙醫院及隔離營等，更預留一定數量的內地研發或生產的疫苗供香港市民使用，確保香港成為優先獲得疫苗的地區之一，解除了社會的疫苗憂慮，讓市民看到抗疫的曙光。

國務院副總理韓正去年 11 月會見特首林鄭月娥時曾提出三個「有利於」：凡是有利於保持香港長期繁榮穩定、有利於增進香港同胞切身福

祉、有利於促進內地與香港融合發展的事情，中央政府都會全力支持，中央各個部門也會全力支持。從「黑色暴亂」到新冠疫情，港人都看到，中央總是在香港最困難、最需要的時刻全力挺港，充分體現中央對香港最大的愛護和關顧，再次證明偉大祖國是香港的最堅強後盾。

香港新一年需做好兩大工作

2021 年來臨，香港在新的一年重新出發，需全力做好兩大工作：一是全面防控疫情，儘快復甦經濟改善民生；二是維護國家安全，防範「黑暴」死灰復燃。

內地成功抗疫經驗表明，凡有疫情爆發，當地政府就宣佈進入「戰時狀態」，果斷推行更嚴厲的控疫措施，外防輸入，內部全力實現「清零」目標，才能脫離疫情苦海。特區政府必須把防疫作為當前頭等大事，各部門必須有強烈緊迫感，加強統籌協調，提升綜合管治能力，切實追蹤病源，截斷社區傳播鏈，積極作為、成功控疫。特別是國產疫苗將於今年初運至，須及早制定完整全面的接種計劃，務求人人接種，以抗疫利器扭轉目前疫情局勢，讓香港經濟民生更快恢復過來。

香港國安法實施後，香港進入了由亂轉治的關鍵時期。必須看到的是，「攬炒派」決不會甘心失敗，以美國為首的西方反華勢力還會將香港作為遏制中國的棋子。香港還需大力做好築牢維護國家安全堤壩的工作，不僅要將香港國安法的許多規定，進一步轉化為完善的制度機制，而且須全面開展憲法、基本法、國安法的教育，將有關內容列入中小學教育常規課程之內，大力弘揚憲法精神，堅定維護國家安全，形成尊崇憲法和基本法、自覺遵守國安法的氛圍。

港人期盼風雨過後見彩虹

香港不能再亂，而需專注發展，重建和諧繁榮，這是廣大市民在新

一年的共同心聲和殷切期盼。風雨過後見彩虹，中央將一如既往全力支持香港發展，確保「一國兩制」落實行穩致遠。無論面對再大風浪，只要港人在獅子山下同舟共濟，堅定前行，一定能克服困難，重新出發，共創新年新氣象！

（原載於 2021 年 1 月 1 日香港《文匯報》）

以壯士斷臂決心　實現春節前「清零」

提要： 政府宣佈維持現有社交距離措施至本月 20 日，中小學亦繼續暫停面授課堂至農曆新年，同時加快開發資訊平台，以提升病毒追蹤效率。當前抗疫形勢仍然嚴峻，近日感染個案雖然有所下跌，但回落速度極為緩慢，再加上不明源頭個案仍然處於高位，導致疫情一直未能「斷尾」。香港市民已經度過了一個不能普天同慶的聖誕和元旦，大家都希望可以過一個相對正常的春節。實現春節前控制疫情以至「清零」，是廣大市民、各行各業的最大期盼。特區政府應以壯士斷臂之決心，採取更嚴厲措施追跡、截斷疫情，讓市民可以與家人共度平安春節。

　　政府自上月 10 日起，將防疫措施收緊至第三波疫情時的最嚴格水平，日前更將 2 人「限聚令」、食肆禁晚市堂食、中小學暫停面授課堂等措施再度延長。防疫措施再次延長，無疑對廣大市民造成不便，也令各行各業更加雪上加霜。然而，當前疫情仍未受控，如果貿然放寬措施，在「報復性消費和聚會」下，隨時會引發疫情再度爆發，令前一段時間艱難的抗疫工作付諸東流。市民及業界的苦況可以理解，但抗疫是當前大事，期望社會能夠以大局為重，全面配合抗疫，將疫情全面控制，為之後的經濟重啟創造條件。

　　當然，特區政府也應體諒市民及業界苦況。雖然前幾輪的抗疫紓困措施已經花費大量公帑，但公帑儲備本來就是為了應急，並非為儲備而儲備。現在香港市民水深火熱，政府更應善用儲備向市民及業界施以援手，讓香港可以度過經濟寒冬。同時，政府也應放開思維，如果庫房確實有較大壓力，也可以通過發債等手段集資，以香港的經濟底子，在疫

情過去後相信很快就可以實現復甦，現在發債用於經濟民生，並不會造成庫房長遠壓力。

必須指出的是，要讓社會民生及早恢復正常，重中之重始終是控制疫情，實現「清零」。在政府接連推出多項抗疫措施後，第四波疫情無疑出現了一定回落，但問題是與前三波疫情相比，這一波疫情回落速度卻是極為緩慢，令政府不敢貿然放鬆抗疫措施。當中主要原因，相信是第四波疫情存在大量不明源頭個案，導致截斷感染鏈極為困難，政府儘管已經加強對高風險羣組的檢測，但仍然追不上病毒的傳播速度，加上檢測能力不足，爆發疫情的大廈往往需要等候較長時間才能進行檢測，導致疫情至今仍未能斷尾。

還有一個月就是春節，這是中國人最重視的一個節日，不少市民都希望可以在春節與家人朋友聚會，如果在春節期間仍然要嚴守限聚令，食肆不能正常營業，這不但令市民難以歡度佳節，更可能令不少店舖難以維持下去要結業收場。為了抗疫，不少市民都遵從政府政策，過了一個不聚集的聖誕和元旦節，如果又要過一個限聚的新春，叫市民情何以堪？更可能進一步激發市民的「抗疫疲勞」，令抗疫工作出現缺口。

因此，特區政府必須以壯士斷臂的決心，既要有春節前「清零」的戰略目標，更要有實現「清零」的政策和決心，將抗疫措施進一步加強，包括檢測範圍，關口防疫，以及強制追蹤等措施都應該加大力度，同時更要加快大規模接種疫苗的安排，不少地區近日都在爭分奪秒地推動接種疫苗，特區政府也要加快速度，讓市民看到在春節前「清零」的希望。

（原載於 2021 年 1 月 11 日《大公報》）

封區強檢必要及時　揭開香港抗疫新篇

提要：特區政府借鑒內地經驗首次以「戰時思維」推動佐敦封區強檢行動，這是香港抗疫進入新階段的重要篇章，貫徹精準防疫中「鎖定、快速、量多」的檢測原則，切實按照「早發現、早報告、早隔離、早治療」的要求，充分體現跨部門和官民合力抗疫的意志和能力，扭轉了香港過去的被動防疫思維。為更好發揮封區強檢的效益，特區政府需要總結經驗，改善操作，務求香港早日達至「清零」目標。市民人命關天，抗疫時不我待，經濟民生亟待疫情得以遏制，今次行動是對症下藥抗疫的及時必要之舉。「攬炒派」指責行動「勞民傷財」、「內地一套不應套用到香港」，這顯然是置香港抗疫大局於不顧，企圖將封區強檢行動政治化，令人不齒，必須予以駁斥。

特區政府日前首次實施「禁足令」，圍封佐敦受限區域兩日。今次圍封強檢行動順利完成，如何從中總結經驗、探索抗疫新路，讓香港儘快走出疫境，值得社會各界重視。

封區強檢快速果斷　展現「清零」決心

香港經歷四波疫情折磨，疫情不僅仍未受控，反有惡化趨勢。全力控制疫情是香港當前頭等大事。特區政府確認佐敦相關地段是疫情重災區後，決定實行圍封強檢，馬上動員了醫療、警方、消防、民政事務等 16 個部門逾 3,000 人，不僅為封鎖範圍內逾 7,000 人進行檢測並完成 3,650 戶家訪，積極找尋病源，而且向受檢人士提供各式食物和防疫物資，為少數族裔人士說明講解，更特意揀選週六日務求減少封區對生活

的影響,讓受影響居民安心留守家中度過圍封期。

從最初劃定封區界線和日期,到檢測安排和數據通報,再到籌集物資和調撥分派,兩天內完成一個區域的檢測工作,政府在短時間內做到精密部署和全面動員,按照「戰時狀態」打了一場漂亮抗疫戰,以平時不用的管治模式、運作方法、法律手段,貫徹了精準防疫中「鎖定、快速、量多」的檢測原則,行動快速果斷,效果符合預期,同時做到以人為本,充分體現跨部門和官民合力抗疫的意志和能力,共同展現了「清零」決心。

「攬炒派」無端指責封區措施令人不齒

港大醫學院研究顯示,新冠病毒的繁殖率大約是 2,即在沒有任何公共衞生措施下,一個患者可傳染 2 個人。香港社區隱形傳播鏈一直未完全截斷,正是未能果斷切斷源頭的結果。去年 9 月的社區普檢計劃,在 178 萬名參與市民中共找出 42 名確診者。今次精準封區下的檢測行動完成 7,000 人的檢測後,即已發現 13 宗確診個案,反映傳播鏈潛伏社區的嚴重性。今次行動中,13 名確診者和相關密切接觸者已送往隔離中心,切實按照了「早發現、早報告、早隔離、早治療」的要求,提高了應急處置和疫情防控的主動性、精準性,扭轉了香港過去的被動防疫思維。特區政府雷厲風行推動封區抗疫,得到不少市民理解和支持。一些「攬炒派」區議員和反對派人士,指責封區措施勞民傷財,並指內地一套不應套用到香港,政府是為執行「政治硬任務」而封區的謬論,令人不齒。

世人都清楚看到,國家抗疫取得舉世矚目的成績,其中的關鍵就在於形成一整套切實可行的防疫系統,各種防疫工具互相配合、運作高效。香港借鑒這套經驗和方法對於打好抗疫戰非常必要。

完善封區強檢方案　有效應對疫情局部爆發

疫情持續近一年,香港無論在公共財政儲備、經濟民生都遭受重大

損失，疫情拖得越長，香港經濟民生、整體利益的損失越大。以最果斷手段全面遏制疫情，才是香港經濟谷底重生、引領市民生活復常的出路。特區政府需要儘快修訂封區強檢方案，借鑒內地成功經驗，在確立劃界原則、社區通報機制、市民禁足時段、陰性結果限制等方面，進一步改善操作，以切實做到有效應對局部性疫情爆發，可在短時間內封區排查，務求香港全面達至成功「清零」的目標。

（原載於 2021 年 1 月 26 日香港《文匯報》）

科學看待國產疫苗　抵制抗疫政治化

提要：新冠疫情持續，被視為抗疫利器的新冠病毒疫苗，100 萬劑由內地科興控股生物技術公司生產、以副作用少見稱的首批國產疫苗快將抵港，社會各界引頸以待。然而，近日卻出現一些對國產疫苗不盡不實的評論和謠言，斷章取義抹黑國產疫苗，將疫苗政治化。對此，社會各界必須科學客觀看待，政府更要以科學數據駁斥謬誤，用好國家在疫苗上對香港的支持，將推動全社會接種疫苗作為抗疫頭等大事落實。

造謠抹黑無助交流合作

科興作為內地知名企業，一直是業界領導者，其所研發生產的國產疫苗，滅活技術成熟，與香港使用的流感滅活疫苗系統相若，專業性、安全性毋庸置疑。巴西國家衞生監督局近日便給予科興疫苗緊急使用許可。權威科學期刊《自然》刊文表示，雖然科興疫苗的有效性數據不及美國藥廠輝瑞、莫德納等宣稱的九成以上，但能有效預防重症、降低死亡率，對巴西等疫情嚴峻的國家是及時雨，而且科興疫苗相對安全，僅有少數受試者出現頭痛等輕微副作用。從香港一些民調顯示，副作用是市民對接種疫苗憂慮的一個原因，國產疫苗副作用少，正是解除市民憂慮的好選擇，有利鼓勵更多市民接種。

值得注意的是，巴西研究人員表示，科興有效性數據相對較低，可能是因為試驗時兩劑疫苗接種間隔僅為兩週，受試者還未能達到免疫峰值，加上巴西受試者均為專業醫護，他們本就是高危羣體。但一些沒有科學根據的評論和謠言，卻藉機大肆抹黑國產疫苗，詆毀國產疫苗是所

謂的「對內地或個別企業進行利益輸送」、「製作過程不良」云云。諷刺的是，這些貶低國產吹捧西方疫苗的人士，卻對挪威至少有 29 人注射美國輝瑞藥廠和德國 BioNTech 公司疫苗後死亡的嚴重事件避而不談。事實上，縱使第三期臨床數據中保護率最高，以嚴重副作用而言，目前全球各地出現的不良反應，主要是 BioNTech 疫苗。

把疫情問題政治化，是全球合作抗疫的毒瘤。自新冠疫情在中國集體爆發後，國際上對中國抗疫就雜音不斷。前一段時間，西方國家的一些政客、媒體，先以「人權自由」誣衊攻擊中國抗疫手段，無視疫情嚴重性；現在一些別有用心者又在中國疫苗上污名化國產疫苗，以所謂「效用性」大做文章，卻從來拿不出任何科學證據證明哪種疫苗更加優勝。這些抹黑造謠，不過是逢中必反的基因作祟，不僅無助交流合作，更妨礙抗疫，其心可誅。

論政府抗疫成果，中國遠勝許多西方國家；中國更是少數有能力成功研發和生產新冠疫苗的國家，國產疫苗是經過中央相關部委和多方專家集思廣益的抗疫結晶。目前，除巴西外，科興疫苗亦已在土耳其和印尼獲緊急使用授權，以行動對國產疫苗投下信心一票。香港日前新增確診個案又突破 100，創下近月新高，顯示疫情遠未受控。接種疫苗關乎抗疫成敗，在這種嚴峻形勢下，特區政府必須主動澄清各種謠言抹黑的不實內容，說明不同疫苗特性，推動市民「應接盡接」。市民亦不應輕信網上資訊，加強對失實訊息的抗疫力，科學看待國產疫苗，揀選合適接種。為加強國產醫療產品的認受性，香港更須運用生物醫藥認證優勢，把國產疫苗及其他生物醫藥產品帶上國際舞台。

（原載於 2021 年 1 月 27 日《星島日報》）

為警隊堅守社區抗疫點讚

提要：特區政府上月起開始進行密集式圍封大廈強檢，香港抗疫已經走上擴大追蹤、應檢盡檢的「清零」目標路上。為應對突然增加的強檢工作量、支援抗疫工作，香港警隊不怕早、不怕晚、不怕遠、不怕危險，走入社區第一線，切實封區、密切追蹤、加強執法，織密了香港前線的抗疫網，全力維護香港市民健康安全。香港警隊不但在維持社會秩序，為國護航、為港守城上勞苦功高，更積極投入抗疫工作，值得社會各界大力支持，共同為警隊點讚！

防疫抗疫是複雜的公共衛生工程，從全球抗疫經驗分析，系統性封鎖、檢測和追蹤是最有效截斷社區傳播鏈的抗疫路徑。當前，特區政府已在佐敦、尖沙咀、油麻地、九龍城、元朗、天水圍、馬鞍山等多區進行密集式封區強檢，並且積極緊貼病毒源頭和密切接觸者，務求嚴守社區，防範病毒蔓延。在這個截斷和追蹤病源的過程中，香港警隊發揮了前線防疫抗疫的重要作用。

面對看不見的病毒，為了及早封鎖及截斷傳播鏈，警員每次都是秘密行動、急行軍，由收到指令到行動，往往僅半小時動員，更經常通宵達旦執勤，務求在堵截速度上要快過病毒散播速度。接到封區指示後，警區都會動員大量人手協助，爭分奪秒完成了解地形、準備物資、快速應變、機動部署的封區全過程。

同時更要深入高危大廈，挨戶拍門登記資料，講解封區安排，疏導居民情緒，與衛生署人員緊密協作。警隊的防疫任務急迫繁重，既要有高度精準的行動力，又要有沉着耐心的協調力，更要有冒染疫風險服務社會的責任心，令封區強檢的工作能夠迅速、有效的實施。

守護香港的最可靠力量

執行封區任務以外，為確切追蹤病源，警隊亦啟用了「重大事件調查及災難支援系統」的超級電腦，全力協助分析過萬宗個案，並派遣刑偵人員實地調查，以追蹤病源、分析傳播熱點及超級帶菌者，協助衛生部門追蹤緊密接觸者。另外，更要駐守各個口岸及隔離檢疫中心、協助執行隔離令、上門突擊檢查家居隔離人士及追緝違反檢疫令人士、就「限聚令」和「口罩令」及受規管處所進行巡查檢控等執法任務，都是警隊的日常抗疫工作。

從止暴制亂、維護國安、為港守城到趕赴抗疫最前線，香港警隊過去兩年為捍衛香港、保護市民安全付出了大量的熱血、辛勞和汗水。不論是抗擊「黑暴」還是抗疫保民，都能看到他們辛勤的付出。新春佳節即將來臨之際，行政長官林鄭月娥和中聯辦主任駱惠寧日前看望慰問警隊，轉達中央領導對香港警隊及全體紀律部隊人員的誠摯問候。

駱主任探望警隊，反映中央關心香港警隊，充分肯定了警隊維護香港繁榮穩定的工作，疫情期間亦走在前線。香港警隊百折不撓、緊貼疫情，體現了警隊「忠誠勇毅，心繫社會」的座右銘。正如駱惠寧主任所說，香港警隊已經由城市治安警察，發展成為一支維護香港穩定和國家安全的堅強可靠、值得信賴的執法力量。不論是社會治安、防疫工作或維護國家安全，警隊永遠都是最可靠的力量！

（原載於 2021 年 2 月 8 日《大公報》）

用好儲備精準支援　依托國家走出疫境

提要： 特區政府將於下星期三公佈新一份財政預算案。香港仍有相對充盈的儲備，只有貫徹「應使則使」的理財原則，才能達到在疫情下「重振經濟，改善民生」的目標，回應社會各界期待預算案助力市民儘快走出疫情陰霾的期望。針對香港失業率隨時再創高位，預算案須以創新思維推出失業援助金，既避免失業加劇下引發嚴重社會問題，又可提升香港社會士氣，加快經濟回穩步伐。預算案既要在民生、消費、投資三方面加大對市民及各行各業的紓困力度，將盈餘對焦經濟民生，提供更精準的支援，更要以國家重大策略為依托，充分把握國家這個大市場對提振香港經濟的重要作用，為香港在疫情過後開拓更大的發展機遇。

　　財政司司長陳茂波前日表示，估計本港財赤將達 3,000 億元創新高。社會普遍關注，如何在財赤新高下用好財政儲備，推出新一輪振興經濟、紓解民困的措施，推動香港走出困境。

「應使則使」重振經濟改善民生

　　特區政府在過去一年先後推出 4 輪防疫抗疫基金和其他紓困措施，加上多項重要收入受外圍因素和經濟週期影響，特區政府面對財政儲備減少的問題，確實需要注意量入為出，確保財政穩健。然而，更加重要的是，香港經濟陷於嚴重衰退，必須通過大型的公共支出和投資，才能推動經濟有序恢復；社會民生困頓亦需加強適切援助，才能急市民所急，避免民生問題惡化。當前，香港仍有 8,000 多億元財政儲備，在仍有相

對充盈的儲備之下，只有貫徹「應使則使」的理財原則，才能達到在疫情下「重振經濟，改善民生」的目標。

目前疫情困擾香港社會，比較突出的問題有三方面：一是本港百業蕭條，減薪潮、裁員潮此起彼落，企業和市民苦不堪言，生活百上加斤；二是在旅客大減和本地消費疲弱的情況下，需求大幅下降，消費市道重振乏力；三是企業受經濟環境影響，投資收縮，經濟越差，投資越少，形成惡性循環。

對此，預算案必須加大對市民及各行各業的紓困力度，推出必要的「逆週期」措施，將盈餘對焦經濟民生，提供更精準的支援。民生方面，應在企業和個人稅務、交通補助和政府收費等項目上提供一系列寬減措施，減輕市民生活負擔；消費方面，應參考內地多個城市和外國經驗，特別針對本港有需要行業，推出限期的定額電子消費券，帶動需求，刺激消費；投資方面，應推出擴大投資基建工程，全力「撐就業」，資助企業等措施，以盈餘帶動投資激活經濟。

推出失業援助金是共識

疫情衝擊各行各業，累及勞動就業市場。香港最新失業率升至6.6%，達到 16 年來的新高，超過 24 萬人失業。隨着「保就業」計劃結束，許多企業會捱不住，加上本港的失業援助機制未到位，香港的失業率隨時再創高位。目前打工仔朝不保夕，最受疫情影響的是大批失業人士。大批失業及放無薪假的市民，應成為預算案支援的重中之重，設立失業援助金具必要性、迫切性。

事實上，社會早有意見要求推出失業援助金，成為包括工商界在內的立法會和社會各界的普遍共識，失業援助金亦只屬應對疫情的臨時措施，不會對財政造成長遠負擔，與現有各種福利措施並不矛盾。特區政府須以創新思維急民所急，在預算案推出針對疫情形勢的失業援助金，協助失業人士渡過難關，既避免失業加劇下引發嚴重社會問題，更可提

升香港社會士氣，加快經濟回穩步伐。

改革開放以來，香港受惠於國家發展紅利，促進了自身發展。積極抓住「兩個循環」、「十四五」規劃、粵港澳大灣區和「一帶一路」建設等國家重大舉措的機遇，更好搭上國家發展快車，就是香港在疫後謀求自身發展的重要出路。特別是去年以來，國家陸續簽署了 RCEP 和中歐投資協定，兩個協定對標國際高水平經貿規則，更是香港國際金融中心大展身手的時機，為相關簽署國和地區按照兩個協定提供更多的經貿服務，增加香港的商機。

港需用好中央惠港政策

要恢復香港經濟、紓解民困，預算案必須用好中央對香港的支持，以國家重大策略為依托，充分把握國家這個大市場對提振香港經濟的重要作用，在融資平台、總部經濟、會展業務等方面發揮「國家所需、香港所長」，引導北水源源湧入香港，為融入國家發展大局築牢堅實基礎，為香港在疫情過後開拓更大的機遇。

（原載於 2021 年 2 月 16 日香港《文匯報》）

多管齊下嚴防變種病毒

提要： 變種病毒流入社區的危機近日湧現，多宗確診個案接連爆發，包括兩名於上月 4 日由印度德里抵港的 28 歲女子，以及於 3 月 31 日抵港的菲傭。二人均在完成檢測後始證實感染帶有 N501Y 變種病毒株病毒，而且已在社區遊走多日。隨着外來輸入的變種病毒威脅越來越大，變種病毒傳播形勢絕不能掉以輕心。

世界衞生組織早前警告，印度的變種毒株已在全球最少 17 個國家出現，為各地防疫工作敲響警鐘。本港上月起最少有 13 宗印度變種病毒株輸入個案。專家指出，變種病毒傳播力、殺傷力更強，但確診者多為無症狀，潛伏期長，成為全球應對新冠疫情近一年半以來的另一波挑戰。

早隔離早治療打疫苗

「早發現、早報告、早隔離、早治療」是防疫控疫重要原則，變種毒株近日接連突破本港檢疫酒店防線，不能及時阻截變種病毒流入社區，顯示現行篩查方法存在漏洞，制約了防疫抗疫工作的成效。檢測是必須嚴防死守的防疫先決關口，特區政府必須趕上變種病毒發展的最新形勢，儘快更新快速檢測方法，確保檢測到變種病毒，加強追蹤個案。對於外判檢測機構，在採集有效樣本、化驗程序是否合乎規定等方面，須從嚴有效監察，確保檢測、化驗質量符合規定要求，嚴防個案「假陰性」。

不同專家均指出，接種疫苗是抵禦新冠疫情的強力利器。完成接種的市民，抵禦病毒能力大增。在國家確保國產疫苗供港的強力支持下，本港每日接種能力為 5 萬劑，但實際上每日只接種 2 萬至 3 萬劑，接種

率有明顯的提升空間。特區政府應提供接種可豁免強制或定期檢測、減少隔離期限等誘因，鼓勵更多市民接種。接種疫苗保護自己，保護家人，也是盡社會責任的體現，市民亦應自覺主動接種，務求香港達到七成接種率、形成疫苗保護屏障的目標。

印度疫情嚴峻，香港今輪出現印度輸入個案，航班「熔斷機制」已滯後於疫情形勢。變種病毒逐漸蔓延全球，特區政府須密切監察疫情走勢，對疫情嚴重國家及早實施「熔斷機制」，停止這些國家的航機來港，做到外防輸入。

連續有外來輸入個案漏入社區，變種病毒已在社區散播，遊走港九新界多處地區，社區存在變種病毒的隱形傳播鏈，一旦個人防護措施鬆懈下來，民眾聚會及社交活動增多，加上更具傳染力的變異病毒，隨時爆發第五波疫情，市民必須高度戒備。特區政府已先後多次就變種病毒感染個案的大廈進行全體撤離檢疫，未來應根據來勢洶洶的變種病毒情況，繼續嚴格執行限聚措施，包括要求外傭遵守社交距離限制要求，同時進一步提升「安心出行」的追蹤功能等。市民未來仍應減少外出，保持社交距離，緊守防疫守則，切勿因個案減少而鬆懈。

防疫政治化罔顧人命

疫下印度一幕幕人道災難令人痛心，特區政府和市民必須同心協力，爭分奪秒遏止病毒蔓延。令人憤怒的是，少數黑醫護還沒吃夠四波疫情的教訓，在當前防範第五波疫情的關鍵關頭，繼續將防疫措施政治化，散播不準確的資訊破壞抗疫工作，抹黑國產疫苗，扭曲普及社區檢測計劃。這些政治病毒，罔顧人命，漠視民生，是當前抗疫工作的大敵。特區政府須提升抗疫透明度，對抗假資訊，以正能量提升社會抗疫士氣，市民亦須擦亮眼睛，看清面目，堅持抗疫信念，共同為達到「外防輸入、內爭清零」目標而努力，為經濟民生復常、兩地正常通關創設條件。

（原載於 2021 年 5 月 16 日《星島日報》）

「商務通道」先行先試　爭取逐步通關

提要：「回港易」計劃全面恢復，在內地全境及澳門的香港居民回港後，毋須在家強制檢疫 14 日，另外非香港居民來港免檢的「來港易」計劃亦即將推出，這無疑對恢復兩地經貿及人員往來起了正面作用，然而全面通關安排一日仍未復常，兩地經濟及民生仍然受到不同程度的負面影響，尤其是對於兩地的商務往來。特區政府應主動與內地當局商討「局部通關」，例如可先行先試設立「商務通道」，容許符合已打兩針、檢測陰性等條件的商務旅客免檢往來兩地，既可推動兩地商務往來逐步復常，又可以控制風險，積聚經驗爭取逐步全面通關。

消費券刺激僅「小陽春」

　　香港與內地因應疫情，未能正常通關已逾一年半，兩地經貿及人員往來受到很大影響，對香港經濟民生更造成不小的衝擊。目前香港經濟雖然稍有好轉，但主要是因應消費券短暫刺激下出現的「小陽春」，未必能夠持久。香港作為細小的外向型經濟體，不能單靠本地需求長期支撐經濟，內地「活水」始終是支持香港經濟的重要支柱，不少行業如零售、旅遊等更亟待兩地正常通關、內地旅客可來港消費，否則難再支撐下去。

　　前一段時間，兩地疫情仍有反覆，對於通關持審慎態度可以理解，但目前本港疫情持續好轉，已經連續 20 多日沒有錄得本地確診個案，疫情基本在本土「絕跡」，而內地個別地區的小反彈也已全面受控，兩地有力控制疫情，正為逐步通關創造了條件。在這情況下，兩地政府應在疫情防控及經濟復甦之間取得平衡，進一步商討「局部通關」，讓商務旅客及其他有迫切需要者能夠免檢往來。

兩地可考慮設立「商務通道」，放寬已接種兩劑疫苗、核酸檢測結果陰性、且有既定行程的商務旅客在內地的檢疫安排，例如由目前最多 21 日減至 7 日，再逐步放寬至毋須隔離檢疫，只需定期檢測及匯報健康狀況。為控制風險，「商務通道」實行初期可設置配額，並在粵港澳大灣區的內地城市先行先試，之後按實際情況取消配額並在內地全境實行。

事實上，類似「局部通關」的安排已有先例，早於去年已在珠海與澳門之間開始實行，兩地居民只需持有核酸檢測陰性結果證明、「澳康碼」或「粵康碼」的綠碼即可免檢往來兩地，至今運作良好。澳門經濟亦隨着兩地往來逐步復常而快速復甦，通關正是關鍵所在。香港與內地先實行「商務通道」，再逐步放寬旅客檢疫安排，不但有助香港經濟逐步復甦，更有助推進粵港澳大灣區建設，讓香港可以更好地融入國家發展大局。

疫苗接種到達「瓶頸」

必須指出的是，疫苗接種率是兩地能否復常通關的主要因素。目前香港累計逾四百萬人已接種首劑疫苗，佔合資格人口逾六成，已完成接種兩劑疫苗者亦佔合資格人口超過一半，然而接種及預約數字卻連日出現放緩，顯示疫苗接種計劃已到了「瓶頸」狀態。

政府一方面應擴大社區外展接種，更方便市民接種，另一方面針對長者接種率偏低，政府可於各區展開疫苗講座、健康諮詢、即場接種及後續跟進的「一站式」服務，為行動不便且對疫苗未有充分認知的長者增添接種信心。外展接種亦應繼續在校園在企業進行，務求覆蓋各年齡層。

香港接種率越高，防疫屏障就越鞏固，與內地通關的條件就越成熟，經濟復甦的基礎就越堅實。本月底就是社區接種中心提供首劑疫苗的限期，為了自己及他人健康着想，為了香港經濟重新出發，仍未接種疫苗的市民應儘快主動接種，勿讓香港錯失經濟民生復常、恢復與內地通關的良機。

（原載於 2021 年 9 月 9 日《星島日報》）

堅持「動態清零」 各方同舟共濟齊心抗疫

提要：本港第五波疫情，昨日新增超過 600 宗個案，有大量不明源頭的傳播鏈，情況令人擔心。香港正面對兩年以來最嚴峻的抗疫形勢，當前更需要堅持「動態清零」不動搖，切實做到對病例及早發現、快速處置、精準管控、有效救治。有人扭曲「動態清零」，甚至要求香港實行「與病毒共存」策略，這樣「躺平式」抗疫只會令香港承擔巨大代價。政府要加強執行力，動員全社會力量抗疫，相信在中央支持下，香港各界同舟共濟、同心協力，必定能夠戰勝疫情。

香港第五波疫情正呈幾何級爆發，新增病例近日以倍數增加，社區已有數以百計的隱形傳播鏈，並且已開始大面積傳播。香港第五波疫情兇猛，一方面與 Omicron 病毒株傳播力極強，並且具有一定程度的「免疫逃逸現象」，令預防及切斷傳播鏈極為困難有關；另一方面，疫情爆發之初因檢測及人力資源不足，未能進行大規模的圍封及強檢，導致病毒鏈四散，也是這波疫情大爆發的主要原因。

「動態清零」是香港唯一選項

此波疫情傳播力之強，感染人數之多，是以往四波所未見，加上 Omicron 病毒株正在全球大流行，不少國家對於 Omicron「舉手投降」，提出所謂「與病毒共存」的抗疫策略。香港社會近期也有一些聲音，認為 Omicron 難以應對，而且症狀較輕，香港也應考慮「與病毒共存」，思考所謂「退場機制」云云。

國家衛健委新冠疫情應對處置工作領導小組專家組組長梁萬年日前接受傳媒訪問時，談到 Omicron 病毒株以及香港「動態清零」的問題。他指出，儘管 Omicron 的重症率和病死率相較 Delta 低，但仍較普通流感高，同時疫情仍處於全球大流行期，病毒也在不斷變異，絕不能夠掉以輕心，仍須堅持「動態清零」的防疫方針。梁萬年的說法正解答了香港為甚麼一定要堅持「動態清零」。

「動態清零」概念並非等於追求零感染。在「外防輸入、內防反彈」總策略、常態化疫情防控總方針下，關鍵在於快速發現、快速處置，一旦被感染，能夠作出精準的管控和有效的救治，從而儘早切斷傳播鏈。所以，「動態清零」並非如一些人所說追求「零感染」，而是完全有效、可行的抗疫策略。

香港現時形勢嚴峻，更需要堅持「動態清零」，原因有三：

一是儘管 Omicron 的重症率和死亡率相較 Delta 低，但仍較一般流感為高，後遺症更未完全弄清，當前疫情仍處於全球大流行期，病毒也在不斷變種，絕不能掉以輕心，更不存在「與病毒共存」的選項。

二是疫情爆發至今，內地也經過了多波疫情，每次都能迅速把疫情控制住，遏止連續性的傳播，包括 Omicron 病毒，這說明「動態清零」是當前最有效的抗疫方式。

三是「動態清零」是國家疫情防控的總方針，不但體現中央人民至上、生命至上的抗疫理念，更在實踐上證明能以最小成本達到最有效果的抗疫成效，讓經濟民生能夠儘快復常。香港是「一國」下的特區，理所當然要跟從國家的抗疫戰略，況且香港各界迫切期望兩地早日全面免檢疫通關，更沒有理由放下國家最好的經驗而不用，另搞一套。

動員社區補充人力物力

要落實「動態清零」，關鍵是快速發現處置，精準管控和有效救治。現時香港抗疫的最大不足和短板，正是社會缺乏齊心一致的態度，更沒

有內地的社區管理力量，未能做到精準的管控。在圍封以及大規模檢測上，單靠公務員隊伍已顯得力不從心。

　　社區抗疫是「動態清零」的重中之重，能夠配合政府的圍封強檢，為圍封居民提供各種日常需要，以及為政府的檢測工作提供人力支援。內地由於有完善的地區組織力量，所以能夠做到及早發現、及早處置，並且將居民的生計影響減至最低，相反香港每次圍封卻令到市民怨聲載道，過程更是漏洞處處。其實，香港並不缺乏地區組織和力量，各大愛國愛港政黨、同鄉社團、居民組織，多年來一直扎根地區，有完善的社區網絡和力量，更有足夠的人手。在香港面對疫情侵襲之時，相信各大政黨社團都願意為抗疫出心出力，政府應主動尋求各政黨社團協助，發揮全社會力量，彌補政府社區管理不足，齊心抗疫，早日戰勝疫情，讓香港社會重回正軌。

（原載於 2022 年 2 月 8 日香港《文匯報》）

習撐港抗疫振人心　各界同心遏疫

提要：在香港第五波新冠疫情越趨嚴峻之際，中共中央總書記、國家主席習近平作出重要指示，要求特區政府把盡快穩控疫情作為當前壓倒一切的任務，中央部門和地方全力支援特區政府抗疫。

習主席對香港疫情的高度關注和對香港市民的親切關懷，讓香港市民再次真切感受到國家的支持和關愛，為香港戰勝疫境、擊退病魔產生了巨大的鼓舞作用。習主席對香港抗疫提出「三個一切」和「兩個確保」的明確要求，更是中央對香港抗疫的最高動員令，指明了香港抗疫的方向和目標所在，特區政府須全面貫徹習主席重要指示精神，負起抗疫主體責任。社會各界更應支持政府，配合各項抗疫措施，同心同德遏止疫情，不辜負習主席、中央政府及全國人民的厚愛。

增建「火眼」　盡快建方艙

自疫情爆發以來，中央及內地一直支持香港對抗疫情。在是次最嚴峻的第五波疫情中，中央部委和廣東省政府想方設法滿足特區政府多項請求，包括提升香港核酸檢測能力、支援快速抗原檢測包等醫療物資、援建社區隔離和治療設施、保障鮮活食品等生活必需品供應、選派防疫專家赴港指導等。為了加強抗疫工作統籌協調力度，中央還決定成立由國務院港澳辦和國家衛健委牽頭，中央有關部門和有關專家、廣東省及特區政府三方共同組成的工作協調機制。這一切都為香港戰勝疫情提供了底氣和助力。

毋庸諱言，當前香港疫情已到達最嚴峻的時刻，疫情正呈幾何級爆發，每日大量新增感染者，令到公立醫院的病床供應極為緊張，急症室更是全面飽和，現時本港除了隔離設施不敷應用外，檢測、治療等防疫人手、物資、設施資源同樣捉襟見肘。不少確診者苦候多天亦未能送院，大批密切接觸者也無法有效隔離，導致確診數字一發不可收拾。

特區政府必須全面貫徹習主席重要指示精神，將香港市民的生命安全和身體健康放在首位，堅持「動態清零」策略到底，把抗疫視為壓倒一切的任務，在香港重置以至增建更多「火眼實驗室」，加強香港的檢測能力，儘快興建「方艙醫院」，讓患者得到及時的治療，而不用居家隔離處置，令傳播風險大增。同時，切實加強政府的動員力量，對於高風險地區及時進行圍封強檢。在疫情危急之時，特區政府必須採取戰時意識和思維，在制度及行政上確保抗疫需要，才能把中央各項援港舉措落到實處。

國務院港澳辦早前表示，「香港只要有求，祖國必定有應」。這是中央政府在危急時刻給予香港最大最有效的「定心丸」。過去無數事實表明，每當香港遇到重大難題，祖國必定出手相助。但同時必須明確，抗疫是特區政府的職責，中央的支援只是輔助，抗疫始終是特區主導、中央支持。特區政府因應疫情大爆發已經大幅收緊各種抗疫措施，林鄭特首更一錘定音的表明香港將堅持「動態清零」，止息社會上對於香港抗疫策略的論爭，有利各界團結一心打贏疫戰。

對香港而言，抗疫是當前首務，全力抗疫是社會各界的共同責任，關係香港生死存亡，市民儘管有不同意見，但在「大疫」面前，都應拋開爭論，齊心抗疫，全面配合政府的各項部署，更要動員全社會力量，尤其是政黨、同鄉社團、民間組織，以彌補政府在地區管理力量的不足。特區政府應主動尋求社會力量支援，相信在中央支持下，在香港各界同舟共濟、同心協力之下，必定能夠戰勝疫情，使香港社會早日復常。

（原載於 2022 年 2 月 20 日《星島日報》）

中央支援雷厲風行　全港動員齊心抗疫

提要：全國政協副主席、國務院港澳辦主任夏寶龍坐鎮深圳，連續主持召開4次支援香港抗疫工作協調會，協調各部門，確保各項工作雷厲風行、迅速落實到位，更向香港社會各界釋放出中央全力支持香港，調動一切力量援港抗疫的信號。從醫療檢測人員到抗疫物資，從保障食品蔬菜供應到為香港提供各樣支援，中央都是以最大力度支持香港，大大振奮了香港各界戰勝疫情的信心。特區政府應該全面動員自身力量，社會各界也是時候以實際行動協助抗疫，團結打贏這場「疫戰」。

香港當前疫情已到了極為危急的境地，連續多日成千上萬宗的確診，已令香港醫療體系難以承受。疫情峰頂仍未出現，大量的傳播鏈潛伏社區，不能排除再出現幾何級爆發，加上近日天氣急速轉冷，大批市民要冒着寒風冷雨排隊檢測，情景令人擔心。

中央對香港疫情關心重視

夏寶龍要求各部門穩妥、高效地推進各項工作，就是要推動各部門全力動員，爭分奪秒支援香港抗疫，保障廣大市民的生命安全。香港第五波疫情告急，與香港缺乏足夠的抗疫資源，檢測、隔離、治療等方面資源嚴重不足有直接關係。根據中央的要求，首批由國家捐贈的15萬盒抗疫中藥已運抵香港；首批2,500萬個內地提供的KN95口罩、約1,000萬份快速抗原測試包近日也陸續到港；竹篙灣及啟德碼頭的10,000個社區隔離治療設施亦已動工建設，各項援港措施和物資正高效、穩妥地輸

送到香港，對於供港食品蔬菜，中央也作出了保障，確保供港物資不會受到影響，在不同層面全力維護香港穩定。

祖國的堅強支持，是香港戰勝疫情的最大底氣所在。夏寶龍主持召開抗疫協調會，就是為了確保各項工作能夠雷厲風行、落實到位，不會因為不同部門的協調問題而影響工作，充分反映中央對於香港疫情的重視，更向香港社會釋放出一個重要信號：為了協助香港克服疫情，中央將會調動一切資源和力量，想盡一切辦法支持特區政府防疫抗疫。祖國的支持令香港各界深受感動，也讓港人再次感受到，每當香港遇到危急時候，祖國總是第一時間、無條件地施以援手。

全力動員戰勝疫情

香港抗疫要動員一切可以動員的力量和資源，不但是內地的支援，更需要發動香港各界的力量。夏寶龍親自指揮協調工作，確保不同部門的工作有序、迅速落實，值得香港借鏡。特區政府坐擁大量的資源和人力物力，以及大量的場地，在這個危急時候同樣需要做好協調領導工作，善用這些資源配合抗疫。例如，大量的社區會堂、學校以及廢置工廈等，都可以立即改裝作為隔離地點，另外更應發動 18 萬公務員配合抗疫以及之後的全民檢測工作。

抗疫不只是特區政府的事，也不只是中央政府的事，而是關係廣大市民安危，關係香港整體利益。現在中央已經在行動，特區政府也在行動，社會各界也是時候以實際行動協助抗疫。

（原載於 2022 年 2 月 22 日香港《文匯報》）

多聽內地專家意見　從速推進全民檢測

提要：國家衛健委新冠疫情應對處置工作領導小組專家組組長梁萬年，率領的內地專家團日前來港支援抗疫，隨即與特區政府和醫管局高層交流，並到衛生防護中心和醫管局等前線部門了解更多抗疫資料和數據。據與會者向傳媒透露，內地專家十分務實，交流會上主要是聽香港人員介紹，但梁萬年的幾個提問，則點中了香港抗疫的關鍵點，包括抗疫部門的信息貫通是否暢順、治理確診病人時是否有效分級並移動、醫管局預案是否足夠應付疫情頂峰，以及公私營協作下私營醫療有否運用充足等。

梁萬年等內地專家組是名副其實應對新冠疫情的專家，有豐富的抗疫實戰經驗，他在會上提出的幾個問題，正點出了香港疫情的癥結。內地專家提出的意見，特區政府應該重視。

抗疫形勢已極為危急

在抗疫中，沒有所謂中西醫療之分，只要能夠最大程度保障市民、最大程度治病救人，就是最適切的策略。內地專家組在香港疫情嚴峻之時來港，體現中央對特區的支持，香港不單要用好內地的援港物資，更應用好內地專家的建言獻策，特別是內地專家一向強調的快速發現、快速處置、精準管控和有效救治，是香港控制疫情的重中之重，而全民檢測正是最重要的手段，必須及早推行，沒有理由要等到高峰期後再做。

第五波疫情單日確診已經超過 5 萬宗，實際的確診數字可能更加驚人。香港的抗疫形勢已經到了極為危急的處境，需要採取更有力、更全

面的措施遏止疫情。在疫情爆發後，中央隨即全力支援香港，不但為香港提供源源不絕的防疫物資，派出大批醫療隊、檢測人員來港支援，想方設法保障香港的日用品供應，更派出內地的專家組來港，為特區抗疫提供專業意見。

在抗疫問題上，專家組有兩點意見值得各界重視：一是雖然香港當前疫情嚴峻，但絕不能放棄「動態清零」，快速阻斷、精準防控始終是當前急務。梁萬年在接受央視訪問時就指出，「動態清零」並不是追求零感染，關鍵在於感染後的快速發現和阻斷，使病毒不能繼續傳播下去。這也是最能保障廣大市民安全的做法，疫情越危急，「動態清零」精準防控，主動抗疫越需要堅持，這是對市民健康負責任的做法。

二是及早排查是關鍵，全民檢測必須及早進行，同時應加入禁足。有份參與中央援港「工作專班」的國家衛健委醫政醫管局副局長李大川就指出，如全民檢測期間採取禁足、將人員流動減到最低，「顯然對全員檢測效果是最理想、也是最好的。」據傳媒報道，特區政府的全民檢測可能安排在 3 月下旬至 4 月才進行，當中有兩個原因：一是有政府專家認為進行全民檢測的最好時機是疫情爆發的初期和後期，如果在疫情高峰期間進行作用不大，反而浪費資源。二是預期全民檢測將發現數以十萬計的確診者，如果發現後不能提供足夠的隔離設施，變相要他們居家隔離，風險一樣大，但要準備大量的隔離場所需要時間，所以全民檢測難以儘快推行。

排除困難以快打慢

這些顧慮不是沒有道理，但技術問題可以從技術層面解決，資源問題更加不應是考慮的重點，真正的重點是如何更好地保障市民健康，如何最快地遏止疫情。參考內地專家組的意見，當前首要還是要做好排查，儘快將所有感染者找出來。至於隔離設施，特區政府可以借用學校、社區會堂以及廢置工廈等迅速進行改建，並且可請求內地的建設團隊來港

參與興建，要在短期內建設足夠隔離設施並非難題。

抗疫必須以快打慢，全民檢測再拖下去，不但會造成更大量市民的感染，更會打擊社會各界抗疫的信心和士氣。而且，全民檢測理應配合限制舉措，在檢測期間不能出外或最大程度限制出外，以免出現一邊檢測一邊傳染的問題，從而遏止疫情擴散。內地專家提出的意見，值得特區政府重視。抗疫需要集思廣益，更應大局為重，以市民安危為重，共同遏止疫情。

（原載於 2022 年 3 月 4 日《大公報》）

國家全力支持抗疫　香港需做好三大工作

提要：韓正副總理日前在港澳地區全國政協委員聯組會的講話，對香港下一階段的抗疫工作提出了要求，明確了方向，振奮了士氣，加強了信心。韓副總理不僅指出，下一步的關鍵是進一步加大疫情防控力度，希望盡快控制疫情，而且再次強調特區政府承擔主體責任，強調全社會團結抗疫的重要性。特區政府需切實履行主體責任，做好三大工作：一是加強特區政府的統籌力量，建立戰時狀態的指揮機制，動員所有可動員的力量投入抗疫；二是加強醫療能力，全力降低長者的病亡率；三是確保各項物資供應，安定民心，維護社會大局穩定。

　　香港第五波疫情形勢嚴峻，中央對於香港疫情高度關注，並且全力支持香港抗疫。近日，在習近平主席對支援香港疫情作出指示後，中央各部門隨即大力馳援，對於香港的要求「照單全收，全力支持」，由成立抗疫專班，到大批醫療檢測人員、專家小組、抗疫物資馳援香港，中央對香港的關懷情真意切，對香港的支援雷厲風行、迅速到位，為香港市民抗疫帶來了力量和信心。

設立戰時指揮執行機制

　　控制疫情關係廣大市民生命安全、關係香港繁榮穩定，必須視之為一場「戰役」來應對。既然是「戰役」，就必須有策略、有目標，並且將所有可動用的力量全部動員出來。要打好這場「疫戰」，當前特區政府必須集中力量做好三大工作：

第一，必須設立戰時的指揮機制，設立強而有力的執行機制，將各項任務落實到位。

韓正副總理在會上表示，中央將一如既往給予全力支持，香港有求，中央必應。堅信有偉大祖國作為堅強後盾，有特區政府精準施策，有香港社會各界同舟共濟、眾志成城，就一定能夠打贏這場疫情防控阻擊戰。香港抗疫的底氣，固然來自中央支持，但同時發動各界團結合作，調動各界力量，同樣是戰勝疫情的關鍵。

要遏止疫情，不能只單靠政府以及公立醫院單打獨鬥，也不能單靠公務員、紀律部隊，而是要充分發揮各界的力量、地區的力量以及私營醫療的力量。這需要特區政府有一個強力的統籌指揮機制，能夠調動各方資源包括私家醫院配合抗疫。同時，社會各界都希望為抗疫出一分力，如何將這些力量納入政府的抗疫隊伍之中，如何保護及發揮好這些資源，都需要有一個指揮系統。香港已經處於抗疫的戰時狀態，儘快設立戰時的指揮系統加快落實各項工作，是當前急務。

加強醫療救治降低老人病亡

第二，加強醫療救治，降低老人病亡率，提高老年病例發現救治及時性和成功率。

疫情最令人憂慮的不但在於其傳播力，更在於其對長者的高病亡率。對此，國家衛健委新冠疫情應對處置工作領導小組專家組組長梁萬年，提議在長者院舍服務人員羣體中實施閉環管理，減低長者的感染風險，並將長者病人引入到醫院，減低病亡人數，從而穩定社會人心。

當前香港防疫的瓶頸，正是院舍感染造成的大量死亡以及隔離治療設施的不足，再加上長者普遍疫苗接種率低，大幅提升了長者的病亡率。要對症下藥，一方面應對院舍採取全閉環處理，減低再出現大爆發的機會，並將所有院舍的感染長者集中在指定醫院醫治，為他們提供最適切的治療；另一方面採取更積極的措施推動長者接種，包括派出接種隊到

各院舍，甚至不排除強制院舍長者接種，為長者構築安全網。同時，為了讓公立醫院集中資源救治長者，應進一步推動公立醫院的其他病者分流到私家醫院。

確保各項物資供應安定民心

第三，確保各項物資供應，安定民心。

國家大力保障香港的民生用品供應，中央對香港有求必應，應供盡供，確保物資充足。香港物資供應理應未受影響，但同時市面卻不時出現各種搶購潮，一些別有用心者更在網上散播各種假消息、謠言，製造社會混亂，加大了社會的恐慌情緒。

「三軍未動，糧草先行」，抗疫首要保障各種物資供應，特區政府需要加強對物資進口及銷售的統籌及監察力度，並且定時向社會發放各種資訊，讓市民不要因為一些假消息而盲目搶購自亂陣腳。特區政府既要主動安定民心，更要重錘打擊網上的造謠者、別有用心的煽動者，打擊各種破壞抗疫的假消息，維護香港大局穩定。

（原載於 2022 年 3 月 8 日香港《文匯報》）

堅持生命至上抗疫不鬆懈　更有利逐步復常

提要：特區政府因應疫情的最新形勢調整策略，逐步讓社會經濟復常無可厚非。不過，策略可以調整，「生命至上、人民至上」的抗疫原則卻必須貫徹。當前香港疫情仍在高位橫行，依然呈現多點爆發、涉及面廣、頻繁復發的特點，特區政府以及社會各界在抗疫上絕對不能鬆懈，必須圍繞「三減三重一優先」下大力氣，精準部署。唯有真正做到「三減三重一優先」，有力地保障廣大市民的生命安全，各項措施才有條件放寬，香港才更有條件逐步復常。

　　特首林鄭月娥在記者會上表示，第五波疫情仍然嚴峻，絕大部分社交距離措施需按原定計劃維持至 4 月 20 日，在疫情持續呈下降趨勢的前提下，4 月 21 日起以 3 個月按 3 個階段逐步解除大部分社交距離措施。第五波疫情嚴重衝擊市民生活，大批商戶食肆難以經營，瀕臨結業邊緣；不同行業在疫情下大受影響，香港不論是經濟和民生都不能長期「停擺」。隨着疫情有初步下降的趨勢，特區政府逐步放寬抗疫措施，讓商戶和市民可以「鬆一口氣」，是合適的做法，也可藉此減輕市民的「抗疫疲勞」。

實事求是暫緩全民檢測

　　對於外界最關注的全民檢測問題，林鄭月娥表示，全民檢測的規模前所未有，而且要採取措施限制人員流動，因此推行時間屬關鍵，本港和內地專家均認為應在疫情爆發初期或尾段進行。她認為，縱使目前本港疫情稍為緩和，但個案數字仍處於高位，現階段不宜把有限資源投放

在全民核酸檢測。必須指出，許多市民對於全民檢測寄望甚殷，都希望早日推行以「畢其功於一役」。但同時，內地的抗疫經驗亦表明，全民檢測需要在疫情爆發初期或在疫情到達尾聲之時進行才最具效益。

無法在疫情仍處高位之時進行全民檢測，一方面是因為現時醫療資源緊張，不論從醫療及資源上，都缺乏足夠能力應付數以萬計以至數以十萬計的確診者；另一方面是因為在疫情高位時進行全民檢測，未必能夠令疫情「斷尾」。如果疫情在全民檢測之後繼續大規模爆發，不但令全民檢測徒勞，更可能打擊全港社會的抗疫信心。所以，暫緩全民檢測是實事求是的做法。

堅持落實「三減三重一優先」

然而，暫緩不是取消，更不是無疾而終。全民檢測依然是令香港疫情「斷尾」的有力措施，關鍵是要選擇時機，特區政府仍然需要繼續為全民檢測作準備。同時，政府更要有替代方案，例如擴大自檢範圍、要求市民定期自行檢測、完善自行申報系統並加入強制措施等，向外界顯示抗疫控疫的決心。

國家衞生健康委新冠肺炎疫情應對處置工作領導小組專家組組長梁萬年在接受採訪時表示，新冠病毒非常狡猾，目前還沒有能力做到一個病例都不發生。必須認識到病毒的潛在危害性，必須下大決心、下大力氣儘快控制疫情，使其不會造成持續性的社會傳播和大範圍的流行。梁萬年並強調，社會要避免有懈怠、猶豫或僥倖心理，要打破「不施加干預，病毒傳播也會變慢」的幻想。梁萬年的說法不但是針對內地的抗疫形勢，對於香港同樣有重要的參考意義。Omicron 病毒株引起的症狀雖然較以往輕，但仍然比流感嚴重，並且具有傳播力強、隱匿性強等特點，對於長者及幼童的殺傷力猶大。香港對於 Omicron 病毒株依然不能輕視，在抗疫上更加不能有絲毫鬆懈。

特區政府現時因應最新形勢調整抗疫策略，不論策略如何改變，貫

徹「生命至上、人民至上」的抗疫原則，依然是不應變也不能變。全國政協副主席、國務院港澳辦主任夏寶龍16日在深圳主持召開支援香港抗疫工作第九次協調會時指出，香港當前疫情形勢依然複雜嚴峻，援港抗疫工作面臨的任務還很艱巨。要排除風險、穩紮穩打，把中央對香港同胞的關心關愛落到實處，全力維護香港社會大局穩定，更要圍繞「三減三重一優先」，即「減少死亡、減少重症、減少感染；重點人羣、重點機構、重點區域採取精準有力措施；優先救治長者」，重點有序鋪排下一階段工作。

提升接種率需更有力措施

做好「三減三重一優先」正是「生命至上」的最主要體現。抗疫必須「張弛有度」，在逐步放寬抗疫措施的同時，也應採取更有力的措施做好「三減三重一優先」。例如針對長者和幼童接種率低的問題，政府不能只是一味勸喻，要採取更有力措施，包括要求長者在接種後才可以繼續居住安老院舍；學童必須接種才可以進入校園，以推動長者及幼童更廣泛地接種。同時，統籌善用中央的抗疫資源，用好中央援建的隔離設施，以做到「早發現、早隔離」；加強圍封追蹤，在抗疫上做到不放鬆、不懈怠，為社會復常創造更有利條件。

（原載於 2022 年 3 月 23 日香港《文匯報》）

第四部分

香港發展與融入國家大局

加強國家意識　為國為港選好人大代表

提要：港區全國人大代表，是香港市民當家作主的重要體現。具備國家意識和愛國精神，是人大代表的首要條件和必然要求。參選人按新規定簽署聲明擁護憲法、基本法和「一國兩制」，也是應有的憲制責任。這對本港選舉制度中要求參選人和當選人須堅守憲制、效忠國家和香港，起到良好的示範作用。中央對「港獨」零容忍，今屆港區人大選舉要求牢固樹立「一國」意識和堅守「一國」原則，對選出具有愛國意識的港區人大代表，推動社會各界共同維護國家主權、安全和利益，堅決反「港獨」，具有重要意義。港區人大代表換屆選舉，肩負着新時代的要求。選好港區人大代表，必將促進香港更積極地配合國家新時代的發展戰略，共享祖國繁榮富強的偉大榮光。

　　香港第十三屆全國人大代表選舉將於下月 19 日舉行。全國人大常委會副委員長王晨日前專程來港主持首次選舉會議並作了講話，標誌着新一屆港區人大代表選舉正式揭幕。

選舉是港人當家作主體現

　　選舉港區全國人大代表，是香港回歸祖國、香港市民實現當家作主的重要體現，是香港政治生活的大事。回顧過去歷屆港區人大代表，代表們在參與管理國家事務、促進「一國兩制」偉大事業中，都一直發揮着不可替代的重要作用。

　　以十二屆全國人大為例，港區人大代表在任期內，圍繞國家改革發展穩定大局、人民羣眾普遍關心的問題，提出 4 件議案、751 件建議；

又積極參與全國人大常委會和專門委員會的工作，列席全國人大常委會會議共 105 人次，參加全國人大常委會組織的義務教育法、專利法、旅遊法等法律的執法檢查，為改進國家相關工作作出積極貢獻；代表們並分別赴多個省市深入視察，調研成果為中央和地方決策提供了有益參考。

港區代表們還就全國人大常委會「8‧31」決定和針對立法會議員資格為基本法第一百零四條釋法等重大政治法律問題做好配合工作，同時主動宣傳中央大政方針，反映港人心聲，極大地豐富了「一國兩制」在香港的實踐。可見，港區人大代表致力落實「一國兩制」、「港人治港」、高度自治方針，執行憲法和香港基本法，保持香港長期繁榮穩定，發揮特殊作用。

不愛國就不足以言治國

作為全國人民代表大會這個最高國家權力機關的組成人員，港區全國人大代表在國家層面參政議政，具備國家意識和愛國精神是首要條件和必然要求。不愛國就不足以言治國，只有愛國者，才能自覺捍衛「一國兩制」、擁護憲法和基本法，把國家利益放在首位，才能切實履行人大代表的最基本職責。

十九大報告強調，要堅持「一國兩制」和推進祖國統一，確保「一國兩制」方針不會變、不動搖，確保「一國兩制」實踐不變形、不走樣。王晨副委員長在選舉會議講話中強調指出，任何危害國家安全、挑戰中央權力和基本法權威，皆為對底線的觸碰，中央對「港獨」零容忍。今屆港區人大代表選舉要求牢固樹立「一國」意識和堅守「一國」原則，對選出具有愛國意識的港區人大代表，推動社會各界共同維護國家主權、安全和利益，堅決反「港獨」，具有重要意義。

為確保選出符合法定要求、國家和港人均滿意的港區全國人大代表，今次選舉新增了一項規定，參選人在參選人登記表中，要聲明擁護中華人民共和國憲法和香港特別行政區基本法，擁護「一國兩制」方針政

策，效忠中華人民共和國和香港特別行政區，並聲明未直接或間接接受外國機構、組織、個人提供的與選舉有關的任何形式的資助。如選舉會議主席團審查確認參選人不符合規定，參選人就會被除名；履職期間違反聲明內容，人大常委會代表資格審查委員會同樣可終止其資格。

這些新規定，是根據香港落實「一國兩制」出現的新情況和實際需要，作出的必要補充和完善，對參選者而言也是應有憲制責任、政治倫理的基本要求。新增的這套防範機制，不僅能防止一些人混入最高國家權力機關，破壞「一國兩制」，而且對本港選舉制度中要求參選人和當選人須堅守憲制、效忠國家和香港，起到良好的示範作用。

促港融入國家發展大局

十九大報告強調支持港澳融入國家發展大局，以粵港澳大灣區建設、粵港澳合作、泛珠三角區域合作等為重點。港區人大代表換屆選舉，肩負着新時代的要求，對推動香港社會各界全面準確貫徹「一國兩制」方針，搭好兩地交流、溝通合作的橋樑和紐帶，意義重大而深遠。胸懷大局、把握大勢，選好港區人大代表，圓滿完成選舉，必將促進香港更積極地配合國家新時代的發展戰略，共享祖國繁榮富強的偉大榮光。

（原載於 2017 年 11 月 27 日香港《文匯報》）

支持修訂議事規則就是維護港人福祉

提要：立法會拉布泛濫，對社會民生造成的傷害，對香港錯失發展機遇造成的損失，無法計算，廣大市民已經忍無可忍，民間聲討拉布惡行的呼聲一浪高過一浪。社會各界厭惡拉布，支持修例遏止拉布，可以說是民意如山。市民為何如此反感反對派濫用拉布，就是因為拉布泛濫嚴重拖累香港發展，直接損害市民利益。支持修訂議事規則，就是維護港人福祉。建制派議員為遏止拉布已盡心盡力，值得肯定。立法會審議修改議事規則的議案進入關鍵階段，各界期待立法會盡快完成修改議事規則，回復正常運作，謀求發展，共同把握「一帶一路」、粵港澳大灣區的難得機遇，坐上國家發展的高速列車，攜手共創更好將來。

近年來，反對派無所不用其極地拉布。回顧立法會近年運作，反對派拉布手法越演越烈，由示威叫口號、重複提出中止待續、提出大量規程問題、點算法定人數等等，到提出臨時動議要求新聞界離席，不擇手段癱瘓議會運作；拉布範圍亦越來越廣，由最初的政治議題拉布，擴至社會民生經濟議題，無所不包，無視民意、無視社會利益；反對派拉布的戰線也越來越長，由立法會大會，到立法會內務委員會、財務委員會、工務小組等，全面衝擊議會的正常運作。

拉布泛濫嚴重損害港人福祉

反對派無視主流民意肆意拉布。最近的例子就有「一地兩檢」議案。廣深港高鐵香港段的開通，關乎香港未來發展，獲主流民意壓倒性支持，

反對派硬是將議題政治化，意圖拉倒議案。「一地兩檢」議案雖然最終「幸運地」討論通過，但實際上所花的 26 小時會議時間，用於辯論的時間僅 8.5 小時，官員發言和表決時間合共 2 小時，其餘 15.5 小時都浪費在反對派拉布之上。

據統計，在上屆立法會 4 年會期內，反對派總計點人數已近 1,500次，導致立法會流會 18 次，合共浪費至少 450 小時會議時間及 27 億元公帑，更有不少經濟民生撥款因拉布而遲遲未能落實，包括私營骨灰龕條例、醫委會改革、消防條例等。須知道，立法會職責是監察政府而不是癱瘓政府，議員的責任是開會而不是製造流會。反對派拉布已走火入魔，罔顧社會利益，嚴重損害港人福祉，必須予以制止。

主流民意支持結束立法會亂象

立法會現在沿用的是港英時期的議事規則，許多條文嚴重落後於形勢發展，存在不少漏洞。反對派濫用程序，不斷提出中止或休會待續議案拉布，主席無法完全禁止，即使議案最後被否決亦已浪費大量時間辯論。立法會必須撥亂反正，正本清源，因應拉布泛濫的情勢修改議事規則，堵塞漏洞，有效保障立法會正常運作。需指出的是，現時提出的修改議事規則議案，已平衡監察政府及保障議會正常運作的需要，只防止議員濫用規程，而無損立法會的監察權。

立法會拉布泛濫成災，拉布惡果社會有目共睹，廣大市民已是忍無可忍。一些市民更因討厭拉布而拒看立法會新聞。中大香港亞太研究所最近進行的民調顯示，五成市民反對拉布，近半受訪者更支持修改議事規則剪布。結果清晰可見，反對派近年的持續拉布，已引起社會普遍反感。針對反對派議員阻撓修改議事規則，不少市民連日來積極發聲，舉辦多項民間行動聲討拉布行為，向立法會發出要求剪布的呼聲，獲得廣泛的迴響。民眾呼聲一浪高過一浪。主流民意亟欲結束立法會亂象，渴望議會重回正軌。

事實上，建制派議員為遏止拉布已盡心盡力。除議員們儘量出席會議、編更表確保會議有足夠人數外，立法會主席、各小組主席亦已果斷利用如合併議案、限制發言等方法剪布，防止議會運作癱瘓，努力值得肯定。

立法會重返正軌有利社會發展

林鄭月娥行政長官和新一屆特區政府開局良好，聚焦發展經濟、改善民生，在教育、青年、住房、扶貧等多個領域推出新政策、新措施，帶來了新氣象，顯示了主流民意希望聚焦發展。過去幾年，拉布已嚴重拖慢了香港社會的發展步伐，導致不少有利民生經濟的議案遲遲未能落實。社會期望立法會能夠重回正軌，儘快修改議事規則，回復正常運作，謀求發展，共同把握「一帶一路」、粵港澳大灣區的難得機遇，坐上國家發展的高速列車，攜手共創更好將來。

（原載於 2017 年 12 月 14 日香港《文匯報》）

張德江「四點希望」為香港參與「一帶一路」引航

提要：張德江委員長在「共拓『一帶一路』策略機遇」論壇發表主旨講話，對香港提出四點希望：一是瞄準國家所需，主動對接國家發展戰略；二是要發揮香港所長，合力提升優勢互補效應；三是增強創新意識，不斷打造多元合作平台。四是弘揚絲路精神，積極促進人文交流。這四點希望表明中央對香港參與「一帶一路」建設寄望甚殷，具有方向指導意義。香港在國家改革開放的大潮中從來沒有缺席。在國家構建全面開放新格局的當下，香港更要「謀全局」，全面擁抱並融入國家發展大局，貢獻國家，成就香港。

2018 年是習近平主席提出「一帶一路」倡議的 5 週年。「一帶一路」倡議從 2013 年提出以來不斷推進，已經從理念變為行動、從願景變為現實，得到國際社會的廣泛認同。特區政府聯同一帶一路總商會舉辦的「國家所需　香港所長——共拓『一帶一路』策略機遇」論壇，是一次難得的盛會。全國人大常委會委員長張德江親臨發表主旨講話，林鄭月娥特首更聯同香港的工商專業界人士出席，與大批國企的領導和高管共同交流如何善用香港優勢，配合「一帶一路」發展。本人有幸參與其中，獲益匪淺。

香港謀全局　助力「一帶一路」

「一帶一路」建設不但需要政府之間的推動，更離不開企業的參與，尤其是實力雄厚的國有企業。香港其中一個獨特優勢，在於能夠「內外聯動」，既是連接優秀中國企業與國際投資者的交易平台，也是內地資本

市場走向世界的第一門戶。在「一帶一路」建設積極推進落實、大批國企大舉投資揚帆出海之時，如何發揮好香港的特殊優勢，值得重視。

張德江委員長的主旨演講，正是回應了如何善用香港優勢，助力「一帶一路」建設這個問題。張德江對於香港提出的「四點希望」，高屋建瓴，視野廣闊，對於我們把握「一帶一路」機遇，具有很強的指導作用。

一是瞄準國家所需，主動對接國家發展戰略。十九大報告將「一帶一路」建設作為建設現代化經濟體系以及堅持和平發展道路的主要內容，關係國家發展全局。張德江告誡香港，「不謀全局者，不足以謀一域」。香港參與「一帶一路」建設，需要有全局思維，融入國家發展大局，全面投入到「一帶一路」與粵港澳大灣區的發展之中。這不單需要特區政府的積極推動，也需要社會各界的全面參與。

港企內企「拼船出海」

二是要發揮香港所長，合力提升優勢互補效應。香港是重要的國際金融、航運、貿易中心，是全球最自由的經濟體，在專業服務上具有集聚和整合優勢，在跨境金融、法律仲裁、工程建築、財務會計等方面，更達到國際先進水準。隨着「一帶一路」建設的全面推進，對高端專業服務的需求越來越大，香港可發揮提供高品質專業服務的平台作用，既服務國家，亦為自身開拓龐大商機。香港的專業服務應與內地企業達至優勢互補，「拼船出海」，擔當內地企業投資「一帶一路」的輔助者角色。

三是增強創新意識，不斷打造多元合作平台。創新是時代的主題，香港參與「一帶一路」和粵港澳大灣區建設，都需要加強自身的創新體系建設。其中，粵港澳大灣區建設的一個重點，就是統籌利用全球科技創新資源，打造國際科技創新中心。香港要發揮好自身優勢，不但需要強化自身的專業服務優勢，也要積極開拓，與大灣區合作建設國際科技創新中心，培育新的經濟增長點。

四是弘揚絲路精神，積極促進人文交流。「一帶一路」既是發展之

路，也是文明文化交融之路。深化人文交流，關鍵要做好「民心相通」的軟環境建設，為文明之路建設掃除各種障礙。香港融通東西、中西文化薈萃，不但可為內地機構和企業融入「一帶一路」沿線國家當好「引路人」，更可以在多層次、多領域的人文交流中擔當「促進者」的角色。

擔當「促成者」和「推廣者」

特區政府充分了解到「一帶一路」對香港的意義以及香港在當中的角色，積極配合國家「一帶一路」建設，坐言起行，務實有為，受到中央的充分肯定。林鄭特首在論壇致辭時提出，香港將在 6 個重點範疇積極參與「一帶一路」建設，致力擔當「促成者」和「推廣者」的角色，並重點做好 4 方面工作。在特區政府強有力推動和香港工商專業界的積極參與之下，必定可以香港所長，配合國家所需，既為國家發展作出貢獻，又為香港成就新的輝煌。

（原載於 2018 年 2 月 6 日香港《文匯報》）

政府工作報告強國為民　港澳台共築復興夢

提要：李克強總理的政府工作報告給我印象最深的有三點：一是強國的活力；二是為民的誠意；三是寄望港澳台共築中華民族偉大復興的中國夢。融入國家發展大局，是解決香港現實難題的有效途徑，也是香港未來發展的方向。台灣同胞分享大陸發展的機遇，將成為兩岸互動的主旋律！

李克強總理的政府工作報告體現了中國已經進入「強起來」的新時代。我們國家進入新時代，從經濟基礎的角度來講，一個重要的標誌就是中國經濟已經邁向了 80 萬億國內生產總值（GDP）的新台階。

報告彰顯強國活力為民宗旨

政府工作報告指出，國家 5 年來的經濟實力躍上新台階：GDP 從 54 萬億元（人民幣）增加到 82.7 萬億元，年均增長 7.1%，佔世界經濟比重從 11.4% 提高到 15% 左右，對世界經濟增長貢獻率超過 30%。今年國家發展主要預期目標是 GDP 增長 6.5% 左右。一系列數據記錄了中國經濟發展取得的最新成就，在世界範圍內也是一枝獨秀，彰顯強國的勢頭與活力。

治政之要在於安民，安民之道在於察其疾苦。報告指出「傾情傾力做好托底工作，不因事難而推諉，不因善小而不為，要讓每一個身處困境者都能得到社會的關愛和溫暖」。報告羅列了多項「民生禮包」，包括全年再為企業和個人減稅 8,000 多億元、國家科技投入要向民生領域傾斜、提高基本醫保和大病保險保障水準、改善供水供電資訊等基礎設施、

新建改建農村公路 20 萬公里、多渠道增加學前教育資源供給，創新食品藥品監管方式，等等。報告不斷提升人民羣眾的獲得感、幸福感、安全感，進一步凝聚了中國人民為實現中國夢的偉大力量。

融入國家大局是香港發展方向

對於香港部分，政府工作報告特別講到，支持港澳融入國家發展大局，深化內地與港澳地區交流合作，並表示堅信港澳一定能夠與內地同發展，共繁榮。習近平總書記在十九大報告中提出，要支持香港融入國家發展大局，為香港發展指明了方向。現在，香港的發展面臨不少困難和問題，尤其是經濟社會長期積累的一些深層次矛盾和問題並沒有得到根本解決，與內地交流合作也遇到一些新情況新問題。正如中共中央政治局常委、中央紀委書記趙樂際在全國政協十三屆一次會議港澳委員聯組討論時的講話所指出的那樣，解決前進中問題的有效途徑，就是香港、澳門加快融入國家發展大局，圍繞國家所需、港澳所長，深化與內地的互利合作，更好發揮港澳地區的有利發展條件和獨特競爭優勢，不斷拓寬港澳與內地共同發展空間。我們要按照十九大部署，以粵港澳大灣區建設、粵港澳合作、泛珠三角區域合作等為重點，凝心聚力擁抱大灣區機遇，全面融入國家發展大局，全面帶動香港發展，造福港人。

報告又提到，「要繼續全面準確貫徹『一國兩制』方針，嚴格依照憲法和基本法辦事。」「一國兩制」在香港成功實踐 20 年，取得了舉世矚目的成功。過去一段時間，極少數人士鼓吹「港獨」，衝擊「一國」底線。在事關中華民族根本利益、事關國家長治久安、事關香港澳門長期繁榮穩定的重大問題上，我們每個中國人要維護法律、堅持原則、敢於發聲，堅決反「港獨」，絕不允許以「高度自治」為名排斥、對抗和侵蝕中央全面管治權，更不能危害國家主權、安全和發展利益。香港社會各界應加強憲法和基本法宣傳，形成「尊崇憲法、學習憲法、維護憲法」的社會氛圍，讓「港獨」成為過街老鼠，人人喊打。

台胞分享大陸機遇乃兩岸互動主旋律

　　政府工作報告貫徹習近平總書記十九大報告的要求，在強調維護國家統一的同時，提出擴大兩岸經濟文化交流合作，逐步為台灣同胞在大陸學習、創業、就業、生活提供與大陸同胞同等待遇。其具體內容體現在國台辦最近公佈的《關於促進兩岸經濟文化交流合作的若干措施》之中。這次出台的 31 條措施，其中 12 條措施涉及加快給予台資企業與大陸企業同等待遇，另外 19 條措施涉及逐步為台灣同胞在大陸學習、創業、就業、生活提供與大陸同胞同等待遇。有關措施給予台灣同胞「國民待遇」，體現了「兩岸一家親」的理念。

　　台灣同胞分享大陸發展的機遇，兩岸同胞擴大經濟文化交流合作，實現互利互惠，共擔民族大義，共創中華民族偉大復興的美好未來，將成為兩岸互動的主旋律！希望兩岸同胞共商建立有效的落實機制，切實擴大台企台胞的受益面和獲得感；也希望台灣政界不要從對立的角度進行負面解讀，而應更多地站在台灣民眾福祉的角度解讀這項新政，造福台灣同胞。

（原載於 2018 年 3 月 6 日香港《文匯報》）

習主席支持創科興港　引領香港轉型

提要：習主席對在港兩院院士來信的重要指示，其意義首先是支持香港成為國際創新科技中心，同時表明中央推動香港融入國家發展大局，重心仍然是加快香港自身的發展，而不是將香港的人和產業向內地轉移。多年來，香港過於依賴傳統產業，經濟轉型舉步維艱。香港應該抓住習主席指示的重大契機，全面推動香港的產業發展，加快經濟轉型，帶動經濟民生，為年輕人開拓空間，為實現中華民族偉大復興貢獻力量。

國家主席習近平對 24 名在港兩院院士來信的重要指示，在香港社會引起熱烈反響和廣泛重視，一個重要原因就在於香港產業基礎狹窄，經濟轉型舉步維艱。習主席支持香港成為國際創科中心，實現創科興港，讓港人看到了經濟社會發展的美好前景。

中央支持香港加快發展創新科技

習主席在慶祝香港回歸祖國 20 週年大會講話中指出，香港「經濟發展也面臨不少挑戰，傳統優勢相對減弱，新的經濟增長點尚未形成」。香港作為細小的開放型經濟體，經濟結構長期過分偏重於傳統的金融、貿易物流、旅遊等行業，創新科技發展明顯落後，導致增長乏力，轉型維艱，一遇到外圍環境波動，香港經濟就面臨嚴重困境，也對青年人的發展造成了障礙。

當今世界，創新科技發展日新月異，已成為多個國家和地區政府推動經濟增長的新動力和保持經濟活力的新模式。以新加坡政府為例，他

們着重官產研緊密合作，政府發揮引領作用。2015 年，香港創新科技產業產值僅佔 GDP 的 0.7%，新加坡則有 2.4%。多年來，通過政府的引領、推動和協調，新加坡在運用創新科技推動經濟發展方面，比香港走前了很多步。現在，中央大力支持香港成為國際創新科技中心，引領香港擺脫過分依賴幾個傳統優勢產業的局面，加快向高科技、高增值經濟發展的步伐，有利香港推動經濟轉型升級，令產業佈局合理化，促進經濟基礎擴大，為改善民生和青年發展提供良好環境。

大灣區是香港創科支持平台

香港創新優勢突出，基礎科研水平相當高，青年思維開闊，創意無限，但本地市場狹小，產學研之間的協作又未打通，未能確立自身的產業鏈，形成「上游強下游弱」的創科發展困局。國家支持香港成為國際創新科技中心，不僅創科研發得到有力的資金支持，而且產品可透過與大灣區城市的協同創新和產業化技術對接，有利讓香港形成創科產業鏈，把源源不絕的香港創意概念推出海內外市場。具體來說，大灣區作為香港成為國際創新科技中心的重要支持平台，可以體現在如下 4 方面：第一，中國指數研究院的數據顯示，2016 年大灣區人口達到 6,800 萬，經濟總量有 13,400 億美元，超越東京灣的 13,000 億，成為僅次於紐約灣的灣區。這是比香港大近 10 倍的市場，也是進入全國 13 億人口市場的跳板。第二，深圳已發展成全國科研與創新產業最活躍的地區之一，被喻為「中國矽谷」，是香港推動創科產業化發展的重要夥伴。第三，廣東省產業體系完備，東莞、佛山、中山製造業豐富多元，是全球經濟實力雄厚的世界工廠，可成為創科產業的製造業中心，配合香港的創科企業將創新意念量產化。第四，隨着港珠澳大橋、廣深港高鐵香港段相繼通車，蓮塘口岸開通，香港與整個大灣區距離縮短至「一小時生活圈」內，大大便利研發者、企業廠商來往兩地經營產業，加上大灣區擁有全球最密集的機場羣和港口羣，更為產品銷售提供重要的交通物流配套，讓香港的

科研成果通過大灣區輻射至全國以至全世界。

中央政策重心是促進香港自身發展

習主席指出，「一國兩制」構想提出的目的，一方面是以和平的方式對香港恢復行使主權，另一方面就是為了促進香港發展，保持香港國際金融、航運、貿易中心地位。中央對港政策的重心是促進香港發展，這是「一國兩制」的基本要求，也是「一國兩制」成功的具體表現。習主席支持香港成為國際創科中心，表明中央推動香港融入國家發展大局，重心仍然是促進香港發展，以帶動經濟、改善民生，並發揮香港的優勢貢獻國家。有些人認為參與大灣區建設就是香港人和香港的產業向珠三角城市轉移，這顯然是一種誤解。

（原載於 2018 年 5 月 24 日香港《文匯報》）

借鑒新加坡經驗　為港人安居支持填海

提要：安居是香港市民關心的頭等大事。林鄭特首提出支持填海增加土地供應，引起社會廣泛討論。事實上，香港現在的許多土地和新市鎮興建都是填海所得。新加坡更是大刀闊斧填海造地，國土面積比原先多出 23.1%，解決了安居和發展問題。香港社會出現「填海就是錯」、「填海必反」的邏輯，是自設困局，為難港人。林鄭有決心有魄力填海造地，是急市民所急，為港人安居造福。社會各界應理性務實討論填海造地，凝聚共識，共建安居香港！

特首林鄭月娥日前預告在 10 月施政報告會重點處理土地供應問題，並表示支持填海。她日前出席立法會質詢時指出，填海不是唯一方案，但長遠為香港土地提供足夠供應，填海似乎是無可避免。

香港許多土地和新市鎮都是填海所得

據土地供應專責小組分析，本港欠缺的土地不是區區小數，絕非單靠幾個短期項目就能解決，當局必須大刀闊斧，始能解決香港缺地最少 1,200 公頃的情況。如何大幅覓地，引起社會各界高度關注。

香港目前面對的房屋挑戰至少有兩方面：一是樓價升得太高太急，大大脫離市民的負擔能力，年輕人要承受沉重負擔，而政府覓地建屋的速度遠遠落後需求；二是香港人口極速老化，需要進一步擴充和安置人口，支持香港經濟的可持續發展。要解決這兩個難題，必須增加土地供應，這是毋須爭辯的道理。然而，即使發展棕土，也要另覓土地承接原有棕土上的經濟活動，在「以地換地」的前提下，效益始終有限。展望香

港未來幾十年的發展，只有大幅填海，創造全新土地，才有可能解決土地不足的問題。土地供應小組 14 個短中長期選項中，單單填海便可提供 1,450 公頃土地，遠多於其他選項。

事實上，香港的許多土地和新市鎮興建都靠大幅填海，填海並非香港發展不慣常的方法。香港山多平地少，一直有利用填海造地。皇后大道中就是在海旁開闢而出，皇后大道中以北的土地也是填海而得，銅鑼灣、小西灣、荃灣、觀塘同樣有大量土地依靠填海造地而成；沙田也是填海填出來的一個新市鎮，至今已容納約 66 萬人，為全港人口最多的行政區。土地是發展的基礎，可以説，香港今天的發展，填海功不可沒。

新加坡填海造地達國土面積 23.1%

新加坡的經驗亦説明，若要大規模造地，不可能排除填海。綜觀新加坡歷史，成功的房屋和人口發展，就是依靠填海。新加坡 1965 年立國之初，建國總理李光耀為容納更多人口，大刀闊斧進行填海，土地面積由 580 平方公里，至 2014 年已增加 100 多平方公里至 718 平方公里，比原先多出 23.1%。該國工業區裕廊島、濱海灣等不少公共設施，以至由新加坡政府發展興建、容納新加坡逾八成人口的組屋，所用土地多由填海而得。在亞洲位居前列的新加坡樟宜機場，大部分地方在過去都是海域。

新加坡政府未來還積極準備繼續填海。2013 年，新加坡政府發佈《人口白皮書》，為確保經濟保持競爭力，將計劃透過引進更多外來人口，在 2030 年將人口總數增至 690 萬人，期望至 2030 年，新加坡土地面積可增至約 777 平方公里，以應付未來人口增長的需求。

反觀香港，特區政府於 2014 年的填海計劃遭受阻撓，當年所有涉及填海規劃、工程研究的撥款計劃被迫撤回，令欣澳、東大嶼等填海計劃停頓數年，舉步維艱。新加坡的填海面積，已佔城市總面積兩成；香港多年來的填海面積，卻只佔城市總面積百分之七，相對於人口比香港少

的新加坡，步伐明顯緩慢。

「填海就是錯」「填海必反」邏輯危害香港

綜合香港和新加坡的發展情況，填海乃長遠增加土地供應的有效方法。解決土地問題必須多管齊下，填海更是必然選擇。特區政府縱使面對種種困難，仍需克服阻力，迎難而上。新加坡大規模填海也面對過不少爭議，包括被指破壞環境及海洋生態、鄰近的馬來西亞和印尼亦認為填海威脅其領海權益而拒售填海所需的沙石等。但新加坡政府多年來力排眾議填海造地，加上其以組屋為主導的房屋政策，促使現時八成以上人口得以在資助房屋安居。

林鄭特首指要靠填海才能解決建屋問題，有決心有魄力大舉為港人造地，也是為香港未來發展造福。她預告將在 10 月施政報告便會提出相關計劃，值得社會各界期待。目前，香港社會出現「填海就是錯」、「填海必反」的邏輯，不利香港造地大計，需要明確分辨。為確保香港長遠發展，廣大市民需要與特區政府一道，聚焦討論填海造地，配合多項短中期增加土地供應措施，共同為安居樂業凝聚共識，共建美好香港！

（原載於 2018 年 7 月 6 日香港《文匯報》）

拓地需有大局觀念　包容共謀安居藍圖

提要：本港土地短缺問題備受關注。昨日，「團結香港基金」根據「強化東大嶼都會」計劃，建議在大嶼山東面填海 2,200 公頃。值得注意的是，香港拓地面對的突出難題，就是一些人採取「拓地別在我家後院」的態度。如果各方面人士都採取這種態度，拓地就永遠爭論不休，安居只會是空話。土地規劃需有大局觀念，需破除「逢填海必反」、「郊野公園碰不得」、「官商必然勾結」的迷思。社會各界應以開放包容的思維，以建設性態度提出化解開發難題的建議，與特區政府共謀安居藍圖並早日落實。

較早前，規劃署建議改劃屯門 5 幅土地興建公屋，城市規劃委員會展開屯門分區相關計劃大綱的討論。有區內居民請願，以「屏風樓」、「插針樓」、加劇交通擠塞、社區設施不勝負荷，以致屯門泳池輕鐵站月台出現沉降等理由，要求擱置在屯門恆富街空地興建公屋。特區政府的拓地安居計劃在地區上遭遇阻力，再次引起社會關注。

「別在我家後院」阻礙拓地

運輸及房屋局近日公佈，截至今年第二季，未來 3 至 4 年私樓新供應數字應為 9.3 萬伙，按季減少 3,000 伙，是 2016 年第三季以來最低。差餉物業估價署日前亦公佈，6 月私人住宅樓價指數已連升 27 個月，更連續 20 個月破頂，今年上半年樓價已飆逾一成。同時，公屋輪候時間已延至 5 年或以上。公私營房屋供應減少，顯示本港土地供應不足問題進一步凸顯，警示特區政府要加快覓地步伐。

土地房屋短缺問題是導致本港深層次矛盾的根源之一，增加土地供應必須多管齊下、迎難而上，大舉填海創造新土地、開發郊野公園邊陲用地、推動公私營合作發展新界農地等，都是值得討論的選項。

　　然而，現時香港覓地的一個難題，在於有些反對者只以自己利益出發，對任何選項都提出百般挑剔。填海不涉搬遷賠償等問題而能創造大幅土地，是影響最低的土地選項，但反對者卻認為會帶來交通擠塞和空氣污染等問題；開發郊野公園生態較低的邊陲地帶，有利銜接已開發土地，加快造地進度，又被人指責危及生態環境，影響市民郊遊；公私營合作發展農地，較填海、開發郊野公園邊陲用地效率更快，不失為中短期增加供應的選擇，但一提到公私營合作，就會扣上「官商勾結、利益輸送」的帽子，等等。出現這些現象的一個最重要也是最突出的原因，就是一些人只以自己利益出發，採取「拓地別在我家後院」的態度。

新加坡以最大決心共識拓地

　　香港長遠發展需要至少 1,200 公頃土地，顯然不可能靠一朝就能解決。如果各方面人士只是從自己的利益出發，海不能填、郊野公園邊陲不能動、公私合作不考慮，任何建議都被否定，永遠只能爭論不休、議而不決，討論多少年也不可能找到解決土地問題的答案，建屋計劃只能一再拖延，市民的置業期望亦只能一再落空。

　　外界常把香港和新加坡的發展作比較。綜觀新加坡的歷史，成功的房屋發展和人口政策，就是依靠填海。新加坡 1965 年建國迄今，已經造地 100 多平方公里。不過，新加坡大舉填海也不是沒有自己的困難，例如同樣被指破壞環境及海洋生態、受周邊國家政策調整影響填海所需沙石的供應等。新加坡最終仍能堅持填海造地，把國民的住屋問題解決好，除靠政府大力興建組屋外，還在於新加坡全社會以大局利益為發展前提，了解到新加坡要發展，必須以最大決心和共識開拓土地。早於 2013 年，新加坡政府表示期望至 2030 年，土地面積可增約 777 平方公里，以

滿足人口發展的需求，獲得國民普遍支持。

做好香港土地拓展大計，關係到香港未來幾代人的福祉。增闢土地需時以十年計，蹉跎歲月後果堪虞。林鄭特首強調要全面檢視土地來源，廣闢發展空間。社會各界應該以香港長遠大局為前提，避免將局部利益凌駕一切，支持特區政府拓地安居。

面對土地規劃需有大局觀念，需破除「逢填海必反」、「郊野公園碰不得」、「官商必然勾結」的迷思，以建設性的態度，切實提出解決開發問題的建議。例如，針對交通阻塞問題，應該提出如何解決交通規劃問題的建議；針對環保問題，應該提出減少生態影響的方案；針對所謂「官商勾結」的陰謀論，應該提出公正透明的規管制度。社會各界應該以開放包容的建設性思維，與特區政府共謀各項拓地安排，理性討論，集思廣益，共同制定安居藍圖並早日落實。

（原載於 2018 年 8 月 8 日香港《文匯報》）

「明日大嶼」安居有望　排除干擾夢想成真

提要：林鄭特首的施政報告所規劃的土地房屋藍圖，讓市民切實看到了安居樂業的曙光和希望。「明日大嶼」不止是一個土木工程，更是一個信心和希望的建設工程。社會各界需對泛政治化的衝擊大聲說不，齊心協力推動特區政府落實好施政報告的土地房屋藍圖，將希望變成現實。

　　施政報告提出的「明日大嶼」計劃，是報告最令人鼓舞的亮點。多年來，政府手上可用的土地匱乏，難以利用土地儲備去調節市場供求，為產業發展提供土地資源，更談不上為廣大市民解決樓價高、安居難的問題。要突破這個瓶頸，政府必須對症下藥，大膽創新，拿出有力措施。「明日大嶼」計劃涉及大規模填海造地，所增總面積多達 1,700 公頃，不僅可安置人口達 110 萬，更會成為香港第三個核心商業區。林鄭特首會親自督導一個專責統籌辦事處統籌和監察計劃的規劃與落實。這個跨越二三十年的願景，體現了林鄭特首帶領特區政府不畏艱難、致力香港未來的遠見和決心。

「明日大嶼」體現遠見和決心

　　施政報告針對短中期房屋需要，又提出多項措施，增加房屋供應，包括：容許改裝整幢工廈作為過渡房屋，出租未補地價居屋單位予有需要家庭，以終身免租金鼓勵公屋「全長者寬敞戶」大屋搬細屋，提前研究新界北棕地發展和讓持有私人農地的發展商申請發展的「土地共享先導計劃」等。多項過渡性住房和拓地措施多管齊下，創新靈活施策，盤活

空置農地、棕地、工廈和公屋單位等資源，既釋放更多房屋單位，又做到地盡其用，有利縮短公屋輪候冊輪候時間，紓解劏房戶捱貴租的困境，提速公私營房屋發展步伐，以解市民居住的燃眉之急，顯示特區政府以實際行動解決房困、願為改善中產和基層住屋生活多作承擔的魄力。

土地房屋藍圖燃點希望

綜觀施政報告的土地房屋政策，有幾個特點，令香港有一份不一樣、不平凡的房屋藍圖：

一是提出短中長期的土地房屋措施，政策完整，路徑清晰，市民逐步上車是看得見的未來。

二是積極作為，議而有決，切實可行，並非空談願景。

三是措施因應實際情況，計算新增用地的公私營房屋比例由六比四改為七比三，大規模增建公營房屋，協調了不同階層市民的住屋需要，讓「人人有樓買」。

四是以破格思維，下大力氣，在過渡性房屋及資助房屋供應等項目上，發掘利用更多房屋資源。

香港的發展遇到很多深層次矛盾的阻礙，土地供應嚴重不足是其中最主要的難題。土地房屋是施政報告的重中之重，林鄭特首在報告中所提出的整全房屋措施，勾勒出看得見、摸得着的宏大發展藍圖，透過種種房策，重新主導香港土地和房屋的宏觀方向，讓市民對增加土地供應解決居住問題、發展經濟、改善民生看到切實的曙光和希望。可以說，這不止是一個土木工程，還是一個建設信心和希望的工程。

要對泛政治化衝擊説不

值得注意的是，以回歸以來港珠澳大橋等大型工程的經歷來看，填海計劃仍可能產生爭議和面對司法覆核。由於地區利益糾結，質疑和不

滿聲音還會接踵而來,「別在我家後園」心態仍可能令一些覓地措施存在阻力。如果房屋措施再橫生枝節,要改善廣大市民住屋環境,仍只能是空談。

　　林鄭特首這份施政報告,為香港的土地房屋規劃了振奮人心的發展宏圖,提出了強而有力的清晰步驟和政策措施,回應了市民的迫切期望,社會各界應齊心協力,共同推動特區政府落實好施政報告的土地房屋藍圖,拒絕少數人的民粹化干擾,不要再讓官商勾結、利益輸送等陰謀論橫行,更要對泛政治化的衝擊大聲説不,才能緩解蝸居之困,並為經濟發展提供動力,將希望變成現實。

（原載於 2018 年 10 月 15 日香港《文匯報》）

習主席宣示改革開放　大橋開通具特殊意義

提要：改革開放是決定當代中國命運的關鍵一招。習主席視察廣東讓全世界看到中國堅持改革開放的意志和決心。習主席親臨主禮港珠澳大橋開通儀式，也是今次視察廣東的一個重要內容和亮點，表明中央期望粵港澳大灣區在新時代推動形成國家全面開放新格局中發揮重要作用。如何發揮港珠澳大橋效益，推進大灣區建設，是擺在粵港澳面前的共同任務。

習主席於十八大主政之後，首次赴地方考察就選擇了廣東。他當時表示，之所以到廣東來，就是要到在我國改革開放中得風氣之先的地方，現場回顧我國改革開放的歷史進程，將改革開放繼續推向前進。

大灣區擔任國家開放重大角色

改革開放 40 週年之際，習主席南下廣東考察調研。他說，「再一次來到深圳，再次來到廣東，我們就是要在這裏向世界宣示：中國改革開放永不停步！下一個 40 年的中國，定當有讓世界刮目相看的新成就！」

當前，全球經濟正面臨部分西方發達國家無端挑起的貿易戰、關稅戰的陰影。中國更是面對美國一意孤行試圖以貿易戰遏制中國崛起的挑戰。習主席視察廣東的講話，表明中國將牢牢把握改革的領導權和主動權，延續過去 40 年改革開放的發展方向，堅定不移地走中國特色社會主義的改革開放路線，而新一輪改革開放將更強調自主創新、以民為本。習主席視察廣東的講話讓全世界看到中國堅持改革開放的意志和決心。

習主席去年「七一」視察香港時曾深情地說：「香港同胞一直積極參

與國家改革開放和現代化建設，作出了重大貢獻。對此，中央政府和全國人民從未忘記。」中央決定建設大灣區的根本目的是要充分發揮粵港澳綜合優勢，深化內地與港澳合作，進一步提升粵港澳大灣區在國家經濟發展和對外開放中的支撐和引領作用。習主席親臨主禮港珠澳大橋開通儀式，也是今次視察廣東的一個重要內容和亮點，表明中央期望粵港澳大灣區在新時代推動形成國家全面開放新格局中發揮重要作用。

發揮大橋效益推進大灣區建設

粵港澳大灣區建設領導小組首次全體會議，全面深刻闡述了粵港澳大灣區建設的根本目的、戰略意圖、目標願景、原則要求和方向路徑，從決策層面標誌着粵港澳大灣區建設進入全面深入推進實施的新階段。港珠澳大橋開通，則是粵港澳大灣區基礎設施互聯互通的標誌性項目，是實現粵港澳大灣區一小時生活圈的關鍵性建築，從基礎設施層面標誌大灣區建設進入全面推進的新階段。如何發揮港珠澳大橋效益，推進大灣區建設，是擺在粵港澳面前的共同任務。

概括而言，港珠澳大橋具有經濟、旅遊、民生三方面的重大效益。經濟效益方面：一是帶動灣區人流、物流、資金流、信息流的互聯互通；二是有利香港資金前往粵西地區投資、設廠，把港澳與珠海、中山、佛山、肇慶、江門等城市及周邊地區聯通起來，促進粵西地區發展，有效平衡灣區東西差距；三是提速灣區經濟與紐約灣區、舊金山灣區、東京灣區等世界一流灣區看齊。大橋總設計師孟凡超便預估，大橋間接產生的 GDP 量將以萬億元人民幣計。

旅遊效益方面，大橋是中國由橋樑大國成為橋樑強國的標誌，創下多項世界建設之最，被英國《衛報》選為「新世界七大奇跡」之一。大橋總長約 55 公里，是世界最長跨海大橋，晚上發出的亮光成為大灣區一顆耀眼的明珠。這些工程特點可以轉化為新旅遊優勢：一是大橋成為中國橋樑「走向世界」的靚麗名片，吸引海內外遊客一睹奇觀；二是內地訪港

旅客將更便利，特別是對粵西地區的旅遊業帶來刺激作用；三是有助推進大灣區內港珠澳「一程多站」旅遊發展，創設嶺南文化體驗新路線。

民生效益方面，大橋大大縮短了港珠澳的時空距離，可將香港到珠海的交通時間由目前水路 1 小時以上、陸路 3 小時以上，縮短至 30 分鐘以內，令三地「一小時生活圈」全面貫通。大橋徹底改變大灣區、珠三角的交通出行模式，促使人們升級全新的生活方式，享受到大橋基建設施所帶來的便利。

把握新一輪改革開放機遇投身大灣區建設

我們需要從國家改革開放大局和大灣區建設層面來看待港珠澳大橋的重要意義。香港是國家 40 年改革開放的促進者、參與者和得益者，更要把握新一輪改革開放的重大利好，以港珠澳大橋開通作為新的起點，積極投身粵港澳大灣區建設，在更高起點、更高層次、更高目標上，融入國家改革開放的大局，貢獻國家，發展香港，造福港人。

（原載於 2018 年 10 月 30 日香港《文匯報》）

學者帶動理性討論　攜手共圓安居夢

提要：「明日大嶼」在社會上產生諸多爭議，一個重要原因就是那些立場先行及情緒化的口號和煽動民情的民粹政治操作，產生了極大的誤導作用。38 位經濟學教授及學者的聯署聲明，不僅科學分析說明了「明日大嶼」是成本效益的上佳選擇，更重要的是帶動了社會的理性討論。香港不僅樓價貴絕全球，而且人均居住面積屬於最落後之列，完全不可接受。為了香港的福祉，為了下一代的安居，社會各界應該理性討論支持「明日大嶼」。

立法會就施政報告致謝議案進行辯論，7 名反對派議員提出修正案，繼續以「倒錢入海」、「耗盡儲備」、「大白象工程」等論調大肆污名化「明日大嶼」計劃，誤導市民。學者聯署開宗明義指出：自「明日大嶼」出台以來，社會議論有不少是立場先行及情緒化的口號，甚至流於煽動民情的民粹政治操作。我們不得不站出來，說明「明日大嶼」不但是可負擔的方案，更是上佳的投資。

絕非「倒錢入海」而是上佳投資

學者的聯署聲明以翔實數據和嚴密思維，從政府財力、地理、住屋、商業發展、社會效益五方面剖析人工島方案，以淺顯易明的分析闡述「明日大嶼」既不是「倒錢入海」，也不會「耗盡儲備」，而是上佳的投資：

第一，人工島單憑賣地已可回本，而且工程可攤分二三十年進行，對特區政府的財力而言「綽綽有餘」；第二，人工島位置適中，鄰近港島市區和大嶼山港珠澳大橋，這比發展新界土地在交通基建上的效益更

高；第三，人工島可建最多 40 萬個住宅單位，可大舉回應市民的住屋需要；第四，據發展局與規劃署早年估算，香港商業核心區的甲級寫字樓至 2041 年短缺情況料暴增至 1,141 萬平方呎，人工島為長遠解決香港商業發展樽頸提供了契機；第五，人工島可創造 34 萬個職位，還有康樂、運動、醫療等社區設施，社會效益不容忽視。

事實上，據學者非常保守的估計，單計人工島兩個發展階段的商業土地和私樓地價收入，便高達 8,400 億元。這還未計算喜靈洲填海的商業用地的賣地收入，以及島上衍生的各種稅收及經濟收益，人工島計劃的財政收入，肯定十分可觀。應該看到的是，香港能夠在不斷增加社會福利投入的同時，一直維持低稅制政策，賣地收入功不可沒。數據顯示，2017 至 18 年度，香港的賣地收入高達 1,636 億元，佔政府收入比重 26.7%；此前的 2012 至 17 年度這 5 年間，每年賣地收入也在 600 億元以上。根據聯署學者的估算，「明日大嶼」持續造地賣地，帶來龐大收益，足可繼續支持低稅制和基層市民各種惠民措施，惠及香港社會各階層人士。

香港人均居住面積狹小不可接受

房屋問題是香港深層次矛盾之一。美國顧問公司 Demographia 今年公佈的《全球樓價負擔能力報告》，香港連續 8 年登上全球最難負擔樓價城市之首。香港目前有 21 萬個劏房戶，26 萬個申請者正輪候公屋，平均輪候時間已長達 5.3 年；近日新一期居屋認購者超標近 60 倍。

還有一個數字沒有引起香港社會應有的重視：香港現在的人均居住面積僅 170 平方呎，遠較新加坡的 270 平方呎為低，屬於最落後之列，完全不可接受。據中文大學經濟系客座教授宋恩榮測算，就算未來 20 年至 30 年有多 4,000 至 5,000 公頃土地，香港的人均居住面積也只增至 210 至 220 平方呎，仍處於低水平。

比香港面積還要小的新加坡，獨立時領土 581 平方公里，現今靠填

海已擴增為 714 平方公里。填海造地作為換取大片發展空間的方法，令新加坡享有更舒適的居住環境，其成功的房屋發展政策，就是依靠填海而來。「明日大嶼」為大幅改善港人平均居住空間和生活質素提供了可能性，讓港人特別是年輕一代看到了安居的希望，值得大力支持。

民粹政治操作窒礙社會發展

38 位學者以數字和專業角度剖析「明日大嶼」計劃，既有力反駁了坊間種種泛政治化的誤導言論，又帶動香港社會理性討論，有利釐清誤解，阻止反對派以民粹政治操作來窒礙社會長遠發展。

香港社會各界應以客觀務實的態度討論「明日大嶼」規劃，努力推進長遠房屋供應目標逐步達成，攜手共築安居夢。

（原載於 2018 年 11 月 8 日香港《文匯報》）

香港人才排名下滑　反對派唱衰難辭其咎

提要：特區政府花大氣力培養吸引人才，但香港人才排名為何下跌？反對派大搞泛政治化、在國際上唱衰香港，難辭其咎：反對派以泛政治化手段阻止開設創新及科技局，阻延大型項目，窒礙人才發揮空間，導致本地人才紛紛外流；反對派經常到國外唱衰香港，影響香港形象，並以所謂「本土」意識排斥外來人才，導致國際人才不敢來港。對比人才排名上升的新加坡，既沒有香港這樣的極端泛政治化，更不會對外自己唱衰自己。香港社會各界必須共同排除泛政治化，遏止反對派在國際上唱衰香港的歪風，為香港培養和吸引人才創造有利的內外環境。

瑞士洛桑管理學院公佈《2018 年世界人才報告》，香港的排名下跌 6 位至第 18 位，亞洲首位的位置被新加坡取代。香港人才排名下滑，原因何在？

特區政府努力培養吸引人才

應該肯定的是，多年來，特區政府在培養人才、吸引優才方面，付出了巨大努力，也有明顯成效。特區政府推出優才、專才計劃，在入境政策、遴選制度等方面提供不少誘因，吸引挽留國際優秀人才。今年 8 月，特區政府更公佈首份人才清單，包含 11 項香港經濟發展最需要的專業，銳意吸引人才來港。特區政府亦持續增加投資教育，今年的教育開支便首次突破千億大關，佔本地生產總值 4%，與發達國家和地區不相伯仲。然而，在這些條件下，香港本地人才仍然外流，外國人才來港意欲

降低，一個重要原因，就是反對派大搞泛政治化，經常到國外唱衰香港，影響香港形象，嚇怕了人才。

眾所周知的事實是，對於特區政府開設創新及科技局，反對派在立法會拖拉數年，令香港科研基建起步落後形勢，影響人才培育和輸入進度。這些年來，反對派不斷拖香港各項發展「後腿」，在立法會濫用拉布，不少重要建設和發展項目受阻；對於投入大灣區建設這些利好香港長遠發展的國家大計，反對派則不斷以政治化操作大肆抹黑，阻撓各項合作項目的推進，不利人才發揮優勢。香港的大學校園近年屢受高度政治化拖累，先有戴耀廷之流發動違法「佔中」，後有「港獨」勢力入侵校園，令越來越多的優秀學者對香港的學術界敬而遠之。更令人擔憂的是，反對派提出的所謂「本土」意識，明確表達了排外態度，人才豈會首選香港？如此種種趕絕人才的行動，令香港對人才吸引力降低，反對派絕對負有不可推卸的責任。

香港市民都看到，反對派屢屢跑到西方國家，不斷抹黑唱衰香港，損害香港形象。這些香港政客每每以各種理由，出席西方社會的論壇、議會聽證會，接受西方傳媒訪問，在西方媒體撰文等，在國際層面指責香港的政治、法治情況「日益嚴峻」，「民主自由」逐漸消失。這些不實言論導致一些外國人才對香港印象負面，影響惡劣，不可能不增加外地人才對香港未來發展的憂慮。

新加坡不會自己唱衰自己

香港人喜歡與新加坡比較，這次人才排名下滑，更是拿新加坡進行對比。事實上，新加坡與香港一樣，面臨人才挑戰，同樣投入巨額資源於教育，也積極發展多元產業，吸引人才。不過，新加坡沒有像香港這樣極端泛政治化，沒有人經常到國外唱衰新加坡，損害新加坡的形象，令新加坡既能持續推動發展經濟的政策，又能專注高薪攬才的措施，外國人才源源不絕到新加坡發展事業。綜觀新加坡的政治環境，不同政治

陣營縱有分歧，但對新加坡都有共同信念，有意識為新加坡作出貢獻，不會出現「告洋狀」，更不可能發生香港「佔中」這種嚴重破壞經濟民生和社會秩序的暴力違法事件。

還有，居住環境是吸引人才的重要條件。新加坡推動填海也得到廣泛支持，大建組屋，人人有屋住，保持了社會穩定，有利於吸引人才。反觀香港，在填海造地問題上，反對派為反對而反對，藉阻礙造地推高民怨。海外人才不願意來港，望樓興嘆也是重要原因。新加坡在世界人才排名後來居上，超越本港，該國培養和吸引人才的政策措施，固然需要香港研究，該國政治穩定的社會環境，更值得香港重視。

須遏止唱衰香港歪風

香港成功實踐「一國兩制」，是連接內地和世界的重要橋樑，來香港發展，既可享受香港與國際接軌的自由和開放，又可進軍內地龐大的市場和空間，這是香港吸引各地優秀人才的最大優勢。社會各界必須共同排除泛政治化，遏止反對派在國際上唱衰香港的歪風，為香港培養和吸引人才創造有利的內外環境，讓香港成為海內外人才的匯聚之地。

（原載於 2018 年 11 月 22 日香港《文匯報》）

排除干擾協同發展　共建共贏共享大灣區

提要：《粵港澳大灣區發展規劃綱要》公佈後，有人挑起香港「被規劃」、被內地城市「同化」之類的爭論。事實上，大灣區建設給香港帶來的重大機遇，可以發揮和加強香港的「一國兩制」優勢。香港社會需避免陷於泛政治化爭論，而應將社會關注點放在大灣區建設帶來的機遇，放開思想，多提建設性意見，抓住機遇，共建共贏共享，為香港經濟尋找新增長點，促進經濟產業多元發展，為香港居民開拓更廣闊的生活和發展空間。

中央日前公佈了《粵港澳大灣區發展規劃綱要》，國家發改委和粵港澳三地政府其後又在香港聯合舉辦了《規劃綱要》的宣講會。我認為，落實《規劃綱要》，做好部署對接，需排除干擾，做好 3 方面的工作：協同發展、制度創新、重視民生。

大灣區建設過程是協同發展過程

大灣區建設的推進過程，就是協同發展的過程。《規劃綱要》的戰略定位指明，大灣區建設依托香港、澳門作為自由開放經濟體和廣東作為改革開放排頭兵的優勢，繼續深化改革、擴大開放，構建經濟高質量發展的體制機制，建設世界級城市羣。

要達至建設世界級城市羣的目標，必須深化粵港澳合作，大灣區各城市奉行「共贏、共享」理念，體現新時代下更高層次的區域協同發展效益。粵港澳三地需從更高起點、更高質量出發，發揮三地的互補優勢，建設現代化經濟體系，包括打造創新科技產業鏈，合作推進科技研發、

知識產權保護、科技融資等金融及專業服務，以及科技產業管理和運營模式創新；同時，進一步推動粵港澳服務貿易自由化，在現代服務業上展開深度合作，將粵港澳大灣區打造成世界級現代服務業基地。林鄭特首在《規劃綱要》宣講會強調，香港在建設大灣區的角色，已由「聯繫人」轉為更積極的「參與者」。香港需積極有為，發揮「一國兩制」優勢，部署提出有利三地融合的大項目，推動三地協同發展，以金融、航運、貿易等優勢產業服務大灣區，謀求合作共贏。

大灣區建設過程是制度創新過程

大灣區建設的推進過程，也是制度創新的過程。大灣區具有「一個國家、兩種制度、三個關稅區」的獨特性，在全球範圍都找不到。要使這種獨特性變成發展優勢，制度創新正是關鍵。如何將有關的獨特性轉化為優勢，而不是成為三地合作的障礙，正是三地政府需要認真思考的課題。

以香港而言，「一國兩制」是香港的最大優勢。香港參與大灣區發展，不是削弱這個優勢，而是要發揮和加強這個優勢。因此，香港在參與大灣區建設的過程中，要發揮自由經濟政策、金融市場開放、出入境相對開放和簡易、採用普通法制度、以中英雙語為法定語言、與國際商業市場完全接軌等多方面的優勢，對接國家發展戰略，將制度優勢轉化為大灣區建設的優勢。制度創新做好了，三地的獨特性就可顯示出巨大的互補性，為大灣區發展注入源源不絕的動力。

大灣區建設過程是改善民生過程

大灣區建設的推進過程，亦是改善民生的過程。大灣區發展成果由人民共享，正正體現了習主席「以人民為中心」的治國理政思想，各方要朝着這個方向努力。《規劃綱要》指明把大灣區建設成宜居宜業宜遊的優

質生活圈，優先發展民生工程，提高大灣區民眾生活便利水平，提升居民生活質量，為港澳居民在內地學習、就業創業提供更加便利的條件。大灣區作為國家重要的民生工程，需要更多務實的民生措施，包括稅務優惠、綠色社區，金融、醫療、基建和生活福利互聯互通等一系列提高灣區優質生活的舉措，不斷增加人民的獲得感、幸福感、安全感。

　　《規劃綱要》已為大灣區建設定下時間表：在 2022 年，國際一流灣區和世界級城市羣框架基本形成；到 2035 年，創新為主要支撐、宜居宜業宜遊的國際一流灣區全面建成。搞好大灣區建設，時不我與。香港市民應積極獻計獻策，支持配合特區政府抓好規劃實施，共同把宏大願景逐步變為現實。

（原載於 2019 年 2 月 25 日香港《文匯報》）

成就難得鼓舞人心　減稅惠民溫暖人心

提要：李克強總理的報告使我感受最深的有兩點：一是面對嚴峻的內外環境尤其是中美貿易戰的衝擊，我國經濟取得穩中有進重大成果，GDP 總量首次突破 90 萬億元人民幣大關，成就難得鼓舞人心；二是大規模減稅，減輕企業和民眾稅負，溫暖人心，人民大會堂內接連響起兩次掌聲。港人要抓住共建「一帶一路」和大灣區建設機遇，帶動香港發展，造福港人。今年也是落實習總書記對台重要講話的開局之年，我們應該攜手發揮民間促進統一的力量，推進祖國和平統一進程。

今年的政府工作報告之所以特別令人關注，最重要的原因是我們國家面對嚴峻的內外環境，不僅外部世界面臨百年未有之大變局，而且內部面對經濟轉型陣痛凸顯的嚴峻挑戰。

大幅減稅穩企業穩就業贏得掌聲

政府工作報告用一系列數字勾勒出 2018 年中國經濟發展成果：國內生產總值增長 6.6%，總量突破 90 萬億元人民幣，失業水平降至近年低位，服務業對經濟增長貢獻率接近 60% 等等。李總理政府工作報告所列舉的經濟成果，體現了中國在百年未有大變局中紮實推動高質量發展的自信和能力。總理報告交出了一份沉甸甸的成績單，並對未來工作作出了全面部署，令國人對國家未來前景充滿信心。

總理報告中有一個非常打動人心的地方，就是大規模減稅，減輕企業和民眾稅負。當總理在報告中宣佈實施更大規模減稅時，人民大會堂

內接連響起兩次掌聲。總理報告提出普惠性減稅與結構性減稅並舉，降低製造業和小微企業稅收負擔，並進一步減輕民生稅負。製造業利潤率薄，成本高企。大減稅甘霖落地，是向實體經濟的實質性讓利，更多企業將能輕裝上陣。尤其是對製造業等行業而言，這是一場期盼已久的及時雨。減稅的衍生效果是穩就業。通過減稅，穩住企業陣腳，不僅能提升企業活力，更是保就業的重要舉措。同時，減輕民生稅負，有助紓緩民眾的稅務壓力，釋放消費能力，體現政府對民生的關顧。這也是人民大會堂內掌聲深處的認同。

抓住發展機遇　不容「港獨」禍港

　　政府工作報告提出支持港澳抓住共建「一帶一路」和粵港澳大灣區建設的重大機遇，更好發揮自身優勢，全面深化與內地互利合作。香港作為「一帶一路」的重要節點和大灣區四大中心城市之一，透過深化兩地合作，積極參與共建「一帶一路」和大灣區建設，定能在經濟總量中分享到國家發展紅利。大灣區建設領導小組第二次會議宣佈推出 8 項便利港澳居民的政策。韓正副總理日前參加港澳政協聯組會議時，更透露中央即將公佈 30 項大灣區規劃細節。相信國家便利港人融入國家發展大局的舉措陸續有來，港人一定要抓住機遇，乘勢而上，帶動香港發展，造福港人。

　　政府工作報告又提到，要繼續全面準確貫徹「一國兩制」、「港人治港」、「澳人治澳」、高度自治的方針，嚴格依照憲法和基本法辦事。中央最近就特區政府取締「香港民族黨」一事發出公函，這不但凸顯中央反「港獨」的實質權力，完善特首向中央報告重要情況的制度安排，而且更是針對外部勢力利用「民族黨」事件搞事，強烈宣示中央反分裂的底線原則。香港社會要加強對國家憲法、中央憲制權力的宣傳，在香港形成「尊崇憲法、學習憲法、維護憲法」的氛圍，不容「港獨」行徑禍港。

落實習總書記對台重要講話

　　政府工作報告提出要全面貫徹落實習近平總書記在《告台灣同胞書》發表 40 週年紀念會上的重要講話精神。習總書記對台重要講話，提出探索「一國兩制」的台灣方案，開啟了祖國和平統一新階段。2019 年是這個新階段的開局之年，我們應該做好落實習總書記重要講話的工作，堅持一個中國原則和「九二共識」，進一步利用好交流對話的機制和平台，締造有利深化兩岸融合發展的交流合作，惠及台灣民眾。我們應該攜手發揮民間促進統一的力量，推進祖國和平統一進程。

（原載於 2019 年 3 月 6 日香港《文匯報》）

深圳發展是香港機遇　雙城同做大灣區引擎

提要：習近平主席的深圳講話對於加強港深合作具有重要指導意義。深圳發展和香港投入密不可分，每個階段都可找到新的合作基礎和重心。跨入新時代，港深同是大灣區重要引擎，港深合作共同帶動大灣區發展，助力企業協同發力，做大做強引進外資技術、擴大開放的連接點，必將有利於大灣區更快集聚資源要素，成為國家「雙循環」新發展格局的重要支撐。香港未來在大灣區的協同發展中，更應以規則機制銜接為重點，在科技創新、金融融通、民生便利等合作領域取得突破。這不僅是為了提高大灣區經濟創新力和競爭力，更可為「一國兩制」行穩致遠奠定堅實基礎。

　　國家主席習近平出席深圳經濟特區建立 40 週年慶祝大會並發表重要講話，高度肯定了深圳經濟特區改革發展事業取得的成就，提出一系列事關深圳未來以至大灣區建設的要求和期望，為國家進一步改革開放指路引航。對於與深圳一河之隔的香港，中央有關深圳發展的重大支持行動，同樣引發香港社會各界的熱切期待。

港深每個階段都有合作基礎和重心

　　40 年的改革開放歷程，深圳經歷了由粗放到精細、由山寨到創新深刻蛻變。中央當下對深圳的經濟發展寄予更大期望。習主席的深圳講話，充分肯定了深圳推動全面深化改革的重要作用，並提出與時俱進全面深化改革、支持深圳實施綜合改革試點、以清單批量授權方式賦予深圳在重要領域和關鍵環節改革上更多自主權。國家發改委前日公佈了深圳綜

合改革試點首批授權事項清單，涉及要素市場化配置、營商環境、科技創新、對外開放等六大類共 40 條，賦予深圳更多大展拳腳的空間。

深圳的改革機遇，也是香港的發展機遇。回顧港深合作所歷經的不同發展階段，深圳發展和香港投入密不可分，每個階段都可找到新的合作基礎和重心。現在，深圳作為香港在國家改革開放中的親密夥伴，又與香港並肩為大灣區兩個中心城市、重要引擎，在新一輪改革開放推進港深合作更上台階，為大灣區築牢更堅實開放中基礎，對香港尋求經濟新增長點、自身更好發展，具有相得益彰、互相成就的特殊意義。

港深合作共同帶動大灣區發展

香港要抓緊國家發展機遇，大灣區就是香港融入國家大局的主要平台。面向未來，粵港澳三地須致力於深度融合，提速珠三角城市和香港之間的銜接和對接，減少人員、貨物、資金和資訊的跨境流動限制。習主席的深圳講話，要求積極作為深入推進粵港澳大灣區建設，要推動粵港澳三地經濟運行的規則銜接、機制對接，促進人員、貨物等各類要素高效便捷流動，提升市場一體化水平。香港未來在大灣區的協同發展中，更應以規則機制銜接為重點，在科技創新、金融融通、民生便利等合作領域取得突破，用好「一國兩制」制度優勢。這不僅是為了提高大灣區經濟創新力和競爭力，更可為「一國兩制」行穩致遠奠定堅實基礎。

應該看到的是，深圳和香港是國家兩個對外開放的前沿城市，對帶動大灣區整體經濟發展、促進「國內國際雙循環」高效運作，具有強大的輻射作用。深圳先行先試，成為改革開放的前沿窗口、創新發展的時代標杆，40 年間，諸多外資企業來到深圳安家落戶，見證了深圳對外開放的堅定步伐。香港作為國際金融中心，具有深厚的海外商業網絡和海外運營經驗優勢，長久以來為大量外資企業「走進來」和內地企業「走出去」提供服務。跨入新時代，港深同是大灣區重要引擎，港深合作共同帶動大灣區發展，助力企業協同發力，做大做強引進外資技術、擴大開放的

連接點，必將有利於大灣區更快集聚資源要素，成為國家「雙循環」新發展格局的重要支撐。

港深聯手再創經濟奇跡

香港的服務模式和對外銜接過去是深圳學習和模仿的對象。今天，深圳 GDP 超越香港，在產業佈局、科技創新及世界五百強企業進駐等各方面已走在全國甚至國際前列。深圳的發展同樣值得香港借鑒。香港深度融入國家發展大局正逢其時，必須堅持換位思考，以互利共贏的合作理念和胸襟，攜手深圳通過融合發展和大灣區市場一體化建設，將兩個重要引擎為大灣區轉化更多正能量，定能在與時俱進全面深化改革、銳意開拓全面擴大開放的新天地再創經濟奇跡！

（原載於 2020 年 10 月 20 日香港《文匯報》）

設園區助港澳台僑青年創業

提要：在新冠肺炎疫情衝擊下，全球經濟陷於困境，中國經濟走勢卻呈現「V型」反彈，世界銀行預測，中國經濟在 2021 年有望回升到近 8% 的增速水平，對港澳台僑青年產生巨大的吸引力。與此同時，美國採取極限施壓手段遏制中國發展，惡意針對在美的華人華僑，他們的人生事業發展受到壓制。隨着國家經濟持續快速發展和國際單邊主義影響，港澳台僑青年到粵港澳大灣區發展的意願和需求越來越凸顯。國家主席習近平在深圳經濟特區建立 40 週年慶祝大會上的講話，將充分運用粵港澳重大合作平台，做好港澳青少年工作，作為深入推進大灣區建設的一項重要要求。建議在中央支持下，由國家發改委、港澳辦協調指導，粵港澳政府聯手設立港澳台僑青年創業園區，並將其打造為港澳台僑青年融入國家發展大局示範區和國情教育基地，吸引更多港澳台僑青年來到大灣區創業，既為大灣區建設帶來人才動力，更為港澳台僑青年創造新的發展空間，增強他們對祖國的向心力。

一、粵港澳政府聯手設立港澳台僑青年創業園區，建成港澳台僑青年參與大灣區建設的重要基地和平台。

推動港澳台僑青年通過參與大灣區建設融入國家發展大局，是粵港澳三地政府的共同任務，也是需要持續努力的一個長期過程，需要有相應的基地和平台。

粵港澳三地聯手，在珠三角城市合作設立港澳台僑青年創業園區，其中，廣東省劃撥適當土地，港澳特區政府提供資金，參考香港的管理辦法，為港澳台僑青年成功創業提供良好的初創環境，建成港澳台僑青年參與大灣區建設的重要基地和平台。為此，粵港澳應合力將大灣區港澳台僑青年創業園區建成一個集工廠辦公區域、會議展覽中心、倉儲、

物流、培訓、公寓、休閒等完整設施於一身的創業園區,提供具有相當規模、制度完善、辦事程序簡便的營商環境。

二、將創業園區打造成為港澳台僑青年融入國家發展大局示範區和國情教育基地。

大灣區對港澳台僑青年有吸引力,但畢竟是一個不熟悉的環境。粵港澳應該合力將大灣區港澳台僑青年創業園區打造成為港澳台僑青年融入國家發展大局示範區。透過園區平台及不同的創業成功個案,展示港澳台僑青年參與大灣區建設、把握好國家機遇的經驗,帶動更多港澳台僑青年到大灣區考察交流、創業、工作、學習和生活;同時,將園區打造成為港澳台僑青少年的國情教育基地,讓港澳台僑青少年通過對園區的參觀學習,親身了解國家發展的具體面貌,感受國家的關顧,增強對祖國的認同。

三、為港澳台僑青年創業度身訂造系列支援措施。

港澳台僑青年在大灣區發展創新,需要加強指導和扶持。建議在大灣區港澳台僑青年創業園區,度身訂造系列支援措施,包括提供創業基金、優惠價格購房租房、稅務減免、銀企融資對接服務、擴大專業資格互認範圍等。同時,制定「大灣區港澳台僑青年創業先導計劃」,讓資深企業家分享創業經驗,配對合作項目,為港澳台僑青年在大灣區發展打通人脈網絡。

四、在香港舉辦「港澳台僑青年大灣區創業論壇」。

建議在香港舉辦一年一度的「港澳台僑青年大灣區創業論壇」,為港澳台僑青年進入大灣區參與提供匯聚智慧、交流資訊、推介配對的平台:一方面,廣邀大灣區珠三角城市和港澳台僑企業參與研討會、推介會,全面展示大灣區創新創業成果,為港澳台僑青年提供創業商機;另一方面,通過論壇設立專屬創業資訊網站,集中提供政策資訊、創業分析等,直接服務於港澳台僑青年珠三角發展的需要,並為港澳台僑青年提供實習、體驗等安排服務。

（原載於 2021 年 3 月 2 日《香港商報》）

充分發揮香港優勢　全力投入大灣區建設

提要：中共中央政治局常委、國務院副總理、粵港澳大灣區建設領導小組組長韓正日前在廣州主持召開粵港澳大灣區建設領導小組會議，深入學習貫徹習近平總書記重要講話精神，研究部署粵港澳重大合作平台建設有關政策落實等工作。韓副總理強調，前海深港現代服務業合作區建設要抓住「擴區」和「改革開放」兩個重點。韓副總理的講話不但充分肯定粵港澳三地政府推進大灣區建設的各項工作和成績，更為下一步的工作指明了方向。

強強聯手發揮協同效應

前海深港現代服務業合作區是香港投入大灣區建設、充分發揮香港優勢的重要平台和抓手，隨着前海推動「擴區」和「改革開放」，將為深港合作提供更大的機遇。香港當前急務是用好國家政策，以時不我待的決心全面部署推動前海的體制創新和協調發展，發揮香港在金融、專業服務等方面優勢，推動大灣區建設取得更大進展。

建設粵港澳大灣區是國家主席習近平親自謀劃、親自部署、親自推動的重大國家戰略。習主席在深圳經濟特區建立 40 週年慶祝大會上的重要講話明確指出，深圳是大灣區建設的重要引擎。隨着深圳綜合改革試點實施方案的首批授權事項清單正式公佈，深圳發展亦將進入新的台階。深圳的機遇，也是香港的機遇。香港和深圳同樣是粵港澳大灣區的中心城市、發展引擎。深圳進一步深化改革，不能缺少香港的參與。

在支持建設粵港澳大灣區大數據中心、粵港澳大灣區國際仲裁中心，以及實施高度便利化的境外專業人才執業制度等授權事項方面，香

港都可以發揮聯通國內國際兩個市場,以及國際商貿金融中心的優勢,與深圳優勢互補,互相配合。其中,前海深港現代服務業合作區是深港合作的一個重要平台。

早前出台的深圳改革試點 27 條實施方案,提到全面深化改革和擴大開放前海作為試驗田的作用,形成更多可複製、可推廣的制度創新成果。香港作為高度法治化、市場化、國際化的經濟體,擁有成熟的金融以及專業服務業,與國際接軌的制度,完全可以與前海形成強強聯手,發揮協同效應。

韓副總理特別提出前海深港現代服務業合作區建設要抓住「擴區」和「改革開放」兩個重點,指出了香港參與大灣區建設的一個着力點,就是要抓住前海的新發展新機遇,推動深港合作。全國現有的自貿區中,面積最小的是廣東自貿區,只有 116.2 平方公里,其中,前海蛇口自貿片區更是只有 28.2 平方公里。相比起其他自貿區,前海肩負的職能不少,但面積卻不足以應用。過去亦有自貿區通過「擴區」以配合發展需要,例如,2013 年上海自貿區設立之初,面積僅 28.78 平方公里,但 2014 年 12 月擴展至 120.72 平方公里。擴容後,上海自貿區被賦予更大的自主發展、自主改革和自主創新管理許可權,着力打造「更具國際市場影響力和競爭力的特殊經濟功能區」。前海作為大灣區合作的一個重要平台,通過「擴區」可以更好發揮前海作為大灣區先行先試平台的作用,更好地發揮服務香港的產業轉型、建設大灣區合作平台、推動體制機制創新等職能。

推動兩地金融互聯互通

前海進一步推動「改革開放」,也將為兩地金融互聯互通提供支援。作為國家金融業對外開放試驗示範視窗,前海已經率先在全國推動實現跨境人民幣貸款、跨境金融基礎設施等「六個跨境」,CEPA 框架下金融業對港澳地區開放措施也在前海全面落地。前海推動金融創新,進一步

擴大金融開放，也為香港金融北上、深化兩地聯通創造條件。

現在擺在香港面前的關鍵是，如何用好國家的利好政策，把握好前海的合作機遇，善用國家發展的東風「乘風破浪」。韓副總理已指明下一步工作重點應聚焦於研究部署粵港澳重大合作平台建設有關政策的落實。當前，香港的政治形勢已得到根本性的扭轉，政局回復穩定，「攬炒派」不可能再對施政造成阻礙，特區政府更應不失時機地全力推動大灣區合作，用好國家支持，充分發揮優勢，以前海為港澳重大合作平台，推動大灣區建設取得更大進展。

（原載於 2021 年 4 月 26 日《大公報》）

粵港聯席會議打穩合作基礎互利共贏

提要：行政長官林鄭月娥率領的港方代表團，與廣東省省長馬興瑞率領的粵方代表團，日前以網上視像形式舉行粵港合作聯席會議第二十二次會議。粵港雙方於會後簽署了 5 份合作協議，包括《開啟十四五「雙循環」商機深化粵港經貿合作備忘錄》、《深化粵港澳大灣區投資推廣合作備忘錄》、《粵港馬產業發展合作協議》、《關於共同促進穗港賽馬產業發展框架協議》，以及《大灣區體育項目合作補充備忘錄》。

推動大灣區高質量建設

廣東是香港與內地區域合作最重要的夥伴，在推進粵港澳大灣區建設的工作中，兩地有着密不可分、互利共贏的關係。廣東省政府上月底便公佈了《廣東省國民經濟和社會發展第十四個五年規劃和 2035 年遠景目標綱要》。「十四五」期間，廣東將全力推進粵港澳融合發展，以規則銜接為重點推進粵港澳合作，推進跨境要素高效便捷流動和高標準市場規則體系加快建立，攜手港澳打造國際一流灣區和世界級城市羣。

今次粵港合作聯席會議提出多項事關「十四五」規劃和大灣區建設的重要佈局，對焦當下國家發展重要節點，在新形勢下進一步打穩粵港合作基礎，成果可期。正如林鄭特首所說，「在推進大灣區建設的共同目標之下，香港與廣東的合作越趨緊密。2021 年為國家『十四五』開局之年，粵港兩地必將攜手充分發揮各自優勢，互利共贏，尋求更多政策創新和突破，為促進兩地經濟發展，改善居民生活，帶來更多新機遇。」

長久以來，香港擁有法制健全、金融體制穩健及規管完善、資金自

由流動、稅率低及稅制簡單、專業服務業具豐富國際經驗等優勢。香港要在「十四五」規劃中抓住國家機遇，須要因應規劃要求，在「十四五」發展藍圖中提高定位，按照新發展形勢和條件發揮香港自身優勢。

今次會議成果，包括簽署了《開啟十四五「雙循環」商機深化粵港經貿合作備忘錄》、《深化粵港澳大灣區投資推廣合作備忘錄》等合作協議，以及支持港商拓展內銷、繼續推動粵港金融市場的互聯互通、爭取將「港資港法、港仲裁」適用及擴展至深圳以至整個大灣區、全力發展落馬洲河套地區港深創科園等。這些成果，對香港在「十四五」期間更好發揮金融平台、創新科技、專業服務等香港高質量服務優勢，加強粵港澳三地經濟運行的體制機制創新，深化經濟民生和科技創新等領域合作，推動大灣區高質量建設，都具有重要意義。

嚴防疫情反彈　早日復常交流

今次粵港合作會議的另一個亮點，是粵港兩地穩步推進馬產業。從香港自身情況來看，四大支柱行業目前在 GDP 和就業中的比重依然較高，旅遊業、航空業遭受疫情重創，製造業空心化，幾大支柱嚴重依賴外部環境，香港產業結構單一的弊端，在近年的社會動盪和疫情影響下再次凸顯。《粵港馬產業發展合作協議》、《關於共同促進穗港賽馬產業發展框架協議》、《大灣區體育項目合作補充備忘錄》3 份協議，是舉辦國際級賽馬賽事、提升從化馬場的設施、建立馬產業鏈的三位一體產業發展重要舉措。

事實上，香港有約千隻現役賽駒，雖然只佔全世界馬匹的 0.7%，但在全球最佳馬匹排行榜，9% 均來自香港。聯席會議推動內地馬資源優勢配合香港育馬產業的未來發展，將優秀的香港馬匹變成種馬，香港馬產業可以作為香港新產業發展的重要出路。

粵港兩地因應疫情形勢，未能正常通關已長達將近一年半，兩地經貿往還受到很大制約。今次聯席會議提出，要有序恢復粵港居民跨境往

來。當前，香港本地疫情已明顯受控，絕不能再讓疫情反彈。接種疫苗是目前防控疫情最有效和最徹底的措施，為儘快復常通關，兩地復常交流，廣大香港市民更須坐言起行，應接盡接，鞏固兩地防疫大局，共同創造粵港通關條件。

（原載於 2021 年 5 月 18 日《大公報》）

駱惠寧「三個必須」揭示香港發展正確方向

提要：在舉國歡慶迎接中國共產黨建黨百年華誕的歷史性時刻，駱惠寧主任發表《百年偉業的「香江篇章」》主旨演講。這是中央駐港機構最高負責人首次公開全面講述中國共產黨和「一國兩制」，精準描述了中國共產黨作為「一國兩制」事業開創者、發展者、捍衛者的胸襟與擔當，讓港人進一步認識到：中國共產黨作為國家執政黨在香港事務中扮演決定性角色，沒有誰比中國共產黨更深切懂得「一國兩制」的價值，沒有誰比中國共產黨更執着堅守「一國兩制」的初心。駱主任提出的「三個必須」，揭示了香港推進「一國兩制」事業的正確方向。駱主任演講引發與會者和香港各界的強烈共鳴，這也是演講獲得全場 10 次熱烈掌聲的原因。

為隆重慶祝中國共產黨成立 100 週年，「中國共產黨與『一國兩制』主題論壇」日前在會展中心舉行。香港中聯辦主任駱惠寧出席並發表主旨演講。這篇演講是香港歷史上第一次公開宣講中國共產黨與「一國兩制」，具有特別意義，在香港社會引起熱烈反響。

精準描述中共和「一國兩制」

百年征程波瀾壯闊。駱主任在主旨演講中，不僅指出了百年來中國共產黨團結帶領中國人民迎來從站起來、富起來到強起來的偉大飛躍，實現了翻天覆地的歷史巨變，而且回顧中國共產黨領導「一國兩制」事業走過的非凡歷程，說明香港以自己的特殊經歷融入了這部壯麗史詩，「一國兩制」事業成為其中的華彩篇章，引導港人從歷史中汲取繼續前進的

智慧和力量。

　　中國共產黨是中國特色社會主義的領導者，「一國兩制」是中國特色社會主義的重要組成部分，列入國家的基本制度優勢之一，中國共產黨創立「一國兩制」是世界歷史上的偉大創舉。駱主任的演講，全面論述共產黨是「一國兩制」事業的開創者、發展者、捍衛者。駱主任以充分的歷史事實、清晰的邏輯思維、鏗鏘的強力詰問，指明了「一國兩制」是中國共產黨人充滿政治智慧的時代創造，在人類政治文明史上寫下了光彩奪目的中國方案，表達了中央實施「一國兩制」的信心和決心不會變、不動搖。駱主任的演講啟迪港人：中國共產黨作為國家執政黨在香港事務中扮演決定性角色，「沒有誰比中國共產黨更深切懂得『一國兩制』的價值，沒有誰比中國共產黨更執着堅守『一國兩制』的初心。」

　　駱主任講話節奏緊湊，高潮迭起，精準描述中國共產黨和「一國兩制」的時代主題，所有受益於「一國兩制」事業的香港市民深有體會，引發與會者和香港各界的強烈共鳴，這也是駱主任演講獲得全場 10 次熱烈掌聲的原因。

執政黨領導港良政善治

　　以歷史記錄過去，鏡鑒未來，駱主任的演講進一步提出續寫新時代「一國兩制」實踐新篇章的「三個必須」：必須堅持和維護中國共產黨的領導、必須不斷完善同憲法和基本法實施相關的制度和機制、必須推動香港更好融入國家發展大局。「三個必須」揭示了香港推進「一國兩制」事業的正確方向。

　　香港市民不會忘記，中央制定香港國安法，使香港走出「黑暴」「攬炒」漩渦，擺脫萬劫不復的危險境地；中央主導完善香港選舉制度，全面落實「愛國者治港」原則，使香港進入良政善治的新時代。這些成果體現了「一國兩制」制度機制發揮最高效能。駱主任演講提到，在國家不斷推進治理體系和治理能力現代化、中國特色社會主義制度更加成熟定型的

過程中，中央將繼續堅持和完善「一國兩制」制度體系。這亦啟示港人，要鞏固「一國兩制」成果，必須堅持和維護中國共產黨的領導，絕不容許任何人利用香港推翻共產黨領導，主張「結束一黨專政」的反共組織「支聯會」，必須依法取締；必須不斷完善與憲法和基本法實施相關的制度機制，堅持發展，揚棄糟粕，更好落實中央全面管治權，讓「一國兩制」制度優勢繼續發熱發亮。

培育新優勢　發揮新作用

今年是國家「十四五」規劃的開局之年。在這個重要歷史節點，香港推進「一國兩制」事業，必須推動香港更好融入國家發展大局。香港需要對準國家發展坐標，在「十四五」、「兩個循環」、「一帶一路」、粵港澳大灣區建設等國家戰略中，抓住新機遇、培育新優勢、發揮新作用、實現新發展，在祖國邁向社會主義現代化強國的歷史進程中，貢獻國家，造福港人，再寫輝煌發展新一頁。

（原載於 2021 年 6 月 15 日香港《文匯報》）

喜迎建黨百年華誕　攜手融入國家大局

提要： 7月1日是中國共產黨百年華誕的大喜日子。百年征程波瀾壯闊，百年初心歷久彌堅，中聯辦主任駱惠寧在舉國歡慶建黨百年之際，在香港發表《百年偉業的「香江篇章」》的主旨演講。這篇演講，是香港地區歷史上首次公開宣講中國共產黨與「一國兩制」，是新時代「一國兩制」宣言，全面指導香港在融入國家發展大局中續寫「一國兩制」嶄新篇章，在香港地區具有歷史性意義。

國家始終是香港堅強後盾

中國共產黨建黨 100 年，從當初只有 50 多名黨員，發展成為一個擁有 9,000 多萬名黨員的世界最大政黨。在中國共產黨的領導下，今天的中國，從站起來、富起來到強起來，取得了舉世矚目的成就，中華民族偉大復興的雄偉大業前景已經展現在世人面前。作為中國人，我們感到無比的幸運和自豪！

駱主任演講提到，「百年前的中國，山河破碎，民不聊生，中華民族深陷半殖民地半封建社會的苦難深淵。百年後的今天，中華民族已經迎來從站起來、富起來到強起來的偉大飛躍。是中國共產黨團結帶領中國人民實現了這一翻天覆地的歷史巨變。」這句話深刻總結了中國共產黨對推動國家發展的磅礡力量。

處理香港回歸問題是國家統一的重大歷史課題，提出「一國兩制」偉大構想是足以寫入世界史冊的人類功績。上世紀 80 年代，資本主義和社會主義兩大陣營尖銳對立，為解決歷史遺留問題，鄧小平等中國共產黨

人從國家民族整體利益和香港同胞切身利益出發，提出「一國兩制」方針政策。香港回歸以來造就繁榮穩定香江傳奇，成為中國共產黨團結引領國家發展所創造的世界奇跡。

駱主任指出，「直至今天，我們依然可以如此發問：世界上還有哪個執政黨會允許在一國之內實行兩種社會制度？『一國兩制』的偉大創舉，改變了歷史上但凡收復失地就要大動干戈的所謂定勢，是中國共產黨人充滿政治智慧的時代創造，在人類政治文明史上寫下了光彩奪目的中國方案。」

在中國共產黨的領導下，國家始終是香港的堅強後盾，中央對香港經濟、社會發展給予強力支持，確保「一國兩制」事業沿正確方向前行，確保香港繁榮穩定。

回歸以來，中央一直不斷推出挺港措施，CEPA、個人遊、「9+2」泛珠合作、推動粵港澳大灣區建設、「五年規劃」設立港澳專章、支持香港建設國際創新科技中心、打造香港的「一帶一路」功能平台、完善便利港澳居民在內地發展的政策措施等大力支持了香港發展。

面對新冠疫情，中央鼎力支持香港抗疫，出人出錢出力協助香港展開社區普及檢測計劃，興建臨時醫院，同時確保香港有足夠國產疫苗，讓市民看到抗疫的曙光。社會出現大規模危害國安的黑色暴亂，中央果斷制定香港國安法，使香港實現由亂及治的重大轉折，一法安香江。

堅定維護中國共產黨領導

香港面臨選舉制度缺陷問題，「攬炒」勢力妄圖大舉進入香港治理架構，中央出手完善特區選舉制度，落實「愛國者治港」，清除動亂隱患，保障港人福祉。

回顧回歸以來的發展歷程，港人清楚看到，中央總是在香港最困難、最需要的時刻全力挺港，對香港給予最大的愛護和關顧。在百年未有之大變局中，香港比過去任何時候都更加需要中國共產黨的堅強領

導。這是香港社會經歷「一國兩制」實踐過程的深切感受。可以說，沒有中國共產黨的領導，就沒有「一國兩制」，共產黨領導是「一國兩制」五十年不變、行穩致遠的保障。

今天的中國已經跨入強國復興的新時代，今天的香港已經進入融入國家發展大局的新階段。

當前，「十四五」規劃、「兩個循環」、「一帶一路」倡議、粵港澳大灣區建設等重大國家部署多措並舉，需要調動香港社會各界的積極性，為投入到各種重大部署創設條件，配合國家發展所需。香港社會必須全面了解和認識共產黨領導的國家基本制度，全面確立與「一國兩制」相適應的維護共產黨領導的國家基本制度的主流意識形態，確保「一國兩制」行穩致遠，共同踏上建設社會主義現代化國家新征程，創造更加燦爛的輝煌！

（原載於 2021 年 6 月 23 日《大公報》）

「三個為了」和「三個不變」 體現中央關顧香港

提要：國家「十四五」規劃宣講團的宣講活動，引發香港新一波的「十四五」規劃討論熱潮。香港中聯辦主任駱惠寧致辭時強調，這一年多香港的撥亂反正，是為了維護和發展香港市民的根本福祉，為了實現香港的長期繁榮穩定，為了推動「一國兩制」行穩致遠。這「三個為了」，不僅加強了港人對「一國兩制」前景的信心，而且啟示港人正確認識「十四五」規劃對香港的重要意義。國務院港澳辦副主任黃柳權強調中央政府堅持改革開放不會變，中央政府在香港實行「一國兩制」方針不會變，中央政府高質量建設粵港澳大灣區不會變。這「三個不變」，說明中央對香港的支持一以貫之，大大提振了香港社會的士氣。香港要以主動積極的實際行動，對接國家規劃，全面構建新發展格局。

　　「十四五」是我國進入高質量發展階段的重要時期，其中的涉港內容，首次從政治、經濟、文化等全面陳述對香港發展的重大要求，涵蓋產業發展、金融擴容、藝術交流等經濟民生不同領域，體現中央對香港的大力支持。

「三個為了」表達初心　「三個不變」提振士氣

　　中聯辦主任駱惠寧在首場宣講會致辭時表示，「發展是永恆的主題，是解決各種問題的金鑰匙。這一年多香港的撥亂反正、正本清源，說到底是為了維護和發展香港市民的根本福祉，是為了實現香港的長期繁榮穩定，是為了推動『一國兩制』行穩致遠。」回看過去一年多以來，香港

的撥亂反正工作有序進行，政局趨於穩定，為發展經濟創造了條件，「一國兩制」前景更加美好。駱主任的「三個為了」，表達了中央堅定不移實施「一國兩制」的初心，對香港市民期待美好生活念茲在茲，啟示港人正確認識「十四五」規劃對推動香港發展的重要意義。

港澳辦副主任黃柳權昨日在「十四五」高峰論壇指出，中央政府堅持改革開放不會變，中央政府在香港實行「一國兩制」方針不會變，中央政府高質量建設粵港澳大灣區不會變。近年來，面對美國全方位打壓，單邊主義興起、周邊競爭激烈多變，不少人擔心香港面對風高浪急的外圍環境如何自處？但歷史將有力證明，中央始終是香港最強大後盾，始終高度重視香港的經濟發展和民生改善。黃副主任示明中央的「三個不變」，大大提振了香港社會融入國家發展大局、落實「十四五」規劃、以香港所長貢獻國家所需的奮發向上的發展士氣。在中央大力支持下，香港用好中央的政策措施，必將在改革開放新階段中再放異彩，香港獨特優勢和國際金融中心地位更加鞏固，以大灣區融入國家發展大局的步伐必定更快更穩。

香港須以實際行動對接國家規劃

對經濟發展作出規劃，是我國的一種制度優勢。舉世矚目的中國經濟奇跡之路，就是以一連串的發展規劃為基石而鋪就。五年規劃具有科學性和延續性的優勢，「十四五」規劃對國家和香港都非常重要，香港需要積極參與其中，抓住機遇發展自己，貢獻國家。然而，香港長久以來，缺乏對接國家五年規劃的意識，制約香港更好把握國家機遇。正如駱主任所言，「香港社會要進一步把握中央新發展理念要求，凝聚廣泛共識，全面構建新發展格局。」香港需要在中央的指導支持下確立規劃意識，深入認識「十四五」規劃的精神和要求，制定規劃落實機制，確保做好對接國家五年規劃的工作，特別是要推動大灣區三地經濟運行的規則銜接、機制對接，通過加強制度和體制機制創新，帶動香港的發展從理念

思路到體制機制，都能與國家規劃對接。

　　將「十四五」規劃機遇和優勢轉化為發展成果，必須展現落實決心，將中央的支持轉化為行動力。特首林鄭月娥在宣講會致辭時表明，有了好的規劃，更重要的是執行。她在總結發言時更引述駱主任致辭指出，駱主任說「不進則退，慢進也是退」，也是往後特首對同事的要求。事實上，香港過去十幾年陷入無休止的政治爭拗，內耗不斷，行動幾近停滯不前，錯失不少機遇，發展非常緩慢，許多深層次問題懸而未解，教訓不可謂不深刻。香港今後更要以主動積極的果斷行動，搭上國家發展快車，不僅要追落後，更要迎頭超前，以聚精會神搞建設、一心一意謀發展的堅定決心和實踐意志，在與國家全面構建共贏發展新格局中再創輝煌。

（原載於 2021 年 8 月 25 日香港《文匯報》）

把握前海擴區擴容機遇　開創港深合作新局

提要：中央公佈「前海改革開放方案」，擴區又擴容，顯示中央對港深合作寄予厚望，希望通過新模式、新創造、新突破，加快推動粵港澳大灣區朝更高水平開放邁進。香港進一步加強港深合作順勢而為，適逢其時，共同把握前海機遇，用好中央政策支持，找準「國家所需」和「香港所長」的交匯點，進一步推出一系列合作項目協議，定能在發展新階段的關鍵時期乘勢而上。香港當前須加快將新界北打造為「融合之區」，有效對接深圳發展，全面推動港深合作更上一層樓，促進兩地經濟發展，改善居民生活，在「十四五」規劃過程中把握更多新機遇，共創港深更亮麗未來！

中共中央、國務院昨日發佈《全面深化前海港深現代服務業合作區改革開放方案》。行政長官林鄭月娥同日率領多位官員前往深圳，出席港深高層會晤暨 2021 年港深合作會議，兩地政府簽署協議，加強創科及法律合作等。香港當前進入良政善治新時代，「前海改革開放方案」的推出，港深合作進一步強化，社會各界對香港未來發展充滿期待。

發揮港深的大灣區「雙引擎」功能

深圳作為國家改革開放的窗口和試驗田，之前與香港結成「前店後廠」模式。隨着深圳經濟逐漸拾級而上，騰籠換鳥，產業轉型，現已成為全國最先進的創科中心之一。深圳前海港深現代服務業合作區成立以來，推出了多項面向香港的開放措施，讓港人港企更踴躍參與前海發展。中央公佈「前海改革開放方案」，將前海合作區的面積，由 14.92 平方公

里大幅擴展至 120.56 平方公里，並強調推動前海高水平對外開放，推動現代服務業創新發展，加快在前海建立與香港聯通、國際接軌的現代服務業體制等，擴區又擴容。這顯示中央對港深合作寄予厚望，希望通過新模式、新創造、新突破，加快推動粵港澳大灣區朝更高水平開放邁進。

「前海改革開放方案」的公佈，加強港深合作適逢其時。「前海改革開放方案」全面深化前海港深現代服務業合作區改革開放，系統優化港深合作佈局，是中央支持香港經濟社會發展、豐富「一國兩制」實踐的重大戰略部署。中央先後出台香港國安法和完善選舉制度，香港實現由亂及治的重大轉折，香港的發展已經進入了一個新的階段。香港社會進一步把握中央新發展理念要求，凝聚廣泛共識，全面構建新發展格局，已是推進「一國兩制」事業向前發展的題中之義。香港透過加強港深合作，共同把握「前海改革開放方案」機遇，用好中央政策支持，找準「國家所需」和「香港所長」的交匯點，進一步推出一系列合作項目協議，香港定能在發展新階段的關鍵時期乘勢而上。正如林鄭特首所言，「前海改革開放方案」的推出，將有利推動更高水平的港深合作，發揮兩地在粵港澳大灣區內「雙引擎」的功能。

港深攜手尋求更多政策創新和突破

值得注意的是，毗鄰深圳的新界北，過去是香港的邊陲地帶，經濟發展遲緩、工作崗位少，規劃規模趕不上港深合作的進度要求。事實上，深圳靠近香港邊境地區的發展一日千里，已是深圳的「口岸經濟帶」，羅湖、東門成為深圳最先發展的商貿地區，深圳灣口岸 2007 年啟用後，前海、南山一帶更發展成深圳的高新科技重鎮。新界北發展滯後，不能有效對接深圳發展，無可避免制約香港融入國家發展大局。隨着「前海改革開放方案」的公佈實施，香港必須加快將新界北打造為「融合之區」，制定新界發展新定位，發展全新的商業中心區，規劃港深「口岸經濟帶」，務求全面配合港深合作更上一層樓的需要，作為投入大灣區建設、

推動「十四五」規劃落實的重要舉措。

　　「十四五」規劃綱要是國家向第二個百年奮鬥目標進軍的第一個五年規劃，香港和深圳作為粵港澳大灣區的兩個中心城市，是推動「十四五」規劃的區域重心，港深兩地需要按照國家規劃深化合作模式。過去 40 多年，港深同行，互相促進，互相成就，「前海改革開放方案」的公佈，不僅是港深進一步加強合作的重要平台，也是香港獨特優勢更加彰顯的發展舞台。港深兩地攜手互利共贏，繼續促進港深人流、物流、資金流互通，尋求更多政策創新和突破，促進兩地經濟發展，改善居民生活，定能在「十四五」規劃實施過程中把握更多新機遇，共創港深更亮麗未來！

（原載於 2021 年 9 月 7 日香港《文匯報》）

主動對接國家規劃構建香港新格局

提要：不久前，國家「十四五」規劃宣講團專程來香港講解交流，體現了中央對香港的親切關懷和大力支持，同時也表明香港在「十四五」中可以發揮更加重要的角色和作用。香港應主動對接「十四五」規劃，緊抓各種規劃機遇，加快融入國家發展大局，定能更好地發展香港，造福港人，貢獻國家。

「十四五」規劃綱要涉港內容達 700 多字，信息量非常豐富，當中包含了香港發展新路徑的原則和要求，中央不僅繼續支持香港鞏固提升金融、航運等傳統競爭優勢，更推動香港開拓國際創新科技中心、建設區域知識產權貿易中心等多個新角色、新定位。「十四五」規劃對香港的發展提出了一系列重大要求，第一次從政治、經濟、文化等方面全面加以闡述，體現了中央統攬國內國際大局，推動香港實現長期繁榮穩定的戰略考慮。中央先後出台香港國安法和完善選舉制度，香港實現由亂及治的重大轉折，香港的發展已經進入了一個新的階段。香港在這個新階段的發展方向，就是要進一步把握中央新發展理念要求，廣泛凝聚共識，全面構建新發展格局。

近年來，面對西方勢力的打壓、單邊主義風潮興起，周邊競爭激烈多變。香港儘管面對風高浪急的外圍環境，但中央始終是香港最強大的後盾，始終高度重視香港的經濟發展和民生改善。中央宣講團在香港的連場宣講，同樣帶來包括金融、創新科技、青年、大灣區等多方面訊息，預示中央「挺港」措施還將陸續到來，勾畫美好的「一國兩制」前景。

香港社會應深刻認識到國家是香港在當今世界大變局中加強競爭優勢的最大機遇。把各種發展紅利轉化為香港經濟新增長點，牢牢抓住新

一輪國家發展的歷史新機遇，讓經濟持續轉型升級，香港定能引入源源「活水」，在競爭日益激烈的世界經濟格局中闖出新天。

值得注意的是，長久以來，香港對接國家五年規劃的意識有所欠缺，這制約着香港更好把握國家機遇。香港需要在中央的指導支持下確立規劃意識，深刻認識「十四五」規劃的精神和要求，制定規劃落實機制，確保做好對接「十四五」規劃的工作。特別是要推動粵港澳大灣區三地經濟運行的規則銜接、機制對接，通過加強制度和體制機制創新，帶動香港的發展。

香港要將規劃機遇和優勢轉化為發展成果，必須將中央的支持轉化為行動力。香港特首林鄭月娥在宣講會致辭時表明，有了好的規劃，更重要的是執行，香港發展「不進則退，慢進也是退」。事實上，香港過去幾年陷入複雜的政治爭拗，內耗不斷，行動幾近停滯不前，錯失不少機遇，發展非常緩慢，許多深層次問題懸而未解，教訓不可謂不深刻。香港今後更要以積極主動的果斷行動，搭上國家發展快車，以聚精會神搞建設、一心一意謀發展的堅定決心和實踐意志，在與國家全面構建共贏發展新格局中再創輝煌。

（原載於 2021 年 9 月 9 日《人民政協報》）

弘揚遵義會議精神　譜寫貴州發展新篇章

提要：2021 年 7 月 1 日，舉國歡騰。本人有幸參加慶祝中國共產黨成立 100 週年大會，在北京天安門廣場親身感受慶祝大會的熱烈氣氛，感受「一百年，正青春」的強大正能量，感受中華民族「站起來」「富起來」到「強起來」的巨大喜悅，聆聽習近平總書記的「七一」重要講話，非常激動，非常振奮！習近平總書記宣告第一個百年奮鬥目標的實現，宣示實現第二個百年目標的行動綱領，鼓舞了全體中華兒女實現中華民族偉大復興中國夢的高昂士氣！振奮了全國各族人民團結向上的奮鬥心！讓包括香港和貴州人民在內的海內外同胞無比自豪，無比自信！

傳承貴州紅色基因　開啟第二個百年新征程

「一百年來，中國共產黨弘揚偉大建黨精神，在長期奮鬥中構建起中國共產黨人的精神譜系，淬煉出鮮明的政治品格。歷史川流不息，精神代代相傳。我們要繼續弘揚光榮傳統、賡續紅色血脈，永遠把偉大建黨精神繼承下去、發揚光大！」習近平總書記的鏗鏘話語，鮮明地指出從中國共產黨光榮傳統中汲取國家發展精神養分的重要意義。

貴州是中國革命的聖地、福地，長征精神、遵義會議精神，在中國共產黨的百年歷史上留下了濃墨重彩的一筆，是貴州巨變的力量源泉。長征途中召開的遵義會議，是中國共產黨第一次獨立自主地運用馬克思主義基本原理解決自身在路線、方針、政策上面臨的突出問題。以「敢為天下先」的勇氣，創造性地在軍事路線等方面進行調整，實行符合實際的戰略策略，翻開了一切從實際出發、實事求是探索中國革命道路的新篇章。

在實現第二個一百年奮鬥目標、實現中華民族偉大復興中國夢的征途上，面對我國經濟發展進入新常態、世界政治經濟秩序大調整、科技革命醞釀新突破的發展形勢，面對轉方式調結構、提高發展質量和效益、加快科技創新步伐、攻克體制機制頑疾的艱巨任務，面對外國勢力圍堵打壓的嚴峻挑戰，全國各族人民必須根據歷史特點進行新的革命鬥爭，把革命精神在新時代傳承下去。在百年未有之大變局中，回顧那段人類歷史上無與倫比的長征革命壯舉，銘記遵義會議精神頑強不屈、越挫越勇的鬥志，獨立自主、敢闖新路的氣魄，對共同實現中華民族偉大復興，具有強烈的現實意義。

當年紅軍長征在貴州活動時間最長、活動範圍最廣，紅軍一路播撒紅色種子，一代代的貴州兒女傳承紅色基因。在開啟第二個百年新征程的關鍵時刻，貴州人民繼續發揚遵義會議精神、長征精神，促進國家事業在新起點上再出發，更是身體力行，義不容辭。

貴港合作開新局　兩岸統一不可擋

近年來，貴州深耕數據藍海，全方位提高大數據事業發展水平，推動大數據和實體經濟深度融合，培育壯大戰略性新興產業，闖出了一條大數據快速發展的新路。香港作為國家進入高質量發展階段的重要供應端，將在「十四五」時期發揮不可替代的重要角色和作用，不僅金融、航運等傳統競爭優勢繼續鞏固提升，更將開拓國際創新科技中心、建設區域知識產權貿易中心等多個新角色、新定位。貴州與香港合作邁入新時代，共同迎來「十四五」規劃的重大機遇，市場主體活力和社會創造力進一步激發，必將加快形成陸海內外聯動、東西雙向互濟的開放新格局。

習近平總書記在「七一」講話中談到台灣問題時，大會現場掌聲雷動、經久不息。習近平總書記明確指出，要堅持一個中國原則和「九二共識」，推進祖國和平統一進程，強調包括兩岸同胞在內的所有中華兒女，要和衷共濟、團結向前，堅決粉碎任何「台獨」圖謀，共創民族復興

美好未來。習近平總書記的講話，揭示了國家統一、民族復興的歷史大勢，指引着海內外華人華僑反「獨」促統的奮鬥方向，凝聚起全體中華兒女眾志成城、實現祖國完全統一的磅礴力量！

祖國大陸經濟未來將在高質量發展中再次騰飛，並將不斷豐富惠台舉措，完善相關制度安排和政策，增進台灣同胞親情福祉，促進兩岸經貿合作和人文交流穩步推進。承接我們國家第二個一百年奮鬥目標，兩岸統一歷史大勢已是人心所向，勢不可擋。

弘揚遵義會議精神、長征精神　邁出新時代貴州發展雄偉步伐

習近平總書記在建黨百年的「七一」重要講話蘊含着深厚政治份量、理論含量、精神能量、實踐力量，對共產黨執政規律、社會主義建設規律、國家事業發展的戰略支撐和力量來源等一系列重大領域的認識提升到了新高度，彰顯了中國共產黨是我們國家堅持和發展中國特色社會主義歷史進程的堅強領導核心，對世界莊嚴宣告了我們國家發展奇跡的原因和底氣所在。

貴州毋忘遵義會議精神、長征精神，在實現第二個百年奮鬥目標的過程中邁出雄偉步伐，始終堅持中國共產黨的堅強領導，昂首前行在全面建成社會主義現代化強國的康莊大道上，始終胸懷中華民族偉大復興的中國夢，致力推進祖國和平統一大業，定能譜寫新時代貴州發展的動人篇章！

（原載於 2021 年 9 月 13 日《統一之聲》）

中央惠港貼地利民　用好政策造福港人

提要：中聯辦開展落區活動，密切聯繫基層大眾，盡職盡責了解惠港利民政策落實情況，傳遞了中央對香港的關心關愛，對推動香港用好國家支持政策，支持特區政府依法施政，具有重要意義。中聯辦辦實事與民同行，推動惠港政策和工作更貼民心民意，香港定能團結一致，各界共同用好中央惠港政策，譜寫繁榮穩定、長治久安的美好新篇章。

中聯辦副主任盧新寧與 20 家香港媒體座談交流，介紹中央近期惠港利民政策的制定背景和落實進展，以及中聯辦國慶期間開展的「落區聆聽、同心同行」活動總體情況。一段時間以來，香港社會討論自身發展，提出了一些問題，這些問題包括香港缺乏長遠和融合意識、到內地發展「只開大門，小門未盡開」、政策內容與市民大眾所想存在距離等等。中央出台一系列政策措施，不僅充分體現國家對香港關顧和支持，而且反映中央掌握香港具體情況，了解真實需求。

觸動基層內心深處

據盧副主任介紹，中央這些政策在制定實施過程中體現了 3 個新特點：一是既有宏觀戰略謀劃，又有微觀精準施策；二是既打開政策「大門」，又敞開細則「小門」；三是既注重自上而下系統設計，又吸納自下而上意見訴求。中央的系列政策，聚焦香港發展所需具備的條件，貼合香港社會實際，促進融入國家發展大局，有的放矢，精準貼地，實利惠民，看得見觸得着，貫徹「以人民為中心」理念，不斷把為人民造福的事

業推進。

中聯辦八成以上職員參加落區活動，共收集到 6,347 條意見、訴求和建議。對此，中聯辦主任駱惠寧明確要求「每一條都不放過」，要「詳細記錄、匯總造冊、分類處置」。這些意見、訴求和建議的匯總，都是一步一腳印的真實材料，是深入了解惠港利民政策落實情況的寶貴資源，體現中聯辦以辦實事的積極態度與民同行。

和諧穩定發展是主流共識

發展需要動力，基層需要溫情。中聯辦走進 979 家劏房、公屋、過渡性房屋、居屋和中小商戶，聽取 3,476 名市民對中央惠港利民政策執行情況的反映，以及對出台新政策的建議；探望包括獨居長者、失業人士、創業青年、地區婦女、中小商戶、地盤工人、新移民、少數族裔等在內的 3,985 名普通市民。有被探訪的基層市民深受感動說：「真沒想到會有人來看我，原來還是有人關心我的。」市民的真情流露，反映中聯辦的探訪觸動了基層內心深處，回應了大眾的期盼，傳遞了中央對香港的關心關愛。

中央一直不遺餘力支持香港。今年以來，以國家「十四五」規劃綱要為統領，陸續出台了「前海方案」和 21 條惠港利民政策等等。香港社會各界需把握好中央新發展理念要求，坐言起行，全面做好規劃對接，確保一一落實。中聯辦深入社區，助力香港用好國家支持政策，以實際行動更好履行中聯辦密切聯繫社會各界的職能，更好支持特區政府依法施政。

中央實施香港國安法、落實「愛國者治港」，香港社會正能量不斷上升，「求和諧、求發展、求穩定」，「經濟優先、民生優先、建設優先」成為香港社會共識。建設香港，貢獻國家，是中聯辦和香港市民的共同目標和願望。中央未來陸續推出更多挺港措施，中聯辦盡職盡責，與市民同心同行，讓挺港措施開花結果，「一國兩制」新實踐定能再創香港輝煌。

（原載於 2021 年 10 月 13 日香港《文匯報》）

自覺掌握歷史主動　融入國家大局開創未來

提要：駱惠寧主任在中聯辦新春酒會上發表題為《讓歷史之光照亮香港未來》的新春致辭，全面闡述了「一國兩制」的歷史自信、歷史自覺和歷史主動，對香港社會有三個意義：一是香港回歸已經踏入 25 年，「一國兩制」的實踐亦進入了新階段，在這個時候回顧歷史，總結經驗，以「歷史照亮未來」更具意義。二是增加各界對「一國兩制」的歷史自信，推動各界以高度的歷史自覺掌握歷史主動，善用國家為香港提供的「角色」和「接口」，融入國家發展大局。三是希望各界團結一致，攻克時艱。中聯辦也會繼續履行職責，與特區政府和各界和衷共濟、共同努力，共創香港美好未來。

　　駱主任的致辭，主旨是「歷史照亮未來」。駱主任指出，當前，香港「一國兩制」實踐已經站在新的歷史起點上，要回答好前進道路上各界長期關心、市民普遍關注的重大問題，尤其需要我們從歷史中獲得智慧、汲取力量。當前市民最關心的問題主要有 3 個：一是對香港的「一國兩制」怎麼看？二是對香港的發展前景怎麼看？三是對香港實現良政善治怎麼看？駱主任以「歷史自信」「歷史自覺」「歷史主動」作出回應。

從歷史中獲得智慧汲取力量

　　對於如何看待「一國兩制」，駱主任說，香港回歸以來走過的非凡歷程，足以讓我們對「一國兩制」充滿歷史自信。回歸近 25 年的歷程，雖然在實踐中遇到一些新情況新問題，但「一國兩制」的實踐是成功的，並且得到國際社會的肯定。「一國兩制」解決了歷史遺留的問題，在「一國

兩制」下，香港、澳門在不費一兵一卒之下實現了和平回歸。

「一國兩制」成功維護了香港的繁榮穩定。回歸以來香港的經濟保持增長，國際金融中心、商貿中心地位不斷得到鞏固和發展。「一國兩制」更協助香港渡過了回歸以來的種種政經風波，由亞洲金融風暴到 2019 年「黑暴」，憑着「一國兩制」的制度優勢和中央支持，渡過了一個又一個的難關，也讓香港實現了一次又一次的發展騰飛。這就是「一國兩制」歷史信心的底氣所在。駱主任講話大大增強了外界對於「一國兩制」前景的信心，也有力地反駁了外界唱衰「一國兩制」的雜音。

對於「一國兩制」的發展前景問題，駱主任說，未來充滿希望，關鍵是要有堅定融入國家發展大局的歷史自覺。過去一年是香港開啟良政善治新局面的一年，不論在社會環境、選舉、政局等方面都展現出新氣象。駱主任更以四個「忘不了」來形容：忘不了慶祝中國共產黨百年華誕，維港兩岸喜慶熱烈的氛圍；忘不了選委會、立法會選舉，候選人比政綱、擺街站、訪選民的場景；忘不了全港中小學校園，孩子們開始每天面向五星紅旗注目行禮；也忘不了我和中聯辦同事一起登漁船、走籠屋、訪商戶、探街坊，切身體會到大家對重獲安寧的欣慰、對更好生活的期盼。這四個「忘不了」形象地反映了香港的由亂及治的新局面，也表明香港的發展態勢：必須有力維護國家安全，更要抓緊機遇積極融入國家大局。

香港社會應該對「一國兩制」有充分的歷史自覺，了解到香港的定位和大勢。駱主任以生動及直白的語言提到：事實證明，中國共產黨創立、發展和捍衞的「一國兩制」好，與國家同發展共進步的道路對，當家作主的香港同胞行！「好」、「對」、「行」這三個字正體現了中央捍衞「一國兩制」的良苦用心，說明維護「一國兩制」關係香港福祉，各界對此應有充分的自覺，自覺維護中央對特別行政區的全面管治權，自覺發揮祖國內地堅強後盾作用和提高特別行政區自身競爭力結合起來，確保「一國兩制」實踐不變形、不走樣，這才是香港的發展路徑。

當前要主動做好三項工作

對於香港實現良政善治問題，駱主任説，機遇條件前所未有，但還要有乘勢而上、穩中求進的歷史主動。雖然在疫情下香港面臨不少挑戰，但香港的核心優勢仍在，更有祖國做最大靠山。在國家新時代新征程中，將更加重視香港的獨特角色和優勢，中央的重大規劃佈局，都有「香港角色」、「香港優勢」在內，香港融入國家發展大局的「接口」將不斷增多，粵港澳大灣區、前海擴容、「一帶一路」等，都是香港可大展拳腳之地。在中央的指路引航下，香港的發展空間必將越來越大。

要把握好歷史主動，當前香港需要做好 3 個工作：一是積極融入國家發展大局，善用國家提供的「接口」，「發揮自身所長、對接國家所需」，助力國家發展，亦為香港開拓更大的機遇。二是推動落實良政善治，健全和完善現時維護國家安全的機制，積極作為，切實推動解決香港的深層次問題，落實變革為民謀福。三是團結一致，拋開區分。駱主任強調中聯辦將恪盡職守、忠誠履職，繼續推動落實中央全面管治權，繼續堅定支持特區政府依法施政，繼續廣泛深入聽取市民心聲，繼續當好香港與內地的橋樑紐帶。

香港社會要重新出發，更需要攜手協作，放下爭拗，同心抗疫，並且切實把握國家機遇，共同推動香港這個家走向更加美好的未來！

（原載於 2022 年 1 月 27 日《大公報》）

第五部分

兩岸及港台關係

「九二共識」是必答題　張志軍籲台共築中國夢

提要：兩岸關係面臨的最大問題，是執政的民進黨當局不承認「九二共識」，導致兩岸關係停擺、倒退，禍及台灣同胞。兩岸關係前景如何，備受關注。國台辦主任張志軍近日在香港「兩岸交流 30 週年紀念大會」的致辭，傳達了大陸方面的重要信息和態度，值得高度重視：其一是宣示堅持「九二共識」、反對「台獨」分裂的決心不動搖，敦促民進黨當局承認「九二共識」、認同兩岸同屬一個中國，這是不可迴避的必答題，希望民進黨當局回頭是岸，承認「九二共識」，讓兩岸關係重回正軌；其二是持續推進各領域交流合作，深化兩岸經濟社會融合發展，造福台灣同胞；其三是弘揚中華文化，厚植共同的精神紐帶，共築中國夢，同心實現中華民族偉大復興。

　　「兩岸交流 30 週年紀念大會」在香港舉行，具有特殊的意義，既是重新感受 30 年前台灣開放老兵返鄉探親所展現的兩岸血濃於水的同胞親情，更是進一步認識「九二共識」對兩岸關係和平發展的重要意義。

「九二共識」是兩岸關係「定海神針」

　　當年，台灣老兵返鄉探親能夠促進開啟兩岸交流大門，是基於「兩岸同屬一中」的共同認知。正因為有這個共同認知，兩岸才有可能在 1992 年達成體現一個中國原則的「九二共識」，成為兩岸關係和平發展「定海神針」。回顧國共兩黨過去在堅持「九二共識」的政治基礎上良性合作，不斷增進互信，取得的豐碩成果有目共睹，惠及兩岸民眾。台灣民進黨一直拒絕承認「九二共識」，破壞了兩岸關係和平發展的政治基

礎,致使兩岸聯繫和商談機制停擺,兩岸同胞利益受到極大傷害。目前,台灣社會正面臨政治動盪、經濟艱難、財政危困、社會空轉、矛盾激化等種種問題。民調顯示,蔡英文民望越來越低。上任一週年的滿意度僅有 28%,民眾強烈不滿蔡英文處理兩岸關係的表現,足見蔡英文政府倒行逆施的兩岸政策不得民心。

必須指出的是,台灣民進黨當局表面上口口聲聲稱要「維持兩岸關係現狀」,但卻一直拒不承認「九二共識」,不認同兩岸同屬一個中國,破壞了兩岸關係和平發展的政治基礎。這是兩岸關係陷於困局的根本原因。要擺脫這個困局,唯一的出路,就是民進黨當局承認「九二共識」。因此,張志軍在講話中,特別強調將堅持體現一個中國原則的政治基礎,堅決反對「台獨」分裂,明確宣示了大陸方面堅持「九二共識」、反對「台獨」分裂的決心。張志軍不僅指出,是否承認「九二共識」、認同兩岸同屬一個中國,是迴避不了的必答題,而且還再次重申,無論台灣哪個政黨、團體,無論其過去主張過甚麼,只要承認「九二共識」的歷史事實,認同其核心意涵,同大陸的交往就不會存在障礙。顯然,大陸方面仍然希望民進黨當局回頭是岸,承認「九二共識」,讓兩岸關係重回正軌。

加強民間交流　造福台灣同胞

面對兩岸關係陷於困境,張志軍強調加強兩岸民間交流,造福台灣同胞。確實,兩岸民間交流只能加溫,不能冷卻。事實證明,30 年來,正是因為兩岸千千萬萬民眾的參與,才能最終匯聚成兩岸交流的大潮。兩岸交流民意基礎堅實、潛力巨大,兩岸民眾交流已經越來越緊密和熱絡,將進一步推動深化兩岸社會融合發展。

儘管兩岸關係和平發展遭遇嚴重衝擊,但大陸方面推進兩岸民間交流合作、深化兩岸經濟社會融合發展、造福兩岸同胞的決心和態度沒有改變。從過去在學習、就業、創業、生活等方面的惠台措施,可見大陸依然秉持「兩岸一家親」的理念,繼續為台灣同胞做好事做實事,進一步

拉近兩岸民眾的心靈距離，加深了兩岸同胞情誼和緊密交流，有力確保了兩岸同胞的福祉。

民進黨當局破壞「九二共識」這個基礎，不認同兩岸同屬一個中國，阻擾兩岸交流合作，是當前兩岸關係發展的最大障礙。兩岸同胞對此看得清清楚楚，今後必以更大決心排除「台獨」，抵制任何分裂活動。

實現中華民族偉大復興的中國夢，是反「獨」促統運動的時代主題。兩岸同胞有着共同的血脈、文化和願景。實現祖國的完全統一，維護祖國的安全，是中華民族偉大復興的根本基礎，也是全體中國人民不可動搖的堅強意志。香港更應利用自身的特殊優勢，努力推進祖國統一進程。行政長官林鄭月娥在同一活動致辭時指出，香港在過去30年以其獨特優勢，成為兩岸間交流的平台，特區政府會立足於促進兩地民間交往，依法積極推動港台關係穩定發展。

共築中國夢　實現民族復興

在今年7月1日慶祝香港回歸祖國20週年大會上，習近平主席明確指出，推進「一國兩制」在香港成功實踐是中華民族偉大復興中國夢的重要組成部分。面對「港獨」與「台獨」勾結合流的新情況，我們要繼續堅持既反「台獨」，也反「港獨」，為推進「一國兩制」成功實踐，實現中華民族偉大復興的中國夢作出新貢獻！

（原載於 2017 年 9 月 8 日香港《文匯報》）

十九大關懷台胞　警示「台獨」宣示統一

提要：習近平總書記在十九大報告中提出的兩岸方針政策，既突出表現了大陸對台政策的一貫性、穩定性，又有新的意涵：報告深刻闡述了中華民族偉大復興和國家統一的關係，對「九二共識」做了更明確闡述；一方面把「六個任何」寫入十九大報告，亮明反「台獨」紅線，另一方面又提出「兩岸一家親」、台灣同胞「同等國民待遇」的號召，展現人文關懷。蔡英文當局拒絕承認體現一個中國原則的「九二共識」，兩岸關係面臨嚴峻挑戰，但絲毫沒有動搖大陸實現祖國完全統一的決心和信心。十九大報告作出重要宣示：台灣問題的解決與兩岸關係的發展，已經納入國家統一與中華民族偉大復興的頂層設計，實現中華民族偉大復興必須完成祖國統一大業，本世紀中葉中國夢實現的時間點，就是完成國家統一的時間底線。所有中國人都要共同努力，為實現祖國完全統一的神聖目標作出貢獻！

　　十九大報告多處提到兩岸政策，闡明了對台工作的基本方針和基本原則，提出了對台工作的重要理念和主要措施。總括這些論述，可以發現既有底線又有溫情，呈現出一軟一硬的多元性，說明中央對台政策已相當成熟、穩健。

十九大報告對「九二共識」論述更詳細

　　十九大報告第十一部分中闡述台灣問題的開首明示：「解決台灣問題、實現祖國完全統一，是全體中華兒女共同願望，是中華民族根本利益所在。必須繼續堅持『和平統一、一國兩制』方針，推動兩岸關係和平

發展，推進祖國和平統一進程。」這段話深刻闡述了中華民族偉大復興和國家統一的關係，表明實現祖國完全統一是實現中華民族偉大復興的必然要求。儘管民進黨執政導致兩岸關係轉為冷凍狀態，但十九大報告中表達了中央維護和平統一方針政策的決心、原則、態度都不變，全體中華兒女對中國夢的追求只會勇往直前。

對於一個中國原則、特別是對於「九二共識」，十九大報告作了更加詳細的論述。報告説：「一個中國原則是兩岸關係的政治基礎。體現一個中國原則的『九二共識』明確界定了兩岸關係的根本性質，是確保兩岸關係和平發展的關鍵。承認『九二共識』的歷史事實，認同兩岸同屬一個中國，兩岸雙方就能開展對話，協商解決兩岸同胞關心的問題，台灣任何政黨和團體同大陸交往也不會存在障礙。」這段話強調，在「九二共識」基礎上推動兩岸關係和平發展，並不會因為台灣內部政權更迭而放棄對話的努力。其中與十八大報告不同的，是於「九二共識」加上「體現一個中國原則的」的限定詞。這一段時間台灣方面誤讀錯判，以為大陸擬放棄「九二共識」，十九大報告表明「九二共識」絕不存在模糊地帶。只有在這種認識的基礎上，台灣任何政黨和團體同大陸交往才不會存在障礙。對此，台灣各個政黨必須明瞭。

六個「任何」對「台獨」發出嚴正警示

為進一步推進兩岸關係，十九大報告又提出對包括台灣同胞在內的全體中華兒女的殷切期望和偉大號召。報告説，「我們秉持『兩岸一家親』理念，尊重台灣現有的社會制度和台灣同胞生活方式，願意率先同台灣同胞分享大陸發展的機遇。」報告更首次提出為台灣同胞在大陸學習、創業、就業、生活提供與大陸同胞同等的待遇，增進台灣同胞福祉。「兩岸一家親」的政治基礎是兩岸同屬一個民族和一個中國；親情基礎是兩岸一家人，「將心比心」地處理兩岸分歧和對台讓利；「同等待遇」則是其中的重要內核。高舉「兩岸一家親」旗幟，可以增強兩岸同胞對兩岸命運

共同體的家園意識。顯然，大陸沒有關閉對話之門，還是重在推動兩岸融合。只要蔡英文當局懸崖勒馬，重回兩岸對話的「九二共識」政治基礎，兩岸關係仍可由此進入大融合大發展的歷史新階段。

需要強調的是，十九大報告在國家主權和領土完整的重大原則問題上，清晰劃出紅線，表明了反對「台獨」分裂圖謀的堅定意志和鮮明態度。報告說：「我們有堅定的意志、充分的信心、足夠的能力挫敗任何形式的『台獨』分裂圖謀。我們絕不允許任何人、任何組織、任何政黨、在任何時候、以任何形式、把任何一塊中國領土從中國分裂出去！」十九大報告是首次把六個「任何」寫進來，突顯了當前兩岸關係的嚴峻性，表明反「台獨」是大陸今後的重要任務。如果「台獨」分裂行為猖獗，大陸對「台獨」問題必更積極作為，絕不會姑息手軟，遏制措施一定更加嚴厲。對此，「台獨」勢力絕不要心存僥倖。

十九大宣示祖國完全統一時間底線

蔡英文當局上台以來，拒絕承認體現一個中國原則的「九二共識」，兩岸關係面臨嚴峻挑戰，但絲毫沒有動搖大陸實現祖國完全統一的決心和信心。十九大報告作出重要宣示：實現祖國完全統一，是實現中華民族偉大復興的必然要求。這實際上是在向全世界宣告，台灣問題的解決與兩岸關係的發展，已經納入國家統一與中華民族偉大復興的頂層設計，實現中華民族偉大復興必須完成祖國統一大業，本世紀中葉中國夢實現的時間點，就是完成國家統一的時間底線。所有中國人都要共同努力，為實現祖國完全統一的神聖目標作出貢獻！

（原載於 2017 年 11 月 2 日香港《文匯報》）

汪洋講話強力反「台獨」 力促經濟融合

提要：第十屆海峽論壇是十九大之後的首次兩岸大型論壇，面對民進黨當局拒絕承認「九二共識」導致兩岸陷入政治僵局，全國政協主席汪洋的致辭作為大陸對台政策的最新宣示，備受矚目。汪洋講話有 4 方面的信息值得重視：一是批評民進黨當局放任漸進「台獨」，阻撓限制兩岸交流活動；二是警告絕不容忍「台獨」分裂勢力作亂，堅決挫敗任何形式「台獨」分裂圖謀；三是強調只要堅持「九二共識」，任何政黨和團體同大陸交往都不會存在障礙；四是促進經濟融合，造福台灣同胞，是兩岸和平發展的強大動力。

　　第十屆海峽論壇昨日在廈門拉開帷幕。中共中央政治局常委、全國政協主席汪洋出席海峽論壇並致辭。中國國民黨副主席郝龍斌和親民黨、新黨、無黨團結聯盟等台灣政黨代表和有關縣市代表、主辦單位代表，以及台灣各界人士約 8,000 人應邀出席本屆論壇。

展現大陸維護國家統一意志信心和能力

　　兩岸關係當前面對的最大問題，就是執政的民進黨當局不承認體現「一個中國」原則的「九二共識」。汪洋在致辭中直接批評民進黨當局縱容「去中國化」、漸進「台獨」的行徑，阻撓限制兩岸交流活動，使兩岸陷入政治僵局。汪洋嚴正指出，「台獨」分裂勢力及其活動損害兩岸關係和平發展，是台海和平穩定的最大威脅，必須堅決反對。汪洋警告，絕不容忍「台獨」分裂勢力作亂，任何違背民族大義和歷史潮流，挑戰「一中」原則，妄圖推動「台獨」的伎倆和行徑，都是註定要失敗的。

習近平總書記在十九大報告中強調:「我們絕不允許任何人、任何組織、任何政黨、在任何時候、以任何形式、把任何一塊中國領土從中國分裂出去!」這表達了全體中華兒女的共同意志,也向「台獨」勢力發出了最嚴正的警告!兩年來,多個國家與台灣斷絕官方關係,是對民進黨當局否定「九二共識」的外交回應,是對賴清德「台獨工作者」言論挑釁的有力回擊,是對美國干預我國台灣問題的反制,是對民進黨當局而不是針對台灣民眾的制裁。由此不僅可以看到,堅持一個中國原則是公認的國際關係準則和國際社會的普遍共識,而且能夠看到大陸維護國家統一的意志、信心和能力。

汪洋的講話也為民進黨當局留下空間。汪洋指出,體現「一中」原則的「九二共識」,是確保兩岸關係和平發展的關鍵,始終把堅持「九二共識」作為同台灣當局和各政黨交往的基礎和條件,只要做到這點,任何政黨和團體同大陸交往都不會存在障礙。這是大陸方面發出的善意呼籲,希望民進黨當局作出積極回應。

促進經濟融合是兩岸和平發展強大動力

面對民進黨當局不承認「九二共識」造成的兩岸政治僵局,如何推動兩岸關係和平發展,是兩岸同胞都非常關注的問題。汪洋的講話指出了明確的方向:兩岸和平發展的強大動力就是促進經濟融合。

習總書記在十九大報告中指出,我們秉持「兩岸一家親」理念,尊重台灣現有的社會制度和台灣同胞生活方式,願意率先同台灣同胞分享大陸發展的機遇。國台辦今年2月公佈了促進兩岸經濟文化交流合作的31條措施,其中12條措施涉及加快給予台資企業與大陸企業同等待遇,另外19條措施涉及逐步為台灣同胞在大陸學習、創業、就業、生活提供與大陸同胞同等待遇。有關措施給予台灣同胞「國民待遇」,體現了「兩岸一家親」的理念。

今年是改革開放40週年,大陸加快自貿區建設、擴大服務業對外開

放、放寬金融業市場准入等措施，同樣適用於台資企業，將進一步為台資企業分享大陸發展成果提供難得機遇和廣闊發展前景。我們應該推動兩岸同胞共商建立有效的落實機制，特別要為台灣的年輕人在粵港澳大灣區建設、「一帶一路」建設、國家創新科技發展中創造更多機會條件，凝聚青年期望和平統一的新一代呼聲，為兩岸關係未來發展帶來新氣象。

兩岸經濟互利合作任何力量壓抑不住

兩岸同屬一個中國這個基本事實，任何力量都無法改變；兩岸經濟同屬中華民族經濟，開展互利合作具有得天獨厚優勢，任何力量都壓抑不住。只要兩岸共同努力，和平發展道路一定能越走越寬廣。

（原載於 2018 年 6 月 7 日香港《文匯報》）

台亂局咎由自取　港應抓住國家發展機遇

提要：台灣剛度過了「黑色星期四」，先有競爭力排名下跌，令經濟前景再添陰霾，復有非洲國家布基納法索宣布「斷交」。種種不利消息紛至，引起了廣泛關注。

台不承認「九二共識」陷困境

　　一個月內，先後有兩國與台灣「斷交」：本月初是加勒比海島國多米尼加，本月下旬是非洲國家布基納法索，外界估計「斷交」還會陸續有來。蔡英文2016年就任台灣地區領導人以來，多米尼加和布基納法索是第三、第四個「斷交」的國家，台灣當局的所謂「邦交國」僅剩18個。

　　「邦交國」同台灣「斷交」愈來愈頻繁，不僅因為堅持一個中國原則是公認的國際關係準則和國際社會的普遍共識，而且由於一些國家希望更好地融入國際社會，搭乘中國經濟發展的快車。蔡英文上台後不承認「九二共識」，單方面破壞兩岸關係現狀，給本來希望和中國建交、不希望和台灣保持「外交」關係的國家提供了同台方「斷交」的機會。

　　習近平總書記在十九大報告中強調：「我們絕不允許任何人、任何組織、任何政黨、在任何時候、以任何形式、把任何一塊中國領土從中國分裂出去！」這表達了全體中華兒女的共同意志，也向「台獨」勢力發出了最嚴正的警告！多個國家與台灣斷絕官方關係，是對蔡英文當局否定「九二共識」的外交回應，是對賴清德「台獨工作者」言論挑釁的有力回擊，是對美國干預中國台灣問題的反制，是對民進黨當局而不是針對台灣民眾的制裁。民進黨當局拒不承認「九二共識」，陷入對外交往困境，

完全是咎由自取。

「去中國化」內外交困競爭弱

蔡英文當局不承認一個中國原則，阻礙兩岸正常交流，又在島內搞「去中國化」，挑起內鬥，執政陷於困境：瑞士洛桑國際管理發展學院《全球競爭力報告》，台灣在經濟表現、政府效能、營商效率及基建四大項目的排名俱跌；當地《天下》雜誌的調查顯示，有七成二被訪者不滿意經濟表現；台灣薪酬偏低情況持續，大學畢業生薪金仍然只有 6,000 多港元，每 8 個被訪者中就有 3 個表示願到大陸工作，創下 8 年新高，認為大陸無論發展機會和待遇都比台灣好；市民對蔡英文執政表現滿意度急跌至約兩成四，不滿意度高達近六成。

台灣今天內外交困，競爭力日弱，以至青年一代難找出路，值得香港社會引以為戒。事實上，香港人也經歷過政治內耗導致社會撕裂的日子：反對派政客挑戰中央與香港的憲政秩序，衝擊「一國兩制」，損害香港與內地的合作關係；香港的多項基建工程和民生撥款因拉布拖延；違法暴力行動衝擊法治，嚴重窒礙香港經濟民生發展等等。香港的發展與祖國密不可分，國家發展已進入新時代，「一帶一路」建設穩步推進，粵港澳大灣區發展規劃即將公佈，港珠澳大橋即將通車，中央還將出台更多便利港澳同胞在內地發展的政策措施，為香港未來創造更為有利的條件，為港人帶來更多方便和實惠。香港社會各界都應該認同憲制，摒棄政爭，共謀發展，踏實抓緊國家機遇，融入國家發展大局，避免跌進類似台灣的困局。

融入國家大局　年輕人前途無限

青年是香港和國家的未來。青年興，則國家興；青年旺，則香港旺！香港融入國家發展大局，年輕人的參與至關重要。國家發展為香港青年

提供了大量機遇，大灣區建設將為年輕人提供更加廣闊的就學、就業和創業的空間。香港的青年人更要把自己未來的事業發展和人生規劃，與國家新時代發展的機遇結合起來，在國家建設現代化強國的進程中，開創精彩人生，作出獨特貢獻！

（原載於 2018 年 6 月 19 日《星島日報》）

習連會釋放權威訊號　為兩岸關係定調

提要：中共中央總書記習近平 7 月 13 日在北京會見中國國民黨前主席連戰率領的台灣各界人士參訪團。今次「習連會」之所以備受關注，不僅在於顯示國共兩黨共同堅持「九二共識」、反對「台獨」的決心和理念不變，表達了兩岸民眾希望兩岸交流合作、和平發展的願望，更重要的是習近平十九大後首次就兩岸關係重大問題發表長篇講話，全面深刻分析了當前台海形勢，提出「四個堅定不移」，對當前兩岸關係的困局挑戰和各種擔憂關切給出了最新、最權威的答案，指明了兩岸關係正確發展方向。

第四次會面具特別重要意義

習近平擔任總書記、國家主席 5 年多來，已是第四次和連戰會面。2013 年首次「習連會」，習近平呼籲「兩岸一家親，共圓『中國夢』」。2014 年第二次「習連會」，習近平表示「尊重台灣同胞自己選擇的社會制度」；2015 年第三次「習連會」，雙方共同緬懷歷史，紀念抗戰勝利。今天的兩岸關係形勢嚴峻複雜。民進黨重新執政後，拒不承認體現「一個中國」原則的「九二共識」，大搞「去中國化」，美國趁勢大打「台灣牌」，對「台獨」的政策是「撐腰打氣」，藉助打「台獨」牌來牽制中國的發展，甚至派遣美艦行經台灣海峽，已經走到了踩紅線的邊緣。第四次「習連會」在這樣的背景下舉行，又是習近平於中共十九大連任總書記後首次會見台灣客人，自然具有特別重要的意義。

今次「習連會」，不僅顯示國共兩黨共同堅持「九二共識」、反對「台獨」的決心和理念不變，而且表明台灣島內仍有不可忽略的政治勢力和

政治人物擁護「九二共識」，反對「台獨」，表達了兩岸民眾希望兩岸交流合作、和平發展的願望。

事實上，兩岸之間的交流合作是兩岸關係能夠良性發展的一個極為重要的內生動力。當前兩岸處於政治對立的局勢之下，但是兩岸之間的民間交流卻能發展到如此高的程度，其中最核心的動力就是兩岸民眾對於兩岸交流的認知以及對於兩岸合作的期盼。兩岸交流是為兩岸民眾謀福祉，不管兩岸關係在政治上處於怎樣的緊張狀態，兩岸民間的交流和溝通始終是得到民眾認可的。

「習連會」最重要的意義在於，習近平作為內地最高領導人在兩岸關係面臨各種錯綜複雜挑戰背景下，就新形勢下中央對台政策向海內外釋放了強而有力的權威信號。

體現內地對台工作基本思路

習總書記在「習連會」中講話的核心內容就是「四個堅定不移」，即堅定不移堅持「九二共識」、反對「台獨」，堅定不移擴大深化兩岸交流合作，堅定不移為兩岸同胞謀福祉，堅定不移團結兩岸同胞共同致力民族復興。在這個被稱為「習四點」的講話中，堅定不移地堅持「九二共識」、反對「台獨」放在首位，因為這既是基本原則，也是當務之急；堅定不移擴大深化兩岸交流合作，是在現有條件下內地推進兩岸關係和平發展的路徑和方式；堅定不移為兩岸同胞謀福祉，清楚闡明了內地對台工作的目的，那就是為民謀利、實實在在地為兩岸同胞謀福祉；堅定不移團結兩岸同胞共同致力民族復興，強調了內地對台工作目標與大方向，那就是推動兩岸關係和平發展、推進祖國和平統一最終是為了實現中華民族偉大復興。

「習四點」不僅表明了內地方面堅持一個中國、反對「台獨」的原則性立場，也同時釋放出內地絕不會因民進黨當政就中斷兩岸經濟文化交流的訊息，展現了內地推動兩岸關係和平發展、維護台海和平穩定的誠

意，體現出內地目前乃至今後一段時期對台工作的基本思路。

國家強大決定兩岸關係發展

習總書記說過：「從根本上說，決定兩岸關係走向的關鍵因素是祖國大陸發展進步。」這是中央制定對台工作大政方針的決策基點，也是主導兩岸關係發展的決定性因素。內地的經濟實力、科技實力、國防實力、綜合實力和國際影響力不斷邁上大台階的步伐，已具有對台灣絕對的、完全的壓倒性優勢，也大大拉近了與美國的力量對比。今天的中國，已經進入「強起來」的新時代。我們完全有理由相信，國家的強大必將不斷推動兩岸關係朝着祖國完全統一的方向發展，在實現中華民族偉大復興進程中完成祖國統一大業。

（原載於 2018 年 7 月 24 日《星島日報》）

拼經濟民生民心所向　搞「台獨」不得人心

提要：台灣地區「九合一」選舉結果清晰顯示，民進黨執政後不斷操弄「統獨」議題，破壞兩岸關係，損害台灣社會經濟民生，背離民意，遭受慘敗；拼經濟民生是民心所向，堅持「九二共識」，推動兩岸關係和平發展，才能造福台灣同胞。香港「港獨」勢力與「台獨」合流，衝擊「一國兩制」底線，危害香港繁榮穩定，不得人心，也難逃被唾棄的命運。

台灣的「九合一」選舉落幕，民進黨地盤大失，出現「綠地變藍天」的新格局。執政兩年多的民進黨，這麼快就遭選民唾棄，與國民黨贏輸程度差距之大，出乎不少人的意料，其實也在情理之中。

台灣民眾摒棄「台獨」意識形態

民進黨輸掉上次從國民黨手中奪得的席位，清晰顯示：民進黨蔡英文當局上台執政兩年多來，背離民眾對經濟民生的關注和兩岸關係和平發展的期待，玩弄「柔性台獨」，大失民心，被選民全面拋棄。

民進黨當局拒不承認體現一個中國原則的「九二共識」，兩岸關係和平發展的政治基礎遭到衝擊。受累於兩岸關係轉冷，台灣經濟每況愈下，眾多觀光產業的經營者境況大不如前，市場越縮越小，民生凋敝，經濟發展裹足不前，島內民眾深受其害。對此，民進黨政府卻視若無睹，更煽動民粹、操弄公投、藉體育搞「台獨」。種種操弄，致使民怨沸騰，民意強烈反彈。民進黨失去執政 20 年的高雄、執政 13 年的雲林縣，便具有重大象徵意義。其中高雄作為台南最大城市，便成為因民進黨政府兩

岸和經濟政策而衰落的最大受害者，昔日作為全球第三大貨櫃港的風光不再。

由於民進黨當局拒不承認「九二共識」，兩岸關係和平發展的成果受到侵蝕，兩岸關係陷入僵局，不僅官方交流停擺，民間交往亦見倒退。這完全是民進黨蔡英文當局一手造成的。台灣民眾對民進黨屢次操作「統獨」等意識形態極為反感，正從另一個側面反映台灣民眾希望兩岸關係和平發展，不要民進黨搞「台獨」那套的意識形態。

堅持「九二共識」才是出路

堅持「九二共識」，就能為兩岸和平發展、台灣重振經濟帶來希望。事實已經清晰告訴台灣民眾，堅持「九二共識」才是兩岸關係和平發展的出路，不搞「台獨」才是改善島內經濟民生的基本保障。回應主流民意的關鍵，就是台灣當局如何正確處理兩岸關係，能否在涉及大是大非的「九二共識」上作出正面、正確的回應。只有認同兩岸同屬「一個中國」，雙方才能回復良性互動，兩岸關係才能重回和平發展的軌道。

國民黨在今次縣市長選舉中大勝，連守帶攻成功奪得超過三分二的議席，與民進黨出現強烈的此消彼長現象。這個結果至少表明，接受「九二共識」的國民黨較有能力處理兩岸關係，而兩岸關係的好壞與台灣經濟民生的改善有最直接的關係。正如國台辦發言人馬曉光所言，台灣今次選舉結果「反映了廣大台灣民眾希望繼續分享兩岸關係和平發展『紅利』，希望改善經濟民生的強烈願望。」

「港獨」不得民心

民進黨慘敗在前，台灣新民意就是要兩岸和平交流發展，共同開創新明天。選舉結果對「台獨」分子當頭棒喝。近年香港極少數人搞「港獨」，並與外部、分裂勢力沆瀣一氣，妄圖與「台獨」合流，嚴重衝擊「一

國兩制」和國家安全，危及香港的繁榮穩定。台灣的教訓在前，社會過於政治化，對經濟發展有害無益。在香港，維護「一國兩制」、求發展拼經濟是主流民意，「港獨」破壞香港社會的整體利益，不得民心，港人應齊聲向「港獨」說不，確保「一國兩制」行穩致遠。

（原載於 2018 年 11 月 26 日香港《文匯報》）

「習五點」擘畫路線圖　祖國和平統一不可阻擋

提要：習主席在《告台灣同胞書》40週年紀念會上發表的重要講話，明確提出「探索『兩制』台灣方案」，擘畫了和平統一路線圖，開啟了推進和平統一的新征程，具有劃時代的重大意義。祖國和平統一勢不可擋，無論台灣蔡英文當局如何對抗，也不管將來台灣由誰執政，大陸都會積極接觸台灣各界，商議「一國兩制台灣方案」，推進和平統一。香港「一國兩制」實踐最值得重視的成功經驗，就是堅守「一國」之本、善用「兩制」之利，成就「祖國好，香港好」的香港故事。這對台灣有重要啟示。

　　習主席在五點重要主張中，明確提出探索「兩制」台灣方案，豐富和平統一實踐。習主席強調，「一國兩制」在台灣的具體實現形式會充分考慮台灣現實情況，會充分吸收兩岸各界意見和建議，會充分照顧到台灣同胞利益和感情。這三個「充分」是鄭重承諾，有泰山之重，也有春風之暖，相信會得到越來越多的台灣民眾的理解和認同。

「一國兩制」台灣方案設計已經啟動

　　習主席還鄭重倡議，在堅持「九二共識」、反對「台獨」的共同政治基礎上，兩岸各政黨、各界別推舉代表性人士，就兩岸關係和民族未來開展廣泛深入的民主協商，就推動兩岸關係和平發展達成制度性安排。習主席的這個政策宣示，受到海內外的高度關注，原因在於，這顯示大陸已在研擬統一步驟，「一國兩制」台灣方案的具體設計已經啟動，祖國和平統一的新階段由此開啟，將對兩岸關係的未來發展產生深遠影響。

習主席在講話中提出「深化兩岸融合發展，夯實和平統一基礎」，對於這一點，我有很深的體會。大陸改革開放的 40 年，也是兩岸經濟社會融合發展的 40 年，台灣同胞是見證者、參與者、受惠者。改革開放為台灣帶來很多發展機遇，使眾多台灣同胞得到實實在在的好處。兩岸經濟交流深刻地影響着兩岸關係的發展，成為推動兩岸關係和平發展的重要力量。

蔡英文當局無法阻擋和平統一大勢

當前的兩岸關係有兩個突出特點：一是蔡英文當局拒不承認體現一個中國原則的「九二共識」，兩年來兩岸關係陷入僵局；另一方面，台灣舉行「九合一」選舉，國民黨大勝，折射了台灣民眾對於兩岸和平發展的期待，兩岸關係出現了新的發展機遇。

對於習近平的講話，蔡英文採取全盤否定、全盤拒絕、全盤對抗的態度。其實，這種態度恰恰顯示民進黨執政當局束手無策的困境。事實上，民進黨上台兩年多，拒不承認「九二共識」，破壞了兩岸合作推動和平發展的局面，引起越來越多台灣民眾的不滿。台灣舉行「九合一」選舉，民進黨大敗，就是台灣民眾對蔡英文當局的懲罰。

必須指出的是，蔡英文當局的倒行逆施改變不了兩岸繼續融合的基本態勢，更改變不了祖國和平統一大勢。無論台灣蔡英文當局如何對抗，也不管將來台灣由誰執政，大陸都會積極接觸台灣各界，商議「一國兩制台灣方案」，推進和平統一。

從根本上說，決定兩岸關係前途的是祖國大陸自身的發展強大。大陸反對和遏制「台獨」、促進兩岸交流合作的堅定意志和強大能力，是推動兩岸關係繼續向前發展的主要驅力。祖國大陸完全有能力在民族復興的過程中實現國家統一。我們對實現祖國和平統一充滿信心。

香港經驗：堅守「一國」之本善用「兩制」之利

香港在兩岸關係中具有特殊作用，不僅擔當中介橋樑角色，著名的「九二共識」就是在香港達成，而且成功落實「一國兩制」，為推動國家和平統一「率先垂範」。香港「一國兩制」實踐最值得重視的成功經驗，就是堅守「一國」之本、善用「兩制」之利，成就「祖國好，香港好」的香港故事。我們香港應該在習近平新時代對台重要思想的指導下，在祖國和平統一進程的新階段，進一步擔當好兩岸交流的重要橋樑和平台，攜手台灣同胞共同推進祖國和平統一進程。

（原載於 2019 年 1 月 4 日香港《文匯報》）

落實「習五點」　對台工作會議發出重要信息

提要：習總書記在《告台灣同胞書》發表 40 週年紀念會的重要講話，提出推進和平統一的五點重大政策主張，開啟了祖國和平統一新階段。2019 年是這個新階段的開局之年，如何落實「習五點」備受關注。2019 年對台工作會議部署落實「習五點」，其中 3 方面的信息值得重視：一是判斷 2019 年台海形勢更加複雜嚴峻；二是強調絕不為各種形式的「台獨」分裂活動留下任何空間；三是重視深化兩岸融合發展，全面落實惠及台灣同胞的政策措施。

2019 年對台工作會議 22 日在京舉行。中共中央政治局常委、全國政協主席汪洋在會上強調，全面貫徹落實習近平總書記在《告台灣同胞書》發表 40 週年紀念會上的重要講話精神，努力推動兩岸關係和平發展、推進祖國和平統一進程。

不給各種形式「台獨」留下任何空間

汪洋指出，2019 年台海形勢更加複雜嚴峻。這是大陸對於未來的台海局勢的基本判斷。事實上，蔡英文當局對於習總書記的講話採取全盤否定和對抗的態度，預計在即將到來的台灣領導人和立法委員選舉中，民進黨將再次以操弄兩岸關係去爭取選票。對此，大陸瞭然於胸，有評估也有防備。無論蔡英文當局如何對抗，大陸都會「以我為主」積極推進和平統一的進程。

必須看到的是，「台獨」分裂勢力及其活動是台海和平的最大現實威脅。「絕不為各種形式的『台獨』分裂活動留下任何空間」，汪洋所強調

的這句話，正是對分裂勢力的嚴正警告。習總書記在《告台灣同胞書》發表40週年紀念會上的講話中明確指出，我們願意為和平統一創造廣闊空間，但絕不為各種形式的「台獨」分裂活動留下任何空間。習總書記還強調，不承諾放棄使用武力，就是針對外部勢力干涉和極少數「台獨」分裂分子及其分裂活動。國台辦主任劉結一在《求是》發表解讀習總書記講話的文章中指出，我們有堅定的意志、充分的信心、足夠的能力挫敗任何形式的「台獨」分裂圖謀，維護台海地區和平穩定。如果「台獨」勢力膽敢鋌而走險，必將遭到堅決粉碎。可見，「絕不為各種形式的『台獨』分裂活動留下任何空間」，不只是立場的宣示，也表明大陸已經做好各種打擊和粉碎各種形式分裂活動的準備。

堅持改革開放　堅持深化兩岸融合發展

汪洋在談到2019年的對台工作時指出，要深化兩岸融合發展，持續擴大兩岸交流合作，全面落實惠及台灣同胞的政策措施；要繼續拓寬兩岸青年交流渠道，為台灣青年來大陸學習、就業、創業、交流提供更多機會、創造更好條件。從根本上說，決定兩岸關係前途的是大陸自身的發展強大。習總書記講得好，改革開放是決定當代中國命運的關鍵一招，也是決定實現「兩個一百年」奮鬥目標、實現中華民族偉大復興的關鍵一招。大陸改革開放的40年，也是兩岸經濟社會融合發展的40年，台灣同胞是見證者、參與者、受惠者。改革開放為台灣帶來很多發展機遇，使眾多台灣同胞得到實實在在的好處。兩岸經濟交流深刻地影響着兩岸關係的發展，成為推動兩岸關係和平發展的重要力量。

蔡英文當局的倒行逆施改變不了兩岸繼續融合的基本態勢。台灣舉行「九合一」選舉，國民黨大勝，台灣內部出現地方承認「九二共識」包圍中央的態勢，折射了台灣民眾對於兩岸和平發展的期待，兩岸關係出現了新的發展機遇。只要我們保持定力，堅定信心，堅持改革開放不動搖，堅持深化兩岸融合發展，全面惠及台灣同胞、台灣青年，就一定能

夠穩步推進祖國和平統一進程。

用好香港平台　多做實事推進和平統一

香港如何為祖國的和平統一作出新貢獻，這是我們需要思考的問題。我們應該用好香港平台多做實事推進和平統一：

一是以香港作為平台，理性深入展開「兩制台灣方案」及兩岸關係和平發展制度性安排的相關討論，對台灣島內以至國際輿論產生積極正面的引導作用；二是在香港建立平台，幫助港台青年在大灣區創業發展；三是推動成立港台「一帶一路」產業合作聯盟，引導港台企業參與「一帶一路」海外產業園，共同在「一帶一路」沿線國家開拓海外市場，既為國家新一輪改革開放作出更大貢獻，也進一步帶動自身更大的發展。

（原載於 2019 年 1 月 25 日香港《文匯報》）

從反分裂法重要作用　看港區國安法重大意義

提要：《反分裂國家法》出台的背景是民進黨當局和「台獨」分裂勢力妄圖通過「公民投票」、「憲政改造」等方式，把台灣從中國分裂出去，兩岸關係一度到了十分危險的境地。《反分裂國家法》劃下紅線，有效反制「台獨」分裂行徑，為祖國和平統一大業和兩岸關係和平發展規劃了廣闊空間和前景。港區國安法也是在香港的國家安全受到現實威脅和嚴重損害情況下制定，將會為維護國家主權、安全、發展利益和保障香港長期繁榮穩定，加固制度基礎。正如《反分裂國家法》在維護祖國統一發揮重要作用一樣，港區國安法將是保護國家安全之法，是維護香港和平安定之法，是確保「一國兩制」行穩致遠之法，是造福香港同胞之法。

為紀念《反分裂國家法》實施 15 週年，中央隆重舉行座談會。中共中央政治局常委、全國人大常委會委員長栗戰書在會上發表講話強調，要深入貫徹落實習近平總書記在《告台灣同胞書》發表 40 週年紀念會上的重要講話精神，深刻認識《反分裂國家法》的重要作用，堅決反對「台獨」分裂、堅定推進祖國和平統一。本人有幸作為反「獨」促統組織的代表在座談會發言。回顧《反分裂國家法》所發揮的重要作用，有助於我們更加清楚認識中央主持制定港區國安法的重要意義。

《反分裂國家法》是維護統一重器

《反分裂國家法》是維護國家主權和領土完整的國之重器。這部法律出台前，民進黨當局和「台獨」分裂勢力妄圖通過「公民投票」、「憲政改

造」等方式，把台灣從中國分裂出去，兩岸關係一度到了十分危險的境地。《反分裂國家法》明確規定：「台獨」分裂勢力以任何名義、任何方式造成台灣從中國分裂出去的事實，或者發生將會導致台灣從中國分裂出去的重大事變，或者和平統一的可能性完全喪失，國家得採取非和平方式及其他必要措施，捍衛國家主權和領土完整。這一強制性的法律規定，對「台獨」及其幕後勢力形成了強大威懾，斷絕了台灣走向「獨立」的任何可能。自《反分裂國家法》公佈之後，「台獨」勢力不論怎麼要計謀、變花樣，都不敢踩「法理台獨」、「制憲建國」的紅線，外部勢力干涉台灣的行徑也得到了有效反制。《反分裂國家法》在給「台獨」分裂行徑劃下紅線的同時，也為祖國和平統一大業和兩岸關係和平發展規劃了廣闊空間和前景。

今天的香港正面臨回歸以來最嚴峻的局面，「一國兩制」底線受到嚴重衝擊，香港的繁榮穩定受到嚴重損害，香港的國家安全受到嚴重威脅。中央主持制定港區國安法，既有實質性懲治規定，又有強力執行機制，危害國家安全的行為必將受到嚴厲懲治，反中亂港勢力肆無忌憚暴力毀港的日子從此將一去不復返！港區國家安全法將對推動香港形勢好轉、維護國家安全和香港繁榮穩定、確保「一國兩制」行穩致遠，發揮關鍵作用。

港區國安法禁「兩獨」合流

香港去年發生的反修例暴亂，是一場直接危害國家安全的「港版顏色革命」，「台獨」勢力就是其中一隻黑手。香港的修例風波發生後，蔡英文當局被形容是「撿到槍」，惡意借題發揮，將香港事態與台灣聯結，大肆攻擊「一國兩制」。大家都看到，香港的黑衣暴徒不僅訓練有素，而且裝備齊全。其實，正是台灣為這些亂港分子提供培訓，並且為他們提供各式防護用具。還有，不少在香港參加暴亂的暴徒紛紛逃到台灣，台灣當局為他們提供庇護。

全國人大通過制定港區國安法的決定後，民進黨當局繼續操弄「反中」、「仇中」議題，肆意攻擊港區國安法，聲稱要推動有關「立法」和行政措施「救援港人」。蔡英文還在社交媒體聲稱，「有責任持續撐香港、撐港人」，其實質是繼續鼓動香港黑衣暴徒的暴力和恐怖行為。

事實很清楚，「港獨」和「台獨」勢力相互勾連，目的就是分裂祖國。全國人大制定港區國安法，針對分裂國家和境外勢力干預等四類罪行，有力斬斷「港獨」「台獨」勾連黑手，從根本上實現香港的止暴制亂，這既是反「港獨」，也是反「台獨」，是維護我們國家的主權和安全，任何分裂國家的圖謀必將受到嚴厲懲罰，絕不可能得逞。

制定港區國安法為民族復興護航

習近平總書記在十九大報告中作出重要宣示：實現祖國完全統一，是實現中華民族偉大復興的必然要求。《反分裂國家法》的制定為實現祖國統一提供法律保障。港區國安法嚴厲懲治恐怖主義分子和分離勢力，為維護國家主權、安全、發展利益，為保障香港長期繁榮穩定，為確保「一國兩制」行穩致遠，加固制度基礎。展望未來，香港在國安法的保障下，將會重回安定發展正軌，更好融入國家發展大局，繼續為中華民族偉大復興作出獨特而重要的貢獻！

（原載於 2020 年 6 月 8 日香港《文匯報》）

蔡英文當局刁難陳同佳到台灣自首是何居心？

提要：本來，疑犯陳同佳自首是最直截了當的處理方法，然而，蔡英文當局卻千方百計阻撓陳同佳到台灣自首，明眼人一看就知，其目的就是要繼續惡意炒作消費陳同佳案。必須指出的是，蔡英文當局搞「台獨」搞昏了頭，其企圖藉陳同佳案玩弄「台獨」把戲，不過是痴心妄想，註定是死路一條。民主黨立法會議員涂謹申竟然無視香港的法律規定，要求特區政府將陳同佳在香港錄取的口供轉交台灣。反對派議員與台灣民進黨當局狼狽為奸，配合台方將陳同佳案炒作成政治事件，誤導公眾，混淆是非，損害香港的利益，必須予以譴責！

　　港人陳同佳前年 2 月在台灣涉殺死女友後逃回港，被港方控以洗黑錢罪罪成，去年 10 月刑滿出獄。陳同佳上週五透過發放的錄音強調到台灣自首的初心一直未有改變，並已通知台灣代表律師聯絡相關部門處理赴台自首安排，希望在本月內成行。然而，蔡英文當局卻百般阻撓，台灣「行政院長」蘇貞昌昨表示，不會讓陳同佳以「自由行」方式赴台云云。

蔡英文當局繼續炒作消費陳同佳案

　　事實上，陳同佳在香港出獄後，已經表達願到台灣地區投案，但蔡英文當局卻先後拋出對陳同佳實施入境管制、發話要派員來港押解陳同佳、特區政府不使用「單一窗口」等脫離法律實際甚至是捕風捉影的説法，使陳同佳始終無法到台灣投案。蔡英文當局拋出各種各樣的説法，讓人看得眼花繚亂，目的只有一個：不讓陳同佳赴台投案，繼續炒作消

費陳同佳案。

　　整起殺人案都發生在台灣，罪證也在台灣，根據屬地原則，完全應由台灣方面偵辦，香港並無司法管轄權。台灣蔡英文當局卻轉移矛頭，一直針對特區政府，說「香港不願意偵辦」，指責「港府推卸責任」云云，這根本就是無稽之談。

　　眾所周知，港台之間並沒有司法互助及引渡協議，特區政府無法把陳同佳送到台灣受審。香港警方只能以他偷盜死者財物控告洗黑錢罪。特區政府亦多次強調，陳同佳出獄後已是自由人，他是否聯絡台方相關人員，是否經由其律師作其他安排，或以任何方式赴台，是他作為自由人的選擇，特區政府沒有法律授權作出任何干預。然而，台方卻「聽而不聞」。擺在大家面前的事實是，兩地沒有移交法律基礎。蘇貞昌所謂「兩地政府要商討」，堅要通過兩地政府協商處理，根本有心刁難，故意製造事端。

　　本來，疑犯自首是最直截了當的處理方法，那麼，蔡英文當局為何千方百計阻撓陳同佳到台灣自首？明眼人一看就知，蔡英文當局是食髓知味，仍然在繼續惡意消費陳同佳案。人們不可能忘記，香港修例風波緣於陳同佳案。蔡政府上任以來，政績乏善可陳，蔡英文連任台灣地區領導人就是靠打「香港牌」、大肆炒作修例風波而使支持率起死回生。在蔡英文當局看來，陳同佳案是一根始終插在特區政府頭上的刺，拖越久對特區政府越不利。蔡政府豈會輕易讓陳同佳赴台投案，讓港府解套？

民進黨當局圖玩「台獨」把戲是痴心妄想

　　必須指出的是，一段時間以來，蔡英文當局搞「台獨」搞昏了頭。民進黨當局和美國加緊勾連，演出美國高官接連赴台的鬧劇，頻繁製造事端，嚴重違反「一個中國」原則和中美三個聯合公報規定，嚴重破壞台海和平穩定。大陸方面不僅發出強烈警告，而且在軍事上作出強烈反制。現在，民進黨當局在陳同佳案上諸多阻撓，企圖藉此玩弄「台獨」把戲，

不過是痴心妄想，註定是死路一條。

譴責反對派議員與民進黨當局狼狽為奸

需要留意的是，香港的反對派議員竟然在陳同佳案上與台灣民進黨當局遙相呼應，配合默契。根據香港現行法律，刑事事宜相互法律協助安排不適用於「香港與中華人民共和國任何其他部分」。如果有人在台灣犯事後逃到香港，台灣方面沒有法律依據要求香港警方移交逃犯和提供資料，香港特區政府也不可能違反法律就陳同佳案向台方提供證據。

然而，民主黨立法會議員涂謹申早前接受傳媒訪問時聲稱，倘能將陳同佳在香港錄取的口供轉交台灣，相信能有助台方調查。反對派的說法顯然是配合台方將陳同佳案炒作成政治事件，誤導公眾，混淆是非。反對派議員無視香港的法律規定，與台灣民進黨當局狼狽為奸，損害香港的利益，必須予以譴責！

（原載於 2020 年 10 月 6 日香港《文匯報》）

汪洋肯定台灣光復 對「台獨」發出嚴正警告

提要：明日是台灣光復 75 週年紀念日。全國政協主席汪洋在紀念台灣光復 75 週年學術研討會的講話，肯定台灣光復，喚起兩岸同胞共禦外侮、維護國家統一的愛國精神。面對「台獨」分裂勢力挾洋自重，不斷進行謀「獨」挑釁，汪主席發出嚴正警告：要堅持體現「一個中國」原則的「九二共識」，堅決反對「台獨」勢力及其分裂行徑，決不容許失而復得的神聖領土得而復失，再次顯示祖國大陸有決心、有信心、有能力遏制「台獨」，維護台海局勢穩定，捍衛國家主權領土完整。兩岸關係當前處於重要節點，我們要按照習主席關於對台工作的重要論述，促進兩岸融合發展。香港率先實施「一國兩制」，有責任在推進祖國統一大業中再立新功！

　　紀念台灣光復 75 週年學術研討會前日在北京舉行，汪洋主席出席並講話，強調牢記歷史、鑒往知來，弘揚偉大的民族精神，激勵兩岸同胞團結一致。汪主席講話對兩岸堅持在「九二共識」基礎上，繼續發揚愛國主義理念，堅定維護國家主權和領土完整，具有重要意義。

祖國大陸有決心能力遏制「台獨」

　　第二次世界大戰結束之後，被日本殖民統治 50 年的台灣於 1945 年 10 月 25 日光復，回歸祖國的懷抱。這是大陸人民與台灣同胞共同浴血奮戰取得的重要成果，體現了台灣同胞光榮的愛國主義傳統。回顧台灣光復的歷史事實，可以看到海峽兩岸從來都是相濡以沫的命運共同體。在當下中華民族偉大復興的關鍵時期，兩岸同胞以多種方式紀念這一重

大歷史事件，共同緬懷先烈功勳、銘記歷史教訓、弘揚抗戰精神，不僅拉近了心靈的距離，更激發兩岸同胞珍惜得來不易的和平與繁榮。汪主席重申與肯定台灣重新回到祖國懷抱的這一重大歷史史實，「以史為鏡，可知興替」，兩岸同胞尤其是青年人牢記這段歷史，建立共同的歷史觀，才能在新的歷史時期繼續推動兩岸關係和平發展沿着正確方向前進。

台灣回歸祖國，從事實和法理上都確立了台灣作為中國領土和主權不可分割的一部分。1949年以來，儘管兩岸尚未統一，大陸和台灣同屬「一個中國」的事實從未改變。然而，民進黨當局死抱「台獨」黨綱，不承認體現「一個中國」原則的「九二共識」，刻意扭曲歷史，大搞「去中國化」，近期更與美國加緊勾連，頻繁製造事端，嚴重破壞台海和平穩定。汪主席強調，「台獨」分裂勢力挾洋自重，不斷進行謀「獨」挑釁，致使兩岸關係緊張動盪，是對為台灣光復而犧牲英烈們的最大褻瀆，必須堅決反對「台獨」勢力及其分裂行徑，決不容許失而復得的神聖領土得而復失。這是對「台獨」勢力的嚴正警告，再次顯示祖國大陸有決心、有信心、有能力遏制「台獨」，維護台海局勢穩定，捍衞國家主權領土完整。

習主席重要講話為實現統一指路引航

兩岸和平發展，完成統一大業，符合台灣同胞的最大利益。國家主席習近平在《告台灣同胞書》發表40週年紀念會上的重要講話，為新時代對台工作、實現國家統一指路引航。習主席在參加十三屆全國人大二次會議福建代表團審議時，又提到要探索海峽兩岸融合發展新路。習主席明確提出「和平統一、一國兩制」是解決兩岸問題的最佳方式，為實現國家和平統一、共圓中國夢指出康莊大道，並以「兩岸一家人」的暖意，親切呼喚台灣同胞攜手同心。在台灣光復75週年紀念之際，兩岸民眾激發光復鬥志，加強交流，攻堅克難，共同探討「一國兩制」台灣方案，為實現祖國完全統一和中華民族偉大復興作出貢獻。

台灣光復的歷史，清楚昭示兩岸血脈相連，不可分割；兩岸社會融

合，心靈契合，有利推進祖國統一進程。祖國大陸堅持促進兩岸交流，惠台措施不斷，增進同胞親情和福祉，之前推出「31 條惠台措施」和「26 條惠台措施」，今年為幫助在大陸台企做好疫情防控和復工復產，再推出 11 條措施，更製發了台灣居民證，開放台灣居民在大陸參加社會保險，為台灣民眾到大陸學習、就業、創業提供便利。這一切，都表明了祖國大陸推進和平統一的誠意、信心和定力。

香港要為推進和平統一再立新功

當前，兩岸關係處於重要節點，兩岸同胞需要弘揚堅持抗戰、光復台灣的光榮精神，擴大民間交流，促進融合發展，共同推進祖國和平統一的進程。香港不僅長期以來作為兩岸民間交流的重要平台，而且率先實施「一國兩制」，更有責任加強兩岸民間交往歷史的研究交流，進一步成功落實「一國兩制」，以自身的啟示和示範作用，增進台灣同胞的國家民族認同，為實現民族復興再立新功！

（原載於 2020 年 10 月 24 日香港《文匯報》）

紀念辛亥革命 110 週年　促進中華兒女大團結

提要：今年是辛亥革命 110 週年。香港是孫中山先生革命活動的重要策源地，與辛亥革命有深厚的歷史淵源。回歸後實行「一國兩制」的香港，在祖國和平統一大業中發揮着不可替代的積極作用。中央制定實施香港國安法，完善香港選舉制度，全面落實「愛國者治港」，開啟了香港長治久安的新階段。今天，我們在香港隆重紀念辛亥革命，就是要弘揚孫中山等辛亥革命先驅偉大的愛國主義精神，推動香港「一國兩制」實踐行穩致遠，增進海內外中華兒女大團結，為推進祖國統一大業，實現中華民族偉大復興中國夢，作出無愧於時代的貢獻！

今年是辛亥革命 110 週年。為紀念這一重要歷史事件，中國和平統一促進會香港總會和香港僑界社團聯會，攜手香港多家愛國愛港社團和社會各界人士，專門成立了「香港各界紀念辛亥革命 110 週年系列活動籌備委員會」，並於本月下旬在香港隆重舉行辛亥革命 110 週年紀念大會等系列活動。受疫情影響，中央有關部門領導、一些台灣朋友和海外僑界代表，未能親臨大會現場，但他們紛紛發來賀函或賀辭，表達對辛亥革命先驅的敬仰緬懷之情，表達對兩岸關係和平發展的關心支持，表達對祖國統一、民族復興的熱切期待。

舉辦紀念活動充滿民族自豪感

辛亥革命是中華民族偉大復興征程上一座巍然屹立的里程碑，它結束了統治中國幾千年的君主專制制度，打開了中國進步潮流的閘門，推

動了近代中國社會變革，探索了中華民族發展進步的道路。辛亥革命也是兩岸和平與發展的動力，它高舉愛國主義的偉大旗幟，激勵後人矢志不渝完成國家統一的神聖使命。辛亥革命更率先發出「振興中華」的響亮吶喊，鼓舞所有中華兒女獻身中華民族偉大復興的事業。在辛亥革命發動 110 週年之際，回首我們國家發展由積貧積弱到站起來、富起來、強起來的艱辛歷程，更是激起中國人民強烈的奮鬥心、民族情。

香港是孫中山先生革命活動的重要策源地，與辛亥革命有着深厚的歷史淵源，是中國近代史上緊密聯繫海內外中華兒女的重要橋樑。在香港舉辦紀念活動，緬懷孫中山先生等辛亥革命先驅的歷史功勳，讓中華兒女透過莊嚴儀式表達追思和崇敬情懷，是香港社會義不容辭的責任使命。1997 年香港回歸後，2001 年、2011 年香港各界已遵循「逢十紀念」的慣例，舉辦過兩次辛亥革命的大型紀念活動。今天的香港，已經站在由亂及治重大轉折的新起點，此時此刻再度舉辦紀念辛亥革命的活動，具有特別意義。習近平主席在中共建黨百年之際宣佈，中國已全面建成了小康社會，正以不可阻擋的步伐邁向第二個百年奮鬥目標，更使此次紀念大會充滿民族自豪感，也是後人對辛亥革命最好的紀念。

發揚辛亥革命精神作出新貢獻

辛亥革命是中華民族偉大復興事業不可磨滅的歷史記印，是全體中華兒女的情感紐帶和奮勇向前的精神泉源。期望透過今次紀念大會，發揚光大辛亥革命精神，確保「一國兩制」行穩致遠，增進海內外中華兒女的大團結，推進祖國統一大業，實現中華民族偉大復興的中國夢！

（原載於 2021 年 9 月 17 日香港《文匯報》）

弘揚辛亥革命先驅偉大精神
祖國完全統一必定實現

提要：國家主席習近平在紀念辛亥革命110週年大會上發表重要講話，高度評價和肯定辛亥革命的偉大意義。習主席的講話，提倡學習和弘揚孫中山先生等革命先驅為振興中華而矢志不渝的崇高精神，這對於團結海內外中華兒女，共同推動中華民族的偉大復興，促進海峽兩岸的和平統一，具有重要意義。筆者在北京聆聽了習主席的重要講話，不僅切實感受到中華民族偉大復興事業與辛亥革命先驅的偉大精神一脈相承的歷史連接，更強烈感受到「祖國完全統一的歷史任務一定要實現，也一定能夠實現」的時代強音，內心無比振奮和激動。實行「一國兩制」的香港，與辛亥革命有着深厚的歷史淵源，有責任為祖國和平統一大業作出特殊貢獻。

嚴正警告「台獨」 堅決反制外來干涉

習主席強調以和平方式實現祖國統一。他說，以和平方式實現祖國統一，最符合包括台灣同胞在內的中華民族整體利益，我們堅持「和平統一、一國兩制」的基本方針，堅持一個中國原則和「九二共識」，推動兩岸關係和平發展。這是中國共產黨人站在中國百年歷史大趨勢的角度和中華民族整體利益的高度，對兩岸關係和祖國統一事業發展作出的科學判斷，表明「和平統一」仍是祖國大陸的對台政策主軸。這一點值得包括兩岸同胞在內的全體中華兒女好好學習，認真體會，付諸實踐。

必須看到的是，祖國統一面臨兩方面的威脅：第一個威脅是「台獨」分裂勢力。這是祖國統一的最大障礙，是民族復興的嚴重隱患。對此，

習主席發出嚴正警告，凡是數典忘祖、背叛祖國、分裂國家的人，從來沒有好下場，必將遭到人民的唾棄和歷史的審判。然而，民進黨當局領導人蔡英文在「雙十」講話中仍然鼓吹謀「獨」言論，圖謀勾連外部勢力，而且首次提及兩岸「互不隸屬」，赤裸裸地販賣「兩國論」。兩岸同屬一個中國，兩岸關係決不是「國與國」關係，所謂「互不隸屬」，再次暴露民進黨當局謀「獨」本質。如果蔡英文當局仍然執迷不悟，不回到「九二共識」政治基礎的正軌，而是繼續以武拒統、倚美謀「獨」，將來有一天必然會遭到人民的唾棄和歷史的審判，而且，這一天正在臨近。

祖國統一的第二個威脅是外來干涉。當今世界正經歷百年未有之大變局，國際上某些反華勢力糾合起來，打「台灣牌」遏制中國發展，妄圖重演70多年前朝鮮戰爭的一幕來阻止中國統一。習主席再次向世界宣示：台灣問題純屬中國內政，不容任何外來干涉。任何人都不要低估中國人民捍衛國家主權和領土完整的堅強決心、堅定意志、強大能力。這顯示了祖國大陸解決台灣問題的定力、決心和信心。

台灣問題必將隨着民族復興而解決

實現祖國完全統一，必須有領導中國人民前進的堅強力量，這個堅強力量就是中國共產黨。以孫中山先生為代表的革命黨人，110年前發動辛亥革命，結束了在中國延續幾千年的君主專制制度，為實現中華民族偉大復興探索了道路。中國共產黨人繼承孫中山先生的遺願，從登上中國政治舞台的那一刻起，中國共產黨就始終不渝為中國人民謀幸福、為中華民族謀復興。100年來，中國共產黨團結帶領中國人民，以「為有犧牲多壯志，敢教日月換新天」的大無畏氣概，開闢了偉大道路、創造了偉大事業、取得了偉大成就，書寫了中華民族幾千年歷史上最恢弘的史詩。中國共產黨領導是歷史的選擇、人民的選擇，是全國各族人民的利益所繫、命運所繫，只有堅定維護中國共產黨的堅強領導，才能團結帶領各族人民實現中華民族偉大復興，實現祖國完全統一。

解決台灣問題的決定性因素在於祖國大陸的發展強大。習主席強調，台灣問題因民族弱亂而產生，必將隨着民族復興而解決。在中華民族走向偉大復興的重要歷史節點上，習主席這篇重要講話重溫孫中山先生等革命先行者的偉大業績及追求中華民族偉大復興和國家統一的偉大理想，述歷史、講大勢、明方向、展信心，立意高遠，繼往開來，意義重大。

1840年鴉片戰爭以後，西方列強在中華大地上恣意妄為，封建統治者屢弱無能，中國逐步成為半殖民地半封建社會，國家蒙辱、人民蒙難、文明蒙塵，中國人民和中華民族遭受了前所未有的劫難。孫中山先生說過：「『統一』是中國全體國民的希望。能夠統一，全國人民便享福；不能統一，便要受害。」實現祖國完全統一，是中華民族歷史演進大勢所決定的，更是全體中華兒女的共同意志。今天的中國，已經進入強國時代；今天的中華民族，正向世界展現一派欣欣向榮的氣象，正以不可阻擋的步伐邁向偉大復興。祖國大陸完成統一大業的雄厚基礎和綜合能力正在不斷增強。祖國完全統一的歷史任務一定要實現，也一定能夠實現！

香港可為統一大業作出特殊貢獻

香港是孫中山先生革命活動的重要策源地，與辛亥革命有着深厚的歷史淵源，是中國近代史上緊密聯繫海內外中華兒女的重要橋樑。為紀念辛亥革命110週年，中國和平統一促進會香港總會和香港僑界社團聯會，攜手香港多家愛國愛港社團和社會各界人士，專門成立了「香港各界紀念辛亥革命110週年系列活動籌備委員會」，在香港隆重舉行辛亥革命110週年紀念大會等系列活動。在香港舉辦紀念活動，緬懷孫中山先生等辛亥革命先驅的歷史功勳，讓中華兒女透過莊嚴儀式表達追思和崇敬情懷，是香港社會義不容辭的責任使命。

回歸後的香港實行「一國兩制」，在祖國和平統一大業中發揮着不可替代的積極作用。中央頒佈實施香港國安法，完善特別行政區選舉制度，

全面落實「愛國者治港」，開啟了香港長治久安的新階段。香港社會要弘揚孫中山先生等辛亥革命先驅偉大的愛國主義精神，推動香港「一國兩制」實踐行穩致遠，發揮香港在推進兩岸關係和平發展中的特殊重要角色，為推進祖國統一大業、實現中華民族偉大復興中國夢，作出無愧於時代的貢獻！

（原載於 2021 年 11 月 1 日《紫荊雜誌》）

懲戒「台獨」頑固分子　強烈震懾倚美「謀獨」

提要：國台辦近期就遏制「台獨」問題密集發聲，日前點名表示依法懲戒「台獨」頑固分子等，引發海內外廣泛關注。「台獨」頑固分子分裂言行惡劣，倚美謀「獨」，嚴重損害台海穩定。大陸公佈懲戒措施，表明分裂國家必遭嚴懲，彰顯祖國統一的堅強意志、堅定決心、強大能力，強烈震懾分裂勢力和美國等外部勢力，不容「台獨」勢力倚美謀「獨」。今次懲戒舉措，明確釋放不容外力干預中國內政的信號，彰顯了習近平主席有關維護國家主權安全的三個「堅定不移」，對「港獨」分子倚美台謀「獨」，同樣具有強烈的現實針對性。

　　國務院台灣事務辦公室發言人日前應詢表示，針對台灣行政機構負責人蘇貞昌、立法機構負責人游錫堃、外事部門負責人吳釗燮等極少數「台獨」頑固分子，大陸方面依法對清單在列的上述「台獨」頑固分子實施懲戒，禁止其本人及家屬進入大陸和香港、澳門特區，限制其關聯機構與大陸有關組織、個人進行合作，絕不允許其關聯企業和金主在大陸謀利。大陸方面將依法對「台獨」頑固分子追究刑事責任，終身有效。

嚴厲措施懲戒「兩面人」

　　近一個時期以來，民進黨當局在「反中抗中」的道路上越走越遠，加緊勾連外部勢力，特別是蘇貞昌惡意攻擊大陸、游錫堃鼓吹所謂「台美建交」「憲改正名」、吳釗燮四出與外部勢力散佈分裂國家言論，3人極力煽動兩岸對立、肆意誣衊大陸，言行惡劣，氣焰十分囂張。

　　當前，「台獨」分裂勢力及其活動是台海和平穩定的最大威脅，已成

為兩岸和平發展的最大障礙，不得不加強遏制，予以震懾，防止台海局勢滑向災難深淵。今次點名「台獨」頑固分子並予以懲戒，表明凡是組織、策劃、實施分裂國家、破壞國家統一行為的「台獨」頑固分子必將受到嚴懲，彰顯祖國統一的堅強意志、堅定決心、強大能力。

長期以來，島內有些人一邊賺大陸錢，一邊支持「台獨」，這些加劇兩岸局勢緊張的「兩面人」，令人十分痛恨。眾所周知，選舉一定要有資金「活水」，台灣企業的政治獻金法是公開的，而台灣500大企業，大部分都有大陸業務。有學者指出，大陸的相關懲戒措施，可能還包括依法凍結「台獨」頑固分子及關聯企業的賬戶，對他們的金主和關聯企業進行打擊。倘若一些人繼續做「兩面人」，大陸方面可依法進行懲戒，這勢將使一些綠營金主取消對民進黨的金援，從而影響民進黨選舉募款，分裂勢力只會越來越萎縮，「台獨」頑固分子成為人人喊打的過街老鼠，日子會越來越不好過。

值得注意的是，美國近期就台灣問題發表防衛台灣、支持台灣參加聯合國國際體系等言論，為「台獨」勢力撐腰，向中方挑事。大陸此時提出依法懲戒「台獨」頑固分子等舉措，不僅是對「台獨」分子發出的嚴厲警告，也是強烈震懾分裂勢力和美國等外部勢力，不容「台獨」勢力倚美謀「獨」。

堅定維護國家主權安全

中央堅決遏止「台獨」，針對美國外部勢力，堅定維護國家主權安全，也是對「港獨」等反中亂港勢力的強烈震懾。黑色暴亂是反中亂港勢力勾結美西方及「台獨」勢力挑起的「港版顏色革命」，嚴重威脅國家安全。「黑暴」期間，中央堅決捍衛「一國兩制」事業，粉碎反中亂港勢力的圖謀。習主席出席金磚國家領導人第十一次會晤時，表明中央對香港局勢的基本立場和態度，當中提到三個「堅定不移」：維護國家主權、安全及發展利益的決心堅定不移；貫徹「一國兩制」方針的決心堅定不移；

反對任何外部勢力干涉香港事務的決心堅定不移。大陸今次的懲戒舉措，不容「台獨」勢力倚美「謀獨」，其實就是不容外力干預，彰顯了三個「堅定不移」，對「港獨」有強烈的現實針對性。

美國是分裂勢力的幕後推手，不斷興風作浪。「港獨」分子和外部勢力不斷破壞香港，中央不得不出手，以確保「一國兩制」實踐和香港繁榮穩定。面對台海和香港外圍複雜形勢，只有針對「台獨」勢力和「港獨」分子作出精準打擊，才能維護國家主權安全，祖國統一大業才會有切實保障。

（原載於 2021 年 11 月 11 日《大公報》）

中國共產黨的領導是實現祖國統一的根本保證

提要：中國共產黨是「一國兩制」事業的創立者、領導者、踐行者和維護者。十九大報告中將堅持「一國兩制」和推進祖國統一列入中國特色社會主義的 14 條基本方略之一，中央將「一國兩制」從治國理政的「嶄新課題」和「重大課題」，提升為中國特色社會主義的「基本方略」和「顯著優勢」，充分說明中國共產黨不但是「一國兩制」方針的提出者、創造者，更是「一國兩制」的捍衛者。

　　中共十九屆六中全會公報指出，「黨中央採取一系列標本兼治的舉措，堅定落實『愛國者治港』、『愛國者治澳』，推動香港局勢實現由亂到治的重大轉折，為推進依法治港治澳、促進『一國兩制』實踐行穩致遠打下了堅實基礎」。公報對香港的最大啟示，就是堅持中國共產黨的領導，才是確保「一國兩制」行穩致遠的根本保證，唯有全面落實中央對香港全面管治權，香港的繁榮穩定才會有穩固保障，「一國兩制」偉大事業才可以行穩致遠。

決議為香港未來發展指路引航

　　香港命運從來都是與祖國緊密聯繫在一起的。祖國的強力支持，推進「一國兩制」事業不斷發展，成為領航香港光明前途的最大依托。中央一直重視和關心香港的發展以及香港同胞的福祉，支持香港突破經濟和民生的困局。習近平主席說，「香港發展一直牽動着我的心。」習近平主席親自謀劃、親自部署、親自推動粵港澳大灣區建設重大國家戰略，推

動落實多項惠港政策措施，為香港發展提供源源動力。

對於香港未來發展問題，《中共中央關於黨的百年奮鬥重大成就和歷史經驗的決議》為香港指路引航。決議明確指出，中央堅定支持香港特別行政區依法止暴制亂、恢復秩序，支持行政長官和特別行政區政府依法施政，堅決防範和遏制外部勢力干預港澳事務，嚴厲打擊分裂、顛覆、滲透、破壞活動。全面支持香港、澳門更好融入國家發展大局，高質量建設粵港澳大灣區，支持港澳發展經濟、改善民生，增強港澳同胞國家意識和愛國精神。香港國安法及日臻完善的選舉制度，形成一套治亂組合拳，不但推動香港重回正軌，由亂及治，更為香港開啟良政善治新篇章提供一個長期穩定的發展環境，讓香港可以集中精力謀發展，把握國家推動「雙循環」戰略，抓住對外開放所帶來的可貴機遇，更好地發揮香港聯通國內國際市場的「雙接軌」優勢，讓東方明珠再放異彩。

只有在中國共產黨的領導下　才能夠實現祖國完全統一

《中共中央關於黨的百年奮鬥重大成就和歷史經驗的決議》指出，「解決台灣問題、實現祖國完全統一，是黨矢志不渝的歷史任務，是全體中華兒女的共同願望，是實現中華民族偉大復興的必然要求。」台灣問題因民族弱亂而產生，必將隨着民族復興而解決。解決台灣問題的決定性因素在於祖國大陸的發展強大，而祖國大陸強大的關鍵就在於有中國共產黨的領導。1840年鴉片戰爭以後，西方列強在中華大地上恣意妄為，封建統治者屢弱無能，中國逐步成為半殖民地半封建社會，國家蒙辱、人民蒙難、文明蒙塵，中國人民和中華民族遭受了前所未有的劫難。中國人民能夠從站起來，到富起來、強起來，就是因為有了中國共產黨的領導。今天的中國，已經步入新時代，完成祖國統一大業的雄厚基礎和綜合能力正在不斷增強。

實現祖國完全統一和中華民族偉大復興，必須有領導中國人民前進的堅強力量，這個堅強力量就是中國共產黨。中國共產黨領導是歷史的

選擇、人民的選擇，是全國各族人民的利益所繫、命運所繫，只有堅定維護中國共產黨的堅強領導，才能團結帶領各族人民實現中華民族偉大復興，實現祖國完全統一。

中共十九屆六中全會強調堅決反對「台獨」分裂行徑，堅決反對外部勢力干涉，牢牢把握兩岸關係主導權和主動權，顯示了中國共產黨領導下的祖國大陸解決台灣問題的定力、決心和信心，展現了祖國必須統一、也必然統一的光明前景！

（原載於 2021 年 11 月 23 日「中國網」）

附 錄

全國政協委員履職工作報告

―― 2021 年 1 月至 2022 年 5 月

全國政協委員　姚志勝

提要：本人 2021 年 1 月至 2022 年 5 月履行全國政協委員的職責，主要做了 7 個方面的工作：一是始終站在支持完善香港選舉制度最前線，領導香港統促總會積極參加新選制下的首場選委會選舉和立法會選舉，推動市民踴躍投票；二是堅定維護「一國兩制」，支持特區政府依法施政，推動融入國家發展大局，關注基層和青年發展；三是做好對台工作，參加第一屆「攜手圓夢 ―― 兩岸同胞交流研討活動」，主持組織「香港各界紀念辛亥革命 110 週年系列活動」；四是主持製作 368 期《香港每日輿情動態》，反映民情，引導發聲；五是撰文接受訪問逾 246 次，引導輿論發揮正能量；六是撰寫 8 份內部報告呈交港澳辦和中央統戰部，就重要問題提交政策建議；七是認真履行全國政協委員職責，以全國政協委員身份參加各種活動 95 次，青年創業園區提案被評為全國政協重點提案。

一、始終站在支持完善香港選舉制度最前線，領導香港統促總會積極參加新選制下的首場選委會選舉、立法會選舉和行政長官選舉，積極履行選委責任。

中央完善香港選舉制度，貫徹「愛國者治港」原則，對「一國兩制」行穩致遠，香港長治久安，意義重大而深遠。本人帶領香港統促總會，始終站在支持中央完善香港選舉制度、落實「愛國者治港」的最前線，並積極推動參加新選制下的三場選舉，具體工作包括 4 方面的內容：

第一，本人多次發表聲明、撰寫文章，並帶領香港統促總會組織報

告會、座談會、交流會，宣講新選制特點要求和重要意義，還與到訪香港統促總會的特區政府官員就完善選制等事宜討論交流，又到福建中學舉辦香港形勢座談會，引導青年學生認識新選制。

第二，本人帶領香港統促總會組織多場街頭宣傳，引導市民認識新選制，組織香港統促總會收集市民簽名，支持完善香港選舉制度，還分別組織會員到英國駐香港總領事館和美國駐港澳總領事館抗議外國干預港事。

第三，本人從不同層面支持特區政府落實好新選制下的首場選委會選舉、立法會選舉和行政長官選舉：一是以香港統促總會為平台，參與組織支援愛國愛港候選人的助選活動，不僅通過羣組、街站等不同管道動員所有網路票源，而且親身站台拉票，推動選民踴躍投票；二是舉辦和主持香港統促總會選委與立法會選舉委員會界別候選人見面會等活動，認真審視候選人政綱；三是履行選委職責，提名德才兼備愛國者參加立法會選舉，為特區管治架構輸送參政議政人才；四是全力支持李家超參與第六任行政長官選舉，既提名對方參選，同時出任其競選辦公室主席團成員，就房屋供應、復常通關和支持愛國愛港社團建設三方面提供意見和建議，並在投票日前夕出席對方的「我和我們　同開新篇」見面會為其加油打氣。5月8日選舉當日，本人作為新選制下的選委會委員，履行選委責任參與行政長官選舉投票，共同票投李家超，為香港更好發展投下神聖一票。

第四，通過發表聲明、接受訪問、撰寫文章等方式，向各界推介《「一國兩制」下香港的民主發展》白皮書，加強香港社會對新選制的制度自信。

二、堅定維護「一國兩制」，支持特區政府依法施政，推動融入國家發展大局，關注基層和青年發展。

本人堅定維護「一國兩制」和香港憲制秩序，支持特區政府依法施政，發展經濟改善民生，推動融入國家發展大局，關注基層和青年發展，促進社會和諧。具體工作包括如下三方面：

第一，本人主導以香港統促總會暨 13 個團體會員名義刊登廣告慶祝中國共產黨成立 100 週年暨香港回歸祖國 24 週年，組織會員參加新界大埔烏蛟騰烈士紀念園「緬懷抗日英雄　學習愛國歷史」、觀看百年黨慶電影《1921》等活動，透過新聞稿和接受傳媒訪問宣傳六中全會精神，加強香港社會的憲制意識，捍衛憲法權威，推動香港社會了解和尊重中國共產黨領導。

第二，本人公開表態支持林鄭月娥行政長官在施政報告提出的北部都會區規劃，出席 2022/23 年度財政預算案諮詢會建言獻策，積極推動香港融入國家發展大局，加強對接國家五年規劃。

第三，本人組織香港統促總會青委會就香港青年就業創業狀況進行調研，撰寫報告，舉行「加強支援就業創業　提升青年前景信心」座談會；到調景嶺健明邨探訪基層家庭，透過不同的社會關愛活動，推動社會和諧發展。

三、做好對台工作，參加第一屆「攜手圓夢 —— 兩岸同胞交流研討活動」，主持組織「香港各界紀念辛亥革命 110 週年系列活動」。

本人帶領香港統促總會，致力推動香港與台灣民間交流和兩岸關係和平發展。其中最重要的有兩件事：

第一，代表香港統促總會參加第一屆「攜手圓夢 —— 兩岸同胞交流研討活動」並發言，不僅介紹香港「一國兩制」實踐的最新進展，而且提出加強與台灣愛國統一力量交流合作，為實現祖國完全統一和民族偉大復興共同努力。中央政治局委員、上海市委書記李強，國台辦主任劉結一，台灣新黨前主席郁慕明，勞動黨主席吳榮元等出席開幕式並致辭，國民黨前主席洪秀柱、新黨主席吳成典也以視頻方式致辭。

第二，主持組織「香港各界紀念辛亥革命 110 週年系列活動」。本人領導香港統促總會攜手香港多家愛國愛港社團和社會各界人士，專門成立了籌備委員會，在香港隆重舉行辛亥革命 110 週年紀念大會等系列活動，中央有關部門領導、一些台灣朋友和僑界代表，以視頻致辭或發來

賀函、賀辭等方式，表達對辛亥革命先驅的敬仰緬懷之情，表達對兩岸關係和平發展的關心支持，表達對祖國統一、民族復興的熱切期待。

四、主持製作 368 期《香港每日輿情動態》，反映民情，引導發聲。

本人每個工作日都主持製作《香港每日輿情動態》，主要包括兩方面的內容：一是政情動向，反映香港最新的社情民意和政治動向；二是觀點參考，為社會人士對外發聲提供權威的導向性口徑參考。《香港每日輿情動態》已製作超過 1,000 期，2021 年 1 月至 2022 年 5 月製作 368 期，平時通過手機平台發送中央有關部門、內地一些省市的有關部門，成為他們了解香港最新動態的重要管道；香港有 4,000 多名社會人士收看，視為「每日必讀」。

五、撰文接受訪問 246 次，引導輿論發揮正能量。

2021 年 1 月至 2022 年 5 月，本人就香港和國家重要事件和議題發出新聞稿，撰寫文章，接受中央電視台、新華社、人民日報等中央媒體和香港主流報章及網站訪問，達 246 次，是愛國愛港人士中發聲最多的人士之一。這些新聞稿、文章和受訪內容主要有四大類：一是支持中央完善選舉制度，支持特區政府辦好新選制下的選委會選舉、立法會選舉和行政長官選舉，抵制外力干預；二是推動香港融入國家發展大局，向香港社會宣傳粵港澳大灣區最新發展資訊，傳遞中央對香港的支持和關愛；三是促進社會和諧，團結人心，共同抗疫；四是推動祖國和平統一。這些新聞稿、採訪報導和文章及時傳達中央資訊，表達主流民意，引導社會輿論，在社會上產生了積極的影響，發揮了傳播正能量的作用。2022 年農曆新年起，香港爆發第五波新冠疫情，本人更多次撰文和發佈新聞稿發聲，感謝中央援港抗疫，呼籲用好中央支持，各界齊心打好疫戰。2022 年 4 月至 5 月，香港舉行新一任特首選舉期間，本人在《大公報》發表了《各界支持李家超的三大原因》等文章，受到外界關注，「今日頭條」等網站轉發，閱讀者數以百萬計。

六、撰寫 8 份內部報告呈交港澳辦和中央統戰部，就重要問題提交政策建議。

本人積極就香港的最新情況向中央有關方面提交研究報告及政策建議。2021 年，本人向港澳辦和中央統戰部呈交內部研究報告共 8 份，其中，有 3 方面的建議特別具有參考價值。

第一，關於取締「支聯會」。報告不僅建議在法律上將「支聯會」明確定性為觸犯香港國安法中的顛覆國家政權罪的顛覆性組織，而且建議不失時機部署取締「支聯會」，對「支聯會」實施毀滅性打擊。

第二，關於以 30% 投票率為目標羣組織選票攻勢的建議。報告不僅建議建制派陣營需全力動員「有票盡投」，而且提出在地區直選每個選區協調安排非建制派人士參選，使選舉呈現多元化特色並提高投票率。

第三，關於在香港宣傳十九屆六中全會精神的建議。報告提出要充分結合習總書記有關「一國兩制」的系列講話精神，講清楚中國共產黨與「一國兩制」的關係，獲得中央統戰部用稿。

七、認真履行全國政協委員職責，以全國政協委員身份參加各種活動 95 次，青年創業園區提案被評為全國政協重點提案。

2021 年 3 月和 2022 年 3 月，本人出席了全國政協全體大會並參加了全國政協的其他部分會議。本人參加政協會議踴躍發言，並積極提交提案 7 篇：包括 2021 年的 3 篇個人提案，即《關於粵港澳合作創設大灣區港澳台僑青年創業園區》、《關於中央指導支持香港對接國家五年規劃》、《允許合法取得香港永久性居民身份證內地人士保留內地身份證》，以及 1 篇聯名提案《關於疫苗及檢測跨境通的提案》；2022 年的 3 篇個人提案，即《建議中央支持設立福建廈漳泉台灣青年園區》、《建議由中央主導在香港設立國情教育中心》、《允許取得香港身份證人士保留內地國民待遇》。

其中，關於青年創業園區的提案，不僅被全國台聯系統評為參政議政重點調研課題二等獎，而且獲選全國政協的優秀提案；關於中央指導

支持香港對接國家五年規劃的提案，還榮獲 2021 年度全國台聯系統參政議政重點調研課題一等獎。

　　本人 2021 年 7 月出席全國政協舉行的「習近平新時代中國特色社會主義思想學習座談會」並作視頻發言，就如何全面落實香港國安法和「愛國者治港」原則，確保選出管治能力強的堅定愛國者提出建議。本人還積極參與全國政協舉辦的協商議政活動，並在全國政協履職平台多次發表讀書學習體悟，其中履職平台發起「發揮僑胞作用，共建人類命運共同體」讀書羣主題，本人以「僑胞為國際聯手抗疫與多邊合作做貢獻」為題發言。

　　2021 年，本人還以全國政協委員身份參加各種活動 95 次，包括：參加團體聯誼活動 15 次、其他履職活動 80 次。

　　本人在 2022 年兩會期間的全國政協界別協商會議上，以《加強愛國愛港社團建設　提升愛國愛港力量能力》為題發言，提出應該將加強愛國愛港社團建設，作為提升愛國愛港力量能力建設的重要任務來抓，並建議加強做好基層工作的能力，提高掌握社情民意的能力，加強培養年青的社團領袖。這個發言受到有關領導的肯定。

　　2022 年兩會期間，韓正副總理參加港澳地區全國政協委員聯組會並就中央全力支持香港抗疫發表講話。本人在學習討論韓副總理講話時，就香港下一步抗疫需要做好的工作發言，提出加強統一指揮、加快打防疫針、儘快在社會上派發中西醫藥物的建議。

　　2022 年 2 月，為響應習近平主席有關「動員一切可動員的力量、採取一切必要措施」的抗疫號召，本人四出尋求貨源，及時購得一批新型冠狀病毒快速抗原檢測試劑盒，第一時間捐贈予特區政府消防處、香港大學醫學院等機構，作為香港統促總會與社會各界攜手抗疫的行動之一。本人帶領香港統促總會全力支持特區政府擔當好疫情防控的主體責任，齊心抗擊疫情，不辜負習主席、中央政府及全國人民的關懷和期望。

　　（注：姚志勝委員的這份履職工作報告，是在他《2021 年全國政協委員履職報告》基礎上，增補了 2022 年 1 月至 5 月的工作情況。）